中国新编乡镇志
书目提要
（上海通志馆藏）

ZHONGGUO XINBIAN XIANGZHENZHI
SHUMU TIYAO
(SHANGHAITONGZHIGUAN CANG)

吕志伟　吴一峻　编著

復旦大學出版社

前　言

编修地方志是中华民族悠久的文化传统。乡镇志是地方志书的重要组成部分,是记载一乡一镇范围内自然、经济、政治、文化、社会等各方面的历史和现状的综合资料性著述。乡镇志编修较府、州、县志晚,据《中国地方志总目提要》记载,始修于宋,已知共4种,分布于今江、浙两省,流传下来的只有常棠的《澉水志》(澉水属今浙江海盐);元代1种,属浙江;明代53种,今存16种,分布于江苏、浙江、福建、江西、山东和广东;清代318种,今存208种,分布地区扩至安徽、台湾、湖南、湖北等省;民国时期66种,现存54种。在全国首轮新编社会主义新方志工作中,各地编写出了一大批乡镇志。全国第二轮新编社会主义新方志工作启动后,有些省市在三级志书出版后,积极组织编修乡镇志。乡镇志编修在全国渐成趋势,成果颇丰。

地方志书目的编录,历代不甚重视。从《隋书·经籍志》始,在史部下分列地方志。1913年,缪荃孙对清皇宫内阁大库移交给京师图书馆(今国家图书馆)的地方志进行编目,编写《清学部图书馆方志目》一卷,收入《古学汇刊》(二),是为地方志有专目之始。1935年,朱士嘉编《中国地方志联合目录》,仅录地方志5832种,后不断增订,达到8500余种,亡佚颇巨。张国淦编《中国古方志考》,所收也凤毛麟角。这是地方志事业难以弥补的缺憾。已出版的地方志书目著作录入新编乡镇志甚少。如1993年由书目文献出版社出版发行的《中国新方志目录》(第1册)收录1949年10月至1992年12月间编纂的方志9391种,其中所收乡镇志仅占很少一部分。

2018年是上海通志馆开馆第20年,建设渐全,功能毕张。馆内中国新方志馆馆藏颇具规模,在全国各地方志馆中屈指可数,甚为可喜。2003年初,上海通志馆组织本馆编研人员编写了《中国新方志5000种书目提要(上海通志馆藏)》。2004年至2014年,上海通志馆新增收了5000多种新方志。在2003年版的基础上,上海通志馆将新增方志提要融合原有5000种方志,集结成《中国新方志10000种书目提要(上海通志馆藏)》,方便读者查阅各地方志。上海通志馆另藏乡镇、街道、村志及名山大川志共计几千种,其中乡镇志就有近2000种。很多馆藏乡镇志都为内部印刷。太史公自序有"藏之名山,副在京师,俟后世圣人君子"

之言,有感于此,遂有编写馆藏新编乡镇志书目提要之举,不致使中国新编乡镇志之盛况湮没于滚滚不息的历史长河中,而有裨于后来之人按图索骥,抚今追昔而有所凭借。

上海通志馆地处上海浦东新区,占地3000余平方米,建筑面积近6000平方米,环境幽雅,交通便捷,集地方志收藏、地情资料开发利用、方志理论研究、地情展示、人才培训等功能于一体,不断拓新,生意盎然。上海通志馆期待与社会各界人士合作,共同发展。

本书的编纂,力求勾勒出各志书基本原貌,供好求者管窥。因工作量大,疏漏之处难免,敬请读者指正。

编者

2019年12月

凡 例

一、本书收录上海通志馆截至2018年12月30日所征集收藏的20世纪80年代以来全国31个省、自治区、直辖市新编乡镇志,香港特别行政区、澳门特别行政区、台湾省书目暂缺。

二、本书力求通过简介,勾勒出著录志书的基本轮廓,展现出该书的基本框架。每词条皆严格按照原志书内容顺序,或先照片插页,继以纂修者名录,或先序文、凡例,继以地图……不求统一,以便读者管窥原书之貌。

三、限于每个条目200余字的篇幅,本书力求通过提要增大信息含量,对于志书题词、撰序者,一般予以著录;而对于志书编纂委员会及有关名录,则弃繁就简,不一一列入;对于志书分志,一般著录其实际编纂者;志书主编、副主编有多人的,采用×××等几人形式著录;多篇序文作者之间一般以顿号点开,如×××、×××、×××序文3篇,有2人合序的,作者之间用"和",如×××和×××序文1篇,有3人及以上合序的,同一序文不同作者之间用顿号,不同序文之间用逗号点开;书名一般不加上下限年份;省略部分次重点信息,如专记、赘录、资料来源、捐款名录等。

四、本书中各省、自治区、直辖市的排列方法,遵照《中华人民共和国行政区划简册》(2002年版)。各省、自治区、直辖市下分乡镇志书目以拼音字母排序。

五、本书提要每条由词目和释文两部分组成。词目包括志书的全称或分志名全称、卷次。释文结构顺序、文字均依据原书,一般包括:(1)编纂单位、主编(总纂)、副主编、出版单位、出版时间(版次、印次)、印数、开本、页数、字数、定价;(2)插页数、地图数、序文作者、凡例、结构体例特征、编(篇、卷)章节总数、附录、编后记、编纂始末及其他。

六、在新编乡镇志中,编纂者名称甚多,有编辑室主任、主编、主修、主笔、总编、编撰等。本书做了以下统一:在没有主编或副主编的情况下,选择主要编纂者(如总编、副总编)录入主编和副主编项。

目 录

北京市

北京市朝阳区豆各庄乡志 …………… 1
北京市顺义区后沙峪镇志 …………… 1
大华山镇志 …………………………… 1
东升乡志 ……………………………… 1
丰台区长辛店镇志 …………………… 2
花乡乡志 ……………………………… 2
旧宫镇志 ……………………………… 2
康庄镇志 ……………………………… 2
流村镇志 ……………………………… 2
南口镇志 ……………………………… 3
庞各庄镇志 …………………………… 3
王佐镇志 ……………………………… 3

天津市

大寺镇志 ……………………………… 4
大王古庄镇志 ………………………… 4
大张庄镇志 …………………………… 4
东马圈镇志 …………………………… 4
独流镇志 ……………………………… 5
葛沽镇志 ……………………………… 5
霍庄子镇志 …………………………… 5
李七庄乡志 …………………………… 5
南河镇志 ……………………………… 6
南王平镇志 …………………………… 6
宁阳镇志 ……………………………… 6
青光镇志 ……………………………… 6
上河头镇志 …………………………… 6
上辛口乡志 …………………………… 7
双街镇志 ……………………………… 7
双口镇志 ……………………………… 7
双桥河镇志 …………………………… 7
台头镇志 ……………………………… 8
唐官屯镇志 …………………………… 8
天穆镇志 ……………………………… 8
王庆坨镇志 …………………………… 8
王稳庄乡志 …………………………… 9
西堤头镇志 …………………………… 9
小淀镇志 ……………………………… 9
宜兴埠镇志 …………………………… 9
张家窝镇志 …………………………… 9
中北斜乡志 …………………………… 10
中北镇志 ……………………………… 10

河北省

第一关镇志 …………………………… 11
东头营乡志 …………………………… 11
窦妪镇志 ……………………………… 11
海港区村镇志 ………………………… 11
马厂镇志 ……………………………… 12
上官营乡志 …………………………… 12
四合永镇志 …………………………… 12
魏家屯镇志 …………………………… 12
郗马镇志 ……………………………… 12
辛庄乡志 ……………………………… 13
朱首营乡志 …………………………… 13

山西省

篇名	页码
八甲口镇志	14
巴公镇志	14
北周庄镇志	14
长治市乡镇简志	14
崇文镇志	15
岱岳镇志	15
东寺头乡志	15
段村镇志	15
古城镇志	15
广胜寺镇志	16
黑龙关镇志	16
洪水镇志	16
黄崖洞镇志	16
集义乡志	16
交口乡志	16
老营镇志	17
黎侯镇志	17
刘家垣镇志	17
柳树口镇志	17
南坳镇志	18
南村镇志	18
南岭乡志	18
暖泉镇志	18
蒲县乔家湾乡志	18
曲亭镇志	19
山西省乡镇简志	19
上遥镇志	19
停河铺乡志	19
屯里镇志	19
西井镇志	20
西辛庄镇志	20
向阳镇志	20
孝义市城关乡志	20
孝义市兑镇镇志	21
孝义市柱濮镇志	21
阳泉市乡镇简志	21
野川镇志	21
赵城镇志	22
周村镇志	22

内蒙古自治区

篇名	页码
城川镇志	23
绰源镇志	23
嵯岗镇志	23
海拉尔市哈克乡志	23
建昌营镇志	24
尼尔基镇志	24
萨力巴乡志	24

辽宁省

篇名	页码
北陵乡志	25
茨榆坨镇志	25
大长山岛镇志	25
大连市甘井子区凌水镇志	25
大洼镇志	25
红旗镇志	26
牛庄镇志	26
平安场乡志	26
三江口镇志	26
桑林镇志	26
沙后所镇志	27
曙光乡志	27
思山岭满族乡志	27
魏家岭乡志	27
谢屯镇志	27
新民乡志	28
獐子岛镇志	28

吉林省

篇名	页码
奋进乡志	29
桦皮厂镇续志	29
台上镇志	29

乌拉街乡镇志 …………………… 29
榆树市乡镇志 …………………… 30

黑龙江省

瑷珲镇志 ………………………… 31
白银纳鄂伦春族乡志 …………… 31
新生鄂伦春族乡志 ……………… 31

上海市

安亭方泰合志 …………………… 32
安亭志 …………………………… 32
白鹤乡志 ………………………… 32
白鹤志 …………………………… 32
堡镇乡志 ………………………… 33
堡镇镇志 ………………………… 33
北蔡镇志 ………………………… 33
北蔡镇志(第2卷) ……………… 33
北蔡镇志(第3卷) ……………… 33
北桥志 …………………………… 33
北新泾镇志 ……………………… 34
曹路镇志 ………………………… 34
曹王志 …………………………… 34
曹行简志 ………………………… 34
漕河泾镇志 ……………………… 34
漕泾志 …………………………… 34
长兴乡志 ………………………… 35
长征乡志 ………………………… 35
车墩镇志 ………………………… 35
陈家镇志 ………………………… 35
陈行志 …………………………… 36
城桥乡志(手写稿) ……………… 36
川沙镇志 ………………………… 36
大场镇志 ………………………… 36
大场镇志(第二卷) ……………… 36
大团镇志 ………………………… 37
大盈志 …………………………… 37
东海镇志 ………………………… 37

洞泾镇志 ………………………… 37
杜行志 …………………………… 37
方泰乡志 ………………………… 38
枫泾镇志 ………………………… 38
枫围乡志 ………………………… 38
封浜志 …………………………… 38
葑塘志 …………………………… 38
奉城志 …………………………… 39
干巷乡志 ………………………… 39
港东乡志 ………………………… 39
港东志 …………………………… 39
港西镇志 ………………………… 39
高东镇志 ………………………… 40
高东志 …………………………… 40
高南乡志 ………………………… 40
高桥镇志 ………………………… 40
高行镇志 ………………………… 40
光明续志 ………………………… 41
光明志 …………………………… 41
航头镇志 ………………………… 41
合庆镇志 ………………………… 41
合兴志 …………………………… 41
横沔镇志 ………………………… 42
横沙乡志 ………………………… 42
虹桥乡志 ………………………… 42
胡桥续志 ………………………… 42
花木镇志 ………………………… 42
华漕志 …………………………… 43
环城志 …………………………… 43
黄路镇志 ………………………… 43
惠南镇志 ………………………… 43
机场镇志 ………………………… 43
纪王镇志 ………………………… 44
嘉西乡志 ………………………… 44
戬浜志 …………………………… 44
建设乡志 ………………………… 44
江海续志 ………………………… 45

江海志	45	齐贤志	53
金汇志	45	钱桥续志	53
金桥镇志	45	钱桥志	53
金卫志	45	钱圩志	53
九亭镇志	46	青浦镇志	53
九亭志	46	三墩镇志	54
康桥镇志	46	三林镇志	54
廊下志	46	三林志	54
廊下志	47	三星志	54
老港镇志	47	三灶镇志	54
六里镇志	47	山阳志	55
六灶镇志	47	上海市嘉定区嘉定镇志	55
龙华镇志	47	佘山镇志	55
龙华志	48	沈巷续志	55
娄塘镇志	48	沈巷志	55
芦潮港志	48	盛桥镇志	56
鲁汇志	48	石湖荡镇志	56
吕巷镇志	48	书院镇志	56
绿华乡志	49	竖河乡志	56
罗店镇志	49	四团续志	56
罗南镇志	49	四团志	57
马陆戬浜合志	49	泗泾镇志	57
马陆志	49	松江镇志	57
泖港镇志	50	松江镇志	57
泖港志	50	松隐志	57
梅陇志	50	淞南乡志	58
庙行乡志	50	顾村乡志	58
庙行镇志	50	淞南镇志	58
南桥镇志	51	孙小桥志	58
南桥镇志	51	泰日续志	59
南翔镇志	51	泰日志	59
泥城镇志	51	坦直镇志	59
彭浦乡志	51	唐行志	59
彭镇镇志	52	唐镇志	59
平安志	52	唐镇志	60
七宝镇志	52	塘外续志	60
齐贤续志	52	塘外志	60

塘湾志	60
桃浦乡志	60
天马山志	61
亭林镇志	61
亭新乡志	61
头桥志	61
拓林志	62
瓦屑镇志	62
万祥镇志	62
王港续志	62
王港志	62
望新乡志	63
邬桥续志	63
邬桥志	63
五角场乡志(新编本)	63
五角场镇志	63
五角场镇志(修订本)	64
五漊志	64
下沙镇志	64
香花桥志	64
向化乡志	64
向化镇志	64
萧塘志	65
小昆山镇志	65
莘庄乡志	65
莘庄镇志	65
新浜镇志	65
新场镇志	66
新港镇志	66
新河志	66
新泾乡志	66
新民志	66
新农志	67
新桥镇志	67
新寺志	67
兴塔志	67
兴塔志	67
徐泾志(第二卷)	68
徐泾志(第一卷)	68
徐行乡志	68
宣桥镇志	68
严桥镇志	68
盐仓镇志	69
杨行镇志(吴淞卷)	69
杨行镇志	69
杨园乡志	69
叶榭镇志	69
月浦镇志	70
张江镇志	70
张桥乡志	70
张堰乡志	70
张堰镇志	71
张泽志	71
赵屯志	71
赵巷镇志	71
真如镇志	71
真如镇志	72
中兴镇志	72
重固镇志	72
周浦镇志	72
周浦镇志	72
朱家角乡志	73
朱家角镇志	73
朱泾乡志	73
朱泾镇志	73
朱行镇志	74
朱行镇志	74
诸翟乡志	74
祝桥镇志	74
颛桥志	74
庄行续志	74
庄行志	75

江苏省

阿湖镇志	76

巴城镇志	76	港区镇志	84
白茆镇志	76	港上镇志	84
坂上乡志	76	高塍镇志	84
宝堰镇志	77	高流镇志	84
宝应城镇志	77	高作镇志	85
北沟乡志	77	公道镇志	85
北桥镇志	77	共和乡志	85
北厍镇志	77	古里镇志	85
奔牛镇志	78	古邳镇志	85
碧溪镇志	78	顾山镇志	86
碧溪镇志·吴市卷	78	官林镇志	86
漕桥乡志	78	郭巷镇志	86
昌松乡志	78	海安镇志	86
长泾镇志	79	海虞镇志·福山志	87
长桥镇志	79	海虞镇志·海虞志	87
朝阳镇志	79	海虞镇志·王市志	87
城厢镇志	79	海虞镇志·周行志	87
淳溪镇志	80	合沟镇志	87
大港镇志	80	和桥镇志	88
大路镇志	80	横泾镇志	88
大桥镇志	80	横山桥镇志	88
大义镇志	80	横扇镇志	88
大中镇志	81	横塘镇志	88
大纵湖镇志	81	胡埭乡志	89
岱山乡志	81	胡埭镇志	89
戴南镇志	81	湖滨乡志	89
淀山湖镇志	81	湖熟镇志	89
东青乡志	82	湖塘乡志	89
东山镇志	82	湖塘镇志	90
东台镇志	82	虎丘镇志	90
东亭镇志	82	花荡乡志	90
东张乡志	83	花果山乡志	90
东渚镇志	83	华士镇志	91
董浜镇志	83	欢口镇志	91
访仙镇志	83	皇塘镇志	91
枫桥镇志	83	黄桥镇志	91
芙蓉乡志	84	璜土镇志	91

江都镇志	92	梅李镇志	99
江宁镇志	92	梅李镇志·梅李卷	100
江苏名镇志	92	梅李镇志·赵市卷	100
界首镇志	92	梅李镇志·珍门卷	100
锦丰镇志	92	梅堰镇志	100
鲸塘镇志	93	庙港镇志	101
掘港镇志	93	庙桥乡志	101
跨塘镇志	93	秣陵镇志	101
昆山市城北镇志(续集)	93	莫城镇志	101
昆山市玉山镇志	93	木渎镇志	101
昆山市玉山镇志	94	南丰镇志	102
黎里镇志	94	南麻镇志	102
蠡口镇志	94	南阳乡志	102
礼嘉乡志	94	牛塘乡志	102
利港镇志	95	牛塘镇志	102
练塘镇志	95	藕渠镇志	103
菱塘回族乡志	95	盘城镇志	103
龙冈镇志	95	浦棠乡志	103
龙固镇镇志	96	浦庄镇志	103
龙虎塘乡志	96	七都镇志	104
娄葑镇志	96	七里乡志	104
卢家巷乡志	96	屺亭镇志	104
芦墟镇志	96	千灯镇志	104
陆渡镇志	97	前黄乡志	104
陆慕镇志	97	前洲镇志	105
陆区乡志	97	青龙乡志	105
陆杨镇志	97	青山泉乡志	105
鹿湾乡志	97	青阳镇志	105
禄口镇志	98	青阳镇志	105
潞城乡志	98	曲塘镇志	106
罗溪乡志	98	沙家浜镇志	106
洛社镇志	98	善卷镇志	106
洛阳乡志	98	上党镇志	106
马杭乡志	99	上坊乡志	106
马陵山镇志	99	尚湖镇志·练塘卷	107
马坡乡志	99	尚湖镇志·尚湖卷	107
马塘镇志	99	尚湖镇志·冶塘卷	107

邵伯镇志	107	新集镇志	115
邵店镇志	107	新桥镇志	115
射阳湖镇志	108	新塘镇志	115
胜浦镇志	108	兴隆镇志	115
石浦镇志	108	星甸镇志	116
时集乡志	108	徐市镇志	116
双沟镇志	109	雪堰镇志	116
双沟镇志	109	扬名镇志	116
水泗乡志	109	杨庙乡志	116
司徒乡志	109	杨巷镇志	117
汜水镇志	109	杨园镇志	117
睢城镇志	109	杨庄镇志	117
太华镇志	110	姚集乡志	117
汤泉镇志	110	遥观乡志	118
唐市镇志	110	冶塘镇志	118
塘市镇志	110	宜城镇志	118
桃园镇志	111	宜陵镇志	118
桃园镇志	111	益林镇志	118
陶吴镇志	111	虞山镇志	119
陶庄志	111	岳王镇志	119
菀坪镇志	111	越溪镇志	119
万集乡志	112	云亭镇志	119
王庄镇志	112	云阳镇志	119
望亭镇志	112	在城镇志	120
唯亭镇志	112	寨桥乡志	120
渭塘镇志	112	张浦镇志·大市卷	120
魏集乡志	112	张浦镇志·南港卷	120
乌江镇志	113	张桥镇志	120
吴市镇志	113	张圩乡志	121
西山镇志	113	张渚镇志	121
西石桥镇志	113	真武镇志	121
夏溪乡志	114	镇湖镇志	121
先烈乡志	114	正仪镇志	122
象山乡志	114	郑陆乡志	122
谢桥镇志	114	支塘镇志·何市卷	122
辛丰镇志	114	支塘镇志·任阳卷	122
辛庄镇志	114	支塘镇志·支塘卷	122

周岗镇志 …… 123	富盛镇志 …… 130
周市镇志 …… 123	富阳新登镇志 …… 131
周铁镇志 …… 123	富阳镇志 …… 131
周庄镇志 …… 123	澉浦镇志 …… 131
周庄镇志 …… 123	海宁硖石镇志 …… 131
珠江镇志 …… 124	杭州市余杭区镇乡街道简志 …… 131
竹镇镇志 …… 124	鹤城镇志 …… 132
祝塘镇志 …… 124	横河镇志 …… 132
邹区镇志 …… 124	洪溪镇志 …… 132

浙江省

	虹桥镇志 …… 132
	华埠镇志 …… 133
安昌镇志 …… 125	稽东镇志 …… 133
白泉镇志 …… 125	嘉善县乡镇志 …… 133
白石镇志 …… 125	笕桥镇志 …… 133
北白象镇志 …… 125	江山城关镇志 …… 134
苍南灵溪镇志 …… 126	鸠坑乡志 …… 134
昌化镇志 …… 126	莒江乡志 …… 134
长安镇志 …… 126	爵溪镇志 …… 134
长河镇志 …… 126	坎山镇志 …… 134
长街镇志 …… 127	兰亭镇志 …… 135
长乐镇志 …… 127	兰溪城关镇志 …… 135
城郊乡志 …… 127	兰溪游埠镇志 …… 135
崇福镇志 …… 127	乐成镇志 …… 135
崇福镇志 …… 127	练市镇志 …… 135
春晓镇志 …… 128	临安市三口镇志 …… 136
大荆镇志 …… 128	临浦镇志 …… 136
大溪镇志 …… 128	菱湖镇志 …… 136
埭溪镇志 …… 128	柳市镇志 …… 136
戴村镇志 …… 128	龙港镇志 …… 137
淡溪镇志 …… 129	马鞍镇志 …… 137
东浦镇志 …… 129	马岙镇志 …… 137
洞桥镇志 …… 129	梅城镇志 …… 137
杜桥志 …… 129	沐尘畲族乡志 …… 137
方山乡志 …… 130	南浔镇志 …… 138
芙蓉镇志 …… 130	宁海城关镇志 …… 138
福全镇志 …… 130	女埠镇志 …… 138
阜山乡志 …… 130	瓯北镇志 …… 138

磐石镇志	139	盐官镇志	146
浦沿镇志	139	仰义乡志	147
七星镇志	139	义桥镇志	147
齐贤镇志	139	义乌稠城镇志	147
乾潭镇志	139	余杭临平镇志	147
桥头镇志	140	余杭镇志	147
清湖镇志	140	禹越镇志	148
沈荡镇志	140	玉环坎门镇志	148
沈家门镇志	140	越溪镇志	148
石门镇志	141	泽国镇志	148
寿昌镇志	141	展茅镇志	148
双林镇志	141	章旦乡志	149
陶山镇志	141	浙江省名镇志	149
腾蛟镇志	141	钟管镇志	149
天马镇志	142	周巷镇志	149
天凝镇志	142	洲泉镇志	149
桐庐镇志	142	诸暨市乡镇志(岭北镇志)	150
湍口镇志	142		
王店镇志	142	**安徽省**	
魏塘镇志	143	八里河镇志	151
翁垟镇志	143	板桥集镇志	151
乌镇志	143	半汤镇志	151
乌镇志	143	半汤志	151
武义柳城镇志	144	城关镇志	152
武原镇志	144	丹城镇志	152
西兴镇志	144	单王乡志	152
萧山城厢镇志	144	荻港镇志	152
小港镇志	144	峨岭乡志	152
晓塘乡志稿	145	凤台县城关镇志	152
莘塍镇志	145	符离镇志	153
新仓镇志	145	甘棠镇志	153
新塍镇志	145	耿城镇志	153
新河镇志	145	胡集镇志	153
新碶镇志	146	焦村镇志	153
新胜镇志	146	弥陀镇志	154
许村镇志	146	祁门乡镇简志	154
衙前镇志	146	蕲县镇志	154

千岭乡志	154
宿松县洲头乡志	154
濉溪镇志	155
谭家桥镇志	155
汤池镇志	155
汤口镇志	155
乌石乡志	155
芜湖县易太镇志	156
仙坊乡志	156
仙源镇志	156
香泉镇志	156
新丰乡志	156
新华乡志	157
新明乡志	157
永丰乡志	157
岳西县乡镇简志	157

福建省

榜头镇志	158
北竿乡志	158
曹远镇志	158
大济镇志	158
东肖镇志	159
佛昙镇志	159
芙蓉乡志	159
福建省上杭县湖洋乡志	159
福州市盖山镇志	159
港尾镇志	160
桂阳乡志	160
禾山镇志	160
洪濑镇志	160
洪山镇志	160
黄坑镇志	161
江口镇志	161
蛟洋镇志	161
九都镇志	161
莒口镇志	161

均溪镇志	162
李坊乡志	162
鲤城镇志	162
临江镇志	162
龙浔镇志	163
马鼻镇志	163
闽安镇志	163
浦源镇志	163
珊瑚乡志	163
深沪镇志	164
狮城镇志	164
石苍乡志	164
话中镇志	164
书坊乡志	164
台江镇志	165
通贤镇志	165
童游镇志	165
万安乡志	165
梧塘镇志	165
祥华乡志	166
小桥镇志	166
晓澳志	166
新店镇志	166
宣和乡志	166
雁石镇志	167
雁石镇志（续编）	167
永宁镇志	167
忠门镇志	167

江西省

敖桥乡志	168
八景镇志	168
宝峰乡志	168
唱凯镇志	168
车溪乡志	169
东山坝镇志	169
芳溪镇志	169

凤岗镇志	169
冈上镇志	169
高田镇志	170
横市镇志	170
湖边镇志	170
花桥乡志	170
黄陂镇志	170
黄麟乡志	171
会埠乡志	171
剑光镇志	171
江西乡镇志	171
金川镇志	171
宽田乡志	172
岭背镇志	172
罗山乡乡志	172
洛口镇志	172
洛市镇志	172
麻丘镇志	172
马当镇志	173
茅坪乡志	173
南塘镇志	173
齐埠乡志	173
瑞洪方志	173
三板桥乡志	174
上塘镇志	174
石市乡志	174
水东镇志	174
潭山镇志	175
棠浦镇志	175
田南镇志	175
铁路镇志	175
同安乡志	175
汪家乡志	176
西江镇志	176
相城镇志	176
向塘镇志	176
小港镇志	176
孝岗镇志	177
新陂乡志	177
新昌镇志	177
宜春地区乡镇志	177
油墩街乡志	177
袁渡乡志	177
渣津镇志	178

山东省

安丘镇志	179
北隅城乡志	179
北园镇志	179
北镇志	179
埠村镇志	180
草庙子镇志	180
长岭镇志	180
常家镇志	180
城阳镇志	180
大店镇志	181
大桥镇志	181
稻田镇志	181
店埠乡志	181
刁镇志	182
东庄镇志	182
董集乡志	182
段店镇志	182
防山乡志	182
房寺镇志	183
凤凰镇志	183
浮来山镇志	183
傅家乡志	183
古路口乡志	183
郭里镇志	184
海阳市镇村简志	184
洪绪镇志	184
侯镇志	184
湖屯镇志	184

华山镇志	185	小营镇志	193
皇城镇志	185	辛召乡志	193
界河镇志	185	幸福镇志	193
金岭镇志	185	绣惠镇志	193
巨野镇村简志	186	阎庄镇志	194
孔镇镇志	186	羊口镇志	194
老城镇志	186	羊庄镇志	194
蓼兰镇志	186	冶源镇志	194
临朐村镇志略·五井卷	186	仪阳乡志	194
留格庄乡志	187	义桥乡志	195
龙池乡志	187	院上镇志	195
龙阳镇志	187	张汪镇志	195
洛河镇志	187	招贤镇志	195
南沙河镇志	187	中楼镇志	195
蟠桃镇志	188	朱台镇志	196
彭集镇志	188	淄城镇志	196
七贤镇志	188	邹城市北宿镇志	196
碁山镇志	188		
曲堤镇志	188		

河南省

仁风镇志	189	安丰乡志	197
桑园乡志	189	白营镇志	197
山东名镇名村志	189	长葛市乡镇志	197
山东强镇名村志	189	大岗刘乡志	197
胜坨镇志	189	大金店镇志	198
石横镇志	190	大冶镇志	198
宿安乡志	190	大冶镇志	198
太平乡志	190	东郊乡志	198
太平镇志	190	告成镇志	198
滕县官桥镇志	191	耿黄乡志	199
滕州市城郊乡志	191	桂林镇志	199
田横镇志	191	河南登封县告成乡志	199
汀罗镇志	191	河顺镇志	199
王瓜店镇志	191	鹤壁集镇志	199
望庄镇志	192	横水镇志	200
西岗镇志	192	侯寨乡志	200
乡饮乡志	192	祭城镇志	200
小店镇志	192	郏县长桥镇志	200

灵宝市朱阳镇志	200
陵阳镇志	201
刘河乡志	201
柳林镇志	201
卢店镇志	201
栾川乡志	201
孟州市南庄镇志	202
密县牛店乡志	202
苗店镇志	202
明港镇志	202
内黄县马上乡志	202
内黄县乡镇村志·窦公乡卷	203
内黄县乡镇村志·二安乡卷	203
内黄县乡镇村志·后河镇卷	203
内黄县乡镇村志·宋村乡卷	203
内黄县乡镇村志·中召乡卷	203
齐礼阎乡志	203
陕县宫前乡志	204
沈丘县乡镇志	204
十八里河镇志	204
石界河镇志	204
水冶镇志	204
寺河乡志	205
瓦店乡志	205
五亩乡志	205
五星乡(办事处)志	205
孝义志	206
殷都区西郊乡志	206
永和乡志	206
袁店回族乡志	206
源潭镇志	206
中原乡志	207

湖北省

保安镇志	208
垌塚镇志	208
分水镇志	208
高铁岭镇志	208
古夫镇志	209
汉川市沉湖镇志	209
郝穴镇志	209
河口志	209
黑龙集镇志	209
横店镇志	210
还地桥镇志	210
黄潭镇志	210
江堤乡志	210
金口镇志	210
客店镇志	211
老官乡志	211
龙凤镇志	211
龙舟坪镇志	211
马口镇志	211
脉旺镇志	212
沔城志	212
三店镇志	212
三阳镇志	212
三阳镇志	212
沙道观镇志	212
索河镇志	213
汪集镇志	213
吴山镇志	213
伍洛镇志	213
淅河志	213
新沟镇志	214
新洲县城关镇志	214
阳逻镇志	214
杨店镇志	214
杨集乡志	214
杨林尾镇志	215
峪山镇志	215
岳口镇志	215
张金镇志	215

湖南省

白沙乡志 …………………………………… 216
长安营乡志 ………………………………… 216
常德市武陵区街道(乡镇)简志 ………… 216
淳口镇志 …………………………………… 216
达浒镇志 …………………………………… 217
大成桥镇志 ………………………………… 217
大围山镇志 ………………………………… 217
党坪苗族乡志 ……………………………… 217
鼎城区乡镇简志 …………………………… 217
高坪乡志 …………………………………… 218
关峡苗族乡志 ……………………………… 218
官渡镇志 …………………………………… 218
衡东县乡镇简志 …………………………… 218
湖南乡镇简志 ……………………………… 218
隆回县横板桥镇志 ………………………… 219
梅云镇志 …………………………………… 219
那溪瑶族乡志 ……………………………… 219
那溪瑶族乡志 ……………………………… 219
南坪岗乡志 ………………………………… 219
七宝山乡志 ………………………………… 219
三堂街镇志 ………………………………… 220
三塘镇志 …………………………………… 220
三仙湖镇志 ………………………………… 220
山田乡志 …………………………………… 220
社港镇志 …………………………………… 220
石鼓镇志 …………………………………… 221
索溪峪土家族乡志 ………………………… 221
太和镇志 …………………………………… 221
王家坪镇志 ………………………………… 221
文家市镇志 ………………………………… 221
沅江县琼湖镇志 …………………………… 222
寨市苗族侗族乡志 ………………………… 222
中湖乡志 …………………………………… 222

广东省

北陡镇志 …………………………………… 223
北兴镇志 …………………………………… 223
彩塘镇志 …………………………………… 223
长洲镇志 …………………………………… 223
车田镇志 …………………………………… 223
赤溪镇志 …………………………………… 224
大江镇志 …………………………………… 224
大沙镇志 …………………………………… 224
东漖镇志 …………………………………… 224
东水镇志 …………………………………… 224
东莞市茶山镇志 …………………………… 225
东莞市大朗镇志 …………………………… 225
东莞市大岭山镇志 ………………………… 225
东莞市洪梅镇志 …………………………… 225
东莞市黄江镇志 …………………………… 225
东莞市桥头镇志 …………………………… 226
东莞市石碣镇志 …………………………… 226
东莞市中堂镇志 …………………………… 226
都城镇志 …………………………………… 226
福永镇志 …………………………………… 227
附城镇志 …………………………………… 227
公平镇志 …………………………………… 227
谷饶乡志 …………………………………… 227
广海镇志 …………………………………… 227
海侨镇志 …………………………………… 228
红砂乡志 …………………………………… 228
厚街镇志 …………………………………… 228
虎门镇志 …………………………………… 228
黄埔镇志 …………………………………… 228
惠州市小金口镇志 ………………………… 229
九龙镇志 …………………………………… 229
黎咀镇志 …………………………………… 229
龙归镇志 …………………………………… 229
萝岗镇志 …………………………………… 229
麻布岗镇志 ………………………………… 230
麻涌镇志 …………………………………… 230
梅县丙村镇志 ……………………………… 230
梅县三乡志 ………………………………… 230

梅县畲江镇志 ……………………… 230	沙塘镇志 ……………………… 238
弥高乡志 ……………………… 231	寺村镇志 ……………………… 238
南岗镇志 ……………………… 231	寺面镇志 ……………………… 238
南海市南庄镇志 ……………………… 231	滕县柴胡店镇志 ……………………… 239
砲台镇志 ……………………… 231	象州镇志 ……………………… 239
人和镇志 ……………………… 231	樟木林志 ……………………… 239
三合镇志 ……………………… 232	
三坑镇志 ……………………… 232	**海南省**
沙井镇志 ……………………… 232	长流志（长流镇、西秀镇合志）…… 240
沙湾镇志 ……………………… 232	老城镇志 ……………………… 240
沙溪镇志 ……………………… 232	石山镇志 ……………………… 240
上川镇志 ……………………… 233	乌场乡志 ……………………… 240
深井镇志 ……………………… 233	
深圳市十九镇简志 ……………………… 233	**重庆市**
石龙镇志（第一卷）……………………… 233	八桥镇志 ……………………… 242
台城镇志 ……………………… 233	白沙镇志 ……………………… 242
太和镇志 ……………………… 234	宝兴镇志 ……………………… 242
唐家湾镇志 ……………………… 234	陈食镇志 ……………………… 242
佗城镇志 ……………………… 234	重庆市渝北区石船镇志 ……………………… 243
汶村镇志 ……………………… 234	重庆市巴南区跳石镇志 ……………………… 243
下川镇志 ……………………… 235	大盛镇志 ……………………… 243
小榄镇志 ……………………… 235	东温泉镇志 ……………………… 243
新华镇志 ……………………… 235	东阳镇志 ……………………… 243
新市镇志 ……………………… 235	复盛镇志 ……………………… 244
新寨乡志 ……………………… 235	复兴镇志 ……………………… 244
雅瑶镇志 ……………………… 236	高升镇志 ……………………… 244
阳春县合水镇志 ……………………… 236	古溪镇志 ……………………… 244
紫市镇志 ……………………… 236	红炉镇志 ……………………… 244
	景星乡志 ……………………… 245
广西壮族自治区	可大乡志 ……………………… 245
八步镇志 ……………………… 237	礼嘉镇志 ……………………… 245
富禄苗族乡志 ……………………… 237	柳荫镇志 ……………………… 245
古砦仫佬族乡志 ……………………… 237	龙凤桥镇志 ……………………… 245
古砦乡志 ……………………… 237	龙水镇志 ……………………… 246
广西重点镇志 ……………………… 237	龙兴镇志 ……………………… 246
来宾市乡镇简志 ……………………… 238	洛碛镇志 ……………………… 246
那陈乡志 ……………………… 238	蒲吕镇志 ……………………… 246

全德镇志	246	广汉县新华乡志	254
少云镇志	247	合溪乡志	254
石桥乡志	247	花蓂镇志	255
石耶镇志	247	华阳镇志	255
双福镇志	247	黄沙镇志	255
双山乡志	247	回澜镇志	255
双石镇志	248	机投镇志	255
覃家岗乡志	248	李庄镇志	256
统景镇志	248	李庄镇志	256
土坎镇志	248	栗子坪彝族乡志	256
五宝镇志	248	两路口镇志	256
夏坝镇志	249	龙孔镇志	256
永荣镇志	249	马家乡志	257
玉峰山镇志	249	蒙阳镇志	257
忠县忠州镇志	249	牧马镇志	257
重庆市巴南区志界石镇志	249	蓬莱镇志	257
重庆市巴南区志麻柳嘴镇志	250	平乐镇志	257
重庆市长寿区万顺镇志	250	什字乡志	258
重庆市九龙坡区巴福镇志	250	石棉县回隆彝族乡志	258
重庆市万盛区丛林镇志	250	石棉县蟹螺藏族乡志	258
重庆市万盛区金桥镇志	251	石桥镇志	258
		双流县东升镇志	258

四川省

		双流县黄甲镇镇志	259
安顺彝族乡志	252	双流县煎茶镇志	259
陈河乡志	252	双流县中和镇志	259
崇阳镇志	252	太和乡志	259
簇桥乡志	252	腾达镇志	259
打鼓乡志	252	万安镇志	260
大安镇志	253	旺苍县干河乡志	260
道明镇志	253	汶川县威州镇志	260
兜山镇志	253	武德乡志	260
放生乡志	253	武阳镇志	260
高坪苗族乡志	253	西胜乡志	260
灌口镇志	254	溪口镇志	261
灌县聚源乡志	254	象山镇志	261
灌县柳街乡志	254	新坝乡志	261
灌县泰安乡志	254	新场乡志	261

新都区龙虎镇志……………… 261
新棉镇志…………………… 262
宣汉县下八乡志……………… 262
鹰背乡志…………………… 262
永丰乡志…………………… 262
永宁乡志…………………… 262
永寿镇志…………………… 263
玉河镇志…………………… 263
玉津镇志…………………… 263
曾家乡志…………………… 263
忠兴镇志…………………… 263
重华镇志…………………… 264

贵州省

板桥镇志…………………… 265
蔡官镇志…………………… 265
达地水族乡志………………… 265
大湾镇志…………………… 265
大西桥镇志…………………… 266
德凤镇志…………………… 266
黄平县黄飘乡志……………… 266
轿子山镇志…………………… 266
锦屏县偶里乡志……………… 266
久长镇志…………………… 267
开阳县双流镇志……………… 267
六广镇志…………………… 267
青岩镇志…………………… 267
三角乡志…………………… 267
双堡镇志…………………… 268
宋旗镇志…………………… 268
息烽县小寨坝镇志…………… 268
遵义市汇川区高坪镇志……… 268
遵义市汇川区泗渡镇志……… 268
遵义县枫香镇志……………… 269
遵义县龙坪镇志……………… 269
遵义县毛石镇志……………… 269
遵义县团溪镇志……………… 269

云南省

爱华镇志…………………… 271
安宁县八街镇志……………… 271
安宁县温泉镇志……………… 271
八街镇志…………………… 271
板桥镇志（续编）…………… 271
宝峰镇志…………………… 272
保山市金鸡乡志……………… 272
碧鸡镇志…………………… 272
草铺乡志…………………… 272
大朝山东镇志………………… 272
大庄乡志…………………… 273
滇滩镇志…………………… 273
凤山镇志…………………… 273
福海乡志…………………… 273
圭山乡志…………………… 273
海东镇志…………………… 274
海口镇志…………………… 274
汉庄镇志…………………… 274
猴桥镇志…………………… 274
会泽新街回族乡志…………… 274
鸡街镇志…………………… 275
检槽乡志…………………… 275
晋城镇志…………………… 275
卡房镇志…………………… 275
匡远镇志…………………… 276
昆阳镇志…………………… 276
李棋镇志…………………… 276
连然镇志…………………… 276
联盟镇志…………………… 276
六街乡志…………………… 277
鹿城志……………………… 277
洛河彝族乡志………………… 277
马登镇志…………………… 277
米甸镇志…………………… 278
明光镇志…………………… 278

鸣矣河乡志 278
南涧镇志 278
宁州镇志 278
七街乡志 279
上蒜乡志 279
上蒜乡志 279
诗礼乡志 279
双河乡志 279
思茅镇志 279
腾越镇志 280
通甸镇志 280
昔马镇志 280
喜洲镇志 280
香格里拉县尼西乡志 281
香格里拉县小中甸镇志 281
小街镇志 281
新哨镇志 281
秀山镇志 282
研和镇志 282
营盘镇志 282
永昌镇志 282
玉溪市乡镇简志 282
越州镇志 283

西藏自治区

八一镇志 284

陕西省

白泥井镇志 285
崔家湾镇志 285
大明宫乡志 285
定仙墕镇志 285
高家堡镇志 286
关山镇志 286
河底乡志 286
交道镇志 286
哭泉乡志 287

雷龙湾乡志 287
李孝河乡志 287
六村堡乡志 287
马镇镇志 287
青木川镇志 288
三桥镇志 288
石湾镇志 288
四十里铺镇志 288
孙镇志 288
谭家乡志 289
薛家河镇志 289
学庄乡志 289
义合镇志 289
永乐镇志 290
镇川志 290

甘肃省

白河镇志 291
和平镇志 291
兰州市安宁区吊场乡志 291
兰州市城关区雁滩乡志 291
柳泉乡志 292
彭家坪乡志 292
平山湖蒙古族乡志 292
秦安县王尹乡志 292
秦安县叶堡乡志 292
清水驿乡志 293
滩歌镇志 293
瓦斜乡志稿 293
魏店乡志 293
文殊镇志 293
新城镇志 294

青海省

川口镇志 295
大柴旦镇志 295
冷湖镇志 295

沈家寨乡志 ………………………… 295
青山乡志 …………………………… 297
王乐井乡志 ………………………… 297

宁夏回族自治区

大水坑镇志 ………………………… 296
冯记沟乡志 ………………………… 296
惠安堡镇志 ………………………… 296
瞿靖镇志 …………………………… 296
麻黄山乡志 ………………………… 297

新疆维吾尔自治区

石桥乡志 …………………………… 298
北庭镇志 …………………………… 298
古尔图牧场(镇)志 ………………… 298
乌苏市八十四户乡志 ……………… 298

后记 ……………………………………………………………………………… 300

北京市

北京市朝阳区豆各庄乡志

《北京市朝阳区豆各庄乡志》编纂委员会编。主编陈杰、蒋东燕、于建国、杨荣福、张凤仙,副主编吕志、王娟。中国时代经济出版社2016年6月第1版第1次印刷,16开本,581页,717千字,精装本1册,定价300元。

志卷首有豆各庄地区(乡)位置图、豆各庄地区(乡)行政村社区分布示意图(2013年)2幅,有照片插页36页,并有编修人员名录。继之,有陈杰序文1篇,凡例13则。该志首列综述、大事记,正文为章节体,计28章111节。以专记殿后。卷末有董凤田贺信、参考文献、提供帮助人员名录、后记。上限1953年,下限至2013年。

北京市顺义区后沙峪镇志

北京市顺义区后沙峪镇志编纂委员会编。主编赵洪涛、王学武,副主编孙雪松、张杰颖、戴启立。河北人民出版社2016年12月第1版第1次印刷,16开本,581页,656千字,精装本1册,定价400元。

志卷首有编修人员名录,有后沙峪镇地理位置示意图、后沙峪镇用地功能规划图2幅,有照片插页38页。继之,有王学武和孙雪松序文1篇,凡例8则。该志首列概述、大事记,正文为编章节体,计16编52章。以附录殿后。卷末有编后记。上限溯源,下限至2013年。

大华山镇志

平谷区大华山镇志编纂委员会编。主编王进才、王庆来,副主编杨永来、王克云。方志出版社2011年12月第1版第1次印刷,16开本,717页,970千字,精装本1册,定价280元。

志卷首有大华山镇行政区划图、大华山镇卫星遥感地图2幅,有照片插页26页,并有大华山镇志编修、审定人员名录。继之,有王昕和金永来、金永来和胡东升序文2篇,凡例13则。该志首列概述、大事记。正文为章节体,计24章103节。以特辑、附录殿后。卷末有后记。上限溯源,下限至2007年。

东升乡志

北京市海淀区东升乡志编纂委员会编。主编杨永安、张军、刘毅,副主编杨绍澄、李祖权、吴建雍。学苑出版社2012年4月第1版第1次印刷,16

开本,714页,750千字,精装本1册,定价115元。

志卷首有编修人员名录,有王亚光《东升赋》1篇,肖熙之序言1篇,凡例9则。继之,有东升乡地图(2006年版、1992年版)2幅,有李进山、伊欣欣、关成启、丁军、杨永安、肖熙之题词6幅,有照片插页27页。该志首列概述、大事记,正文为篇章节体,计20篇78章。以附录殿后。卷末有后记。上限先秦时期,下限至2006年。

丰台区长辛店镇志

长辛店镇党委、长辛店镇政府编。主编李永勤,执行主编曹大德、刘博忠。中国书籍出版社2012年2月第1版第1次印刷,16开本,356页,550千字,精装本1册,定价50元。

志卷首有编纂委员会、编修小组人员名录,有长辛店镇在丰台区位置图、长辛店镇域简图2幅,有照片插页43页。继之,有凡例8则,长辛店镇党委和镇政府序文1篇。该志首列概述。正文为编章节体,计9编54章。以附录殿后。卷末有后记。上限溯源,下限至2009年。

花乡乡志

中共北京市丰台区花乡委员会、北京市丰台区花乡人民政府编。主编刘翔,副主编张一平、高丽荣。16开本,440页,精装本1册。内部印刷。

志卷首有编修人员名录,有照片插页19页,并有花乡乡域示意图、花乡发展规划图2幅。继之,有李智序文1篇,凡例9则。该志首列概述、大事记,正文为篇章节体,计6篇27章。以附录殿后。卷末有后记。上限1949年,下限至2010年。

旧宫镇志

中共北京市大兴区旧宫镇委员会、北京市大兴区旧宫镇人民政府编。主编张岭,副主编刘景瑞、冯秀海、耿晓梅,执行主编张博、袁涛。16开本,818页,精装本1册。内部印刷。

志卷首有旧宫镇航拍图、明清南海子(南苑)图2幅,有照片插页35页,并有编修人员名录。继之,有刘景瑞序文1篇,编辑说明10则。该志首列大事记,正文为篇章节体,计23篇77章。卷末有后记。上限溯源,下限至2009年。

康庄镇志

康庄镇志编纂小组编。主编闫承发。16开本,336页,精装本1册。内部印刷。

志卷首有编修人员名录,有延庆县康庄镇志编纂小组序文1篇,凡例9则。继之,有康庄镇卫星影像图、康庄镇土地利用现状图、康庄镇行政区划图、康庄镇道路交通系统图4幅,有照片插页38页。该志首列概述、大事记,正文为编章节体,计10编31章。以附录殿后。卷末有后记。上限溯源,下限至2007年。

流村镇志

流村镇志编辑委员会编。主编张

涛,副主编邓瑞全。人民出版社2011年6月第1版第1次印刷,16开本,509页,1060千字,精装本2册,定价198元。

志卷首有编修人员名录,有昌平区流村镇行政区划图、昌平区流村镇土地规划图2幅,有照片插页10页。继之,有陈祖武序文1篇,有流村镇志编纂组编纂说明1篇,凡例10则。该志首列大事记,正文为卷章节体,计5卷22章。卷末有后记。上限不限,下限至2008年。

南口镇志

中共北京市昌平区南口镇委员会、北京市昌平区南口镇人民政府编。主编郑高智、张文静、李国棣。16开本,649页,精装本1册。内部印刷。

志卷首有编修人员名录,有侯君舒序文1篇,凡例13则。继之,有照片插页32页。该志首列概述、大事记,正文为编章节体,计16编63章。以附录殿后。卷末有后记。上限溯源,下限至2012年5月。

庞各庄镇志

庞各庄镇志编纂组编。主编赵景贤。32开本,426页,280千字,精装本1册。内部印刷。

志卷首有照片插页16页,有张景伯题词1幅,并有编修人员名录。继之,有编者序文1篇,凡例10则,有大兴县庞各庄镇图(1949年)、大兴县第二区简图(1950年)、大兴县第二区庞各庄镇图(1953年)、大兴县第二区二图(1954年11月)、庞各庄乡村落分布图(1990年)5幅。该志首列概述、大事记,正文为章节体,计18章71节。卷末有后记。上限溯源,下限至1990年。

王佐镇志

中共北京市丰台区王佐镇委员会、北京市丰台区王佐镇人民政府编。主编吴恒,副主编李军会、纪亚辉,执行主编鲁忠献、袁涛。16开本,643页,精装本1册。内部印刷。

志卷首有良乡县1950年至1956年9月行政区划示意图、丰台区王佐镇域图2幅,有照片插页22页,并有编修人员名录。继之,有吴恒序文1篇,凡例10则。该志首列概述、大事记,正文为编章节体,计6编26章。以附录殿后。卷末有后记。上限溯源,下限至2010年。

天津市

大寺镇志

大寺镇志编修委员会编著。西青区乡镇志系列丛书之一。主编柳彩元，副主编魏国璋。天津社会科学院出版社1998年12月第1版第1次印刷，印数860册，16开本，598页，2000千字，精装本1册。

志卷首有照片插页16页，有大寺镇政区图、大寺镇河流及水利工程图2幅，有郭凤岐、张景泉、迟亚平、韩少侠题词4幅，并有西青区乡镇志系列丛书编修、审验机构人员名录，大寺镇地方志编修人员名录。继之，有赵继华、刘华明和张忠敏序文2篇，凡例10则。该志首列概述、大事记。正文为篇章节体，计21篇82章。以附录殿后。卷末有后记。上限溯源，下限至1995年。

大王古庄镇志

天津市武清区大王古庄镇志编修委员会编。主编韩志军，副主编高元勃、王毅、杨振关。方志出版社2017年3月第1版第1次印刷，印数1000册，16开本，630页，779千字，精装本1册，定价296元。

志卷首有大王古庄镇区位图1幅，有照片插页11页，并有编修人员名录。继之，有尤天成序文1篇，凡例10则。该志首列概述、大事记，正文为篇章节体，计20篇67章。以附录殿后。卷末有编后记。上限溯源，下限至2015年。

大张庄镇志

北辰区大张庄镇志编修委员会编。天津市北辰区地方志丛书之一。主编马明基，副主编季世贵、孟庆驹、苏德禄。32开本，550页，372千字，精装本1册。2002年12月内部印刷，印数500册。

马明基题写书名。志卷首有李文喜、张桂祥、张振明、魏积良题词4幅，有照片插页10页，并有编修人员名录。继之，有季世贵序文1篇，凡例12则。该志首列概述、大事记，正文为章节体，计23章91节。卷末有后记。上限1945年，下限至2001年。

东马圈镇志

天津市武清区东马圈镇地方志编修委员会编。主修陈勇，总纂马敬福。天津社会科学院出版社2008年8月第1版第1次印刷，印数1000册，16

开本,575 页,687 千字,精装本 1 册,定价 248 元。

志卷首有袁桐利、何俊田、王树培、陈勇、何俊田、马景然题词 6 幅,有东马圈镇行政图、东马圈镇交通位置图、中华人民共和国成立前东马圈村街道平面示意图、1952 年第十一区区划图、1958 年区划图 5 幅,照片插页 24 页,并有编修人员名录。继之,有李宝锟序文 1 篇,凡例 10 则。该志首列概述、大事记,正文为编章节体,计 23 编 79 章。以附录殿后。卷末有后记。上限溯源,下限至 2007 年 10 月。

独流镇志

独流镇地方志编修委员会编。主编王敬模,副主编张春山。吉林人民出版社 2009 年 10 月第 1 版第 1 次印刷,16 开本,539 页,800 千字,精装本 1 册,定价 268 元。

志卷首有刘家安题词 1 幅,有独流镇略图 1 幅,有照片插页 22 页,并有编修人员名录。继之,有信松仰和张树春序文 1 篇,凡例 12 则。该志首列概述、大事记,正文为编章节体,计 16 编 49 章。以附录殿后。卷末有编后记。上限不限,下限至 2007 年。

葛沽镇志

葛沽镇志编修委员会编。主编张文新,副主编王洪宾、郭秀雯、寇庭选。32 开本,392 页,精装本 1 册。内部印刷。

志卷首有左明、何荣林题词 1 幅,有照片插页 4 页,并有编修人员名录。继之,有李从田和薛恩树序文 1 篇,凡例 13 则。该志首列概述,正文为章节体,计 20 章 84 节。以大事记、附录殿后。卷末有后记。上限溯源,下限至 1990 年。

霍庄子镇志

霍庄子镇志编修委员会编。天津市北辰区地方志丛书之一。主编张普通,副主编杨玉良,主笔魏树森。32 开本,541 页,376 千字,精装本 1 册。2001 年 4 月内部印刷,印数 1000 册。

志卷首有魏秀山、李文喜、宋联洪等题词 4 幅,有照片插页 15 页,有镇区建设规划图、镇土地利用图、镇行政区划图等 7 幅,并有编修人员、审定验收人员名录。继之,有张普通序文 1 篇,凡例 12 则。该志首列概述、大事记,正文为章节体,计 17 章 75 节。以附录殿后。卷末有编修始末。上限 1404 年,下限至 1994 年。

李七庄乡志

李七庄乡地方志编修委员编著。西青区乡镇志系列丛书之一。主编高文通。天津社会科学院出版社 2000 年 6 月第 1 版第 1 次印刷,印数 3000 册,16 开本,482 页,510 千字,精装本 1 册,定价 108 元。

志卷首有照片插页 16 页,有西青区图、李七庄乡略图 2 幅,有迟亚平、罗远鹏、郭凤岐题词 3 幅,并有西青区乡镇志系列丛书编修、审验机构人员名录,李七庄乡志编修人员名录。继之,有赵继华、张永海序文 2 篇,凡例

10则。该志首列概述、大事记。正文为编章节体,计20编73章。卷末有后记。上限宋代,下限至1995年。

南河镇志

南河镇地方志编修委员会编著。西青区乡镇志系列丛书之一。主编陈晨、郭振江,副主编刘永申。天津社会科学院出版社2005年1月第1版第1次印刷,印数2 000册,16开本,507页,800千字,精装本1册,定价118元。

迟亚平题写书名。志卷首有照片插页18页,有天津市西青区行政区划图、西青区南河镇地图2幅,并有编修人员名录。继之,有孙勇和郝凤新、郭凤岐序文2篇,凡例6则。该志首列概述、大事记,正文为编章节体,计27编114章。以附录殿后。卷末有编纂始末。上限溯源,下限至1995年。

南王平镇志

北辰区南王平镇志编修委员会编。天津市北辰区地方志丛书之一。主编张金锁。32开本,378页,304千字,精装本1册。2001年8月内部印刷,印数500册。

张金锁题写书名。志卷首有魏秀山、宋联洪、李文喜、魏积良题词4幅,有照片插页8页,有南王平在北辰区位置图、北辰区南王平镇规划图2幅,并有编修人员名录。继之,有张金锁序文1篇,凡例12则。该志首列概述、大事记,正文为章节体,计26章121节。卷末有后记。上限1404年,下限至1998年。

宁阳镇志

《宁阳镇志》编纂委员会编。主编宁廷茂。天津科学技术出版社2014年9月第1版第1次印刷,印数1 000册,16开本,375页,562千字,精装本1册,定价148元。

志卷首有编修人员名录。继之,有凡例7则,陈孝桂序文1篇。该志首列概述、大事记,正文为编章节体,计26编114章。以附录殿后。卷末有编后记。上限不限,下限至2012年。

青光镇志

北辰区青光镇地方志编修委员会编著。天津市北辰区地方志丛书之一。主编兰永瑜,副主编陈洪涛、王世泰、吴金明。32开本,747页,500千字,精装本1册。2005年内部印刷,印数1 000册。

志卷首有李文喜、张桂祥、张振明、魏积良题词4幅,有青光镇行政区划图、青光镇在天津市位置图2幅,有照片插页15页,并有编修人员名录。继之,有兰永瑜、杨光祥序文2篇,凡例15则。该志首列概述、大事记,正文为章节体,计20章152节。以附录殿后。卷末有编修始末。上限1404年,下限至2000年。

上河头镇志

北辰区上河头镇志编修委员会编著。天津市北辰区地方志丛书之一。主编郭连生,副主编崔兆斌。32开本,

384页,260千字,精装本1册。2008年4月内部印刷,印数500册。

志卷首有郭连生、李金琪题词2幅,有照片插页1页,并有编修人员名录。继之,有郭连生序文1篇,凡例12则。该志首列概述、大事记,正文为编章节体,计16编65章。卷末有后记。上限溯源,下限至2001年。

上辛口乡志

上辛口乡地方志编修委员会编著。西青区乡镇志系列丛书之一。主修蒋志贤、赵广林,副主修郝恩来、王兰田。天津社会科学院出版社1997年7月第1版第1次印刷,印数3 000册,16开本,421页,2000千字,精装本1册。

志卷首有照片插页16页,有上辛口乡略图1幅,有朱连康、郭凤岐、高孝德、赵广林、迟亚平题词5幅,并有西青区乡镇志系列丛书编修、验收机构和人员名录,上辛口乡志编修人员名录。继之,有赵广林、高进芳、郝恩来、赵继华序文2篇,凡例10则。该志首列概述、大事记。正文为编章节体,计20编85章。卷末有后记。上限公元前475—公元前221年,下限至1993年。

双街镇志

双街镇志编修委员会编著。天津市北辰区地方志分志丛书之六。主编霍贵兴、刘永炬,副主编魏卉、刘秋香、苗泽玉等5人。吉林人民出版社2015年11月第1版第1次印刷,印数3 000册,16开本,602页,850千字,精装本1册,定价280元。

志卷首有编修人员名录,有凡例12则,并有刘春刚和刘永炬序文1篇。该志首列概述、大事记,正文为章节体,计27章149节。以附录殿后。卷末有索引、编修始末。上限溯源,下限至2014年。

双口镇志

北辰区双口镇志编修委员会编著。天津市北辰区地方志丛书之一。主编费国生、张家明,副主编王金华、郭庆。32开本,381页,268.8千字,精装本1册。2003年3月内部印刷,印数300册。

志卷首有李文喜、张家明题词2幅,有照片插页5页,有天津市北辰区双口镇地图1幅,并有编修人员名录。继之,有张家明和郭庆序文1篇,凡例11则。该志首列概述、大事记,正文为编章节体,计18编59章。卷末有后记。上限溯源,下限至2000年。

双桥河镇志

天津市津南区双桥河镇地方志编修委员会编著。主编王文德、孟繁龙,副主编张庆友、李世珍。16开本,667页,精装本1册。2005年内部印刷。

志卷首有双桥河镇地理位置图、天津市津南区双桥河镇政区图2幅,有照片插页14页,并有编修人员名录。继之,有王文德和李晓峰序文1篇,凡例10则。该志首列概述、大事记,正文为篇章节体,计22篇92章。

以附录殿后。卷末有编后记。上限溯源，下限至2002年。

台头镇志

台头镇志编修委员会编。主编邢维刚，副主编孙金会。中国国际美术出版社2008年7月第1版第1次印刷，印数1000册，16开本，814页，精装本1册，定价208元。

志卷首有台头镇在天津市的位置图、台头镇在静海县的位置图、台头镇区图3幅，有照片插页22页，并有编修人员名录。继之，有来新夏、郭凤岐序文2篇，凡例16则。该志首列概述，正文为章节体，计22章109节。卷末有后记。上限溯源，下限至2006年。

唐官屯镇志

唐官屯镇志编修委员会编著。主编王敬模，副主编孙金元、江志莉、夏清庵。中州古籍出版社2014年4月第1版第1次印刷，印数2000册，16开本，795页，1100千字，精装本1册，定价280元。

志卷首有唐官屯镇位置图、唐官屯镇略图2幅，有照片插页14页，并有编修人员名录。继之，有赵洪军和刘俊起序文1篇，凡例14则。该志首列概述、大事记，正文为编章节体，计19编68章。以附录殿后。卷末有编后语、提供资料人员名单。上限不限，下限至2011年。

天穆镇志

北辰区天穆镇志编修委员会编。天津市北辰区地方志丛书之一。主编马明基，副主编穆怀君，主笔王克正。32开本，673页，精装本1册。1999年7月内部印刷，印数2000册。

志卷首有魏秀山、李文喜、魏积良、穆瑞刚题词4幅，有照片插页14页，并有北辰区地图、天穆镇地区图、天穆镇1995年土地利用现状图、天津市北辰区地方志编修委员会文件、纂修人员名录。继之，有马明基序言1篇，凡例11则。该志首列概述、大事记。正文为章节体，计22章107节。以志补、附录殿后。卷末有后记。上限1404年，下限至1995年。

王庆坨镇志

王庆坨镇地方史志编修委员会编著。主修孙智、解华，副主修胡永海、张东来等3人，总纂段金亮，副总纂孙德恕、李治恩。天津古籍出版社1996年6月第1版第1次印刷，印数3000册，16开本，553页，350千字，精装本1册，定价88元。

志卷首有罗远鹏、黄炎智、郭凤岐、邵久武、李树宏题词5幅，有照片插页8页，有王庆坨镇政区图、王庆坨镇内街道图、王庆坨镇水利工程图、王庆坨镇土地利用图4幅，并有编修、审验机构及人员名录。继之，有孙智等序文1篇，凡例13则。该志首列概述、大事记。正文为卷章节体，计8卷38章。以附录殿后。卷末有后记。上限溯源，下限至1995年。

王稳庄乡志

王稳庄乡志编修委员会编著。西青区乡镇志系列丛书之一。主修高问友,副主修李耀华。天津社会科学院出版社1996年1月第1版第1次印刷,印数2 000册,16开本,509页,2000千字,精装本1册。

志卷首有照片插页16页,有王稳庄乡略图1幅,有高问友、崔继永、迟亚平题词3幅,并有西青区乡镇志系列丛书审定验收人员名录、王稳庄乡志编修人员名录。继之,有高问友和韩树珩序文1篇,凡例9则。该志首列概述、大事记。正文为编章节体,计23编93章。以附录殿后。卷末有后记。上限1404年,下限至1992年。

西堤头镇志

北辰区西堤头镇地方志编修委员会编著。天津市北辰区地方志丛书之一。主编宋锡岭,副主编张永超。32开本,426页,365千字,精装本1册。2004年4月内部印刷,印数500册。

志卷首有李文喜、张桂祥、张振明、魏积良题词4幅,有照片插页15页,并有编修人员名录。继之,有宋锡岭序文1篇,凡例8则。该志首列概述、大事记,正文为编章节体,计16编67章。以附录殿后。卷末有编修始末。上限1404年,下限至1995年。

小淀镇志

小淀镇志编修委员会编著。天津市北辰区地方志分志丛书之七。吉林人民出版社2016年7月第1版第1次印刷,16开本,387页,535千字,精装本1册,定价160元。

志卷首有高文申和张昊君序文1篇,凡例13则。该志首列概述、大事记,正文为条目体。以附录、索引殿后。卷末有编后记。上限溯源,下限至2014年。

宜兴埠镇志

天津市北辰区宜兴埠镇志编修委员会编。主编薄良弼。32开本,550页,320千字,精装本1册。1999年4月内部印刷,印数1000册。

志卷首有魏秀山题词1幅,有照片插页29页,有宜兴埠地图、北辰区地图2幅,并有编修人员名录。继之,有康宝禄序文1篇,凡例11则。该志首列概述、大事记,正文为章节体,计24章98节。卷末有编修始末。上限溯源,下限至1997年。

张家窝镇志

张家窝镇地方志编修委员会编。主编田云来,副主编于恒新。天津社会科学院出版社2007年11月第1版第1次印刷,印数2 000册,16开本,409页,1800千字,精装本1册,定价180元。

迟亚平题写书名。志卷首有迟亚平题词1幅,有张家窝镇地理位置示意图、天津市西青区张家窝镇总体规划图2幅,有照片插页40页,并有编修人员名录。继之,有勾树松和马桂连序文1篇,凡例10则。该志首列概述、大事记,正文为编章节体,计21编

73章。以附录殿后。卷末有后记。上限不限,下限至1996年。

中北斜乡志

中北斜乡地方志编修委员会编著。西青区乡镇志丛书之一。主编姜树林、赵月亭,副主编邵枫叶、魏福先。天津社会科学院出版社1999年12月第1版第1次印刷,印数2000册,16开本,451页,460千字,精装本1册,定价95元。

志卷首有照片插页16页,有中北斜乡略图1幅,有迟亚平、郭凤岐题词2幅,并有编修人员名录。继之,有李德光和高秀冬序文1篇,凡例12则。该志首列概述、大事记,正文为篇章节体,计20篇70章。以附录殿后。卷末有编后记。上限溯源,下限至1995年。

中北镇志

中北镇地方志编修委员会编。主编姜树林,副主编赵月亭、韩宝霞、郭淑荣。天津社会科学院出版社2011年1月第1版第1次印刷,印数1000册,16开本,586页,600千字,精装本1册,定价150元。

志卷首有照片插页13页,有中北镇域图1幅,并有编修人员名录。继之,有赵春跃和马敬喜序文1篇,凡例9则。该志首列概述、大事记、附录、附记,正文为篇章节体,计17篇52章。卷末有后记。上限1996年,下限至2006年。

河北省

第一关镇志

　　河北省秦皇岛市山海关区第一关镇志编纂委员会编。中国名镇志文化工程成果之一。主编孙继胜、马学智,副主编王金纯、李淑萍。方志出版社2016年2月第1版第1次印刷,16开本,334页,420千字,精装本1册,定价136元。

　　志卷首有王伟光、李培林序文2篇,有编修人员名录,有凡例16则。继之,有山海关古城明清风俗地图、万里长城山海关古建复原图2幅,有照片插页3页。该志正文为纲目体。以大事纪略殿后。卷末有编纂始末。上限溯源,下限至2014年。

东头营乡志

　　东头营乡志编写组编。16开本,106页,平装本1册。内部印刷。

　　志卷首有中共东头营乡党委和东头营乡人民政府序言1篇,有东头营乡政区图1幅。该志首列概述,正文为章节体,计10章27节。卷末有编后记、编修人员名录。上限不限,下限至1987年。

窦妪镇志

　　栾城县窦妪镇志编纂委员会编。主编赵为民,副主编赵敏子、高瑞廷、刘坚锐。16开本,579页,892千字,精装本1册。2007年1月内部印刷,印数1000册。

　　志卷首有王德庆、李新英、张奋平、白荣业、马国志、赵梦江题词6幅,有照片插页29页,并有编修人员名录。继之,有赵梦江序文1篇,凡例9则。该志首列概述、特载,正文为编章节体,计5编24章。以大事记、附录殿后。卷末有编后记。上限1939年,下限至2005年。

海港区村镇志

　　秦皇岛市海港区地方志编纂委员会编。主编王澍,执行主编董育松、王胤龙,副主编王保磊、亢学文等3人。方志出版社2011年12月第1版第1次印刷,印数1000册,16开本,484页,850千字,精装本1册,定价150元。

　　志卷首有2010年4月、2011年10月海港区地方志年鉴编纂委员会名录,有海港区村镇志编辑部、资料提供人员名录。继之,有凡例10则,冯志永和冯国林序文1篇。该志首列总述。正文为条目体。以风俗,方言、谚语、歇后语,附录殿后。卷末有编后记。上限溯源,下限至 2010 年。

马厂镇志

马厂镇志编纂委员会编。主编韩雪。16 开本,283 页,400 千字,精装本 1 册,定价 20 元。2005 年 1 月内部印刷,印数 2000 册。

志卷首有赵超英、李新平题词 2 幅,有马厂镇行政区划图(2005 年 1 月)、马厂镇外向型经济走廊示意图 2 幅,有照片插页 2 页。继之,有杨明义序文 1 篇,凡例 7 则,并有编修人员名录。正文为编章节体,计 13 编 53 章。以大事殿后。卷末有后记。上限溯源,下限至 2004 年 10 月。

上官营乡志

上官营乡志编写组编。主编彦均,副主编温少良。16 开本,104 页,平装本 1 册。内部印刷。

志卷首有编者序言 1 篇,有上官营乡行政区示意图 1 幅。该志首列概况,正文为章节体,计 9 章 25 节。卷末有编后记、编修人员名录。上限不限,下限至 1987 年。

四合永镇志

四合永镇志编纂委员会编。河北省围场满族蒙古族自治县乡镇村志系列成果之一。主编曹成伟,副主编吴铁成。九州出版社 2017 年 12 月第 1 版第 1 次印刷,16 开本,336 页,268 千字,精装本 1 册,定价 180 元。

志卷首有编修人员名录,有杨金松和王艳国序文 1 篇,凡例 11 则。继之,有四合永镇在河北省的位置示意图、四合永镇在河北省围场满族蒙古族自治县的位置示意图、四合永镇行政区划示意图等 5 幅,有照片插页 17 页。该志首列概述、大事记,正文为章节体,计 21 章 86 节。以附录殿后。卷末有后记。上限清代,下限至 2015 年。

魏家屯镇志

魏家屯镇志编纂委员会编。主编孟宪英,副主编解国龙、朱占军、李胜。远方出版社 2006 年 6 月第 1 版第 1 次印刷,印数 2000 册,16 开本,305 页,460 千字,精装本 1 册,定价 168 元。

志卷首有编修人员名录,有武铁良、尚金亮和杜国祥序文 2 篇,有丁震欧题词 1 幅,有冀州市魏家屯镇政区地名图、冀州市魏家屯镇交通示意图、河北冀县魏家屯详细图 3 幅,有照片插页 28 页。继之,有凡例 12 则。该志首列概述、大事记,正文为编章节体,计 20 编 77 章。以存录殿后。卷末有编后记。上限溯源,下限至 2005 年。

郄马镇志

石家庄市高新区郄马镇志编纂员会编。主编赵为民。16 开本,517 页,806 千字,精装本 1 册。2012 年 10 月内部印刷,印数 300 册。

志卷首有郄马镇地图 1 幅,有照片插页 11 页,并有编修人员名录。继之,有张志平、周文斌序文 2 篇,凡例 10 则。该志首列概述。正文为编章节体,计 6 编 33 章。以编末殿后。卷末有编后记。上限 1953 年,下限至 2012 年 5 月。

辛庄乡志

井陉县辛庄乡志编纂委员会编。主编许永峰,副主编程捧荣、程永贵、程和平等 5 人。16 开本,812 页,1 272 千字,精装本 1 册。2007 年 12 月内部印刷,印数 1 800 册。

志卷首有庞彦须、李彦明题词 2 幅,有李树廷和许利军出版致辞 1 篇,有照片插页 13 页,有井陉县辛庄乡旅游交通图、井陉县辛庄乡水利图 2 幅,并有编修人员名录。继之,有梁建楼序文 1 篇,凡例 12 则。该志首列概述、大事记,正文为篇目体,计 26 篇。以附录殿后。卷末有编后记、索引。上限不限,下限至 2006 年。

朱首营乡志

朱首营乡志编写组编。主编张勇。16 开本,73 页,平装本 1 册。内部印刷。

志卷首有朱首营乡志编写组序言 1 篇,有朱首营乡政区图 1 幅。该志首列概述,正文为章节体,计 9 章 27 节。卷末有编后语、编修人员名录。上限不限,下限至 1987 年。

山西省

八甲口镇志

八甲口镇志编纂委员会编。主编栗末红,副主编成保土。中国文史出版社2015年2月第1版第1次印刷,印数1600册,16开本,579页,650千字,精装本1册,定价228元。

志卷首有编修人员名录,有八甲口镇在阳城县的地理位置图、八甲口镇政区图2幅,有照片插页44页。继之,有郭景文和田学锋序文1篇,凡例7则。该志首列概述、要事纪略,正文为章节体,计28章130节。以附录殿后。卷末有图表索引、后记。上限不限,下限至2013年。

巴公镇志

巴公镇志编纂委员会编。主编侯生哲、卢文祥,副主编毕明荣、段小定、赵一兵。32开本,659页,410千字,精装本1册。1998年10月内部印刷,印数3000册。

志卷首有巴公镇地理位置图、巴公镇行政区域图2幅,有照片插页14页,并有编修人员名录。继之,有毋均珠和牛天生序文1篇,凡例8则。该志正文为编章节体,计10编56章。以杂录殿后。卷末有后记。上限不限,下限至1996年。

北周庄镇志

主编王碧邦、史俊龙,副主编黄冀、苏建成。三晋出版社2013年6月第1版第1次印刷,印数1200册,16开本,488页,500千字,精装本1册,定价390元。

志卷首有侯元、南志中、程育胜、袁林生题词4幅,有山阴县政区图、北周庄镇各村位置图2幅,有照片插页9页,并有编修人员名录。继之,有王碧邦和史俊龙序文1篇,凡例8则。该志首列概述、大事记,正文为章节体,计8篇33章。以附录殿后。卷末有编志始末、后记。上限溯源,下限至2012年9月。

长治市乡镇简志

长治市地方志办公室编纂。主编马书岐,副主编党文滨、赵培文。北岳文艺出版社2013年1月第1版第1次印刷,16开本,313页,703千字,精装本1册,定价260元。

志卷首有编修人员名录,凡例8则,有长治市行政区划图1幅,有照片插页28页。该志首列概述,正文为章节体,计13章155节。上限不限,下限至2010年。

崇文镇志

崇文镇志编纂委员会编。主编王学萍、赵勇。32开本,133页,精装本1册。2001年内部印刷,印数1000册。

志卷首有编修人员名录,有崇文镇行政区域图1幅,有照片插页8页。继之,有前言1篇,凡例8则。该志首列概述,正文为章节体,计10章34节。以大事记殿后。卷末有后记。上限溯源,下限至2000年。

岱岳镇志

主编刘德义、马维华,执行主编黄冀、苏建成。三晋出版社2015年1月第1版第1次印刷,印数2000册,16开本,620页,800千字,精装本1册,定价520元。

志卷首有王振华、尤岐山、贾忠权等题词6幅,有朔州市政区图、山阴县政区图、山阴县岱岳镇政区图3幅,有照片插页7页,并有编修人员名录。继之,有刘德义和马维华序文1篇,凡例10则。该志首列概述、大事记,正文为篇章节体,计8篇33章。以附录殿后。卷末有后记。上限溯源,下限至2012年。

东寺头乡志

山西省平顺县《东寺头乡志》编纂委员会编。主编吴月红,副主编曹新广、张松斌。三晋出版社2011年11月第1版第1次印刷,印数3000册,16开本,383页,325千字,精装本1册,定价88元。

志卷首有编修人员名录,有东寺头地图1幅,有照片插页29页。继之,有李茂盛、陈鹏飞、吴小华序文3篇,凡例8则。该志首列概述,正文为章节体,计19章66节。卷末有跋。上限溯源,下限至2010年。

段村镇志

山西省史志研究院编。山西省重点乡镇村志系列丛书之一。主编田瑞。山西古籍出版社1994年第1版第1次印刷,32开本,309页,精装本1册。

志卷首有编修人员名录,有照片插页6页。继之,有王宝生、马敬晓、桑小平和任有功序文3篇,凡例6则。正文为章节体,计7章25节。以附录殿后。上限溯源,下限至1990年。

古城镇志

主编刘武经、李安义,副主编梁吉凤、万好收。黄河水利出版社2001年12月第1版第1次印刷,印数1800册,32开本,596页,482千字,精装本1册,定价58元。

志卷首有照片插页6页,有韩左军、关百胜、乔福生、贾凤岐、柴凤翔、贾安民、史增怀题诗、题词7幅。继之,有邢文斌序文1篇,山西省襄汾县《古城镇志》编纂委员会前言1篇,凡例12则,并有《古城镇志》编纂人员名录。该志首列概述,正文为章节体,计15章82节。以附录殿后。卷末有赵文礼所撰的跋以及编后记。上限溯源,下限至 2000 年。

广胜寺镇志

主编李永奇、严双鸿。山西古籍出版社 1999 年 3 月第 1 版第 1 次印刷,印数 3000 册,32 开本,416 页,340 千字,精装本 1 册,定价 48 元。

志卷首有编修人员名录,有卢健清题词 1 幅,有广胜寺镇在洪洞县的位置图、广胜寺镇地图 2 幅,有照片插页 8 页。继之,有柴高潮序文 1 篇,凡例 7 则。该志首列概述,正文为篇章节体,计 8 篇 38 章。以附录殿后。卷末有后记。上限溯源,下限至 1997 年。

黑龙关镇志

黑龙关镇志编纂委员会编。主编霍怀德。16 开本,293 页,290 千字,精装本 1 册。2006 年 12 月内部印刷,印数 500 册。

志卷首有编修人员名录,有黑龙关镇志编纂委员会前言 1 篇,有照片插页 8 页。继之,有王马龙和任梁智序文 1 篇,凡例 6 则。该志首列概述、大事记,正文为章节体,计 17 章 79 节。以附录殿后。卷末有编后记。上限不限,下限至 2005 年。

洪水镇志

中共洪水镇委员会、洪水镇人民政府编。主编魏振东,副主编张瑞、李志军、郭永平。16 开本,585 页,精装本 1 册。内部印刷。

志卷首有编修人员名录,有照片插页 8 页。继之,有魏振东序文 1 篇,凡例 10 则。该志正文为编章节体,计 10 编 33 章。以附录殿后。卷末有后记。上限溯源,下限至 2010 年。

黄崖洞镇志

黎城乡镇志丛书之一。主编刘书友,副主编谷来顺、王增堂、赵省枝等 5 人,主修张晓明。武汉出版社 2006 年 12 月第 1 版第 1 次印刷,16 开本,329 页,精装本 1 册。

志卷首有编修人员名录,有凡例 8 则,有黎城县政区图 1 幅,有李俊敏、王联芳、陈鹏飞、蔡雷飚等题词 8 幅。继之,有李俊敏、陈鹏飞序文 2 篇,张晓明前言 1 篇,并有照片插页 22 页。该志首列概述、大事记,正文为章节体,计 9 章 73 节。以丛录殿后。卷末有黄崖洞镇志主修、主编、主审简介及后记。上限溯源,下限至 2005 年。

集义乡志

集义乡志编纂委员会编。主编李中,副主编王瑞清、闫有梅。16 开本,505 页,414 千字,精装本 1 册。内部印刷。

志卷首有编修人员名录,有集义乡区域图 1 幅,有照片插页 15 页。继之,有车建华、董隽杰和韩晓东序文 2 篇,凡例 9 则。该志首列概述,正文为编章节体,计 8 编 34 章。以大事记殿后。卷末有丛录、后记、参考目录。上限溯源,下限至 2008 年。

交口乡志

灵石县交口乡志编纂委员会编。

主编任守田。16开本,300页,350千字,精装本1册。2002年4月内部印刷,印数500册。

志卷首有编修人员名录,有照片插页2页,有侯文禄、张宝铸和温暖题词2幅,并有交口乡行政区划图1幅。继之,有温毓诚、燕学恭序文2篇,凡例10则。该志首列概述,正文为章节体,计15章60节。以附录杂记殿后。卷末有跋。上限溯源,下限至2001年12月。

老营镇志

著者王居正。天津科学技术出版社2015年6月第1版第1次印刷,16开本,299页,400千字,精装本1册,定价58元。

志卷首有照片插页4页,有编修人员名录,有老营堡庙宇图1幅。继之,有郭建忠、王建国序文2篇,凡例11则。该志首列概述,正文为章节体,计15章57节。以附录殿后。卷末有后记。上限溯源,下限至2010年。

黎侯镇志

黎城乡镇志丛书之一。主编刘书友,副主编李剑力、李联红、魏小伟等6人,主修郭联宾、王仁芳。武汉出版社2006年12月第1版第1次印刷,16开本,415页,精装本1册。

霍泛敬题写书名。志卷首有编修人员名录,凡例8则。继之,有黎城县政区图1幅,有李俊敏、王联芳、陈鹏飞等题词8幅,有李俊敏、陈鹏飞序文2篇,郭联宾和王仁芳前言1篇,并有照片插页20页。该志首列概述、大事记,正文为章节体,计7章74节。以丛录殿后。卷末有后记。上限溯源,下限至2005年。

刘家垣镇志

主编柳勇、樊端生,副主编贾红海、景志盛、周志平等6人。三晋出版社2013年4月第1版第1次印刷,印数1000册,16开本,809页,590千字,精装本1册,定价398元。

刘毓庆题写书名。志卷首有编修人员名录,有洪洞县行政区划图、刘家垣镇行政区划图2幅,有王黎明、郑步电、刘奎生、邵玉义、樊端生、史耐娃题词6幅,有照片插页14页。继之,有王黎明和郑步电、柳勇和贾红海序文2篇,凡例9则。该志首列镇情综述,正文为编章节体,计13编43章。卷末有后记、参考文献。上限西周时期,下限至2011年。

柳树口镇志

主编段新社,副主编范爱军、秦志刚。中央文献出版社2003年2月第1版第1次印刷,印数2000册,32开本,253页,240千字,平装本1册,定价28元。

志卷首有编修人员名录,有柳树口镇行政区划图1幅,有王国英题词1幅,有照片插页7页。继之,有牛来有序文1篇,凡例6则。该志首列概述,正文为章节体,计9章23节。以杂录殿后。卷末有后记。上限不限,下限至2002年。

南垴镇志

平定县南垴镇志编纂委员会编。主编朱玉芳,副主编卢素昌、刘春生。海潮出版社1998年3月第1版第1次印刷,印数2 000册,16开本,505页,600千字,精装本1册,定价98元。

胡富国题写书名。志卷首有编修人员名录,有王谦、田霍卿、魏德卿等题词4幅。继之,有林凌、王元寿和王七孩、朱玉芳和卢素昌序文3篇,凡例11则,有南垴镇政区图、南垴镇地形图2幅,有照片插页18页。该志首列综述、大事记,正文为章节体,计23章108节。以丛录殿后。卷末有限外辑要、修志始末、跋。上限溯源,下限至1996年。

南村镇志

主编赵学梅,副主编董福祥、卫积宽、毋均珠。山西古籍出版社1995年2月第1版第1次印刷,印数3 000册,32开本,353页,163千字,精装本1册,定价16元。

李才旺题写书名。志卷首有编修人员名录,有孙文盛、田霍卿等题词4幅,有南村镇行政区域图、南村镇地形图2幅,有照片插页8页。继之,有薛荣哲序文1篇,范堆相、乔随根等前言1篇,凡例6则。该志正文为纲目体。卷末有后记。上限不限,下限至1993年。

南岭乡志

主编彭守忠、成根同。山西人民出版社2005年10月第1版第1次印刷,印数1 500册,32开本,496页,350千字,精装本1册,定价98元。

志卷首有编修人员名录,有南岭乡行政区划图1幅,有范堆相、郭台铭、范守善、李雁红、夏振贵、刘予强题词6幅,有照片插页24页,并有南岭乡镇区规划图1幅。继之,有李晋中序文1篇,凡例7则。该志首列概述,正文为编章节体,计10编41章。以大事记殿后。卷末有后记。上限不限,下限至2005年7月。

暖泉镇志

暖泉镇志编纂委员会编。主编武中明、宋国璋。16开本,466页,660千字,精装本1册。2013年10月内部印刷,印数4 000册。

李永民题写书名。志卷首有暖泉镇在中阳县地图上的位置图1幅,有编修人员名录,有照片插页18页。继之,有樊宝珠、陈国荣、郭保平、乔晓峰、张学厚序文5篇,凡例8则。该志首列概述,正文为篇章节体,计5篇26章。卷末有后记。上限不限,下限至2011年。

蒲县乔家湾乡志

乔家湾乡志编纂委员会编。主编乔天民,副主编李正成、左长瑞、李建国。18开本,267页,140千字,精装本1册。2000年12月内部印刷,印数500册。

西戎题写书名。志卷首有照片插页5页,并有编修人员名录。继之,有编者前言1篇,吴玉良和王明俊序文1

篇,凡例9则,有蒲县乔家湾乡地图1幅,有仇振刚、任峰、武国英等题词9幅。该志首列概述、大事记,正文为章节体,计16章68节。以附记殿后。卷末有编后记。上限不限,下限至2000年。

曲亭镇志

山西省史志研究院编。山西省重点乡镇村志系列丛书之一。主编崔山原。山西古籍出版社1995年第1版第1次印刷,32开本,259页,平装本1册。

志卷首有编修人员名录,有黄登高、卢健清题词2幅,有曲亭镇在洪洞县的位置图、曲亭镇地图2幅,并有照片插页4页。继之,有侯文正序文1篇,凡例7则。该志首列概述,正文为纲目体。以附录殿后。卷末有后记。上限溯源,下限至1995年。

山西省乡镇简志

山西省地方志办公室编。主编赵群虎,副主编安丽娜、马晓玲、张丽等4人。山西人民出版社、北岳文艺出版社2014年7月第1版第1次印刷,印数3000册,16开本,2965页,4589千字,精装本4册,定价1880元。

志卷首有山西省政区图、山西省旅游资源图2幅,并有编修人员名录。继之,有凡例5则,编者前言1篇。该志首列概述、大事记,正文为编章节体,计4部分11编。以索引殿后。卷末有后记。上限1949年,下限至2010年。

上遥镇志

黎城乡镇志丛书之一。主编赵松贤,主修谢永强。武汉出版社2006年12月第1版第1次印刷,16开本,764页,600千字,精装本1册。

志卷首有编修人员名录,有上遥镇区划图、原平头乡区划图、原上遥镇区划图、原柏峪乡区划图4幅,有刘江明、王林堂、王殿芳、尚宪芳等题词8幅。继之,有史书贤、李爱莲、谢永强序文3篇,有赵松贤前言1篇,有照片插页17页,凡例10则。该志首列概述、大事记,正文为章节体,计26章153节。以附录殿后。卷末有后记。上限溯源,下限至2003年。

停河铺乡志

黎城乡镇志丛书之一。主编刘书友,副主编尤元龙、张新建、胡红民,主修郭力毅。武汉出版社2010年12月第1版第1次印刷,16开本,405页,410千字,精装本1册。

志卷首有编修人员名录,凡例8则,有黎城县政区图1幅,有郭俊芳、路小玲、刘永清、崔喜龙等题词9幅。继之,有崔建泰和郚双庆、郭力毅、孙广兴序文3篇,有照片插页14页。该志首列概述、大事记,正文为章节体,计9章70节。以限外辑要殿后。卷末有后记。上限溯源,下限至2006年。

屯里镇志

屯里镇志编纂委员会编。主编吉世平、徐玉,副主编晋建伶、张百记、陈林勇。16 开本，464 页，精装本 1 册，定价 298 元。2011 年 6 月内部印刷，印数 1200 册。

志卷首有编修人员名录，有李茂盛、王震、杨午生题词 3 幅，有屯里镇在尧都区位置图、屯里镇辖村地界示意图 2 幅，并有照片插页 27 页。继之，有赵志坚、吉世平和徐玉序文 2 篇，凡例 11 则。该志首列概述、大事记，正文为卷目体，计 23 卷。以特载、限外辑要殿后。卷末有编后记。上限不限，下限至 2009 年。

西井镇志

黎城乡镇志丛书之一。主编刘书友，副主编王福堂、牛云波、张九成等 6 人，主修杨红军、吴长生。武汉出版社 2006 年 12 月第 1 版第 1 次印刷，16 开本，379 页，精装本 1 册。

志卷首有编修人员名录，凡例 8 则，有黎城县政区图 1 幅，有李俊敏、王联芳、陈鹏飞、蔡雷飚等题词 8 幅。继之，有李俊敏、陈鹏飞序文 2 篇，杨红军和吴长生前言 1 篇，有照片插页 20 页。该志首列概述、大事记，正文为章节体，计 7 章 84 节。以附录殿后。卷末有后记。上限溯源，下限至 2005 年。

西辛庄镇志

主编孟武生，副主编韩光晶、王正汉、郝继文。16 开本，551 页，500 千字，精装本 1 册，定价 148 元。2005 年 5 月内部印刷，印数 1000 册。

志卷首有编修人员名录，有马森、李良森、张旭光题词 3 幅，有西辛庄镇卫星影像图、西辛庄镇地图、西辛庄镇村通油（水泥）路图 3 幅，有照片插页 20 页。继之，有张久生、韩光勇序文 2 篇，凡例 8 则。该志首列大事记，正文为章节体，计 21 章 76 节。以限外辑要殿后。卷末有编辑人员及撰稿内容、提供资料人员名录。上限溯源，下限至 2004 年。

向阳镇志

向阳镇人民政府编。主编药权、王树英，副主编王心元、柴秀兰。32 开本，434 页，376 千字，精装本 1 册，定价 29.8 元。1998 年 9 月内部印刷，印数 1000 册。

志卷首有编修人员名录，有照片插页 11 页，并有向阳镇行政区划图 1 幅。继之，有范世康、贾万荣序文 2 篇，凡例 10 则。该志首列概述，正文为章节体，计 14 章 52 节。以大事记殿后。卷末有限外辑要、编后记。上限溯源，下限至 1989 年。

孝义市城关乡志

孝义市城关乡志编纂委员会编。山西省重点乡镇村志系列丛书之一。主编李林生，副主编王树智、李凤娥、李殿生 3 人。山西古籍出版社 1996 年 12 月第 1 版第 1 次印刷，印数 1500 册，16 开本，455 页，550 千字，精装本 1 册，定价 80 元。

志卷首有山西省重点乡镇村志系列丛书编辑委员会、孝义市城关乡志编纂委员会名录，有胡富国、孙文盛、郭裕怀、姚新章、冯其福、侯文正题词6幅,有城关乡政区图1幅,照片插页8页。继之,有章霍生、曹金初序文2篇,凡例7则。该志首列概述。正文为卷章节体,计18卷58章。以附录殿后。卷末有各村、各单位提供资料人员名录,撰稿人员名录,修志后记,侯登彬所写的跋。上限溯源,下限至1995年。

孝义市兑镇镇志

孝义市兑镇镇志编纂委员会编。主编张由泉,副主编李映滨、李永平。山西人民出版社2010年10月第1版第1次印刷,印数1000册,16开本,617页,500千字,精装本1册,定价198元。

志卷首有编修人员名录,有兑镇镇政区、交通图1幅,有薛延忠题词1幅,有照片插页27页。继之,有张旭光、郭保平序文2篇,凡例8则。该志首列概述,正文为章节体,计22章94节。以附录殿后。卷末有修志始末。上限溯源,下限至2008年。

孝义市柱濮镇志

孝义市柱濮镇志编纂委员会编。山西省重点乡镇村志系列丛书之一。主编冯太贵,副主编李辉、任璞等3人。山西古籍出版社1998年6月第1版第1次印刷,印数1500册,16开本,444页,530千字,精装本1册,定价98元。

志卷首有山西省重点乡镇村志系列丛书编纂委员会、孝义市柱濮镇志编纂委员会名录,有胡富国、孙文盛、郭裕怀、王昕、姚新章、冯其福题词6幅,有柱濮镇地图、柱濮镇卫星影像图、柱濮镇交通程控电话图、柱濮镇区图4幅,有照片插页14页。继之,有章霍生、曹金初序文2篇,凡例5则。该志首列概述、大事记。正文为卷章节体,计16卷51章。以附录殿后。卷末有高大旺、张志祥所撰的跋2篇及修志后记。上限溯源,下限至1996年。

阳泉市乡镇简志

阳泉市地方志办公室编。主编任佟苏,副主编高忠乐、董雪卉。方志出版社2012年12月第1版第1次印刷,印数2000册,32开本,283页,177千字,精装本1册,定价50元。

志卷首有阳泉市地方志编纂委员、阳泉市乡镇简志编辑部人员名录,有阳泉市地图1幅,有照片插页22页,并有阳泉市旅游景点分布图1幅。继之,有编辑说明1篇。该志首列总述。正文为条目体。卷末有空白的读者空间5页。上限溯源,下限至2010年。

野川镇志

主编牛耕田,副主编马夏瑜、邵晓松。山西人民出版社2016年4月第1版第1次印刷,印数1000册,16开本,663页,760千字,精装本1册,定价96元。

志卷首有编修人员名录,有野川镇区域示意图1幅,有照片插页23

页。继之,有张玉宏和邹树琦、吴华芳和李树中序文 2 篇,凡例 9 则。该志首列概述,正文为卷编章体,计 8 卷 39 编。以重要事件殿后。上限溯源,下限至 2013 年。

赵城镇志

主编王秋平。山西人民出版社 2014 年 8 月第 1 版第 1 次印刷,印数 2000 册,16 开本,840 页,1100 千字,精装本 1 册,定价 398 元。

刘毓庆题写书名。志卷首有编修人员名录,有洪洞县行政区划图、赵城镇行政区划图 2 幅,有照片插页 12 页。继之,有王黎明和郑步电、王秋平和张文俊序文 2 篇,凡例 15 则。该志首列概述,正文为卷章节体,计 29 卷 130 章。以大事记殿后。卷末有参考资料、后记。上限 1954 年,下限至 2013 年。

周村镇志

周村镇志编纂委员会编。主编郎军芳、焦志成、李旭升。三晋出版社 2015 年 8 月第 1 版第 1 次印刷,印数 3000 册,16 开本,1187 页,1100 千字,精装本 2 册,定价 268 元。

志卷首有编修人员名录,有周村镇行政区划图、周村镇交通图、周村镇文物分布图 3 幅,有殷理田题词 1 幅,有照片插页 133 页。继之,有郎军芳和焦志成序文 1 篇,凡例 9 则。该志首列概述,正文为卷章节体,计 16 卷 61 章。以大事编年殿后。卷末有后记、附表索引。上限溯源,下限至 2013 年。

内蒙古自治区

城川镇志

城川镇志编纂委员会编。主编李巨义,副主编余志龙、秦玉亭。内蒙古教育出版社2011年3月第1版第1次印刷,印数2 000册,16开本,559页,722千字,精装本1册,定价380元。

志卷首有流沙河、伏来旺、于新芳、巴特尔、邢野、王小雷题词6幅,有石君和张布仁、额尔敦仓、云照光序文3篇,并有编修人员名录。继之,有鄂托克前旗城川镇行政区划图1幅,凡例13则。该志首列综述、大事记,正文为编章节体,计8编39章。以人物、附录殿后。卷末有修志始末。上限不限,下限至2009年。

绰源镇志

牙克石市绰源镇人民政府编。主编苗春丽,副主编潘玉衡、刘丽萍、张昆、苗晓清。内蒙古文化出版社2000年12月第1版第1次印刷,印数1 000册,32开本,518页,454千字,精装本1册,定价66元。

志卷首有编修人员名录,有照片插页14页。继之,有卞宏韬和宋秀友序文1篇,凡例9则。该志首列概述,正文为篇章节体,计29篇118章。以篇末殿后。卷末有编纂始末。上限1901年,下限至1999年。

嵯岗镇志

新巴尔虎左旗政协文史委员会、新巴尔虎左旗嵯岗镇人民政府编。主编彭全军,副主编张启明。内蒙古文化出版社2010年9月第1版第1次印刷,印数600册,16开本,427页,366千字,精装本1册,定价158元。

志卷首有编修人员名录,有段捷飞、崔巴图、佟文泉、崔新宇等题词7幅,有照片插页26页,并有嵯岗镇行政区划图1幅。继之,有姜永林序文1篇,凡例10则。该志首列概述、大事记,正文为章节体,计20章92节。以附录殿后。卷末有编纂始末。上限溯源,下限至2008年。

海拉尔市哈克乡志

海拉尔市哈克乡人民政府编。海拉尔市专业志丛书之五。主编张士林,副主编徐金山。内蒙古文化出版社1996年11月第1版第1次印刷,印数800册,32开本,369页,310千字,平装本1册,定价30元。

志卷首有编修人员名录,有照片

插页12页,并有海拉尔市哈克乡位置区划示意图1幅。继之,有张金涛和邴世魁序文1篇,凡例11则。该志首列概述、大事记,正文为章节体,计23章111节。以附录殿后。卷末有编后记。上限溯源,下限至1995年。

建昌营镇志

建昌营镇志编纂委员会编。赤峰市元宝山区地方志丛书之一。主编王永庆、赵芝怀,副主编于东尧。内蒙古人民出版社1995年8月第1版第1次印刷,印数1500册,16开本,406页,500千字,精装本1册,定价80元。

黄胄题写书名。志卷首有照片插页14页,有建昌营镇行政区划图、建昌营镇地理位置图2幅。继之,有傅振伦、王文国和孟庆祥序文2篇,凡例10则。该志首列概述、大事记,正文为篇章节体,计10篇43章。以附录殿后。卷末有修志始末。上限溯源,下限至1993年。

尼尔基镇志

中共尼尔基镇委员会、尼尔基镇人民政府编。主编铁林嘎,副主编常久清。16开本,396页,精装本1册。2008年4月内部印刷,印数500册。

孟智军题写书名。志卷首有鄂海峰和肇英惠序文1篇,有尼尔基镇行政区划图、尼尔基镇城区示意图2幅,有照片插页32页。继之,有凡例12则。该志首列概述,正文为章节体,计33章122节。以附录殿后。卷末有后记、编修人员名录。上限溯源,下限至2005年。

萨力巴乡志

萨力巴乡志编纂委员会编。主编张乃夫。16开本,714页,线装本5册,定价380元。内部印刷。

志卷首有王凤岐、莫德勒题词2幅,有照片插页16页,有萨力巴乡行政区图1幅,并有编修人员名录。继之,有王凤岐、王泽民和郑海廷序文2篇,凡例14则。该志首列概述、大事记,正文为卷章节体,计9卷36章。以附录殿后。卷末有修志始末。上限溯源,下限至2006年1月。

辽宁省

北陵乡志

沈阳市于洪区北陵乡志编纂办公室编。主编门润田、李守志、张崇秀。292页,精装本1册,内部印刷。

志卷首有北陵乡行政区示意图1幅,有照片插页9页。继之,有北陵乡人民政府乡志编纂领导组前言1篇。该志首列概述、大事记,正文为篇章节体,计7篇38章。以编纂资料来源殿后。卷末有后记、乡志办公室工作人员名单。上限清末,下限至1985年。

茨榆坨镇志

郝玉坤、徐国仁编著。吉林文史出版社2010年12月第1版第1次印刷,印数1000册,16开本,374页,精装本1册,定价96.88元。

志卷首有编修人员名录,有刘长儒、陈玉珂、宋殿喜题词3幅,有照片插页4页,并有茨榆坨镇镇域现状图1幅。继之,有赵永林序文1篇,说明7则。该志首列大事记,正文为篇目体,计18篇。卷末有后记。上限溯源,下限至2009年。

大长山岛镇志

大长山岛镇志编纂委员会编。主编赵希富、赵振吉、王国强、张仁藻。黑龙江人民出版社2010年7月第1版第1次印刷,印数1200册,16开本,828页,1000千字,精装本1册,定价198元。

志卷首有编修人员名录,有大长山岛镇行政区划示意图1幅,有照片插页40页。继之,有史良和曲学斌序文1篇,凡例12则。该志首列概述、大事记,正文为编章节体,计17编65章。以附录殿后。卷末有编纂始末。上限溯源,下限至2007年。

大连市甘井子区凌水镇志

大连市高新技术产业园区凌水街道史志编纂委员会编。主编许铁兵。辽宁民族出版社2016年6月第1版第1次印刷,16开本,552页,600千字,精装本1册,定价180元。

志卷首有编修人员名录,有侯卫序文1篇,有凡例11则。该志首列概述、大事记,正文为编章节体,计26编110章。卷末有编后语。上限1840年,下限至2001年。

大洼镇志

中共大洼镇委员会、大洼镇人民

政府编。主编赵树忱,副主编李树春、乔长勇。16开本,318页,260千字,精装本1册,定价60元。1997年内部印刷,印数500册。

郑玉题写书名。志卷首有大洼镇行政区划示意图1幅,有编修人员名录,有照片插页4页。继之,有凡例10则,有郑玉、张晓忠序言2篇。该志首列概述、大事记,正文为编章节体,计15编61章。卷末有后记。上限1806年,下限至1995年。

红旗镇志

红旗镇志编纂委员会编。主编牛飞、张逊,执行主编韩行铎、刘丕锁。大连出版社2003年2月第1版第1次印刷,印数4000册,16开本,525页,788.4千字,精装本1册,定价186元。

志卷首有红旗镇志编修人员名录,有照片插页76页,并有红旗镇行政村区划示意图1幅。继之,有于敏序文1篇,凡例11则。该志首列总述、大事记,正文为编章节体,计20编90章。卷末有编后记。上限1945年8月22日,下限至2001年。

牛庄镇志

牛庄镇志编纂领导小组编。主编李国安。32开本,278页,240千字,精装本1册。1988年6月内部印刷。

志卷首有牛庄地理位置图、20世纪30年代牛庄市街图、牛庄镇现状图3幅,有照片插页5页。继之,有张茂义、李绪阳序文2篇,凡例8则。该志首列概述、大事记,正文为篇章节体,计6篇24章。卷末有后记、编修人员名录。上限明清,下限至1985年。

平安场乡志

平安场乡志编委会编。主编孙景华,副主编辛金铎。16开本,413页,精装本1册。内部印刷。

志卷首有胡春阳序文1篇,说明5则。继之,有平安乡行政区划图、国营平安农场图2幅,有照片插页18页。该志首列概述,正文为篇章节体,计17篇35章。以大事年记殿后。卷末有编修人员名录、后记。上限1394年,下限至1992年。

三江口镇志

中共三江口镇委员会、三江口镇人民政府编。主编巩振龙,副主编徐清明、刘继平。16开本,320页,260千字,精装本1册,定价70元。1998年6月内部印刷,印数500册。

志卷首有三江口镇行政区划示意图1幅,有编修人员名录,并有照片插页4页。继之,有凡例8则,巩振龙序文1篇。该志首列概述,正文为编章节体,计16编61章。卷末有编后记。上限1821年,下限至1995年。

桑林镇志

桑林镇志编纂委员会编。主编常建明、付立荣,主笔王金胜。16开本,467页,精装本1册。2011年内部印刷。

陈守义题写书名。志卷首有桑林

镇地图 1 幅,有编修人员名录,有照片插页 36 页。继之,有杨春荣、张宏仕序文 2 篇,凡例 7 则。该志首列概述,正文为篇章节体,计 10 篇 46 章。以杂记殿后。卷末有大事记。上限 1948 年 2 月,下限至 2010 年。

沙后所镇志

沙后所镇志编写办公室编。主编张诠。16 开本,424 页,平装本 1 册。内部印刷。

张永春题写书名。志卷首有沙后所镇志编写办公室前言 1 篇,凡例 4 则,有沙后所镇行政区划图 1 幅。该志首列概述,正文为编章节体,计 5 编 27 章。卷末有后记、编修人员名录。上限明初,下限至 1983 年。

曙光乡志

辽阳市宏伟区曙光乡志编纂委员会编。16 开本,232 页,精装本 1 册。内部印刷。

志卷首有曙光乡行政区域图 1 幅,有兴仁轩序文 1 篇,凡例 10 则。该志首列概述、大事记,正文为编章节体,计 14 编 54 章。卷末有编后语、编修人员名录。上限 1978 年,下限至 1993 年。

思山岭满族乡志

本溪市南芬区思山岭满族乡政府编。主编瓜尔佳·天牧、郑全忠,副主编栾志昌、富仁广、徐延安、李世威。16 开本,424 页,500 千字,精装本 1 册。2009 年内部印刷,印数 1000 册。

志卷首有编修人员名录,有陈芳洲、关文明题词 2 幅,有照片插页 54 页。继之,有瓜尔佳·天牧、林艾民、徐庆辉序文 3 篇,凡例 9 则。该志首列概述、大事记,正文为篇章节体,计 9 篇 40 章。以附录殿后。卷末有编后语。上限不限,下限至 2005 年。

魏家岭乡志

主编康化忠,副主编孙成杰、衣建军、袁立国。中国文史出版社 2015 年 6 月第 1 版第 1 次印刷,印数 2100 册,16 开本,400 页,精装本 1 册,定价 120 元。

志卷首有魏家岭乡行政区划图、魏家岭乡行政区划卫星图 2 幅,有照片插页 15 页,并有编修人员名录。继之,有凡例 14 则,闫庆礼序言 1 篇。该志首列概述、大事记,正文为章节体,计 14 章 55 节。以附录殿后。卷末有后记。上限 1811 年,下限至 2014 年。

谢屯镇志

谢屯镇志编写组编。主编宋春常,副主编牛思云。16 开本,279 页,精装本 1 册。1989 年 8 月内部印刷。

王岳云题写书名。志卷首有照片插页 1 页。继之,有中共谢屯镇委员会、谢屯镇人民政府序文 1 篇,凡例 7 则。该志首列概述、大事记,正文为章节体,计 30 章 81 节。卷末有后记、编修人员名录。上限溯源,下限至 1985 年。

新民乡志

王克强编著。辽宁民族出版社2011年6月第1版第1次印刷,16开本,945页,2000千字,精装本1册,定价280元。

朱玉广题写书名。志卷首有编修人员名录,有锦州市太和区新民乡地图、锦州市太和区新民乡地名图2幅,有照片插页32页。继之,有郭志春、张启序文2篇,凡例12则。该志首列概述、大事记,正文为篇章节体,计12篇36章。以附录殿后。卷末有编修始末、索引。上限1948年,下限至2008年。

獐子岛镇志

獐子岛镇志编纂委员会编。主编吴厚刚、张俊之。中国社会出版社2003年8月第1版第1次印刷,印数2000册,16开本,706页,1066千字,精装本1册,定价200元。

志卷首有獐子岛镇志编修人员名录,有刘昇云等题诗、题词2幅,有獐子岛镇行政村区划示意图1幅,有照片插页40页。继之,有吴厚刚和张俊之序文1篇,凡例10则。该志首列概述、大事记,正文为编章节体,计14编72章。以附录殿后。卷末有编纂始末、索引。上限远古,下限至2000年。

吉林省

奋进乡志

长春市宽城区奋进乡人民政府编。主编仇凤江,副主编王月芝、丛吉友。16开本,260页,200千字,精装本1册,定价98元。2007年内部印刷,印数1100册。

志卷首有奋进乡行政区划图、奋进乡区位位置图2幅,有照片插页25页,有刘庆海、陈克信等题词5幅,并有编修人员名录。继之,有仇凤江序文1篇,凡例9则。该志首列概述,正文为篇章节体,计17篇64章。以大事记、附录殿后。卷末有编后记。上限1958年,下限至2006年。

桦皮厂镇续志

昌邑区桦皮厂镇续志编纂委员会编。主编林润年。16开本,394页,精装本1册。2003年11月内部印刷。

林润年题写书名。志卷首有邢吉浦、林润年题词2幅,有编修人员名录,有桦皮厂镇行政区划图、桦皮厂镇街道示意图、桦皮厂镇交通示意图3幅,并有照片插页20页。继之,有邢吉浦和林润年序文1篇。该志首列概述、特载、大事记,正文为篇章节体,计14篇54章。卷末有续志编纂始末。上限1986年,下限至2002年。

台上镇志

集安市台上镇人民政府编。主编辛宏,副主编韩玉新、万思源。吉林文史出版社2008年9月第1版第1次印刷,印数1000册,16开本,352页,550千字,精装本1册,定价360元。

许才山题写书名。志卷首有台上镇行政区域图、原台上镇行政区域图、原双岔乡行政区域图3幅,有照片插页16页。继之,有辛宏和张代仁序文1篇,凡例8则,有编修人员名录。该志首列概述、特载,正文为篇章节体,计15篇72章。以大事记、附录殿后。卷末有后记。上限清朝道光初年,下限至2007年。

乌拉街乡镇志

乌拉街乡镇志编纂委员会编。主笔姜恒昆,副主笔张文卿。32开本,553页,平装本1册。1986年内部印刷。

志卷首有张富、侯广仁、关晓言、赵志刚序言1篇,乌拉街满族乡区域图、乌拉街镇现状图2幅,有照片插页12页,并有编修人员名录。该志首列概述、大事记，正文为篇章节体，计16篇51章。以附录殿后。卷末有编后语。上限溯源，下限至1983年。

榆树市乡镇志

吉林省榆树市地方志编纂委员会编。长春市专志专著之四。主编李国强、李洪亮，副主编王伟成、王兴。吉林人民出版社2008年9月第1版第1次印刷，16开本，1 415页，2 387千字，精装本1册，定价320元。

志卷首有榆树市地图1幅，有照片插页74页，并有编修人员名录。继之，有张晓华序文1篇，凡例8则。该志首列概述，正文为篇章节体，计42篇45章。以大事记、附录殿后。卷末有编后记。上限1945年，下限至2000年。

黑龙江省

瑷珲镇志

黑龙江省黑河市爱辉区瑷珲镇志编纂委员会编。中国名镇志文化工程成果之一。主编田桂珍,副主编岳月美、谢春河、孙运才。方志出版社2017年11月第1版第1次印刷,16开本,256页,321千字,精装本1册,定价105元。

志卷首有王伟光、李培林序文2篇,有编修人员名录。继之,有凡例16则,有瑷珲镇在中国的位置图、瑷珲镇在黑龙江省的位置图、瑷珲镇地图3幅,有照片插页6页。该志正文为纲目体。以附录殿后。卷末有主要参考文献、编纂始末。上限溯源,下限至2016年。

白银纳鄂伦春族乡志

白银纳鄂伦春族乡人民政府编。主编关金红、张檄文,副主编徐峰。32开本,324页,250千字,精装本1册。2002年5月内部印刷,印数1000册。

志卷首有白银纳鄂伦春族乡行政区图1幅,有编修人员名录,有杨胜利序言1篇。继之,有照片插页8页,凡例4则。该志首列概论,正文为编章节体,计6编29章。以附录殿后。卷末有后记。上限1953年,下限至2001年。

新生鄂伦春族乡志

新生乡乡志编纂委员会编。主编王兆明,副主编潘树仁。黑龙江人民出版社2003年4月第1版第1次印刷,印数2000册,16开本,579页,600千字,精装本1册,定价198元。

志卷首有编修人员名录,有照片插页32页,并有新生鄂伦春族乡政区图1幅。继之,有张向凌序文1篇,凡例14则。该志首列概述、大事记,正文为篇章节体,计31篇106章。以附录殿后。卷末有修志始末。上限不限,下限至2000年。

上海市

安亭方泰合志

《安亭方泰合志》编纂委员会编。主编林冬敏、尚家坪,副主编王世绥。学林出版社2006年8月第1版第1次印刷,印数2000册,16开本,632页,精装本1册,1100千字,定价150元。

志卷首有照片插页26页,有2000年安亭镇行政区域图、2000年方泰镇行政区域图、2003年安亭镇行政区域图、安亭镇水系分布图4幅。继之,有沈兴才序文1篇,凡例10则。该志首列概述、大事记,正文为卷章节体,计3卷57章。卷末有编后记、编修人员名录。上限1987年,下限至2004年。

安亭志

上海市嘉定县安亭镇修志领导小组编。主编陆成基。上海社会科学院出版社1990年10月第1版第1次印刷,印数500册,16开本,309页,469千字,精装本1册,定价23元。

宋文治题写书名。志卷首有照片插页16页,有安亭镇平面图、安亭乡图、嘉定县安亭镇交通示意图3幅。继之,有陈龙法、朱福其序文2篇,凡例7则。该志首列概述、大事记,正文为编章节体,计17编61章。卷末有编后记、编修人员名录。上限1911年,下限至1987年。

白鹤乡志

白鹤乡志编纂组编。16开本,212页,平装本1册。1988年2月内部印刷。

李肇基题写书名。志卷首有沈乾忠序文1篇,有照片插页20页。继之,有凡例5则。该志首列概述、大事记,正文为条目体,计21目79条。卷末有编后记、编纂资料来源、编修人员名录。上限辛亥革命,下限至1985年。

白鹤志

《白鹤志》编纂委员会编。主编徐建青、林学雷。上海科学普及出版社2004年5月第1版第1次印刷,印数600册,16开本,571页,574千字,精装本1册,定价100元。

志卷首有陶夏芳题词1幅,有照片插页18页,有白鹤镇地理位置图、白鹤镇水系图、白鹤镇交通图、白鹤镇行政区域图4幅。继之,有陆金生和徐金明序文1篇,凡例5则。该志首列总述、大事记,正文为门条目体,计6

门 26 目。卷末有编后记、附记。上限 219 年，下限至 2000 年。

堡镇乡志

崇明县堡镇乡堡镇乡志编写组编。16 开本，220 页，平装本 1 册。1985 年 6 月内部印刷。

该志首列概述。正文为条目体，计 7 条。卷末有大事记。上限 1911 年，下限 1984 年。

堡镇镇志

堡镇镇志编写组编。16 开本，251 页，平装本 1 册。内部印刷。

该志首列前言。正文为编章节体，计 4 编 22 章。卷末有大事记。上限 1911 年，下限 1984 年。

北蔡镇志

北蔡镇人民政府编。主编徐东，副主编张林琪、钟吉林。16 开本，375 页，611 千字，平装本 1 册，定价 50 元。1993 年 12 月内部印刷。

志卷首有照片插页 8 页，有北蔡镇行政区划图、北蔡镇在川沙县的地理位置图 2 幅。继之，有蒋其耕序文 1 篇，凡例 8 则。该志首列前言、概述、大事记，正文为编章节体，计 12 编 48 章。以附录殿后。卷末有编后记、编修人员名录。上限 1911 年，下限至 1990 年。

北蔡镇志（第 2 卷）

浦东新区北蔡镇人民政府编。主编徐东，副主编张林琪、钟吉林。学林出版社 2002 年 12 月第 1 版第 1 次印刷，印数 1 000 册，16 开本，334 页，1200 千字，精装本 1 册，定价 198 元。

志卷首有照片插页 32 页，有北蔡镇在浦东新区的位置图、北蔡镇集镇区域图、北蔡镇村委会位置图、北蔡镇居委会位置图 4 幅。继之，有张重天序文 1 篇，凡例 7 则。该志首列概述、大事记，正文为编章节体，计 13 编 47 章。卷末有索引、编后记、编修人员名录。上限 1991 年，下限至 2000 年。

北蔡镇志（第 3 卷）

上海市浦东新区北蔡镇人民政府编。主编徐东，副主编张林琪、钟吉林。学林出版社 2012 年 6 月第 1 版第 1 次印刷，16 开本，449 页，680 千字，精装本 1 册，定价 168 元。

志卷首有李家华题词 1 幅，有照片插页 44 页，有北蔡镇行政区划图、北蔡镇在浦东新区的位置图、北蔡镇道路交通图 3 幅。继之，有吴凤飞序文 1 篇，凡例 8 则。该志首列总述、大事记，正文为编章节体，计 8 编 49 章。以附录殿后。卷末有编后记、编修人员名录。上限 2001 年，下限至 2010 年。

北桥志

上海市上海县北桥乡人民政府编。主编陈福明、罗锦旗。16 开本，230 页，平装本 1 册。1987 年 8 月内部印刷。

史济中题写书名。志卷首有照片插页 2 页，有北桥公社位置图、北桥公社简图 2 幅。继之，有王学君前言 1 篇，凡例 9 则，该志首列概述、大事记，正文为篇章节体，计 9 篇 43 章。卷末有附录、编后记。上限 1949 年，下限至 1987 年 7 月。

北新泾镇志

闵行区北新泾镇志编写组编。16 开本，290 页，平装本 1 册。内部印刷。

志卷首有北新泾镇党委和镇政府序文 1 篇，凡例 6 则，该志首列概述、大事记。正文为章节目体，计 8 章 28 节。卷末有附录、编后记、编修人员名录。上限 1949 年，下限至 1984 年。

曹路镇志

《曹路镇志》编纂委员会编。主编陈晓钟。上海辞书出版社 2007 年 10 月第 1 版第 1 次印刷，16 开本，458 页，681 千字，平装本 1 册，定价 100 元。

志卷首有曹路镇在浦东新区的位置图、曹路镇行政区划图 2 幅，有照片插页 18 页，继之，有杜炯前言 1 篇，许德三序文 1 篇，凡例 9 则。该志首列总述、大事记，正文为章节体，计 26 章 121 节。以附录殿后。卷末有编后记、编修人员名录。上限溯源，下限至 2004 年。

曹王志

上海市嘉定区《曹王志》编纂领导小组编。主编吕曰正。上海交通大学出版社 1994 年 12 月第 1 版第 1 次印刷，印数 1000 册，16 开本，274 页，468 千字，精装本 1 册，定价 50 元。

志卷首有 1992 年曹王乡行政区划图 1 幅，照片插页 8 页，编修人员名录。继之，有傅一峰和潘永生序文 1 篇，凡例 7 则。该志首列概述、大事记，正文为编章节体，计 15 编 38 章。卷末有编后记。上限溯源，下限至 1993 年 3 月。

曹行简志

上海县《曹行简志》编写组编。32 开本，144 页，平装本 1 册。1987 年 12 月内部印刷。

陆伯贤题写书名。志卷首有 1985 年上海县曹行公社行政区划图、曹行公社控制面积分布图表 2 幅。继之，有凌耀松序文 1 篇，凡例 8 则。该志首列大事记，正文为章节目体，计 9 章 34 节。卷末有编后记、编修人员名录。上限 1949 年，下限至 1983 年。

漕河泾镇志

《漕河泾镇志》编写组编。主编石义荣，16 开本，124 页，平装本 1 册。1988 年 7 月内部印刷。

志卷首有照片插页 13 页，漕河泾镇图、漕河泾镇现状图 2 幅。继之有钱仁传前言 1 篇，凡例 7 则。该志首列概述、大事记，正文为章节目体，计 10 章 34 节。卷末有资料来源、编后记、编修人员名录。上限 1949 年，下限至 1984 年。

漕泾志

漕泾志编纂委员会编。主编胡秀

龙,副主编邬士林。上海古籍出版社1995年2月第1版第1次印刷,印数1200册,16开本,334页,486千字,精装本1册,定价50元。

潘龙清题写书名。志卷首有程志强题词1幅,有照片插页8页,有漕泾乡图1幅。继之,有杨召章和潘德财序文1篇,凡例6则。该志首列概述、大事记,正文为编章节体,计5编33章。卷末有编后记、编修人员名录。上限溯源,下限至1992年。

长兴乡志

上海市宝山区长兴乡政府《长兴乡志》编写组编。16开本,255页,平装本1册。1990年10月内部印刷,印数500册。

陈杰为题写书名。志卷首有照片插页15页,有长兴岛现状图、长兴乡在宝山区位置图、1882年长兴诸沙位置图、1921年宝山全县区域图、长兴岛中华人民共和国成立前后变迁图、1860年—1958年长兴横沙演变图6幅。继之,有武培航序文1篇,凡例7则。该志首列概述、大事记,正文为编章节体,计10编39章。卷末有编后记、编修人员名录。上限溯源,下限至1985年。

长征乡志

长征镇人民政府编。主编沈宏祺。上海社会科学院出版社1995年10月第1版第1次印刷,印数2 000册,16开本,359页,540千字,精装本1册,定价50元。

苏步青题写书名。志卷首有照片插页16页,有普陀区长征乡图、嘉定县长征公社图、普陀区长征镇位置图等4幅。继之,有徐柏章、李国华、蔡桃弟序文3篇,凡例7则。该志首列综述、大事记,正文为卷章节体,计14卷45章。卷末有编后记、编修人员名录。上限1217年,下限至1993年。

车墩镇志

车墩镇志编纂委员会编。主编徐卫兴,副主编钟建华。上海辞书出版社2011年11月第1版第1次印刷,16开本,650页,880千字,精装本1册,定价200元。

志卷首有吴邦国、俞中华题词2幅,有照片插页16页,有车墩镇行政区划图1幅。继之,有徐卫兴序文1篇,凡例9则。该志首列概述、大事记,正文为章节体,计28章146节。卷末有编后记、编修人员名录。上限溯源,下限至2006年。

陈家镇志

崇明县陈家镇镇志编纂委员会编。主编陆红星,副主编曹振邦、王世范。16开本,429页,300千字,精装本1册。2008年5月内部印刷。

志卷首有照片插页52页,有崇明县行政区划图、陈家镇村级区划调整示意图、原陈家镇乡图、陈家镇镇域区划图4幅。继之,有陈锡昌序文1篇,凡例11则。该志首列概述、大事记,正文为卷章节体,计9卷37章。卷末有编后记、编修人员名录。上限1984年,下限至2004年。

陈行志

上海县陈行乡编志组编。32开本,300页,248千字,平装本1册,定价30元。1985年7月内部印刷。

朱亚民题写书名。志卷首有照片插页20页。继之,有凡例9则。该志首列前言、大事记。正文为篇章节体,计9篇33章。以附录殿后。卷末有编后记。上限1911年,下限至1983年。

城桥乡志（手写稿）

城桥乡编志组编。平装本1册。1986年3月内部印刷。

志卷首有胡伯坤序言1篇。该志首列概述、大事记。正文为章节体,计6章33节。卷末有编后记、编修人员名录。

川沙镇志

《川沙镇志》编纂委员会编。主编陆雨欣,副主编朱根福。上海社会科学院出版社2008年12月第1版第1次印刷,印数2 000册,16开本,678页,1000千字,精装本1册,定价150元。

志卷首有川沙镇行政区域图、川沙镇在浦东新区的位置图2幅,有照片插页34页。继之,有杜炯前言1篇、邓建平序文1篇,凡例9则。该志首列总述、大事记,正文为卷目体,计27卷。以附录殿后。卷末有编后记、编修人员名录。上限溯源,下限至2002年。

大场镇志

中共上海市宝山区大场镇委员会、上海市宝山区大场镇人民政府编。16开本,364页,599千字,精装本1册,定价140元。2001年12月内部印刷,印数500册。

志卷首有照片插页8页,有1992年大场镇政区图、1929年宝山第二区（大场区）图、1946年宝山县大场区乡镇图、1951年大场区图、宝山县大场人民公社图、1985年大场乡主要水系图等7幅,继之,有范小禄序文1篇,凡例10则。该志首列概述、大事记,正文为篇章节体,计19篇71章。卷末有专记、编后记、编修人员名录。上限溯源,下限至1990年7月。

大场镇志（第二卷）

中共上海市宝山区大场镇委员会、上海市宝山区大场镇人民政府编。上海社会科学院出版社2009年12月第1版第1次印刷,16开本,567页,595千字,精装本1册,定价150元。

志卷首有照片插页29页,有2006年宝山区图、2004年大场镇行政图、2004年大场镇交通图、2000年大场镇行政图、2000年祁连镇图、大场镇水系图、原祁连镇水系图7幅。继之,有中共上海市宝山区大场镇委员会和上海市宝山区大场镇人民政府序文1篇,凡例7则。该志首列概述、大事记,正文为篇章节体,计17篇56章。卷末有专记、编后记、编修人员名录。上限1990年,下限至2004年。

大团镇志

大团镇志编纂委员会编。主编茅长根。方志出版社2004年10月第1版第1次印刷,印数2500册,16开本,426页,精装本1册,594千字,定价80元。

志卷首有南汇区大团镇地理位置图、2002年10月大团镇政区图2幅,有照片插页28页。继之,有张铁基和茅长根序文1篇,凡例12则。该志首列概述、大事记,正文为章节体,计24章94节。以附录殿后。卷末有编后记、编修人员名录。上限溯源,下限至2003年5月。

大盈志

大盈志编纂委员会编。主编曹关泉,副主编陆瑞怡、计怀中。方志出版社2004年12月第1版第1次印刷,印数1000册,16开本,591页,783千字,精装本1册,定价100元。

志卷首有照片插页20页,有周德海、陆金毛题词2幅,有大盈镇区域图1幅。继之,有张映华、徐顺福、孙军序文3篇,凡例9则。该志首列总述、大事记,正文为篇章节体,计22篇75章。卷末有编后记、编修人员名录。上限溯源,下限至2003年。

东海镇志

《东海镇志》编纂委员会编。主编宋波祥。方志出版社2006年4月第1版第1次印刷,印数1500册,16开本,338页,精装本1册,485千字,定价80元。

志卷首有东海镇地理位置图、2002年后东海镇行政图2幅,有照片插页18页,编修人员名录。继之,有袁胜明和诸惠华序文1篇,凡例12则。该志首列概述、大事记,正文为章节体,计24章105节。以附录殿后。卷末有后记。上限溯源,下限至2003年5月。

洞泾镇志

洞泾镇志编纂委员会编。主编苏炳根。上海辞书出版社2011年11月第1版第1次印刷,16开本,632页,1000千字,精装本1册,定价200元。

志卷首有洞泾镇行政区划图1幅,有照片插页16页,有陈雪华致贺词1篇。继之,有沈智芳序文1篇,凡例10则。该志首列概述、大事记,正文为章节体,计26章125节。卷末有编后记、编修人员名录。上限溯源,下限至2007年。

杜行志

上海县杜行乡《杜行志》编写组编。上海社会科学院出版社1991年6月第1版第1次印刷,印数1000册,16开本,259页,字数385千字,平装本1册,定价30元。

志卷首有杜行乡简图、土属分布示意图2幅,有照片插页8页。继之,有董粉弟前言1篇,凡例6则。该志首列大事记,正文为编章节体,计9编

36章。卷末有编后记、编修人员名录。上限溯源,下限至1987年。

方泰乡志

上海市嘉定县方泰乡乡志领导小组编。主编李宝兴。上海社会科学院出版社1992年8月第1版第1次印刷,印数2000册,16开本,255页,精装本1册,376千字,定价20元。

志卷首有照片插页8页,有方泰乡图、方泰地区六乡图、方泰黄墙乡图、方泰乡图4幅。继之,有沈志强和吴其林序文1篇,凡例8则。该志首列概述、大事记。正文为卷章节体,计10卷33章。卷末有编后记、编纂资料来源、编修人员名录。上限1909年,下限至1987年。

枫泾镇志

枫泾镇志编纂室编。主编袁炳荣。汉语大词典出版社1993年8月第1版第1次印刷,印数1500册,16开本,432页,450千字,平装本1册,定价35元。

朱学范题写书名。志卷首有徐其华、潘龙清、程志强题词3幅,有照片插页8页,有枫泾镇图1幅。继之,有沈森麟序文1篇,凡例8则。该志首列概述、大事记,正文为章节目体,计28章123节。以附录殿后。卷末有编后记、编修人员名录。上限溯源,下限至1989年。

枫围乡志

上海市金山县枫围乡人民政府编。主编宋锡苇,副主编张国华、毛隆铭。上海科学普及出版社1993年12月第1版第1次印刷,印数1200册,16开本,370页,580千字,精装本1册,定价42元。

志卷首有朱学范、程志强题词2幅,有照片插页12页,有枫围乡行政区划图1幅。继之,有周四木、沈斌、陈方林序文3篇,凡例6则。该志首列概述、大事记,正文为篇章节体,计6篇34章。卷末有编后记、编修人员名录。上限溯源,下限至1990年。

封浜志

上海市嘉定区封浜镇修志领导小组编。主编倪金龙。上海社会科学院出版社1994年6月第1版第1次印刷,印数1000册,16开本,362页,545千字,精装本1册,定价40元。

于光远题写书名。志卷首有于光远、黄富荣、王忠明、罗大明、邵汉荣题词5幅,有照片插页8页,有1993年封浜镇政区图、1993年封浜镇主要企业分布图2幅。有黄富荣、张永达序文2篇,凡例6则。该志首列概述、大事记,正文为卷章节体,计16卷51章。卷末有编后记、编修人员名录。上限溯源,下限至1993年3月。

葑塘志

葑塘志编写组编。16开本,148页,平装本1册。1989年12月内部印刷。

志卷首有王永新序文1篇,凡例4则。该志首列大事记,正文为编章节体,计10编31章。卷末有编后记、编修人员名录。上限1988年,下限至2004年。

奉城志

奉贤县奉城镇《奉城志》编写组编。主编魏裕庆、周正仁。印数1500册,16开本,309页,平装本1册,定价6元。1987年2月内部印刷。

朱屺瞻题写书名。志卷首有吴贵芳、袁见齐、陈虞孙题词3幅,有照片插页20页,有奉城乡位置图、奉城乡行政区划图2幅。继之,有吴贵芳、李怀尧、唐华官、谢东兴序文4篇,徐宗士致贺词1篇,凡例9则。该志首列总述、大事记,正文为章节目体,计12章42节。卷末有专记、编后记、编修人员名录。上限溯源,下限至1984年。

干巷乡志

上海市金山县干巷乡人民政府编。主编朱春生,副主编许秀楠。上海科学普及出版社1993年12月第1版第1次印刷,印数1000册,16开本,249页,400千字,平装本1册,定价40元。

苏局仙题写书名。志卷首有徐其华题词1幅,有照片插页8页,有上海市金山县干巷乡行政区划图、干巷镇图、朱行镇示意图3幅,有编修人员名录。继之,有刘有生、李士明序文2篇,凡例8则。该志首列概述、大事记,正文为编章节体,计5编29章。以附录殿后。卷末有编后记。上限溯

源,下限至1992年。

港东乡志

上海市崇明县港东乡志编志委员会编。主编杨文辛,副主编朱卫生。16开本,427页,平装本1册,定价135元。1955年12月内部印刷,印数2000册。

志卷首有照片插页8页,有崇明县港东乡行政区划图1幅。继之,有秦志超序文1篇,凡例10则。该志首列概况,正文为章节体,计30章135节。以附录殿后。卷末有大事记、编后记、编修人员名录。上限1911年,下限至1993年。

港东志

崇明县港东乡《港东志》编写组编。16开本,708页,平装本2册。1986年1月内部印刷。

盛剑成题写书名。志卷首有周士良等题词3幅,有照片插页18页,有港东乡地图1幅。继之,有凡例4则。该志首列概述、大事记。正文为篇条目体,计7篇。卷末有跋、编后记、编修人员名录。上限1912年,下限至1984年。

港西镇志

崇明县港西镇志编志委员会编。16开本,368页,300千字,精装本1册。2008年3月内部印刷。

志卷首有照片插页33页,有2004年崇明县港西镇行政区划图1幅。继之,有沈俊周序文1篇,凡例6则。该

志首列总述、大事记，正文为章节体，计26章113节。卷末有编后记、编修人员名录。上限1985年，下限至2007年。

高东镇志

《高东镇志》编纂委员会编。主编顾建达，副主编张林琪、钟吉林。上海辞书出版社2008年7月第1版第1次印刷，16开本，449页，625千字，精装本1册，定价120元。

志卷首有照片插页20页，有高东镇在浦东新区的地理位置图、浦东新区高东镇区域图2幅。继之，有杜炯前言1篇，黄建忠序文1篇，凡例9则。该志首列总述、大事记，正文为章节体，计25章112节。卷末有编后记、编修人员名录。上限1986年，下限至2002年。

高东志

《高东志》编修领导小组编。主编徐东，副主编张林琪、钟吉林。16开本，190页，215千字，平装本1册，定价168元。2008年8月内部印刷，印数800册。

徐锦祺题写书名。志卷首有凡例8则。该志首列重印说明、序言、总述、大事记，正文为章节体，计10章58节。上限1911年，下限至1985年。

高南乡志

高南乡人民政府编。主编瞿成才。上海社会科学院出版社1990年12月第1版第1次印刷，印数750册，16开本，292页，438千字，平装本1册，定价18元。

志卷首有照片插页16页，有高南乡全图1幅。继之，有凡例7则。该志首列前言、总述、大事记，正文为篇章节体，计11篇44章。卷末有编后记、编修人员名录。上限溯源，下限至1990年。

高桥镇志

《高桥镇志》编纂委员会编。主编毛饮石。上海辞书出版社2009年1月第1版第1次印刷，16开本，587页，925千字，精装本1册，定价140元。

志卷首有杜宣、于光远、石鸿熙、林沛然、朱鸿伯、郑振华题词6幅，有照片插页20页，有高桥镇在浦东新区的地理位置图、高桥镇区域图2幅。继之，有熊月之、王辛翎序文2篇，凡例8则。该志首列前言、总述、大事记，正文为编章节体，计16编61章。以附录殿后。卷末有编后记、编修人员名录。上限1129年，下限至2005年。

高行镇志

《高行镇志》编纂委员会编。主编黄明德。上海社会科学院出版社2007年5月第1版第1次印刷，印数1200册，16开本，488页，715千字，平装本1册，定价100元。

志卷首有高行镇在浦东新区的地理位置图、高行镇镇域图2幅，有照片插页26页。继之，有杜炯前言1篇，李伯祥序文1篇，凡例9则，该志首列概述、大事记。正文为编章节体,计10编48章。以附录殿后。卷末有编后记、编修人员名录。上限溯源,下限至2003年。

光明续志

上海市奉贤区《光明续志》编纂委员会编。主编吴伟,副主编马勤俭。学林出版社2007年12月第1版第1次印刷,印数1500册,16开本,425页,1740千字,精装本1册,定价360元(全三册)。

志卷首有2003年光明镇地理位置图、2003年光明镇行政区划图、2003年光明镇集镇区域图、2003年光明镇道路分布图、2003年光明镇河道分布图5幅,有刘伦贤、徐根生题词3幅,有照片插页27页。继之,有叶军平、张德葵序文2篇,凡例10则。该志首列概述、大事记、专记,正文为章节目体,计26章117节。卷末有编后记、编修人员名录。上限1985年,下限至2003年。

光明志

奉贤县光明乡《光明志》编写组编。主编路福昌。16开本,299页,平装本1册,定价5元。1986年7月内部印刷,印数1000册。

黄若舟题写书名。志卷首有照片插页12页。继之,有孙文龙序文1篇,凡例10则。该志首列概述、大事记,正文为编章节体,计7编44章。卷末有编后记、编修人员名录。上限溯源,下限至1983年。

航头镇志

航头镇志编纂委员会编。主编王裕舟。方志出版社2003年6月第1版第1次印刷,印数1500册,16开本,400页,精装本1册,460千字,定价240元(全四册)。

志卷首有上海市南汇县航头镇地理位置图、2001年航头镇政图2幅,有照片插页22页。继之,有沈玉明序文1篇,凡例12则。该志首列概述、大事记。正文为章节体,计25章109节。以附录殿后。卷末有编后记、编修人员名录。上限溯源,下限至2001年。

合庆镇志

《合庆镇志》编纂委员会编。主编胡永新。汉语大词典出版社2006年6月第1版第1次印刷,印数1500册,16开本,528页,800千字,精装本1册,定价100元。

志卷首有合庆镇行政区域图、合庆镇在浦东新区的位置图2幅,有照片插页22页。继之,有杜炯前言1篇,刘欣冬序文1篇,凡例7则。该志首列前言、总述、大事记,正文为篇章节体,计12篇41章。以附录殿后。卷末有编后记、编修人员名录。上限溯源,下限至2002年。

合兴志

崇明县合兴乡编史组编。16开本,270页,平装本1册,1985年9月内部印刷。

志卷首有凡例5则。该志首列前言、概述、大事记,正文为编章节体,计

10 编 38 章。卷末有专志 2 则、编后记、编修人员名录。上限 1912 年，下限至 1984 年。

横沔镇志

《横沔镇志》编纂委员会编。主编李祖裔。方志出版社 2006 年 4 月第 1 版第 1 次印刷，印数 1000 册，16 开本，512 页，精装本 1 册，定价 80 元。

志卷首有横沔镇地理位置图、1999 年南汇县横沔镇政区图、上海地区成陆变迁示意图、1957 年南汇县横沔乡区域图、1986 年横沔乡水陆交通状况图、南汇区政区图 5 幅，有吴邦国、萧克、陈从周题词 3 幅，有照片插页 27 页，编修人员名录。继之，有王正泉序文 1 篇，凡例 10 则。该志首列概述、大事记，正文为章节体，计 28 章 121 节。以附录殿后。卷末有后记。上限溯源，下限至 2000 年 7 月。

横沙乡志

中共上海市宝山区横沙乡委员会、上海市宝山区横沙乡人民政府编。16 开本，261 页，375 千字，精装本 1 册，定价 150 元。2006 年 8 月内部印刷，印数 500 册。

志卷首有照片插页 24 页，有 2004 年横沙乡政区图，1860—1858 年长兴、横沙演变图，1926—1927 年长兴岛、横沙岛七岛方位图，1958 年长兴岛、横沙岛七岛方位图，1985 年横沙岛变迁图，1949 年横沙政区图，1951 年横沙政区图 7 幅。继之，有凡例 4 则。该志首列概述、大事记，正文为篇章节体，计 8 篇 42 章。卷末有编后记、编修人员名录。上限 1985 年，下限至 2004 年。

虹桥乡志

虹桥乡志编写组编。16 开本，203 页，平装本 1 册。1986 年 12 月内部印刷。

志卷首有上海县县境图、虹桥版图、虹桥乡在上海县位置图、虹桥乡简图、虹桥乡社办企业分布图、虹桥乡学校分布图、虹桥乡道路河流桥梁分布图等 8 幅。该志首列前言、大事记，正文为章节体，计 9 章 41 节。卷末有编后记、编修人员名录。

胡桥续志

上海市奉贤区《胡桥续志》编纂委员会编。主编陆仁理、翁秒均。学林出版社 2009 年 12 月第 1 版第 1 次印刷，印数 1200 册，590 千字，16 开本，489 页，精装本 1 册，定价 120 元。

志卷首有胡桥镇地理位置图、胡桥镇行政区划图、胡桥镇区现状图等 4 幅，有照片插页 45 页，并有编修人员名录。继之，有沈金华序文 1 篇，凡例 13 则。该志首列总述、大事记，正文为章节目体，计 26 章 161 节。卷末有编后记。上限 1985 年，下限至 2003 年。

花木镇志

浦东新区花木镇镇志编纂委员会编。主编朱炼红，执行副主编朱鸿伯、王作九。浦东电子出版社 2003 年 3 月第 1 版第 1 次印刷，印数 1500 册，16 开本，343 页，600 千字，精装本 1 册，定价118元。

志卷首有1996年花木镇区图、1970年花木公社图、2000年花木镇区图、2001年花木镇区图4幅,有照片插页16页。继之,有赵福禧和顾晓鸣、彭立作序文2篇,凡例10则。该志首列前言、编首、大事记,正文为编目体,计20编。卷末有编后记、编修人员名录。上限溯源,下限至1999年。

华漕志

上海县华漕乡《华漕志》编写组编。16开本,133页,平装本1册。1987年1月内部印刷。

志卷首有照片插页10页,有华漕乡在上海县位置图、华漕乡行政简图2幅。继之,有陆富林前言1篇,凡例7则。该志首列概述,正文为章节体,计7章31节。以大事年表殿后,卷末有编后记、编修人员名录。上限1949年,下限至1985年。

环城志

《环城志》编纂委员会编。主编邵磊、郭佰林。方志出版社2004年12月第1版第1次印刷,印数500册,16开本,271页,369千字,精装本1册,定价60元。

志卷首有照片插页12页,有环城镇区域图1幅,有吴学峰题词1幅。继之,有刘冬荣序文1篇,凡例10则。该志首列总述、大事记。正文为编章节体,计6编30章。卷末有编后记、编修人员名录。上限溯源,下限至2000年。

黄路镇志

黄路镇志编纂委员会编。主编冯秉锐。方志出版社2004年7月第1版第1次印刷,印数1500册,16开本,448页,精装本1册,591千字,定价80元。

志卷首有2002年9月黄路镇政区图1幅,有照片插页21页。继之,有徐勤观序文1篇,凡例12则。该志首列概述、大事记,正文为章节体,计24章94节。以附录殿后。卷末有编后记、编修人员名录。上限溯源,下限至2003年5月。

惠南镇志

惠南镇志编纂委员会编。主编邬盛林,副主编王文初、张顺昌。方志出版社2005年5月第1版第1次印刷,印数2000册,16开本,452页,精装本1册,709千字,定价80元。

志卷首有方晓题词1幅,有南汇区惠南镇地理位置图、惠南镇政区图2幅,有照片插页39页。继之,有徐勤观序文1篇,凡例12则。该志首列总述、大事记,正文为章节体,计28章139节。以附录殿后。卷末有编后记、编修人员名录。上限溯源,下限至2003年5月。

机场镇志

《机场镇志》编纂委员会编。主编傅新伯。上海社会科学院出版社2009年7月第1版第1次印刷,印数1200册,16开本,532页,825千字,精装本1册,定价140元。

志卷首有照片插页 24 页，有机场镇在浦东新区的地理位置图、2001 年机场镇图 2 幅。继之，有杜炯前言 1 篇，邓建平序文 1 篇，凡例 8 则。该志首列总述、大事记，正文为篇章节体，计 15 篇 53 章。以专记、附录殿后。卷末有编后记、编修人员名录。上限溯源，下限至 2003 年。

纪王镇志

闵行区区志办公室、《纪王镇志》编纂委员会编。主编江良深，副主编黄新兴。学林出版社 2007 年 9 月第 1 版第 1 次印刷，16 开本，162 页，字数 250 千字，精装本 1 册，定价 38 元。

舒文畅题写书名。志卷首有朱晓初题词 1 幅，有 1995 年纪王镇地图、清宣统年间纪王镇图、民国 19 年纪王乡 20 世纪 50 年代初纪王镇商业网点分布示意图 3 幅，有照片插页 24 页。继之，有连正华序文 1 篇，凡例 5 则。该志首列综述、大事记，正文为章节体，计 22 章 81 节。卷末有编后记、编修人员名录。上限 1949 年，下限至 2000 年。

嘉西乡志

上海市嘉定县嘉西乡人民政府、《嘉西乡志》编写组编。主编李杰峰。16 开本，326 页，平装本 1 册，定价 35 元。1993 年 2 月内部印刷，印数 1000 册。

志卷首有照片插页 11 页，有嘉西乡位置图、嘉西乡行政区划图 2 幅。继之，有王国庆、印乾丰序文 2 篇，凡例 7 则。该志首列概述、大事记，正文为卷章节体，计 15 卷 44 章。卷末有编后记、编纂资料来源、编修人员名录。上限 1911 年，下限至 1987 年。

戬浜志

上海市嘉定县戬浜乡人民政府《戬浜志》编写组编。主编陆成基。上海科学普及出版社 1992 年 3 月第 1 版第 1 次印刷，印数 1000 册，16 开本，318 页，500 千字，精装本 1 册，定价 20 元。

刘振元题写书名。志卷首有陈建青题词 1 幅，有照片插页 12 页，有戬浜乡位置图、戬浜乡行政区划图、嘉定县安亭镇交通示意图 3 幅。有杨朱兴、周祥华序文 2 篇，凡例 6 则。该志首列概述、大事记，正文为卷章节目体，计 15 卷 49 章。卷末有编后记、编纂资料来源、编修人员名录。上限溯源，下限至 1989 年。

建设乡志

崇明县建设乡编志委员会编。主编黄振忠，副主编刘士森、闻士清、顾松明。上海科学普及出版社 1991 年 4 月第 1 版第 1 次印刷，印数 1250 册，16 开本，350 页，585 千字，平装本 1 册，定价 20 元。

志卷首有照片插页 8 页，有建设乡行政区划图 1 幅。继之，有朱学明、濮耀明序文 2 篇，凡例 11 则。该志首列概述、大事记，正文为章节体，计 25 章 122 节。以附录殿后。卷末有编后记、编修人员名录。上限 1912 年，下限至1990年。

江海续志

上海市奉贤区《江海续志》编纂委员会编。主编谢欣晨、周洪江。上海辞书出版社2008年4月第1版第1次印刷，16开本，443页，630千字，精装本1册，定价120元。

志卷首有2001年江海镇地理位置图、2001年江海镇行政区域图、2001年江海镇现状图3幅，有吴邦国、汪道涵、龚学平、袁以星、朱德龙题词5幅，有照片插页56页，并有编修人员名录。继之，有汪鸣序文1篇，凡例9则，《前志》述要1篇。该志首列总述、大事记，正文为章节目体，计24章91节。以附录殿后。卷末有编后记。上限1985年，下限至2002年5月。

江海志

奉贤县江海乡《江海志》编写组编。主编丁延林。16开本，330页，精装本1册。1986年12月内部印刷，印数1000册。

志卷首有任政题词1幅，有照片插页22页。继之，有黄志新、顾国平序文2篇，凡例5则。该志首列总述、大事记，正文为编章节体，计8编27章。卷末有专记、编后记、编修人员名录。上限清代，下限至1984年。

金汇志

《金汇志》编写组编。主编沈吉明。上海三联书店1989年12月第1版第1次印刷，印数1500册，16开本，257页，320千字，平装本1册，定价20元。

志卷首有照片插页18页，有金汇乡行政区域示意图1幅，并有编修人员名录。继之，有黄银如、卫勤明序文2篇，凡例6则。该志首列概述、大事记，正文为篇章节体，计9篇34章。卷末有编后记、编修人员名录。上限溯源，下限至1984年。

金桥镇志

《金桥镇志》编纂委员会编。主编陈林云。上海辞书出版社2008年10月第1版第1次印刷，16开本，694页，1020千字，平装本1册，定价150元。

志卷首有费孝通、赵启正等题词3幅，有照片插页26页，有原金桥镇地域图、张桥镇地域图、金桥在浦东新区的地理位置图、2001年金桥镇地域图4幅。继之，有杜炯前言1篇，钟翟伟和钱敏华序文1篇，凡例10则。该志首列前言、编首、大事记，正文为篇章节体，计18篇46章。以附录殿后。卷末有编后记、编修人员名录。上限溯源，下限至2002年。

金卫志

上海市金山县金卫乡人民政府编。主编徐伯勤，副主编陆惠明。上海科学普及出版社1992年9月第1版第1次印刷，印数1500册，16开本，418页，657千字，平装本1册，定价48元。

文汉光题写书名。志卷首有徐其华、潘龙清、黄文治题词3幅，有照片插页 16 页,有上海市金山县金卫乡位置图、金山县金卫乡行政区划图、1991 年西门镇图 3 幅。继之,有王元龙、陆水龙序文 2 篇,凡例 7 则。该志首列概述、大事记,正文为卷章节体,计 5 卷 31 章。卷末有编后记、编修人员名录。上限溯源,下限至 1991 年。

九亭镇志

九亭镇志编纂委员会编。主编张金弟,副主编邱瑞云、俞永新。上海辞书出版社 2012 年 3 月第 1 版第 1 次印刷,16 开本,523 页,862 千字,精装本 1 册,定价 200 元。

志卷首有照片插页 16 页,有九亭乡全图、华亭乡在松江府所属地理位置图、松江区九亭镇行政区划示意图 3 幅。有张文龙、张金弟序文 2 篇,凡例 10 则。该志首列概述、大事记,正文为章节体,计 32 章 139 节。卷末有编后记、编修人员名录。上限溯源,下限至 2006 年。

九亭志

松江县九亭乡人民政府编。主编曹云岐。上海社会科学院出版社 1993 年 3 月第 1 版第 1 次印刷,印数 3 000 册,16 开本,277 页,423 千字,平装本 1 册,定价 25 元。

胡问遂题写书名。志卷首有陈士杰、姚青云、迟志刚、胡林银题词 4 幅,有照片插页 12 页,有九亭乡在松江县所属地理位置图、九亭乡全图、华亭乡在松江县地理位置图 3 幅,有编修人员名录。继之,有陈士杰、王国忠序文 2 篇,凡例 5 则。该志首列概述、大事记,正文为编章节体,计 12 编 56 章。卷末有编后记、编纂资料来源、编修人员名录。上限溯源,下限至 1990 年。

康桥镇志

康桥镇志编纂委员会编。主编李祖裔。中华书局 2006 年 6 月第 1 版第 1 次印刷,印数 1 000 册,16 开本,371 页,精装本 1 册,548 千字,定价 80 元。

志卷首有康桥镇地理位置图、1999 年、2001 年康桥镇行政区域图 3 幅,有照片插页 20 页。继之,有王正泉序文 1 篇,凡例 13 则。该志首列概述、大事记,正文为章节体,计 26 章 112 节。以附录殿后。卷末有编后记、编修人员名录。上限溯源,下限至 2001 年。

廊下志

上海市金山县廊下乡人民政府编。主编曹云辉,副主编陈刚、吴昌辉。上海科学普及出版社 1991 年 10 月第 1 版第 1 次印刷,印数 1260 册,16 开本,313 页,494 千字,平装本 1 册,定价 33 元。

何穆题写书名。志卷首有董家邦、文汉光、徐其华、潘龙清题词 4 幅,有照片插页 12 页,有金山县廊下乡行政区划图、廊下镇图 2 幅。继之,有侯瑞、陈永超和蒋德根序文 2 篇,凡例 6 则。该志首列概述、大事记,正文为编章节体,计 7 编 33 章。卷末有编后记、编修人员名录。上限溯源,下限至 1988 年。

廊下志

上海市金山区廊下镇人民政府编。主编董明根。方志出版社 2013 年 4 月第 1 版第 1 次印刷,印数 1000 册,16 开本,373 页,602 千字,精装本 1 册,定价 150 元。

志卷首有照片插页 18 页,有廊下镇政区图、廊下集镇示意图 2 幅,有编修人员名录。继之,有陈国忠序文 1 篇,凡例 6 则。该志首列总述、大事记,正文为章节目体,计 31 章 169 节。卷末有编后记、附记。上限 1989 年,下限至 2004 年。

老港镇志

老港镇志编纂委员会编。主编谢根明,副主编周根青。方志出版社 2004 年 3 月第 1 版第 1 次印刷,印数 2000 册,16 开本,458 页,精装本 1 册,568 千字,定价 80 元。

志卷首有 2002 年 7 月前的老港镇政区图、2002 年 7 月前的老港镇政区图 2 幅,有照片插页 20 页。继之,有徐永安和谢根明序文 1 篇,凡例 12 则。该志首列总述、大事记,正文为章节目体,计 24 章 103 节。以附录殿后。卷末有编后记、编修人员名录。上限溯源,下限至 2001 年。

六里镇志

《六里镇志》编纂委员会编。主编陈熙农。上海社会科学院出版社 2009 年 7 月第 1 版第 1 次印刷,印数 1000 册,16 开本,374 页,550 千字,平装本 1 册,定价 100 元。

志卷首有照片插页 30 页。继之,有杜炯前言 1 篇,吴凤飞和奚德强序文 1 篇,凡例 8 则。该志首列总述、大事记。正文为章节体,计 18 章 96 节。以附录殿后。卷末有编后记、编修人员名录。上限溯源,下限至 2001 年 6 月。

六灶镇志

六灶镇志编纂委员会编。主编傅培昌。方志出版社 2003 年 6 月第 1 版第 1 次印刷,印数 1500 册,16 开本,392 页,精装本 1 册,461 千字,定价 60 元。

志卷首有 2001 年六灶镇政区图 1 幅,有照片插页 19 页。继之,有朱学军和顾品品序文 1 篇,凡例 12 则。该志首列概述、大事记,正文为章节体,计 24 章 102 节。以附录殿后。卷末有编后记、编修人员名录。上限溯源,下限至 2001 年。

龙华镇志

龙华镇人民政府编。主编吴春龙,上海社会科学院出版社 1996 年 12 月第 1 版第 1 次印刷,印数 2500 册,16 开本,476 页,精装本 1 册,字数 740 千字,定价 100 元。

赵朴初题写书名。志卷首有明旸题词 1 幅,有照片插页 14 页,有龙华镇鸟瞰图、龙华镇图、龙华镇及其相邻地域图 3 幅。继之,有胡道静、唐振常、徐恭时序文 3 篇,凡例 10 则。该志首列概述、大事记,正文为卷类目体,计 15 卷 53 类。卷末有编后记、编修人员名录。上限溯源,下限至 1993 年。

龙华志

上海县龙华乡乡志编写组编。16 开本,181 页,平装本 1 册。1985 年 7 月内部印刷。

叶克平题写书名。志卷首有照片插页 13 页。继之,有黄永鑫前言 1 篇,凡例 7 则。该志首列前言、大事记,正文为章节目体,计 7 章 32 节。卷末有编后记、编修人员名录。上限 1949 年,下限至 1983 年。

娄塘镇志

嘉定县娄塘镇修志领导小组编。上海三联书店 1992 年 8 月第 1 版第 1 次印刷,印数 2 000 册,16 开本,323 页,平装本 1 册,474 千字,定价 20 元。

志卷首有照片插页 12 页,有宣统三年(1911)—民国二年(1913)娄塘乡图,1951 年娄塘区治域图,1963—1987 年娄塘公社、乡、镇治域图,1990 年娄塘集镇街道、主要公共建筑示意图,嘉定县娄塘镇土属分布图 5 幅。继之,有吴飙序文 1 篇,凡例 7 则。该志首列概述、大事记,正文为卷章节体,计 15 卷 44 章。卷末有编后记、编纂资料来源、编修人员名录。上限 1911 年,下限至 1987 年。

芦潮港志

芦潮港志编纂委员会编。主编冯秉锐。方志出版社 2003 年 6 月第 1 版第 1 次印刷,印数 1 500 册,16 开本,322 页,精装本 1 册,384 千字,定价 240 元(全四册)。

志卷首有上海市南汇县芦潮港政区图、果园乡疆域变化示意图、南汇区政区图等 6 幅,有照片插页 55 页。继之,有赵海彬和周毅国序文 1 篇,凡例 13 则。该志首列总述、大事记,正文为章节体,计 24 章 86 节。以附录殿后。卷末有编后记、编修人员名录。上限溯源,下限至 2002 年 12 月。

鲁汇志

上海市闵行区鲁汇镇《鲁汇志》编写组编。主编王元祥。32 开本,353 页,精装本 1 册。1999 年 5 月内部印刷,印数 1000 册。

志卷首有鲁汇镇地图 1 幅,有照片插页 16 页,继之,有蒋凡序文 1 篇,凡例 7 则。该志首列前言、大事记,正文为篇章节体,计 9 篇 52 章。卷末有附录、编后记。上限 1949 年,下限至 1996 年。

吕巷镇志

上海市金山县吕巷镇人民政府编。主编张志康。上海科学普及出版社 1992 年 5 月第 1 版第 1 次印刷,印数 1050 册,16 开本,284 页,444 千字,精装本 1 册,定价 25 元。

夏征农题写书名。志卷首有照片插页 14 页,有金山县吕巷镇行政区划图、金山县吕巷镇区现状图 2 幅。继之,有侯光炯、王志敏、沈坤序文 3 篇,凡例 7 则。该志首列概述、大事记,正文为编章节体,计 6 编 37 章。卷末有编后记、编修人员名录。上限溯源,下限至 1987 年。

绿华乡志

崇明县绿华乡编志组编。16 开本，231 页，300 千字，平装本 1 册。1985 年 9 月内部印刷。

志卷首有序文 1 篇。该志首列前言、概述、大事记，正文为章节体，计 10 章 55 节。卷末有编后记、编修人员名录。

罗店镇志

中共上海市宝山区罗店镇委员会、上海市宝山区罗店镇人民政府编。主编杨造和。上海大学出版社 2005 年 5 月第 1 版第 1 次印刷，印数 1000 册，16 开本，775 页，1229 千字，精装本 1 册，定价 160 元。

陈佳洱题写书名。志卷首有照片插页 28 页，有罗店镇政区图、2004 年罗店镇地图、清光绪十五年古镇图、1917 年原罗店所属名图、1917 年罗店市图、1969 年宝山县罗店公社图、1937 年战前罗店镇街巷示意图、2004 年罗店镇图 8 幅。继之，有金毅仁、程六一序文 2 篇，凡例 10 则。该志首列概述、大事记，正文为编章节体，计 21 编 78 章。卷末有编后记、编修人员名录。上限溯源，下限至 2002 年。

罗南镇志

中共上海市宝山区罗店镇委员会、上海市宝山区罗店镇人民政府编。主编杨造和、徐品明。16 开本，356 页，413 千字，精装本 1 册。2008 年 10 月内部印刷。

志卷首有照片插页 14 页，有 2000 年罗南镇地图、1970 年宝山县罗南公社图 2 幅。继之，有程六一和徐连发序文 1 篇，凡例 6 则。该志首列概述、大事记，正文为编章节体，计 11 编 33 章。卷末有编后记、编修人员名录。上限 1986 年，下限至 2004 年。

马陆戬浜合志

《马陆戬浜合志》编纂委员会编。主编张舜明、周建明、王晓燕、樊珠、陈耀宗、陈兴龙。学林出版社 2009 年 11 月第 1 版第 1 次印刷，印数 1500 册，16 开本，700 页，精装本 1 册，980 千字，定价 200 元。

志卷首有照片插页 30 页，嘉定县马陆镇政区图 3 幅。继之，有赵明序文 1 篇，凡例 6 则。该志首列概述、大事记，正文为卷章节体，计 3 卷 36 章。以附录殿后。卷末有编后记、编修人员名录，上限 1990 年，下限至 2007 年。

马陆志

上海市嘉定区《马陆志》修志领导小组编。主编赵士明。上海社会科学院出版社 1994 年 6 月第 1 版第 1 次印刷，印数 1500 册，16 开本，324 页，497 千字，精装本 1 册，定价 30 元。

志卷首有 1950 年马陆区政区图、1990 年嘉定县马陆乡各村区划图、1993 年马陆镇在嘉定区的位置图 3 幅，有照片插页 8 页，编修人员名录。继之，有姚顺兴和项雪奎序文 1 篇，凡例 6 则。该志首列概述、大事记，正文为卷章节体,计 16 卷 52 章。卷末有编后记。上限 1911 年,下限至 1990 年。

泖港镇志

泖港镇志编纂委员会编。主编顾良忠。上海辞书出版社 2011 年 11 月第 1 版第 1 次印刷,16 开本,535 页,880 千字,精装本 1 册,定价 200 元。

志卷首有照片插页 15 页,有新五人民公社全图、上海市松江区泖港镇区域图、泖港镇位置图 3 幅。继之,有孙月芳、吴建良序文 2 篇,凡例 8 则。该志书首列概述、大事记,正文为章节体,计 28 章 119 节。卷末有编后记、编修人员名录。上限溯源,下限 2008 年。

泖港志

上海市松江县泖港乡《泖港志》编写组编。16 开本,275 页,250 千字,平装本 1 册,定价 6 元。1986 年 9 月内部印刷,印数 1000 册。

辛冠东题写书名。志卷首有朱纪为、宋日昌题词 2 幅。继之,有王贵芳、中共泖港乡委员会和泖港乡人民政府序文 2 篇,有照片插页 8 页,凡例 8 则。该志首列总述、大事记,正文为编章节体,计 8 编 30 章。卷末有编后记、编纂资料来源、编修人员名录。上限 1911 年,下限至 1985 年。

梅陇志

上海市上海县梅陇乡《梅陇志》编写组编。主编夏福兴。16 开本,293 页,平装本 1 册。1986 年 12 月内部印刷。

沈贵宗题写书名。志卷首有照片插页 27 页,有梅陇公社图 1 幅。继之,有沈贵宗序文 1 篇,凡例 5 则。该志首列概述、大事记,正文为编章节体,计 10 编 47 章。以附录殿后。卷末有编后记。上限 1949 年,下限至 1983 年。

庙行乡志

中共上海市宝山县庙行乡志编写组编。16 开本,136 页,平装本 1 册。1988 年 8 月内部印刷。

志卷首有照片插页 9 页。该志首列前言、概述、大事记。正文为编章节体,计 10 篇 37 章。

庙行镇志

中共上海市宝山区庙行镇委员会、上海市宝山区庙行镇人民政府编。主编周峰。上海社会科学院出版社 2010 年 5 月第 1 版第 1 次印刷,印数 2000 册,16 开本,553 页,706 千字,精装本 1 册,定价 160 元。

冯子直题写书名。志卷首有照片插页 33 页,有宝山区庙行镇行政区域图 1 幅。继之,有中共上海市宝山区庙行镇委员会和上海市宝山区庙行镇人民政府序文 1 篇,凡例 12 则。该志首列概述、大事记,正文为编章节体,计 20 编 70 章。卷末有编后记、编修人员名录。上限 1949 年 5 月,下限至 2007 年 12 月。

南桥镇志

南桥镇人民政府《南桥镇志》编写领导小组编。主编陈志坚、韩鹤鸣。16开本,239页,平装本1册,定价5元。1987年6月内部印刷,印数1000册。

钱大昕题写书名。志卷首有徐中尼题词1幅,有南桥镇现状图、南桥镇市略图2幅,有照片插页16页。继之,有徐中尼、孙同禾序文2篇,凡例5则。该志首列概述、大事记,正文为编章节体,计6编30章。卷末有编后记、编纂资料来源、编修人员名录。上限溯源,下限至1984年。

南桥镇志

上海市奉贤区《南桥镇志》编纂委员会编。主编黄云清,副主编孙鹤葵。上海辞书出版社2007年5月第1版第1次印刷,16开本,406页,577千字,精装本1册,定价120元。

冯国勤题写书名。志卷首有南桥新城地理位置图、2004年南桥镇区域图、2001年南桥镇区域图、2001年南桥城区交通图4幅,有袁以星、张立平、沈慧琪题词3幅,有照片插页44页,并有编修人员名录。继之,有马天龙序文1篇,凡例7则,《前志》摘要1篇。该志首列总述、大事记,正文为章节目体,计27章129节。卷末有志余、后记。上限1985年,下限至2002年5月。

南翔镇志

嘉定县南翔镇志编纂办公室编。主编钱乃之。上海人民出版社1992年12月第1版第1次印刷,印数3500册,32开本,483页,390千字,精装本1册,定价26.40元。

陆俨少题写书名。志卷首有照片插页20页,编修人员名录,并有南翔人民公社行政区域简图(1958.9—1959.5)、南翔乡简图(1957.3.1)、嘉定县南翔区方位图(1954.8)、南翔区分乡图(1950.6.13)、南翔镇图、南翔镇行政区域图(1987.12)、嘉定县简图等10幅。继之,有沈炜兴和管希成、陆象贤序文2篇,凡例10则。该志首列概述、大事记,正文为卷章节体,计16卷43章。卷末有后记。上限溯源,下限至1987年。

泥城镇志

泥城镇志编纂委员会编。主编郭也平。方志出版社2005年7月第1版第1次印刷,印数2000册,16开本,326页,精装本1册,448千字,定价80元。

志卷首有上海市南汇县泥城镇位置图、泥城镇政区图2幅,有照片插页28页。继之,有徐才明和严国华序文1篇,凡例11则。该志首列概述、大事记,正文为章节体,计25章90节。以附录殿后。卷末有编后记、编修人员名录。上限溯源,下限至2002年6月。

彭浦乡志

彭浦乡志编纂委员会编。16开本,347页,平装本1册。1987年9月内部印刷。

志卷首有照片插页14页,有1921年彭浦乡图、1935年彭浦区图、1946年宝山县大场区各乡镇图、1947年二十四区下辖彭浦小区图、大场图、1982年宝山县彭浦公社图6幅。继之,有蒋凡序文1篇。该志首列前言、概述、大事记,正文为篇章节体,计11篇51章。以附录殿后。卷末有编后记。上限1949年,下限至2009年。

彭镇镇志

彭镇镇志编纂委员会编。主编庄云清。方志出版社2006年4月第1版第1次印刷,印数2000册,16开本,426页,精装本1册,633千字,定价80元。

志卷首有彭镇镇地理位置图、彭镇镇政区图2幅,有照片插页18页。继之,有葛四平和潘新明序文1篇,凡例12则,编修人员名录。该志首列概述、大事记,正文为章节体,计24章102节。以附录殿后。卷末有编后记。上限溯源,下限至2002年6月。

平安志

奉贤县平安乡《平安志》编写组编。主编陈建忠。16开本,205页,平装本1册,定价5元。1987年2月内部印刷,印数2000册。

志卷首有照片插页17页,有平安乡位置示意图、平安公社(乡)行政区划图2幅。继之,有刘正贤序文1篇,凡例7则。该志首列大事记,正文为编章节目体,计9编43章。卷末有编后记、编纂资料来源、编修人员名录。上限溯源,下限至1984年。

七宝镇志

上海市闵行区七宝镇人民政府编。主编夏根福,总纂王孝俭。上海人民出版社2010年7月第1版第1次印刷,印数7050册,16开本,831页,字数1588千字,精装本1册,定价180元。

志卷首有照片插页38页,有2006年闵行区七宝镇行政区划图,清康熙年间青浦县七宝镇(北镇)位置图,清嘉庆年间松江府七宝镇位置图,清道光年间七宝镇图,民国十六年七宝区地理位置图,民国十七—二十六年七宝地区行政辖属示意图,1951年5月—1955年12月七宝地区行政辖属示意图,1956年3月—1958年8月七宝地区行政辖属示意图,1958年9月—1961年8月七一人民公社社域变化示意图,1961年9月—1983年4月七一公社社域变化示意图,1982年七一人民公社自然村、水网、道路分布图,2006年七宝镇镇域示意图,2006年七宝镇居民居住小区分布图13幅。继之,有夏根福序文1篇,凡例9则。该志首列总述,正文为章节目体,计32章172节。卷末有特记、大事记、编后记、编修人员名录。上限溯源,下限至2006年。

齐贤续志

上海市奉贤区《齐贤续志》编纂委员会编。主编严忠阳。上海辞书出版社 2008 年 7 月第 1 版第 1 次印刷,16 开本,409 页,580 千字,精装本 1 册,定价 100 元。

志卷首有齐贤镇地理位置图、齐贤镇政区图 2 幅,有龚学平题词 2 幅,有照片插页 27 页,并有编修人员名录。继之,有王德红序文 1 篇,凡例 9 则。该志首列概述、大事记,正文为章节目体,计 22 章 121 节。以附录殿后。卷末有后记。上限 1985 年,下限至 2002 年 5 月。

齐贤志

奉贤县齐贤乡齐贤志编写组编。主编乔妙昌。16 开本,223 页,平装本 1 册,定价 5 元。1986 年内部印刷,印数 2000 册。

志卷首有照片插页 16 页,有奉贤县齐贤乡位置图 1 幅。继之,有李士良序文 1 篇,凡例 5 则。该志首列概述、大事记,正文为编章节目体,计 9 编 33 章。卷末有编纂始末、编纂资料来源、编修人员名录。上限 1862 年,下限至 1984 年。

钱桥续志

上海市奉贤区《钱桥续志》编纂委员会编。主编陈炳章。学林出版社 1989 年 2 月第 1 版第 1 次印刷,印数 2500 册,16 开本,429 页,650 千字,平装本 1 册,定价 19 元。

志卷首有钱桥镇地理位置图、2003 年钱桥镇行政区域图 2 幅,有江泽民、费孝通、刘伦贤题词 3 幅,有照片插页 26 页,并有编修人员名录。继之,有姚海、吴四军序文 2 篇,凡例 12 则。该志首列总述、大事记,正文为章节目体,计 20 章 79 节。以附录殿后。卷末有编后记录。上限 1986 年,下限至 2003 年。

钱桥志

上海市奉贤县钱桥乡《钱桥志》编写组编。主编张勤龙。16 开本,180 页,平装本 1 册,定价 6 元。1987 年 7 月内部印刷,印数 1000 册。

朱亚民题写书名。志卷首有刘正贤、黄云清序文 2 篇,有照片插页 16 页,有钱桥位置示意图 1 幅。继之,有凡例 5 则。该志首列概述、大事记,正文为编章节体,计 9 编 38 章。卷末有编后记、编修人员名录。上限 1726 年,下限至 1985 年。

钱圩志

上海市金山县钱圩乡人民政府编。主编沈泉生。百家出版社 1993 年 4 月第 1 版第 1 次印刷,印数 1000 册,16 开本,267 页,493 千字,平装本 1 册,定价 30 元。

志卷首有文汉光题词 1 幅,有照片插页 8 页,有金山县廊下乡行政区划图、钱圩镇图 2 幅。继之,有沈保泉和姚元熙序文 1 篇,凡例 8 则。该志首列概述、大事记,正文为编章节体,计 5 编 33 章。卷末有编后记、编修人员名录。上限溯源,下限至 1989 年。

青浦镇志

《青浦镇志》编纂委员会编。主编

邵磊、侯健根、陆庆钟、兰家旺。16 开本，519 页，651 千字，精装本 1 册，定价 195 元。内部印刷，印数 500 册。

徐家铮题写书名。志卷首有徐德明、徐家铮题词 3 幅，有照片插页 16 页，有青浦镇区域图、青浦镇图、民国时期县治图、青浦县城图 4 幅。继之，有徐德明和丁全兴、施品高序文 2 篇，凡例 8 则。该志首列总述、大事记，正文为编目体，计 21 编。卷末有附篇、编后记、编修人员名录。上限溯源，下限至 2004 年 3 月。

三墩镇志

三墩镇志编纂委员会编。主编陈青。方志出版社 2004 年 11 月第 1 版第 1 次印刷，印数 1 000 册，16 开本，364 页，510 千字，精装本 1 册，定价 80 元。

志卷首有 2001 年三墩镇政区图 1 幅，有照片插页 21 页。继之，有张铁基序文 1 篇，凡例 12 则。该志首列概述、大事记，正文为章节体，计 23 章 100 节。以附录殿后。卷末有编后记、编修人员名录。上限溯源，下限至 2003 年 5 月。

三林镇志

《三林镇志》编纂委员会编。主编张祥生。上海辞书出版社 2009 年 7 月第 1 版第 1 次印刷，16 开本，492 页，727 千字，精装本 1 册，定价 120 元。

志卷首有照片插页 23 页，有三林镇在浦东新区的地理位置图、2001 年三林镇图、1994 年三林乡图、1994 年杨思镇图等 5 幅。继之，有林炯前言 1 篇，储明昌序文 1 篇，凡例 8 则。该志首列总述、大事记，正文为卷章节体，计 2 卷 38 章。以附录殿后。卷末有编后记、编修人员名录。上限 1985 年，下限至 2003 年。

三林志

上海县三林乡乡志编写组编。16 开本，223 页，平装本 1 册，定价 76 元。内部印刷。

姚惠泉题写书名。志卷首有照片插页 9 页。继之，有姚惠泉序文 1 篇，凡例 6 则。该志首列概述、大事记，正文为篇章节体，计 7 篇 33 章。上限 1928 年，下限至 1984 年。

三星志

崇明县三星乡三星志编写组编。16 开本，312 页，平装本 1 册。1985 年 11 月内部印刷。

志卷首有三星乡位置图、1975 年庙港水闸图、1985 年华星色织厂图、1984 年社西搪瓷厂图、1984 年西新综合厂图、1985 年百货大楼外景图、三星中学图、三条桥图、三星粮库图、1939—1947 年中共地下党二区区委区政府图 10 幅。该志首列前言、概述、大事记，正文为章节体，计 9 章 49 节。卷末有编后记、编修人员名录。上限 1911 年，下限至 1984 年。

三灶镇志

三灶镇志编纂委员会编。主编季水耕。方志出版社 2004 年 11 月第 1

版第 1 次印刷，印数 2000 册，16 开本，371 页，精装本 1 册，519 千字，定价 80 元。

志卷首有上海市南汇县三灶镇地理位置图、三灶镇政区图 2 幅，有照片插页 20 页。继之，有唐贵明序文 1 篇，凡例 11 则。该志首列总述、大事记，正文为章节目体，计 25 章 92 节。以附录殿后。卷末有编后记、编修人员名录。上限溯源，下限至 2002 年 7 月。

山阳志

金山县山阳镇《山阳志》领导小组编。主编朱锡延。上海社会科学院出版社 1994 年 12 月第 1 版第 1 次印刷，印数 1000 册，16 开本，318 页，481 千字，精装本 1 册，定价 35 元。

吴邦国题写书名。志卷首潘龙清、程志强题词 2 幅，有照片插页 8 页，有山阳乡行政区划图、山阳镇现状图 2 幅。继之，有杨仁龙和姜兴隆序文 1 篇，凡例 7 则。该志首列概述、大事记，正文为编章节体，计 5 编 30 章。以附录殿后。卷末有编后记、编修人员名录。上限溯源，下限至 1989 年。

上海市嘉定区嘉定镇志

主编徐燕夫。上海人民出版社 1994 年 6 月第 1 版第 1 次印刷，印数 2050 册，16 开本，463 页，655 千字，精装本 1 册，定价 55 元。

胡厥文题写书名。志卷首有照片插页 11 页，有嘉定镇简图、清代县城图 2 幅。有张继中序文 1 篇，凡例 10 则。该志首列概述、大事记，正文为卷目体，计 31 卷。卷末有编后记、编修人员名录。上限溯源，下限至 1987 年。

佘山镇志

佘山镇志编纂委员会编。上海辞书出版社 2012 年 3 月第 1 版第 1 次印刷，16 开本，753 页，1227 千字，精装本 1 册，定价 200 元。

志卷首有照片插页 16 页，有佘山镇行政区划图 1 幅。继之，有姚建锋、陈永明序文 2 篇，凡例 10 则。该志首列概述、大事记，正文为章节体，计 31 章 164 节。以附录殿后。卷末有编后记、编修人员名录。上限溯源，下限至 2009 年。

沈巷续志

朱家角镇地方志编纂委员会编。主编夏仁荣、蒋益峰。新大陆出版社有限公司 2007 年 2 月第 1 版第 1 次印刷，印数 600 册，16 开本，237 页，平装本 1 册，定价 80 元。

志卷首有 2000 年 12 月沈巷镇行政区划图等 2 幅。继之，有金巧林和於建明序文 1 篇，凡例 5 则。该志首列总述、人事记，正文为章节体，计 26 章 86 节。卷末有编后记、编修人员名录。上限 1989 年，下限至 2000 年。

沈巷志

青浦县《沈巷志》编写组编。主编周正仁、陆永刚。上海三联书店 1992 年 8 月第 1 版第 1 次印刷，印数 555

册,32开本,429页,325千字,平装本1册,定价20元。

志卷首有李明云、章一新序文2篇,有沈巷地形图1幅。继之,有凡例6则。该志首列概述、大事记,正文为编章节体,计7编25章。卷末有编后记、资料来源、编修人员名录。上限1949年,下限至1988年。

盛桥镇志

中共上海市宝山区月浦镇委员会、上海市宝山区月浦镇人民政府编。16开本,219页,362千字,平装本1册。2003年12月内部印刷,印数500册。

志卷首有照片插页8页,有1969年宝山县盛桥公社图、1992年盛桥镇政区图、1919年盛桥乡图、1992年盛桥镇图4幅。继之,有朱明福序文1篇,凡例8则。该志首列概述、大事记,正文为编章节体,计9编35章。卷末有编后记、编修人员名录。上限溯源,下限至2000年11月。

石湖荡镇志

石湖荡镇志编纂委员会编。主编郭若贤,副主编顾伟顺、吴海云。上海辞书出版社2012年3月第1版第1次印刷,16开本,524页,862千字,精装本1册,定价200元。

志卷首有照片插页16页,有石湖荡镇行政区划图、石湖荡镇方位图2幅。继之,有潘冬明序文1篇,凡例7则。该志书首列概述、大事记,正文为章节体,计25章124节。以附录殿后。卷末有编后记、编修人员名录。上限溯源,下限至2006年。

书院镇志

书院镇志编纂委员会编。主编陆友官。方志出版社2005年7月第1版第1次印刷,印数1500册,16开本,357页,精装本1册,504千字,定价80元。

志卷首有2002年书院镇镇区示意图、2002年书院镇政图2幅,有照片插页19页。继之,有蔡赞石序文1篇,凡例11则。该志首列概述、大事记,正文为章节体,计24章87节。以附录殿后。卷末有编后记、编修人员名录。上限溯源,下限至2002年。

竖河乡志

崇明县竖河乡志编写组编。16开本,270页,平装本1册。1990年6月内部印刷。

志卷首有竖河乡现状示意图1幅,继之,有汤士林序文1篇,凡例6则。该志首列概况,正文为编章节体,计14章78节。卷末有大事记、编后记、编修人员名录。上限1912年,下限至1987年。

四团续志

上海市奉贤区《四团续志》编纂委员会编。主编陶银龙,副主编吴颖鸥。上海辞书出版社2007年8月第1版第1次印刷,16开本,410页,582千字,精装本1册,定价120元。

吴保国题写书名。志卷首有2003年四团镇区域图、四团镇地理位置图、

1994年奉贤县行政区划图、奉贤县洪庙镇总体规划图、南桥镇街道示意图等7幅,有照片插页30页,并有编修人员名录。继之,有杨汉荣和吴晓华、季法明和陈纪荣序文2篇,凡例10则。该志首列概述、大事记,正文为章节目体,计26章105节。以附录殿后。卷末有编后记。上限1985年,下限至2003年。

四团志

奉贤县四团乡《四团志》编写组编。主编姚福秋。16开本,323页,450千字,平装本1册。1988年1月内部印刷,印数1000册。

金学成题写书名。志卷首有金学成、高勤清序文2篇,有照片插页10页,有四团乡行政区划位置图、四团乡现状图等3幅,有凡例7则。该志首列概述,正文为编章节体,计11编42章。卷末有编后记、编纂资料来源、编修人员名录。上限溯源,下限至1984年。

泗泾镇志

上海市松江县泗泾镇编史修志领导小组编。主编欧粤,副主编张祖廉。上海社会科学院出版社1989年9月第1版第1次印刷,印数1000册,16开本,253页,418千字,平装本1册,定价16元。

志卷首有照片插页16页,有松江县泗泾区全境图、泗泾镇示意图2幅。有陈士杰、朱永法序文2篇,凡例7则。该志首列概述、大事记。正文为章节体,计25章115节。卷末有编后记、编修人员名录。上限溯源,下限至1985年。

松江镇志

主编车驰、龚福章。上海人民出版社1990年5月第1版第1次印刷,印数1030册,16开本,688页,536千字,精装本1册,定价20元。

志卷首有程十发题画1幅,有照片插页12页,有松江镇全貌图、1988年松江镇行政区划图、清嘉庆松江府城图3幅。继之,有陆其甫、瞿士洲序文2篇,凡例8则。该志首列总述、大事记,正文为编目体,计20编。卷末有编后记、编修人员名录。上限溯源,下限至1985年。

松江镇志

上海市松江区松江镇志编纂委员会编。主编王金平,副主编吴德其、周国仁。上海辞书出版社2012年3月第1版第1次印刷,16开本,827页,1322千字,精装本1册,定价200元。

志卷首有松江府娄县泗泾位置图、娄县全境水道图、松江县泗泾区全图、松江区泗泾镇行政区划图、松江区鸟瞰图5幅,有照片插页16页。继之,有高富林、陈玉龙序文2篇,凡例8则。该志首列概述、大事记,正文为章节体,计29章144节。卷末有编后记、编修人员名录。上限溯源,下限至2006年。

松隐志

金山县松隐志编写组编。主编宋

锡苇，副主编张国华、毛隆铭。上海人民出版社 1991 年 4 月第 1 版第 1 次印刷，印数 1 000 册，16 开本，254 页，362 千字，平装本 1 册，定价 15 元。

顾廷龙题写书名。志卷首有温彦、徐其华题词 2 幅，有照片插页 8 页，有松隐乡位置图、1987 年松隐乡现状图 2 幅。继之，有沈沉、丁天根和王勤良序文 2 篇，凡例 7 则。该志首列概述、大事记，正文为编章节体，计 7 编 32 章。卷末有编后记、编修人员名录。上限溯源，下限至 1985 年。

淞南乡志

《淞南乡志》编写组编。主编杨造和。16 开本，89 页，平装本 1 册。1988 年 7 月内部印刷。

志卷首有宝山县行政区划图、淞南乡行政区划图 2 幅，有照片插页 10 页。该志首列前言、概述、大事记，正文为编章节体，计 10 编 40 章。

顾村乡志

顾村乡人民政府编。主编黄仰高。旅游教育出版社 1990 年 3 月第 1 版第 1 次印刷，印数 1100 册，16 开本，427 页，250 千字，平装本 1 册。

志卷首有陈东兴题词 1 幅，有照片插页 9 页，有顾村乡行政区划图、顾村乡水利灌溉图 2 幅。继之，有顾佳德和陈东兴、顾春林序文 2 篇，凡例 6 则。该志首列概述、大事记，正文为编章节体，计 10 编 39 章。卷末有编后记、编修人员名录。上限 1949 年，下限至 1985 年。

淞南镇志

中共上海市宝山区淞南镇委员会、上海市宝山区淞南镇人民政府编。主编徐正生。上海社会科学院出版社 2007 年 12 月第 1 版第 1 次印刷，印数 500 册，16 开本，427 页，445 千字，精装本 1 册，定价 150 元。

志卷首有马饮冰题词 1 幅，有照片插页 30 页，有宝山区淞南镇位置图、2004 年淞南镇政区图、淞南镇镇域地图、1987 年淞南乡行政区划图 4 幅。继之，有马饮冰和袁惠明序文 1 篇，凡例 4 则。该志首列概述、大事记，正文为编章节体，计 9 编 29 章。卷末有编后记、编修人员名录。上限 1988 年，下限至 2004 年。

孙小桥志

中共孙小桥乡委员会修志领导小组编。主编钱花荣。印数 500 册，16 开本，297 页，260 千字，平装本 1 册。1988 年 1 月内部印刷。

艾中全题写书名。志卷首有孙桥乡现状图、孙桥乡规划图、孙桥集镇现状图 3 幅，有照片插页 16 页。继之，有龚美华、蔡贵国序文 2 篇，凡例 8 则。该志首列前言、编首、大事记，正文为编章节体，计 10 编 48 章。以附录殿后。卷末有编后记、编修人员名录。上限 1911 年，下限至 1985 年。

泰日续志

上海市奉贤区《泰日续志》编纂委员会编。主编赵一琴。上海辞书出版社 2009 年 3 月第 1 版第 1 次印刷,16 开本,549 页,767 千字,精装本 1 册,定价 120 元。

龚学平题写书名。志卷首有 2003 年泰日镇地理位置图、2003 年泰日镇政区图、2003 年泰日镇各村委会驻地及主要河流道路村宅分布图、2003 年泰日镇集镇示意图 4 幅,龚学平、周关根题词 2 幅,有照片插页 32 页,并有编修人员名录。继之,有施连规序文 1 篇,凡例 10 则。该志首列总述、大事记,正文为章节目体,计 26 章 120 节。以附录殿后。卷末有后记。上限 1985 年,下限至 2003 年。

泰日志

上海市奉贤县泰日乡《泰日志》编写组编。主编沈才斌。印数 1000 册,16 开本,222 页,平装本 1 册,定价 4 元。1986 年 9 月内部印刷。

朱亚民题写书名。志卷首有吴国清序文 1 篇,有照片插页 12 页,有编修人员名录。继之,有凡例 6 则。该志首列概述、大事记,正文为编章节体,计 8 编 30 章。卷末有编后记、编纂资料来源、编修人员名录。上限 1726 年,下限至 1984 年。

坦直镇志

坦直镇志编纂委员会编。主编龚桂峰。方志出版社 2003 年 6 月第 1 版第 1 次印刷,印数 1500 册,16 开本,409 页,精装本 1 册,474 千字,定价 240 元(全四册)。

志卷首有坦直镇政区图 2 幅,有照片插页 20 页。继之,有蔡新明序文 1 篇,凡例 12 则。该志首列概述、大事记,正文为章节体,计 24 章 102 节。以附录殿后。卷末有编后记、编修人员名录。上限溯源,下限至 2001 年。

唐行志

上海市嘉定区《唐行志》编写组编。主编工永昌,副主编陈浩文。上海社会科学院出版社 1996 年 1 月第 1 版第 1 次印刷,印数 1000 册,16 开本,273 页,精装本 1 册,434.72 千字,定价 60 元。

志卷首有照片插页 8 页,有唐行乡图、巷桥乡图、唐行镇行政区划图等 4 幅。继之,有牟善存、沈兴才序文 2 篇,凡例 5 则。该志首列概述、大事记,正文为卷章节体,计 12 卷 38 章。卷末有编后记、编修人员名录。上限 1218 年 1 月 7 日嘉定建县,下限至 1994 年。

唐镇志

上海市川沙县唐镇志编修组编。主编王建人。16 开本,227 页,平装本 1 册。1989 年 9 月内部印刷。

张西帆题写书名。志卷首有照片插页 13 页,有唐镇乡在川沙县的位置图、川沙县唐镇乡行政区划图、川沙县唐镇乡公路与主要道路示意图、川沙县唐镇主要河流分布图、唐镇及附近地区 1948 年乡域简图、1950 年唐镇及附近地区乡域简图 6 幅。继之,有凡例10则。该志首列前言、总述、大事记，正文为编章节体，计10编47章。以附录殿后。卷末有编后记、编修人员名录。上限1911年，下限至1985年。

唐镇志

《唐镇志》编纂委员会编。主编卢锡金。方志出版社2006年3月第1版第1次印刷，印数1000册，16开本，428页，479千字，平装本1册，定价60元。

志卷首有2001年唐镇位置图1幅，有照片插页20页。继之，有杜炯前言1篇，倪鸿福序文1篇，凡例10则。该志首列概述、大事记，正文为章节体，计38章159节。以附录殿后。卷末有编后记、编修人员名录。上限1986年，下限至2000年。

塘外续志

上海市奉贤区《塘外续志》编纂委员会编。主编许洪其。学林出版社2008年8月第1版第1次印刷，16开本，484页，精装本1册。

志卷首有2001年塘外政区图1幅，有照片插页34页，并有编修人员名录。继之，有庄士葵、陈建平序文2篇，凡例11则。该志首列总述、大事记，正文为卷章节体，计17卷52章。卷末有杂记、编后记、附录。上限1984年，下限至2001年。

塘外志

上海市奉贤县塘外乡《塘外志》编写组编。主编魏裕庆、周正仁。印数1000册，16开本，228页，平装本1册，定价5元。1987年3月内部印刷。

夏征农题写书名。志卷首有照片插页8页，有塘外乡位置图、民国塘外地区部分村落图、清代塘外位置图、1984年塘外行政区划图、1962年塘外公社行政区划图、中华人民共和国成立初期塘外地区位置图、1984年塘外镇现状图、1984年塘外乡水利图8幅。继之，有诸银涛序文1篇，凡例6则。该志首列大事记，正文为章节体，计37章127节。卷末有编后语、编辑资料来源、编修人员名录。上限1879年，下限至1983年。

塘湾志

塘湾志编写组编。16开本，208页，平装本1册。1987年5月内部印刷。

吴颐人题写书名。志卷首有照片插页17页，有1986年上海县塘湾乡现状图1幅。继之，有周汉良前言1篇，凡例6则。该志首列概述、大事记，正文为篇章节体，计9篇43章。卷末有编修人员名录。上限1912年，下限至1984年。

桃浦乡志

上海市嘉定县《桃浦乡志》编写组编。主编郑含光。上海科学普及出版社1995年5月第1版第1次印刷，印数1040册，16开本，391页，平装本1册，564千字，定价90元。

陈国栋题写书名。志卷首彭璞、

张永华、马培坤题词3幅,有毛泽东按语手迹1幅,有照片插页7页,有嘉定县桃浦乡域图1幅。继之,有张永华序文1篇,凡例8则。该志首列概述、大事记,正文为卷章节体,计19卷54章。卷末有编后记、编纂资料来源、编修人员名录。上限溯源,下限至1993年。

大马山志

上海市松江区天马山镇人民政府编。主编袁湛艮。上海社会科学院出版社2001年1月第1版第1次印刷,印数1000册,32开本,510页,450千字,精装本1册,定价50元。

程十发题写书名。志卷首有陆雪君、潘冬明、石毅、李琦、徐雨明、陈雪明、袁湛艮、金冬云题词8幅,有天马山镇行政区划图、松江区天马山镇地理位置图、1999年天马山镇集镇现状图3幅,有照片插页10页。继之,有陆雪君、潘冬明、徐雨明序文3篇,凡例5则。该志首列总述、大事记,正文为卷章节体,计23卷70章。卷末有编后记、编修人员名录。上限溯源,下限至1995年。

亭林镇志

上海市金山区亭林镇人民政府编。主编杨在川,副主编李水浦。上海科学普及出版社1993年2月第1版第1次印刷,印数1000册,16开本,310页,491千字,平装本1册,定价34元。

志卷首有照片插页12页,有金山县亭林镇位置图、1989年亭林镇行政区划图2幅,有谭其骧、李培南、徐其华题词3幅。继之,有徐锦钧和高仕章序文1篇,凡例8则。该志首列概述、大事记,正文为编章节体,计6编37章。卷末有编后记、编修人员名录。上限溯源,下限至1989年。

亭新乡志

上海市金山县亭新乡人民政府编。主编王润乾,副主编俞绍林。上海社会科学院出版社1994年4月第1版第1次印刷,印数1000册,16开本,251页,385千字,精装本1册,定价30元。

志卷年首有潘龙清、程志强题词2幅,有照片插页8页,有金山县亭新乡位置图、亭新乡行政区划图2幅。继之,有朱慰良、陈永超和周惠良序文2篇,凡例6则。该志首列概述、大事记,正文为章节体,计27章91节。卷末有编后记、编修人员名录。上限751年,下限至1989年。

头桥志

奉贤县头桥乡《头桥志》编写组编。印数1000册,16开本,252页,240千字,平装本1册,定价6元。1987年9月内部印刷。

朱亚民题写书名。志卷首有照片插页14页,有头桥乡位置图、头桥乡区域图2幅。继之,有顾卫序文1篇,凡例6则。该志首列概述、大事记,正文为编章节体,计5编28章。卷末有编后记、编纂资料来源、编修人员名录。上限溯源,下限至1987年。

拓林志

上海市奉贤区拓林志编纂委员会编。主编翁妙均。方志出版社 2011 年 8 月第 1 版第 1 次印刷,字数 1249 千字,印数 1200 册,16 开本,754 页,精装本 1 册,定价 150 元。

志卷首有拓林镇地理位置图、拓林镇行政区划图、拓林镇现状图、清代乡保市镇图等 6 幅,有照片插页 64 页,并有编修人员名录。继之,有姚金祥序文 1 篇,凡例 7 则。该志首列总述、大事记,正文为篇章节体,计 27 篇 146 章。卷末有编后记。上限溯源,下限至 2003 年。

瓦屑镇志

瓦屑镇志编纂委员会编。主编胡祥林、宣道同。方志出版社 2004 年 8 月第 1 版第 1 次印刷,印数 2000 册,16 开本,402 页,精装本 1 册,539 千字,定价 80 元。

志卷首有 2002 年 7 月瓦屑镇政区图 1 幅,有照片插页 20 页。继之,有傅志刚和金志强序文 1 篇,凡例 12 则。该志首列概述、大事记,正文为章节体,计 24 章 101 节。以附录殿后。卷末有编后记、编修人员名录。上限溯源,下限至 2002 年 7 月。

万祥镇志

万祥镇志编纂委员会编。主编杜国华,副主编宋明初、张岳祥。方志出版社 2004 年 2 月第 1 版第 1 次印刷,印数 1500 册,16 开本,351 页,精装本 1 册,399 千字,定价 80 元。

志卷首有万祥镇政区图、临港新城万祥地区规划图、万祥镇水系图 3 幅,有照片插页 19 页。继之,有徐德昌和王超序文 1 篇,凡例 9 则。该志首列总述、大事记,正文为章节体,计 24 章 103 节。卷末有编后记、编修人员名录。上限溯源,下限至 2002 年 9 月。

王港续志

上海市浦东新区唐镇人民政府编。主编张永福。16 开本,191 页,215 千字,平装本 1 册,定价 40 元。2005 年 4 月内部印刷,印数 1000 册。

志卷首有照片插页 22 页。继之,有杜炯序文 1 篇,凡例 5 则。该志首列大事记,正文为编章节体,计 4 编 18 章。卷末有编后记、编修人员名录。上限 1986 年,下限至 2000 年。

王港志

王港志编写组编。主编顾杰千。16 开本,215 页,精装本 1 册,定价 30 元。内部印刷,印数 1200 册。

刘晓题写书名。志卷首王港乡地理位置图、中华人民共和国成立初合庆区小乡示意图、虹桥乡图、王港乡行政图、王港乡水路交通图 5 幅,有照片插页 32 页。继之,有倪洪福序文 1 篇,凡例 10 则。该志首列概述、大事记,正文为编章节体,计 10 编 33 章。卷末有编后记、赞助单位、编修人员名录。上限 1911 年,下限至 1985 年。

望新乡志

《望新乡志》编写组编。主编黄士林、黄伯先。上海社会科学院出版社1994年6月第1版第1次印刷,印数1000册,16开本,242页,精装本1册,425.6千字,定价25元。

吕炳奎题写书名。志卷首有吕炳奎题词1幅,有望新乡在嘉定县的地理位置图、望仙乡图、钱门塘乡图、1990年望新乡行政区划图等5幅,有照片插页8页。继之,有金永祥和张大明序文1篇,凡例7则。该志首列概述、大事记,正文为卷目体,计15卷。卷末有编后记、编修人员名录。上限中华人民共和国成立后,下限至1990年。

邬桥续志

上海市奉贤区《邬桥续志》编纂委员会编。主编宋智清,副主编蒋祖兴。学林出版社2007年7月第1版第1次印刷,16开本,502页,600千字,精装本1册,定价120元。

志卷首有邬桥镇位置示意图1幅,有谢丽娟、盛立题词2幅,有照片插页46页。继之,有程云华、陆新贤序文2篇,凡例11则。该志首列概述、大事记,正文为章节目体,计29章141节。卷末有编后记、编修人员名录。上限1985年,下限至2003年。

邬桥志

奉贤县邬桥乡《邬桥志》编写组编。主编魏裕庆、周正仁。16开本,398页,平装本1册,定价5元。1986年4月内部印刷,印数1500册。

李国豪题写书名。志卷首有盛立题词1幅,有照片插页16页,有编修人员名录。继之,有盛立和顾荣章序文1篇,凡例6则。该志首列概述、大事记,正文为编章节体,计11编45章。卷末有编后记。上限溯源,下限至1983年。

五角场乡志(新编本)

上海市杨浦区五角场镇人民政府编。主编杨观复、姚来雁。16开本,255页,平装本1册。内部印刷。

刘小青题写书名。志卷首有照片插页2页。继之,有朱胜华、毕国华序文2篇,凡例9则。该志首列概述、大事记,正文为编章节体,计16编48章125节。卷末有编后记、编修人员名录。上限溯源,下限至1991年。

五角场镇志

上海市杨浦区五角场镇人民政府编。主编吴晏。科学技术文献出版社1988年9月第1版第1次印刷,印数10 000册,16开本,312页,平装本1册,510千字,定价6.10元。

苏步青题写书名。志卷首有季晓东题词1幅,南汇区政区图1幅,有照片插页10页。继之,有王玲秀、王光升序文2篇,凡例7则。该志首列概述、大事记,正文为编章节体,计11编48章。卷末有五角场镇居民委员会分布图、五角场镇从属行政区变更图、大上海道路规划实绩图、编后记、编修人员名录。上限唐末镇区成陆,下限至

1985 年。

五角场镇志（修订本）

上海市杨浦区五角场街道办事处编。主编吴晏。科学技术文献出版社 2004 年 10 月第 1 版第 1 次印刷，16 开本，165 页，平装本 1 册，230 千字，定价 12 元。

苏步青题写书名。志卷首有照片插页 3 页。继之，有编史修志领导小组序文 1 篇，凡例 11 则。该志首列概述、大事记，正文为编章节体，计 17 编 70 章。卷末有附录、编后记、编修人员名录。上限不限，下限至 1990 年。

五滧志

崇明县五滧乡乡史编写组编。主编张国榛。16 开本，300 页，平装本 1 册。1985 年 11 月内部印刷。

志卷首有序文 1 篇。该志首列概述、大事记，正文为编章节体，计 8 编 35 章。以附录殿后。卷末有编后记、编修人员名录。

下沙镇志

下沙镇志编纂委员会编。主编张新根，副主编朱国铭、范之敏、薛天烈。方志出版社 2004 年 3 月第 1 版第 1 次印刷，印数 2 000 册，16 开本，547 页，精装本 1 册，822 千字，定价 80 元。

志卷首有上海市南汇县下沙镇地理位置图、下沙镇政区图 2 幅，有照片插页 36 页。继之，有张水龙序文 1 篇，凡例 11 则。该志首列概述、大事记，正文为章节体，计 27 章 119 节。

以附录殿后。卷末有编后记、编修人员名录。上限溯源，下限至 2002 年 7 月。

香花桥志

《香花桥志》编纂委员会编。主编张自强，方志出版社 2005 年 11 月第 1 版第 1 次印刷，印数 800 册，16 开本，526 页，797 千字，精装本 1 册，定价 80 元。

志卷首有照片插页 17 页，有邢连珠、陈锡玉、叶兴荣、金雪年、孙演千、张守清题词 6 幅，有香花桥镇地图 2 幅。继之，有杨峥和吴跃进序文 1 篇，凡例 8 则。该志首列香花桥镇史略、大事记，正文为编章节体，计 5 编 31 章。卷末有编后记、编修人员名录。上限溯源，下限至 2000 年。

向化乡志

崇明县向化乡人民政府编。16 开本，258 页，平装本 1 册。1985 年 9 月内部印刷。

志卷首有前言 1 篇。该志首列概述，正文为章节体，计 11 章。卷末有编后记、编修人员名录。

向化镇志

崇明县向化镇镇志编纂委员会编。主编汤进达，副主编赵侃文、黄如流。上海三联书店 2007 年 6 月第 1 版第 1 次印刷，印数 1 500 册，16 开本，505 页，650 千字，精装本 1 册，定价 110 元。

汤树屏题写书名。志卷首有照片

插页 44 页,有向化镇区位图、向化镇行政区划图、向化镇镇区方位示意图 3 幅,并有编修人员名录。继之,有吴惠祥、何妙祥、黄海盛、沈永平和刘益昌序文 2 篇,凡例 10 则。该志首列总述、大事记,正文为篇章节体,计 19 篇 127 章。卷末有编后记。上限 1958 年,下限至 2004 年。

萧塘志

奉贤县萧塘乡《萧塘志》编写组编。主编朱土才。16 开本,275 页,320 千字,平装本 1 册,定价 5 元。1988 年 4 月内部印刷,印数 1000 册。

任政题写书名。志卷首有照片插页 20 页。继之,有徐慕枋、王欣序文 2 篇,凡例 4 则。该志首列概述、大事记,正文为章节体,计 17 章 77 节。以附录殿后。卷末有编后记、编修人员名录。上限溯源,下限至 1987 年 6 月。

小昆山镇志

小昆山镇志编纂委员会编。主编宋国林,副主编董菁。上海辞书出版社 2011 年 11 月第 1 版第 1 次印刷,16 开本,409 页,660 千字,精装本 1 册,定价 200 元。

沈惠龙题写书名。志卷首有吴邦国、费孝通题词 2 幅,有照片插页 16 页,有松江区小昆山镇总体规划图、松江区小昆山镇行政区域图 2 幅。继之,有宋国林序文 1 篇,凡例 10 则。该志首列概述、大事记,正文为章节体,计 26 章 115 节。卷末有专记、编后记、编修人员名录。上限溯源,下限至 2010 年。

莘庄乡志

上海县莘庄乡人民政府编。16 开本,262 页,220 千字,平装本 1 册。1986 年 12 月内部印刷。

朱思学题写书名。志卷首有照片插页 14 页,有褚家塘生产队地图、褚家塘位置图 2 幅。继之,有蒋凡序文 1 篇,凡例 8 则。该志首列概述、大事记。正文为编章节体,计 7 编 35 章。卷末有编后记、编修人员名录。上限 1949 年,下限至 1985 年。

莘庄镇志

莘庄镇人民政府镇志编纂组编。主编赵福洲,副主编金煆声。16 开本,145 页,平装本 1 册。1986 年 8 月内部印刷。

魏文伯题写书名。志卷首有照片插页 18 页,有 1986 年莘庄镇简图、莘庄镇位置图、1986 年莘庄镇现状图、莘庄镇中华人民共和国成立前夕工商业位置图、1933 年松江县莘庄形势图 5 幅。继之,有陈志杰序文 1 篇,凡例 7 则。该志首列概述,正文为章节体,计 18 章 55 节。卷末有大事记、编修人员名录。上限 1949 年,下限至 1984 年。

新浜镇志

新浜镇志编纂委员会编。主编周艳,副主编张林琪、钟吉林。上海辞书出版社 2011 年 5 月第 1 版第 1 次印刷,16 开本,768 页,1260 千字,精装本

1册,定价200元。

志卷首有照片插页16页,有新浜镇行政区划图、新浜镇都市型工业园区图2幅。继之,有浦全林、周艳序文2篇,凡例10则。该志首列概述、大事记,正文为章节体,计31章162节。以附录殿后。卷末有编后记、编修人员名录。上限溯源,下限至2008年。

新场镇志

新场镇志编纂委员会。主编陆德福。方志出版社2004年11月第1版第1次印刷,印数2500册,16开本,435页,精装本1册,587千字,定价80元。

志卷首有上海市南汇区新场镇地理位置图、新场镇政区图、新场镇古迹图、新场镇古镇旅游发展规划图4幅,有照片插页50页。继之,有颜国平和胡志强序文1篇,凡例12则。该志首列总述、大事记,正文为章节体,计25章118节。以附录殿后。卷末有编后记、编修人员名录。上限溯源,下限至2002年6月。

新港镇志

新港镇志编纂委员会编。主编陈龙弟。中华书局2006年6月第1版第1次印刷,印数1500册,16开本,460页,精装本1册,638千字,定价80元。

志卷首有上海市南汇县新港镇地理位置图、新港镇政区图2幅,有照片插页28页,并有编修人员名录。继之,有蔡赞石序文1篇,凡例12则。该志首列概述、大事记,正文为章节体,计24章104节。以附录殿后。卷末有编后记。上限溯源,下限至2003年5月。

新河志

新河乡新河志编写组编。16开本,336页,平装本1册。1986年1月内部印刷。

志卷首有崇明现有沙状图、崇明县全境形势图、历代区域图、1984年新河乡位置图、1984年新河镇示意图等21幅。继之,有朱学明前言1篇。该志首列概述、大事记,正文为编章节体,计10编39章。卷末有编后记、编修人员名录。上限1911年,下限1984年。

新泾乡志

新泾乡人民政府乡志编写组编。主编庄关坤、张鼎源。16开本,212页,平装本1册。1987年8月内部印刷。

志卷首有照片插页16页,有新泾乡在上海县位置图,新泾乡行政村区域图,新泾乡道路、河流、桥梁分布图3幅。继之,有王玲秀、王光升序文2篇,凡例8则。该志首列前言、概述、大事记,正文为章节体,计12章62节。卷末有编后记、编修人员名录。上限1949年,下限至1985年。

新民志

新民乡新民志编写组编。16开本,平装本1册。1985年12月内部印刷。

该志首列前言、大事记。正文为条目体,计10条。卷末有编后记、编修人员名录。上限 1911 年，下限 1984 年。

新农志

金山县新农志编写组编。主编蔡仁甫，副主编朱仲良。16 开本，314 页，350 千字，平装本 1 册。1987 年 3 月内部印刷，印数 1000 册。

万景亮题写书名。志卷首有徐其华、蔡正德题词 2 幅，有照片插页 12 页，金山县新农乡图 1 幅。继之，有王仙洲、朱慰良、沈连春序文 3 篇，凡例 7 则。该志首列总述、大事记，正文为编章节体，计 6 编 35 章。以附录殿后。卷末有编后记。上限溯源，下限至 1985 年。

新桥镇志

新桥镇志编纂委员会编。主编黄水平，副主编王伯秋、计玉平。上海辞书出版社 2011 年 12 月第 1 版第 1 次印刷，16 开本，778 页，1260 千字，精装本 1 册，定价 200 元。

志卷首有照片插页 14 页，有 2006 年新桥镇行政区域图、2006 年新桥镇区域位置图 2 幅。继之，有张文龙和黄水平序文 1 篇，凡例 9 则。该志书首列概述、大事记，正文为章节体，计 26 章 115 节。以附录殿后。卷末有编后记、编修人员名录。上限溯源，下限至 2006 年。

新寺志

奉贤新寺乡《新寺志》编写组编。主编翁妙均。上海三联书店 1989 年 2 月第 1 版第 1 次印刷，印数 2500 册，16 开本，429 页，650 千字，平装本 1 册，定价 19 元。

魏文伯题写书名。志卷首有吴贵芳题词 1 幅，有照片插页 12 页，并有编修人员名录。有周兆熊、王洪权、张国良序文 3 篇，凡例 8 则。该志首列概述、大事记，正文为卷章节体，计 14 卷 68 章。卷末有编后记、编纂资料来源、编修人员名录。上限溯源，下限至 1986 年。

兴塔志

上海市金山县兴塔乡人民政府编。主编李以衡，副主编陆和弟、黄锦荣、彭全云。上海科学普及出版社 1993 年 12 月第 1 版第 1 次印刷，印数 1000 册，16 开本，334 页，402 千字，精装本 1 册，定价 40 元。

志卷首有蒋田乐题词 1 幅，有照片插页 8 页，有上海市金山县兴塔乡行政区划图、兴塔镇图、朱行镇示意图 3 幅，有编修人员名录。有颜领、付杰、张保和孟海龙序文 3 篇，凡例 6 则。该志首列概述、大事记，正文为编章节体，计 5 编 31 章。以附录殿后。卷末有编后记。上限溯源，下限至 1989 年。

兴塔志

上海市金山区兴塔镇人民政府编。主编吴加林。方志出版社 2012 年 8 月第 1 版第 1 次印刷，印数 1000 册，16 开本，317 页，505 千字，精装本 1 册，定价 120 元。

志卷首有照片插页19页,有兴塔镇政区图1幅,有编修人员名录。继之,有凡例8则。该志首列总述、大事记,正文为章节体,计31章159节。以附录殿后。卷末有编后记。上限1990年,下限至2005年3月。

徐泾志(第二卷)

《徐泾志》编纂委员会编。主编姚友林。16开本,361页,平装本1册。2004年内部印刷。

志卷首有徐泾镇在青浦区地理位置示意图、徐泾镇区域示意图2幅,有照片插页11页。继之,有陈毕民、顾啸流序文2篇,凡例9则。该志首列概述、大事记,正文为编章节体,计13编48章。卷末有编后记、编修人员名录。上限1991年,下限至2000年。

徐泾志(第一卷)

《徐泾志》编纂委员会编。主编姚克强,副主编陈祖刚。16开本,288页,平装本1册。2003年内部印刷。

志卷首有照片插页11页。继之,有陈志清、马文龙序文2篇,有孙恺芳、周宝兴、徐德明、杨世广题词4幅,有徐泾乡各村位置图1幅,凡例10则。该志首列大事记,正文为编章节体,计11编44章。卷末有编后记、编修人员名录。上限清朝宣统年间,下限至1990年。

徐行乡志

上海市嘉定县徐行乡人民政府《徐行乡志》编写组编。主编俞志兴,副主编陈大智、陈大同。上海科学普及出版社1994年6月第1版第1次印刷,印数1030册,16开本,306页,485千字,精装本1册,定价40元。

陈丕显题写书名。志卷首有陈建青题词1幅,有照片插页11页,有1990年徐行乡治域图1幅。继之,有张燕、俞志兴序文2篇,凡例7则。该志首列概述、大事记,正文为卷章节目体,计17卷53章。卷末有编后记、编修人员名录。上限1911年,下限至1990年。

宣桥镇志

宣桥镇志编纂委员会编。主编严龙兴。方志出版社2004年10月第1版第1次印刷,印数1500册,16开本,367页,精装本1册,526千字,定价80元。

志卷首有上海市南汇区宣桥镇地理位置图、宣桥镇政区图2幅,有照片插页20页。继之,有唐贵明序文1篇,凡例11则。该志首列概述、大事记,正文为章节目体,计25章106节。以附录殿后。卷末有编后记、编修人员名录。上限溯源,下限至2002年7月。

严桥镇志

《严桥镇志》编纂委员会编。主编范洪涛。上海辞书出版社2008年1月第1版第1次印刷,16开本,660页,980千字,精装本1册,定价140元。

冯国勤题写书名。志卷首有照片插页28页,有严桥镇在浦东新区的位置图、严桥镇历史区域图 2 幅。继之，有杜炯前言 1 篇，顾晓鸣、山佳明序文 2 篇，凡例 11 则。该志首列总述、大事记，正文为章节体，计 30 章 170 节。卷末有编后记、编修人员名录。上限溯源，下限至 2000 年 4 月。

盐仓镇志

盐仓镇志编纂委员会编。主编沈林根、傅培昌，副主编谈太山。中华书局 2006 年 6 月第 1 版第 1 次印刷，印数 1500 册，16 开本，317 页，精装本 1 册，471 千字，定价 80 元。

志卷首有盐仓镇政区图、1994 年 6 月盐仓镇政区图 2 幅，有照片插页 22 页。继之，有袁胜明和诸惠华序文 1 篇，凡例 12 则。该志首列概述、大事记，正文为章节体，计 24 章 101 节。以附录殿后。卷末有编后记、编修人员名录。上限溯源，下限至 2003 年 5 月。

杨行镇志（吴淞卷）

中共上海市宝山区杨行镇委员会、上海市宝山区杨行镇人民政府编。上海人民出版社 2010 年 12 月第 1 版第 1 次印刷，16 开本，300 页，精装本 1 册，定价 498 元（全四卷）。

志卷首有蒋英坚题词 1 幅，有照片插页 2 页，有吴淞乡示意图、宝山县吴淞乡位置图、红旗公社区域图、1969 年吴淞公社图 4 幅。继之，有凡例 8 则。该志首列编纂说明、前言、概述、大事记、编修人员名录，正文为编章节体，计 18 编 73 章。卷末有编后记。上限 1949 年，下限至 1985 年。

杨行镇志

中共上海市宝山区杨行镇委员会、上海市宝山区杨行镇人民政府编。上海人民出版社 2010 年 12 月第 1 版第 1 次印刷，16 开本，537 页，精装本 1 册，定价 498 元（全四卷）。

志卷首有蒋英坚、周克、严家炎题词 3 幅，有照片插页 52 页，有宝山镇政区图、杨行镇地图、杨行镇水系图 3 幅。继之，有蒋伟民和杨立红序文 1 篇，凡例 9 则。该志首列编纂说明、概述、大事记，正文为编章节体，计 15 编 56 章。卷末有编后记、编修人员名录。上限 1986 年，下限至 2004 年。

杨园乡志

《杨园乡志》编修领导小组编。印数 800 册，16 开本，176 页，200 千字，平装本 1 册。2008 年 8 月内部印刷。

志卷首有倪鸿福序文 1 篇，凡例 7 则。该志首列重印说明、前言、总述、大事记，正文为章节体，计 21 章 82 节。卷末有编后记、编修人员名录。上限 1911 年，下限至 1985 年。

叶榭镇志

叶榭镇志编纂委员会编。主编顾顺林，副主编杨国仕。上海辞书出版社 2012 年 1 月第 1 版第 1 次印刷，16 开本，816 页，1304 千字，精装本 1 册，定价 200 元。

志卷首有照片插页 22 页，有叶榭镇行政区划图 1 幅，有张益弟题词 1

幅。继之,有杨纪珂、顾根华序文2篇,凡例9则。该志首列概述、大事记,正文为卷章节体,计27卷99章。卷末有编后记、编修人员名录。上限溯源,下限至2010年。

月浦镇志

中共上海市宝山区月浦镇委员会、上海市宝山区月浦镇人民政府编。主编毛念慈。上海社会科学院出版社2008年7月第1版第1次印刷,印数500册,16开本,507页,530千字,精装本1册,定价150元。

马饮冰题写书名。志卷首有照片插页26页,有宝山区月浦镇位置图、宝山区月浦镇地图、原月浦镇图、原盛桥镇政区图4幅。继之,有中共宝山区月浦镇委员会和宝山区月浦镇人民政府序文1篇,凡例8则。该志首列概述、大事记,正文为编章节体,计11编36章。卷末有编后记、编修人员名录。上限溯源,下限至2004年。

张江镇志

《张江镇志》编纂委员会编。主编钱花荣。汉语大词典出版社2006年12月第1版第1次印刷,印数1000册,16开本,656页,1000千字,平装本1册,定价140元。

志卷首有浦东新区张江镇区域图、张江镇地理位置图、张江镇位置图、孙桥镇位置图、张江镇境域变迁图(1960—2002年)5幅,有费孝通等题词2幅,有照片插页30页。继之,有杜炯前言1篇,王志荣等序文3篇,凡例9则。该志首列总述、大事记,正文为篇章节体,计19篇63章。以附录殿后。卷末有编后记、编修人员名录。上限960年,下限至2002年。

张桥乡志

张桥乡人民政府编。主编瞿祖勤、杨裕清。16开本,186页,316千字,平装本1册,定价40元。1994年8月内部印刷,印数500册。

倪鸿福题写书名。志卷首有赵启正等题词3幅,有张桥乡行政区域图、张桥乡地理位置图2幅,有照片插页10页。继之有倪鸿福序文1篇,凡例8则。该志首列总述、大事记,正文为篇章节体,计10篇34章。卷末有编后记、编修人员名录。上限1911年,下限至1990年。

张堰乡志

上海市金山县张堰乡人民政府编。主编陆治中。上海社会科学院出版社1994年6月第1版第1次印刷,印数1000册,16开本,403页,646千字,精装本1册,定价65元。

志卷首有潘龙清、程志强题词2幅,有照片插页14页,有金山县张堰乡行政区划图、张堰乡在金山县的位置图2幅。继之,有高雪明和沈华棣序文1篇,凡例7则。该志首列概述、大事记,正文为编章节体,计7编38章。以附录殿后。卷末有编后记、编修人员名录。上限溯源,下限至1989年。

张堰镇志

金山县张堰镇镇志办公室编。主编梁向东。上海交通大学出版社1995年9月第1版第1次印刷,印数1000册,16开本,300页,499千字,精装本1册,定价65元。

志卷首有干志坚、程志强、潘龙清题词3幅,有照片插页8页,有张堰镇在金山县位置图、张堰镇图2幅。继之,有侯行健序文1篇,凡例7则。该志首列概述、大事记,正文为编章节体,计7编31章。卷末有编后记、编修人员名录。上限溯源,下限至1993年。

张泽志

《张泽志》编纂委员会编。主编王道道,副主编顾顺林。学林出版社1999年9月第1版第1次印刷,32开本,612页,450千字,平装本1册,定价40元。

吴邦国题写书名。志卷首有王勉题词1幅,有1998年上海市松江区张泽镇行政区划图、松江区张泽镇地理位置图、上海市松江区张泽镇水路交通图、1998年上海市松江区张泽镇集镇现状图、(清光绪)张泽庄境图5幅,有照片插页8页。继之,有杨纪珂、浦全林序文2篇,凡例9则。该志首列概述、大事记,正文为卷章节体,计17卷52章。卷末有编后记、编修人员名录。上限溯源,下限至1998年。

赵屯志

《赵屯志》编纂委员会编。主编计怀中、姚菊宏、曹关泉。方志出版社2003年10月第1版第1次印刷,印数1000册,16开本,465页,633千字,精装本1册,定价80元。

志卷首有照片插页20页,有赵屯镇区域图1幅。继之,有钟叔炎、徐顺福和孙军序文2篇,凡例9则。该志首列总述、大事记,正文为编章节体,计5编32章。卷末有编后记、编修人员名录。上限溯源,下限至2001年。

赵巷镇志

《赵巷镇志》编纂委员会编。主编沈龙泉、朱同福、陆长辉。学林出版社2007年2月第1版第1次印刷,16开本,412页,500千字,精装本1册,定价60元。

志卷首有青浦区域图、赵巷镇行政图2幅,有照片插页24页。有王可盛、盛自力、陆瑾序文3篇,凡例6则。该志首列总述、大事记,正文为篇章节体,计6篇34章。卷末有编后记、编修人员名录。上限1910年,下限至2000年。

真如镇志

真如镇人民政府编。上海社会科学院出版社1994年2月第1版第1次印刷,印数2000册,16开本,222页,346千字,精装本1册,定价30元。

明旸题写书名。志卷首有照片插页16页,有真如镇图、真如镇境域图、真如乡图、真如镇街市真如区示意图、上海市第三十二区示意图、真如区示意图 6 幅。继之,有吴贵芳、徐柏章、曲文华序文 3 篇,凡例 7 则。该志首列总述、大事记,正文为章节体,计 23 章 105 节。卷末有编后记、编修人员名录。上限溯源,下限至 1990 年。

真如镇志

真如镇志编纂委员会编。主编杨永强、浦宝忠,副主编虞宝棠、董建波。上海辞书出版社 2009 年 6 月第 1 版第 1 次印刷,16 开本,206 页,240 千字,精装本 1 册,定价 168 元。

志卷首有照片插页 16 页。继之,有胡永刚和王智华序文 1 篇,凡例 4 则。该志首列总述、大事记,正文为章节目体,计 13 章 45 节。卷末有编后记、编修人员名录。上限 1991 年,下限至 2003 年。

中兴镇志

《中兴镇志》编纂委员会编。主编蔡健,副主编董玲娟、黄公亮、陆洪斌。上海社会科学院出版社 2009 年 9 月第 1 版第 1 次印刷,16 开本,556 页,620 千字,精装本 1 册,定价 150 元。

顾德峰题写书名。志卷首有照片插页 39 页,有中兴镇村级区划示意图 1 幅。继之,有张建国和蔡健序文 1 篇,凡例 9 则。该志首列概述、大事记,正文为篇章节体,计 17 篇 83 章。以附录殿后。卷末有编后记、编修人员名录。上限溯源,下限至 2004 年。

重固镇志

《重固镇志》编纂委员会编。主编卢永兴、张子强。上海社会科学院出版社 2007 年 9 月第 1 版第 1 次印刷,印数 800 册,16 开本,447 页,676 千字,精装本 1 册,定价 100 元。

志卷首有照片插页 21 页,有沈善昌、冯学诗、李忠民、吴兴龙等题词 6 幅,有重固镇地理位置图等 3 幅,并有编修人员名录。继之,有吴跃进和张小龙序文 1 篇,凡例 8 则。该志首列概述、大事记,正文为章节体,计 26 章 140 节。卷末有后记。上限溯源,下限至 2000 年。

周浦镇志

《周浦镇志》编纂领导小组编。主编练洪元、洪忠德。上海科学技术文献出版社 1995 年 4 月第 1 版第 1 次印刷,印数 1 000 册,32 开本,439 页,精装本 1 册,370 千字,定价 40 元。

志卷首有周浦镇现状图 1 幅,有照片插页 14 页,有吴泽、苏局仙题词 2 幅。继之,有范家龙序文 1 篇,凡例 8 则。该志首列概述、大事记,正文为章节体,计 23 章 104 节。卷末有编后记、编修人员名录。上限溯源,下限至 1989 年。

周浦镇志

周浦镇志编纂委员会编。主编瞿春荣,副主编洪忠德、陈生祥。方志出版社 2005 年 5 月第 1 版第 1 次印刷,印数 2500 册,16 开本,524 页,精装本 1 册,782 千字,定价 80 元。

志卷首有上海市南汇县周浦镇地理位置图、2001 年周浦镇政图、2001

年周浦集镇现状图 3 幅,有照片插页 47 页。继之,有傅志刚和金志强序文 1 篇,凡例 11 则。该志首列概述、大事记,正文为章节体,计 30 章 129 节。以附录殿后。卷末有编后记、编修人员名录。上限溯源,下限至 2002 年 7 月。

朱家角乡志

朱家角镇地方志编纂委员会编。主编夏仁荣、蒋益峰。新大陆出版社有限公司 2007 年 2 月第 1 版第 1 次印刷,印数 600 册,16 开本,328 页,精装本 1 册,定价 80 元。

志卷首有吴学峰、於德明序文 2 篇,有照片插页 16 页,有 1990 年 12 月朱家角乡行政区划示意图等 2 幅,有编修人员名录。继之,有凡例 6 则。该志首列总述、大事记,正文为章节体,计 28 章 103 节。以附录殿后。卷末有杂记、编后记、编修人员名录。上限明代隆庆年间,下限至 1990 年。

朱家角镇志

《朱家角镇志》编纂委员会编。主编夏仁荣、蒋益峰。上海辞书出版社 2006 年 12 月第 1 版第 1 次印刷,16 开本,598 页,937 千字,精装本 1 册,定价 280 元。

志卷首有江泽民、吴邦国、迟浩田、徐匡迪题词 4 幅,有照片插页 32 页,有 2005 年 12 月朱家角行政区划示意图、朱家角镇行政区划示意图、清末朱家角镇略图、1990 年朱家角镇示意图 4 幅。继之,有陆章一、阮仪三序文 2 篇,凡例 8 则。该志首列概述、大事记,正文为编章节体,计 2 编 34 章。卷末有编后记、编修人员名录。上限溯源,下限至 2005 年。

朱泾乡志

朱泾乡志编纂委员会编。主编曹云辉,副主编陈刚、吴昌辉。16 开本,347 页,470 千字,精装本 1 册。1993 年 12 月内部印刷,印数 1000 册。

志卷首有徐其华、潘龙清题词 2 幅,有照片插页 8 页,有金山县朱泾乡水陆交通图、金山县朱泾乡行政区划图 2 幅。继之,有张汝林、何福明和陆秋根序文 2 篇,凡例 6 则。该志首列概述、大事记,正文为编章节体,计 6 编 31 章。卷末有编后记、编修人员名录。上限溯源,下限至 1989 年。

朱泾镇志

朱泾镇志编纂委员会编。主编金丽勤,副主编唐绍明、朱志明。16 开本,262 页,372 千字,精装本 1 册,定价 35 元。1993 年 10 月内部印刷,印数 1000 册。

志卷首有潘龙清、程志强、蔡正德、陆志伟题词 4 幅,有照片插页 12 页,有朱泾镇图、廊下镇图 2 幅。继之,有李浩军和沈国强序文 1 篇,凡例 7 则。该志首列概述、大事记,正文为编章节体,计 7 编 27 章。卷末有编后记、编修人员名录。上限溯源,下限至 1988 年。

朱行镇志

上海市金山县朱行乡人民政府编。主编朱雷明。16 开本，262 页，平装本 1 册，定价 40 元。1992 年 3 月内部印刷。

志卷首有吴邦国、马松山、文汉光、徐其华、潘龙清题词 5 幅，有照片插页 12 页，有金山县朱行乡位置图、朱行乡现状图、1990 年朱行镇图 3 幅。继之，有时德根和赵雪林序文 1 篇，凡例 6 则。该志首列概述、大事记。正文为编章节体，计 6 编 33 章。卷末有编后记、编修人员名录。上限 751 年，下限至 1987 年。

朱行镇志

上海金山工业区管理委员会、朱行镇志编纂委员会编。主编宋锡苇，副主编张国华、毛隆铭。方志出版社 2011 年 3 月第 1 版第 1 次印刷，印数 1000 册，16 开本，370 页，594 千字，精装本 1 册，定价 120 元。

志卷首有李家华题词 1 幅，有照片插页 23 页，有上海市金山区朱行镇位置示意图、朱行镇政区图、朱行镇示意图 3 幅，有编修人员名录。继之，有沈华棣、王应华序文 2 篇，凡例 6 则。该志首列总述、大事记，正文为章节体，计 31 章 149 节。以附录殿后，卷末有编后记。上限 1988 年，下限至 2005 年 3 月。

诸翟乡志

诸翟乡人民政府乡志编写组编。32 开本，166 页，248 千字，平装本 1 册，定价 30 元。1985 年 5 月内部印刷。

志卷首有照片插页 8 页。该志首列前言、大事记，正文为篇章节体，计 8 篇 29 章。以附录殿后。卷末有编后记。

祝桥镇志

祝桥镇志编纂委员会编。主编叶竹青，副主编祝林初。方志出版社 2005 年 7 月第 1 版第 1 次印刷，印数 2000 册，16 开本，392 页，精装本 1 册，538 千字，定价 80 元。

志卷首有上海市南汇县祝桥镇地理位置图、祝桥镇政区图 2 幅，有照片插页 20 页。继之，有袁胜明和诸惠华序文 1 篇，凡例 12 则。该志首列概述、大事记，正文为章节体，计 25 章 123 节。以附录殿后。卷末有编后记、编修人员名录。上限溯源，下限至 2003 年 5 月。

颛桥志

上海市上海县颛桥镇《颛桥志》编写组编。16 开本，229 页，平装本 1 册。1989 年 1 月内部印刷，印数 1000 册。

吴颐人题写书名。志卷首有照片插页 35 页，颛桥乡简图 1 幅。继之，有朱斗文序文 1 篇，凡例 6 则。该志首列概述、大事记，正文为篇章节体，计 5 篇 25 章。卷末有附录、编后记。上限 1949 年，下限至 1984 年。

庄行续志

上海市奉贤区《庄行续志》编纂委员会编。主编陈建国、周斌、盛群华、蒋祖兴,副主编唐石林。学林出版社2008年8月第1版第1次印刷,印数1500册,16开本,453页,530千字,精装本1册,定价120元。

志卷首有庄行镇位置示意图1幅,有照片插页45页。继之,有姚海、吴雅奎序文2篇,凡例11则。该志首列概述、大事记,正文为章节体,计27章132节。以附录殿后。卷末有编后记、编修人员名录。上限1985年,下限至2003年。

庄行志

奉贤县庄行乡《庄行志》编写组编。主编杨楚南、何汉祥、蒋联红。16开本,253页,370千字,平装本1册,定价5元。1988年6月内部印刷,印数1000册。

林岑题写书名。志卷首有照片插页14页,有庄行乡位置图、1986年庄行乡行政区划图2幅。继之,有吴隆春和蔡正德、唐雨林和蒋永石序文2篇,凡例6则。该志首列概述、大事记,正文为编章节体,计9编41章。卷末有编后记、编纂资料来源、编修人员名录。上限公元前221年,下限至1984年。

江苏省

阿湖镇志

《阿湖镇志》编纂委员会编。主编徐振银。16开本,424页,精装本1册。内部印刷。

志卷首有新沂市阿湖镇行政区划图1幅,有编修人员名录,有汪永恩、张长征、徐春阳、王怀胜等题词8幅,并有照片插页13页。继之,有赵丰顺序文1篇,凡例9则。该志首列概述、大事记,正文为章节体,计33章153节。以附录殿后。卷末有修志始末。上限1368年,下限至2007年。

巴城镇志

江苏省昆山市巴城镇志编纂委员会编。中国名镇志文化工程成果之一。主编孙道寻、王晔,副主编邱平、朱闻麟、邓福军。方志出版社2017年9月第1版第1次印刷,16开本,278页,336千字,精装本1册,定价115元。

志卷首有王伟光、李培林序文2篇,并有编修人员名录。继之,有凡例16则,有巴城镇在中国的位置图、巴城镇在江苏省的位置图、巴城镇地图3幅,有照片插页7页。该志正文为纲目体。以大事纪略殿后。卷末有编纂始末。上限溯源,下限至2015年。

白茆镇志

《白茆镇志》编纂委员会编著。编纂办公室主任吴建玉。江苏人民出版社2002年4月第1版第1次印刷,印数3000册,16开,546页,850千字,精装本1册,定价80元。

志卷首有王光美、陆宝麟、金力群、顾惠琪、周福元、胡正明题词6幅,有照片插页40页,白茆镇镇区现状图1幅。继之,有纂修人员名录,王罗保和陆乾元序文1篇,并有凡例6则。该志首列概述、大事记,正文为编章节体,计18编67章。卷末有编后记。上限不限,下限至1999年,大事记和党政经领导任职信息延伸到2000年。

坂上乡志

武进县坂上乡编史修志领导小组编。主编庄仁厚、储绍熙。16开本,333页,平装本1册。1985年7月内部印刷。

志卷首有周复新题词1幅,武进县坂上乡编史修志领导小组前言1篇,时雨苍序文1篇,凡例9则。继之,有坂上乡中华人民共和国成立初期区域图、公路大道分布图、升东乡地名图、坂上乡地名图 4 幅,有照片插页 7 页。该志首列大事记、概况,正文为编章节体,计 13 编 60 章。卷末有后记、编修人员名录。上限溯源,下限至 1983 年。

宝堰镇志

丹徒县宝堰镇志编纂办公室编。主编陈美瑾。黄山书社 1997 年 3 月第 1 版第 1 次印刷,印数为 1000 册,16 开,332 页,410 千字,精装本 1 册,定价 50 元。

志卷首有宝堰镇行政区划图,有照片插页 10 页。继之,有王冬生和赵勤序文 1 篇,并有凡例 10 则。该志首列概述、大事记,正文为篇章节体,计 18 篇 56 章。卷末有编后、纂修人员名录。上限不限,下限至 1987 年。

宝应城镇志

宝应城镇志编纂委员会编。主编刘建鑫,副主编周正威。16 开本,357 页,530 千字,精装本 1 册。1999 年 7 月内部印刷,印数 2000 册。

吴晓荻题写书名。志卷首有宝应城镇地图(1998 年 6 月)、宝应城镇行政区划示意图(1998 年 6 月)、宝应城区图(民国二十三年版)、宝应县城图(道光元年版)4 幅,有照片插页 18 页。继之,有吴晓荻等序文 2 篇,凡例 6 则。该志首列概述、大事记,正文为篇章节体,计 12 篇 43 章。卷末有编后记、编修人员名录。上限溯源,下限至 1997 年。

北沟乡志

中共新沂市北沟乡委员会、新沂市北沟乡人民政府编。主编戴承礼。32 开本,364 页,精装本 1 册。内部印刷。

志卷首有编修人员名录,有王光莉、郭希端题词 2 幅,有照片插页 6 页。继之,有王光莉和郭希端序文 1 篇,凡例 8 则。该志首列概述、大事记,正文为章节体,计 23 章 98 节。以附录殿后。卷末有编后记。上限溯源,下限至 1995 年。

北桥镇志

《北桥镇志》编纂委员会编。主编荣学润,副主编钱金根、吴铭元。苏州大学出版社 2007 年 5 月第 1 版第 1 次印刷,16 开本,422 页,675 千字,精装本 1 册,定价 80 元。

志卷首有北桥镇区图(2000 年)1 幅,有照片插页 21 页。继之,有顾福康和吾夏宝序文 1 篇,凡例 9 则。该志首列概述,正文为章节体,计 20 章 98 节。以大事记殿后。卷末有编后记、编修人员名录。上限溯源,下限至 2000 年。

北厍镇志

吴江市北厍镇地方志编纂委员会编。主编费阿虎。文汇出版社 2003 年 10 月第 1 版第 1 次印刷,印数 2000 册,16 开本,495 页,670 千字,精装本 1 册,定价 88 元。

志卷首有北厍镇在江浙沪的位置图、北厍镇政区图、北厍镇现属圩图 3

幅,有照片插页 28 页。继之,有张金政和吕伟峰、王文达序文 2 篇,凡例 8 则。该志首列概述、大事记,正文为卷章节体,计 20 卷 71 章。以丛录殿后。卷末有编修人员名录、编后记。上限溯源,下限至 1995 年。

奔牛镇志

奔牛镇地方志编纂委员会编。主编高平。南京大学出版社 2010 年 12 月第 1 版第 1 次印刷,16 开本,823 页,1100 千字,精装本 1 册,定价 280 元。

志卷首有吴镕题词 1 幅,有奔牛镇位置图、奔牛镇域图 2 幅,有照片插页 15 页。继之,有邹建中、沈宝祥序文 2 篇,凡例 10 则。该志首列总述、大事记,正文为编章节体,计 5 编 31 章。以附录殿后。卷末有索引、跋、编修人员名录。上限不限,下限至 2007 年。

碧溪镇志

碧溪镇志编纂委员会编。江苏省常熟市地方志丛书之一。主编殷业成。百家出版社 1995 年 12 月第 1 版第 1 次印刷,印数 5 000 册,32 开本,438 页,370 千字,平装本 1 册,定价 28 元。

志卷首有照片插页 16 页,有碧溪镇镇区图 1 幅,并有编修人员名录。继之,有闻永昌序文 1 篇,凡例 12 则。该志首列概述、大事记,正文为编章节体,计 15 编 57 章。卷末有编后记。上限不限,下限至 1993 年。

碧溪镇志·吴市卷

《碧溪镇志》编纂委员会编。江苏省常熟市地方志丛书之一。主编沈永炳、王肇基。中国文史出版社 2009 年 10 月第 1 版第 1 次印刷,16 开本,580 页,698 千字,精装本 1 册,定价 120 元。

志卷首有王东辉、杨继昌、陈祥宝题词 3 幅,有照片插页 27 页,有吴市镇行政区划图 1 幅,并有编修人员名录。继之,有张俊华和万晓军序文 1 篇,凡例 8 则。该志首列概述、大事记,正文为编章节体,计 10 编 36 章。以志余殿后。卷末有编后记。上限不限,下限至 1999 年 6 月。

漕桥乡志

武进县漕桥乡编史修志领导小组编。16 开本,254 页,精装本 1 册。1984 年 10 月内部印刷。

志卷首有武进县漕桥乡编史修志领导小组前言 1 篇,凡例 10 则。继之,有照片插页 5 页,并有漕桥乡在武进县的地理位置图、漕桥乡图、太平乡区域图 3 幅。该志首列大事年表、概况,正文为章节体,计52 章117 节。卷末有后记、编修人员名录。上限溯源,下限至 1983 年。

昌松乡志

江都市昌松乡志编纂领导小组编。主编为朱宏林。16 开,297 页,平装本 1 册,定价 75 元。1995 年 11 月内部印刷,印数 1500 册。

潘慕如为志书封面题字。志卷首

有周光杰题词1幅,有编修人员名录,并有昌松乡地形图1幅。继之,有凡例7则,照片插页4页。该志首列大事记,正文为编章节体,计13编58章。卷末有后记。上限1912年,下限至1990年。

长泾镇志

江阴市长泾镇人民政府编。长江三角洲乡镇志丛书之一。主编苏洪章。上海三联书店1991年1月第1版第1次印刷,印数3 000册,32开本,324页,300千字,精装本1册,定价12元。

张丰胄题写书名。志卷首有周谷城、韦镇球等题词4幅,有长江三角洲乡镇志丛书编辑委员会人员名录、长江三角洲乡镇志丛书编者献辞,照片插页14页,并有长泾镇现境图、明清时代长泾市廛图。继之,有郁如鹤和孙德生、张丰胄序文2篇,凡例8则。该志首列总述、大事记,正文为章节体,计24章89节。卷末有后记、长泾镇志编修领导小组与编修办公室人员名录。上限1911年,下限至1987年。

长桥镇志

《长桥镇志》编纂委员会编。主编王志强。苏州大学出版社2003年12月第1版第1次印刷,印数2070册,16开本,515页,825千字,精装本1册,定价100元。

志卷首有长桥镇镇域示意图、吴县市城区建成区图2幅,有照片插页12页,并有编修人员名录。继之,有凡例9则,张炳华和陆增林序文1篇。该志首列概述、大事记,正文为章节体,计23章102节。卷末有编纂始末。上限溯源,下限至2000年。

朝阳镇志

朝阳镇志编纂委员会编。主编为张义壮,副主编为武祥友、胡维仁。方志出版社2005年6月第1版第1次印刷,印数3 000册,16开本,678页,1046千字,精装本1册,定价120元。

志卷首有宋开智、郜同福题词2幅,有照片插页38页。继之,有凡例10则,纂修人员名录,李友德、曹洪秋序文1篇。该志首列概述、大事记,正文为章节目体,计24章112节。卷末有附录、跋、编纂始末、《朝阳镇志》经费赞助一览表、索引。上限溯源,下限至2003年。

城厢镇志

太仓市城厢镇志编纂委员会编。江苏省太仓市地方志丛书之一。主编陶辛农,副主编邢士鹤、陈有觉。华东理工大学出版社1998年7月第1版第1次印刷,印数1 900册,16开本,551页,870千字,精装本1册,定价80元。

志卷首有文治题词1幅,有太仓市市区(城厢镇)图、清太仓城图2幅,有照片插页16页。继之,有孙锦泉和李国良序文1篇,凡例6则。该志首列概述、大事记,正文为篇章节体,计17篇72章。以附录殿后。卷末有编后记、编修人员名录。上限不限,下限至1992年。

淳溪镇志

中共淳溪镇委员会、淳溪镇人民政府、淳溪镇编史修志领导小组编。主编孙兴隆,副主编陈书彤。16开,204页,平装本1册,定价12元。1988年内部印刷,印数700册。

周小鼎题写书名。志卷首有凡例8则,孙长松序文1篇,有高淳县县城现状图、淳溪镇行政区划图2幅,照片插页17页。该志首列概况、大事记,正文为编章节体,计15编59章。卷末有后记、编修人员名录。上限溯源,下限至1985年。

大港镇志

大港镇地方志领导小组编。主编汤佩修。上海社会科学院出版社1994年3月第1版第1次印刷,印数2 000册,32开本,555页,440千字,精装本1册,定价30元。

志卷首有黄选能题词1幅,有照片插页16页,并有大港镇行政区划图1幅。继之,有孙家庆序文1篇,凡例9则。该志首列概述、大事记,正文为编章节体,计12编48章。以附录殿后。卷末有编后记。上限1911年,下限至1987年。

大路镇志

大路镇志编纂组编。主编陈起长。中华书局2000年11月第1版第1次印刷,印数1 000册,16开本,456页,510千字,精装本1册,定价100元。

宗家顺题写书名。志卷首有大路镇行政区划图1幅,有照片插页16页。继之,有曾明泉、韩迎农、陈一凡序文1篇,凡例9则。该志首列概述、大事记,正文为篇章节体,计18篇59章。以附录殿后。卷末有编后。上限溯源,下限至1998年。

大桥镇志

江都县大桥镇志编纂领导小组编。主编朱绍明。中国商业出版社1996年5月第1版第1次印刷,印数1 000册,16开本,254页,442千字,精装本1册,定价52元。

尉天池题写书名。志卷首有韦永义、凌雨轩、蒋孝文题词3幅,有王霞林序文1篇,有江都县大桥镇志编纂领导小组前言1篇,凡例6则。继之,有大桥镇位置图、(宋)江都县图、明(嘉靖)江都县图、新体江都县明细图(民国二十年)、江都县大桥镇行政区域图、大桥镇镇区街道图、大桥镇镇区各单位分布图7幅,并有照片插页8页。该志首列大事年表、概述,正文为篇章节体,计6篇33章。卷末有编修人员名录、后记。上限溯源,下限至1993年。

大义镇志

《大义镇志》编纂委员会编。江苏省常熟市地方志丛书之一。主编周煜良,副主编查顺生、孙振清。上海社会科学院出版社2002年6月第1版第1次印刷,印数2 000册,16开本,603页,630千字,精装本1册,定价88元。

言公达题写书名。志卷首有费孝

通、王敬群题词 2 幅,有照片插页 30 页,有大义镇行政区划图 1 幅,并有编修人员名录。继之,有李国祥序文 1 篇,凡例 8 则。该志首列概述、大事记,正文为编章节体,计 17 编 73 章。以志余殿后。卷末有编后记。上限溯源,下限至 2000 年。

大中镇志

大丰市大中镇志编纂委员会编。江苏省乡镇基层志丛书之一。主编柏金淦、侍广富。方志出版社 1998 年 7 月第 1 版第 1 次印刷,印数 1500 册,16 开本,500 页,800 千字,精装本 1 册,定价 100 元。

志卷首有大丰市区图、镇政区图 2 幅,有照片插页 12 页。继之,有陈相凤和张正林序文 1 篇,并有凡例 9 则。该志首列概述、大事记,正文为篇章节体,计 15 篇 66 章。卷末有重要文献辑存、编后记、纂修人员名录。上限溯源,下限至 1996 年。

大纵湖镇志

盐都县《大纵湖镇志》编纂委员会编。主编张金明,副主编宋从悦、乐有良、宋寿春。16 开本,412 页,精装本 1 册,定价 100 元。1999 年 10 月内部印刷,印数 1000 册。

李登甫题书名,志卷首有大纵湖镇行政区域图,有照片插页 14 页。继之,有花茂云和徐洪宇、谢俊美序文 2 篇,凡例 10 则。该志首列概述、大事记,正文为篇章节体,计 20 篇 85 章。卷末有重要文献辑存、编后记、纂修人员名录。上限溯源,下限至 1998 年。大事记至 1999 年 9 月。

岱山乡志

邳县岱山乡志编写组编。主编赵成吉。海潮出版社 1989 年 10 月第 1 版第 1 次印刷,印数 1500 册,16 开本,155 页,147 千字,精装本 1 册,定价 17 元。

土荣钦题写书名。志卷首有张力瑶、吴作义、王洪太题词 3 幅,有胡振龙序文 1 篇,凡例 6 则。继之,有编修人员名录,有岱山乡在邳县的位置图、岱山乡行政区划图 2 幅,有照片插页 4 页。该志首列概述、大事记,正文为章节体,计 8 章 41 节。以附录殿后。卷末有编后记。上限 1912 年,下限至 1988 年。

戴南镇志

戴南镇人民政府编。主编张丙钊、刘林。凤凰出版社 2007 年 12 月第 1 版第 1 次印刷,16 开本,810 页,888 千字,精装本 1 册,定价 150 元。

潘高鹏题写书名。志卷首有兴化市戴南镇地图 1 幅,有照片插页 16 页。继之,有马元连和黄寿余序文 1 篇,凡例 10 则。该志首列概述、大事记,正文为章节体,计 25 章 105 节。以志余殿后。卷末有索引、编修人员名录、后记。上限溯源,下限至 2005 年。

淀山湖镇志

淀山湖镇人民政府编。昆山市地方志丛书之一。主编顾裕元,副主编吴建福、王定廉。西安地图出版社2005年6月第1版第1次印刷,印数1000册,16开本,336页,517千字,精装本1册,定价80元。

志卷首有照片插页8页,有淀山湖位置图、淀山湖镇镇域图2幅,并有编修人员名录。继之,有冯仁新和徐清平序文1篇,凡例10则。该志首列概述、大事记,正文为篇章节体,计18篇78章。卷末有编后。上限不限,下限至2000年。

东青乡志

武进县东青乡编史修志领导小组编。主编刘明玉。16开本,216页,平装本1册。内部印刷。

蒋庭华题写书名。志卷首有照片插页8页,有潘荣廷题词1幅。继之,有武进县东青乡编史修志领导小组前言1篇,凡例8则,并有东青公社疆域图1幅。该志首列大事记,正文为编章节体,计6编39章。以编后殿后。卷末有后记、编修人员名录。上限1879年,下限至1983年。

东山镇志

中共江宁县东山镇委员会、江宁县东山镇人民政府编。江宁县地方志丛书之一。主编王震,副主编黄玉忠、骆书宝、聂方宝。25开本,248页,210千字,精装本1册。1989年3月内部印刷,印数1000册。

志卷首有编修人员名录,有王立正序文1篇,凡例6则。继之,有东山镇行政区划分布图(1987)1幅,有照片插页12页。该志正文为章目体,计20章。以大事记、附录殿后。卷末有编后记。上限1934年,下限至1985年。

东台镇志

东台镇志编写组编。主编徐立和,副主编张国华、许贻博。16开本,320页,精装本1册。内部印刷。

志卷首有丁宇等题词5幅,有东台市市区图1幅,有照片插页8页。继之,有王善恒和杜剑锋序文1篇,凡例8则。该志首列大事记,正文为篇章节体,计17篇63章。以附录殿后。卷末有编修人员名录。上限不限,下限至1990年。

东亭镇志

东亭镇志编纂委员会编。主编华振范。江苏人民出版社2003年12月第1版第1次印刷,印数3040册,16开本,669页,692千字,精装本1册,定价90元。

志卷首有钱敏、包厚昌题词2幅,有照片插页35页,并有东亭镇镇区旧貌图(1949年前后)、东亭镇镇域旧貌图(1949年前后)、东亭镇镇区新貌图(2000年)、东亭镇镇域新貌图(2000年)、东亭镇地理位置图、东亭镇行政区域图(2000年)、东亭镇交通图7幅。继之,有过兴南序文1篇,凡例8则。该志首列概述、大事记、专记,正文为章节体,计23章112节。以附录殿后。卷末有东亭镇志主要资料来源和参阅书目、编后记、编修人员名录。上限不限,下限至2000年。

东张乡志

东张乡志编纂领导小组编。江苏省常熟市乡镇志丛书之一。上海古籍出版社 1993 年 5 月第 1 版第 1 次印刷，印数 2 000 册，32 开本，475 页，370 千字，平装本 1 册，定价 14.5 元。

志卷首有照片插页 6 页，有东张乡政区图 1 幅。继之，有朱关昌序文 1 篇，凡例 6 则。该志首列综述、大事记，正文为编章节体，计 7 编 26 章。卷末有编纂始末、编修人员名录。上限 1912 年，下限至 1987 年。

东渚镇志

《东渚镇志》编纂委员会编。主编顾康元。上海辞书出版社 2007 年 1 月第 1 版第 1 次印刷，16 开本，471 页，560 千字，精装本 1 册，定价 120 元。

志卷首有照片插页 32 页，并有东渚镇行政区域图（2000 年）、东渚公社地形地名图（1974 年）2 幅。继之，有朱金根和金敬民序文 1 篇，凡例 11 则。该志首列概述，正文为章节体，计 21 章 96 节。以大事记殿后。卷末有后记、主要参考书目、编修人员名录。上限溯源，下限至 2000 年。

董浜镇志

《董浜镇志》编纂委员会编。主编韦毓华。方志出版社 2001 年 11 月第 1 版第 1 次印刷，印数 2 000 册，32 开本，999 页，890 千字，精装本 1 册，定价 68 元。

志卷首有周福元、胡正明题词 2 幅，有照片插页 34 页，常熟市董浜镇地图 1 幅。继之，有纂修人员名录，凡例 7 则，陈金传序文 1 篇。该志首列概述、大事记，正文为编章节体，计 18 编 85 章。卷末有编后记。上限不限，下限至 1999 年。

访仙镇志

中共丹阳市访仙镇委员会、丹阳市访仙镇人民政府编。16 开本，282 页，精装本 1 册。内部印刷。

志卷首有编修人员名录，有邱纯甫、康迪、朱竹雯、茅志清等题词 7 幅，有照片插页 31 页，并有访仙镇区域位置图、访仙镇行政区划图（2003 年）2 幅。继之，有束瑞成和岳兆庆序文 1 篇，凡例 9 则。该志首列概述、大事记，正文为编章节体，计 16 编 58 章。以编余殿后。卷末有后记。上限不限，下限至 2000 年。

枫桥镇志

《枫桥镇志》编志领导小组编。主编徐双林。上海社会科学院出版社 2005 年 11 月第 1 版第 1 次印刷，印数 2 100 册，16 开，628 页，762 千字，精装本 1 册，定价 120 元。

志卷首有文君题字，有照片插页 40 页，2000 年 12 月枫桥镇行政区划、主道、主河、镇村驻地示意图 1 幅。继之，有徐建良序文 1 篇，凡例 12 则。该志首列概述，正文为卷节目体，计 17 卷 100 节。卷末有大事记、编后记、主要参考书目、纂修人员名录。上限溯源，下限至 2000 年。大事记延伸至 2004 年 6 月。

芙蓉乡志

武进县芙蓉乡编史修志领导小组编。主编朱福田。16开本，303页，精装本1册。内部印刷。

陈文光题写书名。志卷首有钱世康、陈文光题词2幅，舒曰粹前言1篇，说明11则，有照片插页20页，有芙蓉湖全图，1949年芙蓉、湖山、柳三、蓉湖四小乡图略，1956年芙蓉、蓉湖乡图略，1957年至1961年芙蓉乡（公社）图略，芙蓉乡现状图5幅。该志首列大事年表、概况，正文为编章节体，计12编61章。以编余殿后。卷末有后记、编修人员名录。上限1907年，下限至1982年。

港区镇志

港区镇志编纂委员会编。主编邹达才。方志出版社2001年12月第1版第1次印刷，印数1000册，16开本，421页，531千字，精装本1册，定价240元。

志卷首有港区镇政区图（2000年）、港区镇区域位置图2幅，有照片插页24页。继之，有纂修人员名录，徐仲高和朱建才序文1篇，凡例10则。该志首列概述、大事记，正文为篇章节体，计19篇74章。卷末有附录、编后记。上限溯源，下限至1999年12月。

港上镇志

邳州市港上镇志编纂领导小组编。主编陈厚杰。16开本，326页，精装本1册，定价50元。2000年12月内部印刷，印数1000册。

志卷首有庄靖序文1篇，有编修人员名录，有凡例11则。该志首列概述、大事记，正文为章节体，计19章88节。以附录殿后。卷末有后记。上限1914年，下限至2000年9月。

高塍镇志

高塍镇志编纂委员会编。主编杜乃立。方志出版社2005年12月第1版第1次印刷，印数3000册，16开本，560页，705千字，精装本1册，定价120元。

志卷首有宜兴市高塍镇行政区划图1幅，有照片插页61页。继之，有宗国平和夏勤元序文1篇，凡例12则，并有编修人员名录。该志首列概述，正文为章节体，计28章135节。以大事记、附录殿后。卷末有后记、索引。上限溯源，下限至2002年。

高流镇志

新沂市高流镇人民政府编。主编陈立科。32开本，486页，400千字，精装本1册。2000年1月内部印刷。

志卷首有丁希刚、周贞瑞、刘春彦等题词7幅，有照片插页7页，并有高流镇位置图、高流镇在原新安县位置图（1949.5—1952）、高流镇在原潼阳县位置图（1942.5—1949.5）、沭西根据地略图（1939—1945）、第二次国内革命战争时期邳宿沭海边区党组织分布情况示意图5幅。继之，有刘春彦和王志方序文1篇，凡例12则。该志首列概述、大事记，正文为章节体，计24章96节。以附录殿后。卷末有编后记、编修人员名录。上限溯源，下限至 1998 年。

高作镇志

睢宁县高作镇志编纂委员会编。主编朱岩、仝太民，副主编张立柱、陈尔广。新华出版社 1997 年 8 月第 1 版第 1 次印刷，印数 1000 册，16 开本，320 页，300 千字，精装本 1 册，定价 68 元。

志卷首有纂修人员名录，有睢宁县地图，高作镇区位图、规划图、行政区划图 4 幅，照片插页 8 页。继之，有李祥云和张延富序文 1 篇，凡例 10 则。该志首列概述、大事记，正文为章节目体，计 15 章 72 节。卷末有编后记。上限溯源，下限至 1995 年。

公道镇志

公道镇志编纂委员会编。主编杨家富，副主编李开发。方志出版社 2006 年 2 月第 1 版第 1 次印刷，印数 1000 册，16 开本，228 页，460 千字，精装本 1 册，定价 100 元。

志卷首有编修人员名录，有公道镇行政区划图 1 幅，有照片插页 23 页。继之，有朱宝春和夏元顺序文 1 篇，凡例 11 则。该志首列概述、大事记，正文为章节体，计 20 章 109 节。以附录殿后。卷末有编后记。上限溯源，下限至 1998 年。

共和乡志

洪泽县共和乡人民政府编。主编葛知本，副主编赵星三。32 开本，406 页，精装本 1 册。内部印刷。

志卷首有流静、兰冬、洪流、孙平初、马钧、高航等题词 8 幅，有楚一峰、韩怀忠、葛知本、杨明宏题诗词 4 幅，有照片插页 15 页，有共和乡地图、共和街平面图、新集街平面图（1940 年）3 幅。继之，有吕达夫、楚一峰序文 2 篇，凡例 8 则。该志首列概述、大事记，正文为编章节体，计 7 编 33 章。以附录殿后。卷末有跋、编修人员名录。上限 1940 年，下限至 1986 年。

古里镇志

《古里镇志》编纂委员会编。主编密永良，副主编吴志刚、周永洪。上海社会科学院出版社 2003 年 12 月第 1 版第 1 次印刷，印数 3000 册，16 开本，593 页，900 千字，精装本 1 册，定价 100 元。

志卷首有焦康寿、金元康、唐伟萱题词 3 幅，有照片插页 29 页。继之，有纂修人员名录，李钢序文 1 篇，并有凡例 8 则。该志首列概述、大事记。正文为编章节体，计 18 编 69 章。卷末有编后记。上限不限，下限至 2000 年。

古邳镇志

睢宁县古邳镇志编纂委员会编。主编夏同志，副主编李全喜、娄淑信、胡子杰。新华出版社 1998 年 8 月第 1 版第 1 次印刷，印数 1000 册，16 开，288 页，420 千字，精装本 1 册，定价 98 元。

志卷首有纂修人员名录，张爱萍

等题词 2 幅,有古邳镇行政区划图等 3 幅,照片插页 8 页。继之,有戚少华序文 1 篇,并有凡例 7 则。该志首列概述、大事记,正文为编章节体,计 9 编 40 章。卷末有后记。上限不限,下限至 1998 年 8 月。

顾山镇志

《顾山镇志》编纂委员会编。江阴市志丛书之一。主编毛德彦。方志出版社 2016 年 11 月第 1 版第 1 次印刷,印数 2000 册,16 开本,874 页,1663 千字,精装本 1 册,定价 180 元。

志卷首有沈鹏题词 1 幅,有照片插页 33 页,并有宋志全境图、河西系各镇界址、顾山镇区划地名图等 5 幅。继之,有刘钧德、龚振东、顾文瑜和季震序文 3 篇,凡例 10 则。该志首列大事记,正文为章节体,计 22 章 109 节。以专记殿后。卷末有编后记、索引,编修人员、审定人员、提供资料人员名录。上限溯源,下限至 2007 年。

官林镇志

《官林镇志》编纂委员会编。主编陈志平,副主编张振亚、钱祖强。新华出版社 1998 年 10 月第 1 版第 1 次印刷,印数 5000 册,16 开本,311 页,460 千字,精装本 1 册,定价 150 元。

邵华泽题写书名。志卷首有编修人员名录,有史绍熙、储玉坤、史行题词 3 幅,有宜兴市官林镇行政区划图、宜兴市官林镇镇区图 2 幅,并有照片插页 16 页。继之,有庄柏荣和刘继昌、史绍熙序文 2 篇,凡例 12 则。该志首列概述,正文为章节体,计 26 章 128 节。以大事记殿后。卷末有编后。上限秦汉,下限至 1995 年。

郭巷镇志

《郭巷镇志》编纂委员会编。主编陆复渊。苏州大学出版社 2005 年 5 月第 1 版第 1 次印刷,16 开本,336 页,495 千字,精装本 1 册,定价 90 元。

志卷首有照片插页 14 页,有 2002 年郭巷镇周边地区交通图、郭巷镇镇区图 2 幅,并有编修人员名录。继之,有凡例 10 则,张建祥和司马健英序文 1 篇。该志首列概述、大事记,正文为章节体,计 21 章 84 节。卷末有编纂始末、主要提供资料者。上限溯源,下限至 2000 年。

海安镇志

《海安镇志》编写办公室编。主编胡增武、陆群,副主编徐又新、汪艺林。上海人民出版社 1989 年 3 月第 1 版第 1 次印刷,印数 5000 册,32 开本,539 页,407 千字,精装本 1 册,定价 8 元。

王一羽题写书名。志卷首有李俊民、魏翘南、陆荫、戴盟等题词 6 幅,有照片插页 6 页,并有海安镇图 1 幅。继之,有惠浴宇、陈近朱序文 2 篇,凡例 6 则。该志首列总述、大事记,正文为卷章节体,计 7 卷 37 章。卷末有编后记、编修人员名录。上限不限,下限至 1985 年。

海虞镇志·福山志

《海虞镇志》编纂委员会编。主编张忠明,副主编时玉成、陈小山、沈正祥。上海社会科学院出版社 2005 年 5 月第 1 版第 1 次印刷,印数 3000 册,16 开本,700 页,精装本 1 册,定价 400 元(全五册)。

志卷首有邵永华、戈炳根、范国华、曹明华题词 4 幅,有照片插页 40 页,福山镇行政区划图 1 幅。继之,有纂修人员名录,陈惠良序文 1 篇,并有凡例 8 则。该志首列概述、大事记,正文为编章节体,计 17 编 73 章。卷末有编后记。上限不限,下限至 1999 年 6 月。

海虞镇志·海虞志

《海虞镇志》编纂委员会编。主编丁琪。上海社会科学院出版社 2005 年 5 月第 1 版第 1 次印刷,印数 3000 册,16 开本,497 页,精装本 1 册,定价 400 元(全五册)。

志卷首有孟金元、范育民、唐伟萱、王伟民、戈炳根、张永泉、徐月琴、陈永良、邵文虎、桑五官题词 10 幅,有照片插页 34 页,海虞镇行政区划图 1 幅。继之,有纂修人员目录,陈惠良序文 1 篇,并有凡例 8 则。该志首列概述、大事记,正文为编章节体,计 10 编 41 章。卷末有附录、编后记。上限 1999 年 6 月,下限至 2002 年 12 月。

海虞镇志·王市志

《海虞镇志》编纂委员会编。主编曹敬源。上海社会科学院出版社 2005 年 5 月第 1 版第 1 次印刷,印数 3000 册,16 开本,517 页,精装本 1 册,定价 400 元(全五册)。

志卷首有刘省、徐月琴、陈永良、邵文虎、桑五官、丁振华题词 6 幅,有照片插页 38 页,王市镇行政区划图 1 幅。继之,有纂修人员名录,陈惠良序文 1 篇,并有凡例 6 则。该志首列概述、大事记,正文为编章节体,计 17 编 61 章。卷末有志余、编后记。上限不限,下限至 1999 年 6 月。

海虞镇志·周行志

《海虞镇志》编纂委员会编。主编张祖良。上海社会科学院出版社 2005 年 5 月第 1 版第 1 次印刷,印数 3000 册,16 开本,472 页,精装本 1 册,定价 400 元(全五册)。

志卷首有孟金元、范育民、吴方良题词 3 幅,有照片插页 22 页,周行镇行政区划图 1 幅。继之,有纂修人员名录,陈惠良序文 1 篇,并有凡例 10 则。该志首列概述、大事记,正文为编章节体,计 17 编 69 章。卷末有编后记。上限不限,下限至 1998 年。

合沟镇志

中共合沟镇委员会、合沟镇人民政府编。主编戴全善。16 开本,355 页,精装本 1 册。内部印刷。

志卷首有合沟镇区划图 1 幅,有陈楷、王成坦、田园、郝朝平等题词 5 幅,有照片插页 26 页。继之,有晁奎序文 1 篇,凡例 8 则。该志首列概述、大事记,正文为章节体,计 30 章 119

节。以附录殿后。卷末有编后记。上限溯源,下限至2008年。

和桥镇志

和桥镇志编纂委员会编。主编朱斌培。方志出版社2017年12月第1版第1次印刷,印数5000册,16开本,815页,1449千字,精装本1册,定价328元。

志卷首有编修人员名录,有唐西生、黄瑞松、邓铜山、王良均、章剑华题词5幅,有照片插页3页,并有和桥镇行政区域图1幅。继之,有史中武和殷其敏序文1篇,凡例10则。该志首列概述、大事记,正文为章节体,计31章161节。卷末有编后。上限不限,下限至2015年。

横泾镇志

《横泾镇志》编纂委员会编。主编沈学群。古吴轩出版社2007年2月第1版第1次印刷,16开本,334页,精装本1册,定价98元。

沈学强题写书名。志卷首有横泾镇位置图、中华人民共和国成立初期的溆庄地形图2幅,有编修人员名录,有沈国芬题词1幅,并有照片插页16页。继之,有黄孜明和吕崇才序文1篇,凡例8则。该志首列概述、大事记,正文为章节体,计22章91节。卷末有编后记、有关资料提供者。上限民国时期,下限至2000年。

横山桥镇志

常州市横山桥镇志编纂委员会编者。主编宋建清,副主编殷盘方、刘光耀。南京大学出版社2010年12月第1版第1次印刷,16开本,785页,980千字,精装本1册,定价280元。

林岫题写书名。志卷首有储小平题词1幅,有照片插页27页,并有横山桥镇在武进的位置图、芙蓉湖全图2幅。继之,有朱福田序文1篇,凡例9则。该志首列概述、大事记,正文为章节体,计26章132节。以附录殿后。卷末有主要资料来源、后记。上限不限,下限至2007年。

横扇镇志

吴江市横扇镇地方志委员会编。主编朱国亮,副主编吴三观。中央文献出版社2004年5月第1版第1次印刷,16开本,490页,604千字,精装本1册,定价108元。

志卷首有横扇镇镇域图、横扇镇镇区图、1949年横扇镇区示意图3幅,纂修人员名录,有照片插页28页。继之,有沙强和赵菊观序文1篇,并有凡例9则。该志首列概述、大事记,正文为卷章节体,计17卷61章。卷末有后记。上限不限,下限至1998年。

横塘镇志

《横塘镇志》编纂委员会编。主编徐胜。上海社会科学院出版社2004年5月第1版第1次印刷,印数2050册,16开本,424页,650千字,精装本1册,定价80元。

志卷首有2000年12月横塘镇行政区域示意图1幅,有照片插页28页。

继之,有王长泉和杨海祥序文1篇,凡例12则。该志首列概述,正文为章节目体,计19章82节。卷末有大事记、后记、主要参考书目、纂修人员名录。上限不限,下限至1999年。

胡埭乡志

胡埭乡志办公室编。主编赵伟。江苏科学技术出版社1990年4月第1版第1次印刷,印数2000册,32开本,413页,304千字,精装本1册,定价9.50元。

志卷首有秦柳方、朱如言、杭苇、秦含章题词4幅,有照片插页12页,并有胡埭乡位置图、胡埭乡行政区划图2幅。继之,有王伯生和王金昌、秦柳方序文2篇,凡例10则。该志首列概述、大事记,正文为章节体,计21章105节。卷末有编后记。上限不限,下限至1985年。

胡埭镇志

无锡市胡埭镇志编纂委员会编。主编许振华。方志出版社2010年12月第1版第1次印刷,印数2000册,16开本,638页,914千字,精装本1册,定价150元。

冯其庸题写书名。志卷首有胡埭镇行政区划图(2008年12月)、胡埭区域位置图2幅,有照片插页32页,并有无锡市滨湖区胡埭镇志编纂委员会、办公室人员名录。继之,有吴石松和胡巍序文1篇,凡例10则。该志首列概述、大事记,正文为章节体,计30章166节。以附录殿后。卷末有索引。上限溯源,下限至2008年。

湖滨乡志

高邮市湖滨乡志编纂委员会编。主编王沛喜。16开本,204页,400千字,精装本1册,定价50元。1999年5月内部印刷,印数1500册。

志卷首有曹克明、卜宇等题词6幅,有民国37年(1948)以前新平乡原貌图、1950年新民乡行政区划图、1951年移民以后行政区划图、1996年湖滨乡现状图4幅,有照片插页16页,并有编修人员名录。继之,有凡例12则,张金定序文1篇。该志首列概述、大事记,正文为章节体,计28章128节。以附录殿后。卷末有修志始末后记。上限明代洪武元年,下限至1995年。

湖熟镇志

江宁县湖熟镇地方志编纂领导小组编。主编沈铸、李正鹄。32开本,280页,精装本1册。内部印刷。

李荣潮题写书名。志卷首有编修人员名录,有李先政、陶和庆序言2篇,凡例5则,并有湖熟镇行政区划图1幅,照片插页12页。该志首列概述,正文为章节体,计24章72节。以大事记殿后。卷末有后记。上限1911年,下限至1985年。

湖塘乡志

武进县湖塘乡编史修志领导小组编。主编许国贤。16开本,305页,精装本1册。内部印刷。

承名世题写书名。志卷首有史良、吴切之题词2幅，有照片插页24页。继之，有毛书论前言1篇，说明7则。该志首列大事年表，正文为编章节体，计11编52章。以编余殿后。卷末有后记。上限1879年，下限至1982年。

湖塘镇志

常州市武进区湖塘镇志编纂委员会编。主编孙杰。方志出版社2013年12月第1版第1次印刷，印数3000册，16开本，1608页，2250千字，精装本2册，定价480元。

志卷首有湖塘镇区域图、(20世纪)80年代湖塘镇鸟瞰图2幅，有照片插页34页，并有湖塘镇志编纂委员会、办公室人员名录。继之，有黄剑明和蒋志龙序文1篇，凡例14则。该志首列概述、大事记，正文为章节体，计29章166节。以附录殿后。卷末有编后、湖塘镇志各章分纂情况表、湖塘镇志评审人员名单、审定单位、修志培训、评审。上限溯源，下限至2007年。

虎丘镇志

虎丘镇志编纂委员会编。主编金秀华。上海社会科学院出版社2003年12月第1版第1次印刷，印数2050册，16开本，719页，1113千字，精装本1册，定价100元。

志卷首有虎丘镇行政区域示意图(1999年10月)1幅，有照片插页16页。继之，有李水泉、沈伟康序文2篇，凡例8则。该志首列概述、大事记，正文为章节目体，计45章191节。卷末有编后记、纂修人员目录。上限溯源，下限至1999年，大事记延伸至2002年8月。

花荡乡志

江都县花荡乡乡志领导小组编。主编樊春堂。江苏科学技术出版社1990年5月第1版第1次印刷，印数770册，16开本，183页，285千字，精装本1册，定价9.6元。

志卷首有说明7则，有王宝留、朱家琪题词2幅，有照片插页6页，有花荡乡地形图1幅。继之，有江都县花荡乡乡志领导小组序文1篇。该志首列大事年表，正文为编章节体，计12编59章。卷末有编修人员名录、编后。上限1924年，下限至1986年。

花果山乡志

《花果山乡志》编纂委员会编。主编赵悦君，副主编孙广良。中华书局2000年10月第1版第1次印刷，印数1000册，32开本，646页，539千字，精装本1册，定价70元。

志卷首有程永贤、高有为题词2幅，有花果山乡行政区域图、花果山胜迹图2幅，有照片插页17页，并有编修人员名录。继之，有朱海波和杨祖学、秦光汉序文2篇，凡例7则。该志首列概述、大事记，正文为章节体，计24章119节。以附录殿后。卷末有跋、编后记。上限溯源，下限至1998年。

华士镇志

华士镇志编纂委员会编。江阴市方志丛书之一。主编包国良。方志出版社2009年10月第1版第1次印刷，印数3000册，16开本，1328页，2100千字，精装本1册，定价300元。

志卷首有徐中玉题词1幅，有照片插页29页，并有华士镇政区图1幅。继之，有朱民阳、吴仁宝、缪红与张忠序文3篇，凡例10则。该志首列总述、大事记，正文为编章节体，计26编114章。卷末有编后记、索引、主要资料来源和参考书目、编修人员名录。上限溯源，下限至2001年。

欢口镇志

丰县欢口镇志编纂委员会办公室编。主编赵道川、师厚新，副主编杜朝枢、闫振兴。南海出版社1998年7月第1版第1次印刷，印数1000册，16开本，307页，460千字，精装本1册，定价50元。

志卷首有照片插页4页，有欢口镇地图1幅，有梁步庭、赵坤、陈正立、董操、李玉岭题词5幅，并有编修人员名录。继之，有杨金海、吴传友、仇心记、康久学序文4篇，凡例10则。该志首列概述、大事记，正文为章节体，计26章111节。以附录殿后。卷末有跋、编后记。上限溯源，下限至1995年。

皇塘镇志

皇塘镇志编纂委员会编。主编龚维。江苏人民出版社1993年5月第1版第1次印刷，印数2060册，16开本，311页，300千字，精装本1册，定价35元。

志卷首有皇塘镇地图1幅，有沈达人、俞兴德题词2幅，有照片插页18页。继之，有陈建平序文1篇，凡例10则。该志首列概述、大事记，正文为篇章节体，计20篇66章。卷末有编后、编修人员名录。上限1912年，下限至1990年。

黄桥镇志

《黄桥镇志》编纂委员会编。主编沈侃、董福生、金根祥。古吴轩出版社2010年1月第1版第1次印刷，16开本，505页，精装本1册，定价120元。

志卷首有黄桥镇地图1幅，有编修人员名录，并有照片插页40页。继之，有顾建宏和胡玉庆序文1篇，凡例7则。该志首列概述，正文为章节体，计21章98节。以大事记殿后。卷末有后记。上限溯源，下限至2005年。

璜土镇志

璜土镇镇志编纂委员会编。江阴市方志丛书之一。主编周青、段玲华，副主编曹云。方志出版社2014年4月第1版第1次印刷，印数1200册，16开本，568页，948千字，精装本1册，定价280元。

志卷首有江阴市璜土镇行政区域图1幅，有翟怀新、徐惠题词2幅，有照片插页43页，并有璜土镇志编纂委员会、工作人员名录和审查验收单位、审稿人员名录。继之，有王伟成、陈福良和曹乐平序文 2 篇,凡例 8 则。该志首列总述、大事记,正文为上下两篇,章节体。上篇璜土镇续志(1992—2011),计 18 章 74 节,上限 1992 年,下限至 2011 年;下篇石庄简志,计 17 章 64 节。以全志附录殿后。卷末有编后记、索引。上限溯源,下限至 2008 年 12 月。

江都镇志

江都镇志编纂委员会编。主编赵才基,副主编王步阶。16 开本,349 页,540 千字,精装本 1 册,定价 100 元。2003 年内部印刷,印数 1000 册。

志卷首有编修人员名录,有江都镇区图、江都镇行政村区划图 2 幅,有照片插页 18 页。继之,有张永庭和吴廷华序文 1 篇,凡例 7 则。该志首列概述、大事记,正文为篇章节体,计 9 篇 39 章。以附录殿后。卷末有后记。上限溯源,下限至 2000 年。

江宁镇志

中共江宁镇委员会、江宁镇人民政府编。主编为张乃荃。南京出版社 1990 年 10 月第 1 版第 1 次印刷,印数 1200 册,16 开本,315 页,257 千字,精装本 1 册,定价 8 元。

志卷首有纂修人员名录,王加法、李德才序文 2 篇,有凡例 8 则,有江宁乡行政区域简图、土壤分布图 2 幅,照片插页 12 页。该志首列大事记、概述,正文为章节目体,计 29 章 106 节。卷末有附录、编后记。上限 1911 年,下限至 1985 年。

江苏名镇志

江苏省地方志编纂委员会编。总纂汪文超、朱锡通、李明等 6 人。江苏古籍出版社 1993 年 11 月第 1 版第 1 次印刷,印数 6 000 册,16 开本,808 页,1 590 千字,精装本 1 册,定价 50 元。

志卷首有编修人员名录,有照片插页 32 页。继之,有陈焕友序文 1 篇,汪文超前言 1 篇。正文为条目体。以附录殿后。卷末有后记。上限不限,下限至 1992 年。

界首镇志

高邮县界首编史修志领导小组编。主编毛玉才。16 开本,328 页,精装本 1 册。内部印刷。

志卷首有照片插页 14 页。继之,有中国共产党高邮县界首镇委员会和江苏省高邮县界首镇人民政府序文 1 篇,凡例 14 则。该志首列概述、大事记,正文为编章节体,计 12 编 62 章。卷末有编后记、编修人员名录。上限不限,下限至 1985 年。

锦丰镇志

江苏省张家港市锦丰镇志编纂委员会编。主编徐平,副主编杨茂胜。方志出版社 2001 年 12 月第 1 版第 1 次印刷,印数 1 000 册,16 开本,436 页,558 千字,精装本 1 册,定价 240 元。

志卷首有孙起孟、崔乃夫、陈肯、曹兴福等题词 6 幅,锦丰镇行政区域示意图、1949 年锦丰地区图、锦丰地区集镇分布图(1949年)3幅。有照片插页24页。继之,有纂修人员名录,沈文荣和李洪生、佘亚雄序文2篇,并有凡例9则。该志首列概述、大事记,正文为篇章节体,计15篇57章。卷末有索引、编纂始末。上限溯源,下限至1998年。

鲸塘镇志

《鲸塘镇志》编纂委员会编。主编杨晓方,副主编丁国锋。广陵书社2008年1月第1版第1次印刷,印数2500册,16开本,507页,600千字,精装本1册,定价150元。

言恭达题写书名。志卷首有鲸塘镇行政区划图1幅,有照片插页2页,并有编修人员名录。继之,有夏红军和张敏序文1篇,凡例8则。该志首列概述、大事记,正文为章节体,计28章120节。以附录殿后。卷末有索引、编后。上限1912年,下限至2005年。

掘港镇志

《掘港镇志》编纂委员会编。主编汤夕华,副主编孙保林、张德彩等3人。方志出版社2007年11月第1版第1次印刷,印数5000册,16开本,718页,1480千字,精装本1册,定价200元。

志卷首有编修人员名录,有周铁根、詹立风题词2幅,有掘港镇城区图、清代掘港营海防图2幅,照片插页29页。继之,有张正权和陶卫忠序文1篇,凡例10则。该志首列概述、大事记,正文为卷目体,计36卷。卷末有编纂始末、编纂资料来源、索引。上限溯源,下限至2005年。

跨塘镇志

跨塘镇志编纂委员会编。苏州工业园区乡镇志丛书之一。主编魏雪耿,副主编周象云、徐金元。方志出版社2001年8月第1版第1次印刷,印数1000册,16开本,409页,553千字,精装本1册,定价500元(全6册)。

志卷首有照片插页14页,有跨塘镇行政区划示意图、跨塘镇镇区示意图2幅,并有编修人员名录。继之,有潘云官、徐刚毅、李振南和金辛卯序文3篇,凡例10则。该志首列概述、大事记,正文为编章节体,计7编33章。以志余殿后。卷末有编后记。上限不限,下限至1999年。

昆山市城北镇志(续集)

城北镇志编纂委员会编。昆山市地方志丛书之一。玉山、城北镇合志。主编王国桢。上海科学技术文献出版社2002年第1版第1次印刷,16开本,263页,精装本1册。

志卷首有编修人员名录,有照片插页13页。继之,有沈黎明和石敏序文1篇,凡例10则。该志首列概述、大事记,正文为章节体,计16章82节。卷末有编后记。上限1991年1月,下限至2000年8月。

昆山市玉山镇志

玉山镇地方志编纂委员会编。主

编尹癸生，副主编姚惠霖、祁兆龙。上海科学技术文献出版社 1996 年 3 月第 1 版第 1 次印刷，印数 2 000 册，16 开本，359 页，592 千字，精装本 1 册，定价 50 元。

志卷首有昆山市地方志丛书编辑委员会目录，编者献辞，有照片插页 17 页，昆山新阳县城图（清雍正二年—民国元年）、玉山集镇图 2 幅。继之，有夏家元和莫建华序文 1 篇，凡例 9 则。该志首列概述、大事记，正文为篇章节体，计 19 篇 80 章。卷末有编后记。上限不限，下限至 1992 年。

昆山市玉山镇志

《玉山、城北镇志》编委会编。主编陈琦南。上海科学技术文献出版社 2003 年 4 月第 1 版第 1 次印刷，印数 1200 册，16 开本，362 页，1 036 千字，精装本 1 册，定价 198 元。

志卷首有编修人员名录，有照片插页 21 页。继之，有沈黎明和石敏序文 1 篇，凡例 8 则。该志首列特载、大事记，正文为篇章节体，计 18 篇 64 章。以附件殿后。卷末有编后记。上限 1993 年，下限至 2000 年 8 月。

黎里镇志

江苏省苏州市吴江区黎里镇志编纂委员会编。中国名镇志丛书之一。主编吴伟斌、肖耀华。方志出版社 2017 年 7 月第 1 版第 1 次印刷，16 开本，340 页，408 千字，精装本 1 册，定价 140 元。

志卷首有王伟光、李培林序文 2 篇，有编修人员名录。继之，有中国名镇志丛书凡例 16 则，黎里镇在中国的位置图、黎里镇在江苏省的位置图、黎里镇地图、黎里镇区位图、黎里古镇主要历史文化遗存分布图 5 幅，照片插页 7 页。该志正文为纲目体。以大事纪略殿后。卷末有编纂始末。上限溯源，下限至 2015 年。

蠡口镇志

《蠡口镇志》编纂委员会编。主编王复耕，副主编沈泉男、强永南。苏州大学出版社 2006 年 6 月第 1 版第 1 次印刷，16 开本，379 页，460 千字，精装本 1 册，定价 100 元。

志卷首有蠡口镇区位图、蠡口镇镇域图 2 幅，有照片插页 30 页。继之，有周天平和沈彩珍序文 1 篇，凡例 11 则。该志首列概述，正文为章节体，计 19 章 84 节。以志余殿后。卷末有大事记、编后记、编修人员名录。上限溯源，下限至 2001 年。

礼嘉乡志

武进县礼嘉乡编史修志领导小组编。主编苏永德。16 开本，325 页，精装本 1 册。1985 年内部印刷。

顾祖根题写书名。志卷首有孙玉泰题词 1 幅，有礼嘉乡编史修志领导小组前言 1 篇，凡例 8 则。继之，有礼嘉乡位置示意图、礼嘉乡行政区域示意图、昇西乡示意图、李嘉乡（20 世纪）30 年代原状图、李嘉乡（20 世纪）80 年代现状图、1929—1949 行政区域变迁图、1949—1983 行政区域变迁图 7 幅，有照片插页 10 页。该志首列大事记，正文为编章节体，计 7 编 49 章。卷末有后记、编修人员名录。上限不限，下限至 1983 年。

利港镇志

中共江阴市利港镇委员会、江阴市利港镇人民代表大会、江阴市利港镇人民政府编。主编陈卓文。苏州大学出版社 1997 年 9 月第 1 版第 1 次印刷，印数 2100 册，32 开本，448 页，335 千字，精装本 1 册，定价 28 元。

王凡题写书名。志卷首有编修人员名录，有缪嘉题词 1 幅，有照片插页 16 页，并有丁墅镇图、利港镇区历史演变图、利港镇行政区域图、利港镇区域位置图 4 幅。继之，有戚祥友和褚华庭序文 1 篇，凡例 8 则。该志首列总述、大事记，正文为章节体，计 21 章 83 节。卷末有编后。上限溯源，下限至 1992 年。

练塘镇志

《练塘镇志》编纂委员会编。江苏省常熟市地方志丛书之一。主编高保根，副主编杨定余、苗卫东。中国县镇年鉴社 1999 年 12 月第 1 版第 1 次印刷，印数 2500 册，32 开本，827 页，708 千字，精装本 1 册，定价 68 元。

志卷首有胡正明、金元康、范传宝等题词 5 幅，有照片插页 28 页，有练塘镇行政区划图、练塘镇镇区图、1949 年练塘镇区旧舆图 3 幅，并有编修人员名录。继之，有方金保和杨阿明序文 1 篇，凡例 10 则。该志首列概述、

大事记，正文为编章节体，计 18 编 75 章。以志余殿后。卷末有编后记。上限良渚文化时期，下限至 1998 年。

菱塘回族乡志

菱塘回族乡志编纂领导小组编。主编胡德林。民族出版社 1994 年 1 月第 1 版第 1 次印刷，印数 1000 册，16 开本，245 页，420 千字，平装本 1 册，定价 20 元。

朱延庆题写书名。志卷首有照片插页 8 页，有菱塘回族乡现状图、菱塘五十年代圩口图、菱塘集镇现状图 3 幅，并有平措汪杰、施国兴、镇国良、戎文凤题词 4 幅。继之，有中共江苏省高邮市菱塘回族乡委员会和江苏省高邮市菱塘乡人民政府序言 1 篇，凡例 10 则。该志首列概述、大事年表，正文为篇章节体，计 6 篇 31 章。以附录殿后。卷末有编后记、编修人员名录。上限不限，下限至 1989 年。

龙冈镇志

《龙冈镇志》编纂委员会编。江苏省盐城市盐都区地方志丛书之一。主编唐红旗，副主编张维俊、徐长源。方志出版社 2010 年 12 月第 1 版第 1 次印刷，印数 1500 册，16 开本，540 页，1109 千字，精装本 1 册，定价 280 元。

志卷首有编修人员名录，有盐城市盐都区龙冈镇行政区域示意图、盐城市盐都区龙冈镇区位示意图、龙冈镇城镇总体规划——功能区划分图（2012.03）3 幅。继之，有陈育群卷首语 1 篇，彭向洪和周学东序文 1 篇，有

黄岳忠、朱冬生、胡若木、胡卓民题词 4 幅，有照片插页 31 页，凡例 12 则。该志首列综述、大事记，正文为篇章节体，计 18 篇 93 章。卷末有编后记。上限溯源，下限至 2008 年。

龙固镇镇志

中共沛县龙固镇委员会、沛县龙固镇人民政府编。主编朱志军。16 开本，601 页，674.717 千字，精装本 1 册，定价 186 元。2010 年 7 月内部印刷，印数 1000 册。

志卷首有编修人员名录，有甄文杰、朱志军题词 2 幅，有龙固镇全图、民国元年湖陵乡全图 2 幅，有照片插页 42 页。继之，有甄文杰和朱志军、编者序文 2 篇，凡例 10 则。该志首列概述、大事记略，正文为编章节体，计 15 编 52 章。以附录殿后。卷末有编后记。上限不限，下限至 2009 年 10 月。

龙虎塘乡志

武进县龙虎塘乡编史修志办公室编。主编方中兴。16 开本，232 页，精装本 1 册。内部印刷。

志卷首有龙虎塘乡编史修志办公室序文 1 篇，凡例 9 则。继之，有录于光绪武进阳湖县志卷首图、1949 年龙虎塘市镇状况图、龙虎塘乡政区村名图 3 幅，有编纂资料来源，有照片插页 7 页。该志首列大事年表，正文为篇章节体，计 12 篇 55 章。卷末有后记、编修人员名录。上限 1911 年，下限至 1983 年。

娄葑镇志

娄葑镇志编纂委员会编。主编吴万铭，副主编何国成、施晓平。方志出版社 2001 年 8 月第 1 版第 1 次印刷，印数 1000 册，16 开本，501 页，650 千字，精装本 1 册，定价 500 元（全 6 册）。

志卷首有照片插页 13 页，苏州市娄葑乡行政区划图（1984 年）、娄葑镇地图 2 幅。继之，有纂修人员名录，潘云官、徐刚毅序文 2 篇，并有凡例 11 则。该志首列概述、大事记，正文为编章节体，计 7 编 38 章。卷末有编后记。上限溯源，下限至 1999 年。大事记延伸至 2000 年。

卢家巷乡志

武进县卢家巷乡编史修志领导小组编。16 开本，275 页，平装本 1 册。内部印刷。

志卷首有王香雄等题词 2 幅，有照片插页 8 页。继之，有史鹤群前言 1 篇，凡例 11 则，并有卢家巷乡旧貌图、卢家巷乡现状图 2 幅。该志首列大事年表，正文为编章节体，计 12 编 50 章。以编余殿后。卷末有后记。上限 1911 年，下限至 1983 年。

芦墟镇志

《芦墟镇志》编纂委员会编。主编顾永翔。上海社会科学院出版社 2004 年 11 月第 1 版第 1 次印刷，印数 2000 册，16 开本，643 页，1030 千字，精装本 1 册，定价 100 元。

志卷首有芦墟镇行政区划示意图（2004 年 11 月）、2000 年芦墟镇行政区示意图、2000年芦墟水系示意图3幅,有照片插页28页。继之,有李建炯和顾国文序文1篇,凡例10则。该志首列概述、大事记,正文为卷章节体,计17卷73章。卷末有纂修人员目录、编后记、1950年芦墟村名圩名图、2000年芦墟镇区示意图、2000年芦墟交通示意图、芦墟文物古迹分布示意图。上限溯源,下限至2000年。

陆渡镇志

太仓市《陆渡镇志》编纂委员会编。江苏省太仓市地方志丛书之一。主编卫华元,副主编唐崇民。华东理工大学出版社1998年12月第1版第1次印刷,印数1000册,16开本,371页,570千字,精装本1册,定价60元。

志卷首有太仓市陆渡镇镇域现状图、太仓市陆渡镇镇区现状图2幅,有照片插页4页。继之,有邵惠忠、俞福祥和王建明序文1篇,凡例8则。该志首列概述、大事记,正文为卷章节体,计20卷81章。以附录殿后。卷末有修志始末、编修人员名录。上限不定,下限至1995年。

陆慕镇志

《陆慕镇志》编纂委员会编。主编张春法。苏州大学出版社2005年9月第1版第1次印刷,16开本,431页,482千字,精装本1册,定价100元。

志卷首有陆慕镇图(2000年)1幅,有照片插页25页。继之,有周天平和沈彩珍序文1篇,叶根元前言1篇,凡例12则。该志首列概述,正文为章节体,计19章76节。以志余殿后。卷末有大事记、编后记、编修人员名录。上限溯源,下限至2001年。

陆区乡志

陆区乡人民政府编。主编为杨维新。印数2000册,32开本,413页,精装本1册,定价52元。1991年内部印刷。

志卷首有周秋野题词1幅,有照片插页10页,1950—1956年四乡行政区划简图等3幅。继之,有荀天海和边裕芳序文1篇,凡例8则。该志首列概述、大事记,正文为章节目体,计22章95节。卷末有跋、后记、纂修人员名录。上限不限,下限至1990年。

陆杨镇志

陆杨镇人民政府编。主编糜瑞泉,副主编梁文林。文心出版社2001年10月第1版第1次印刷,印数1000册,16开本,437页,精装本1册,定价100元。

志卷首有陆杨镇政区图1幅,有照片插页20页。继之,有杨建明和费国宝序文1篇,凡例8则。该志首列概述、大事记,正文为篇章节体,计19篇85章。卷末有编后记、编修人员名录。上限溯源,下限至1999年。

鹿湾乡志

《鹿湾乡志》编纂委员会编。主编李维静。江苏人民出版社1997年7月第1版第1次印刷,印数2070册,32开本,334页,270千字,精装本1册,定价 41 元。

志卷首有编修人员名录,有朱焰、肖允亭、朱庆德题词 3 幅,有沛县鹿湾乡地图 1 幅,并有照片插页 7 页。继之,有邢厚仁和姜传华序文 1 篇,凡例 9 则。该志首列概述、大事记,正文为章节体,计 23 章 98 节。以附录殿后。卷末有后记。上限 1957 年,下限至 1995 年。

禄口镇志

江宁县禄口镇地方志编纂领导小组编。主编为陶绪元。25 开本,277 页,233 千字,精装本 1 册,定价 10 元。1992 年 11 月内部印刷,印数 1000 册。

志卷首有纂修人员名录,计家荣、王保国、童树林序文 3 篇,凡例 7 则,禄口镇政区图、禄口镇集镇图 2 幅,照片插页 16 页。该志首列概述、大事记,正文为章节目体,计 24 章 96 节。卷末有编后记。上限 1911 年,下限至 1987 年。

潞城乡志

潞城乡志编纂领导小组编。主编章伟飞。16 开本,179 页,300 千字,精装本 1 册,定价 12 元。1986 年 9 月内部印刷,印数 600 册。

潘汉东题写书名。志卷首有潘汉东题词 1 幅,有照片插页 2 页,并有潞城乡地图 1 幅。继之,有潞城乡编史修志领导小组前言 1 篇,凡例 8 则。该志首列概述,正文为编章节体,计 5 编 29 章。以编后殿后。卷末有后记、编修人员名录。上限 1911 年,下限至 1983 年。

罗溪乡志

武进县罗溪乡编史修志领导小组编。16 开本,189 页,精装本 1 册。1985 年内部印刷。

谈维熙题写书名。志卷首有蒋建乔题词 1 幅,有罗溪乡编史修志领导小组前言 1 篇,凡例 8 则。继之,有孝西乡区域图、罗溪乡地名图、罗溪乡水陆交通图、罗溪乡水利建设图、罗溪乡位置图 5 幅,有照片插页 6 页。该志首列大事年表,正文为编章节体,计 10 编 48 章。卷末有后记、编修人员名录。上限 1911 年,下限至 1983 年。

洛社镇志

洛社镇志办公室编。主编强济和。江苏科学技术出版社 1990 年 6 月第 1 版第 1 次印刷,印数 2500 册,32 开本,440 页,334 千字,精装本 1 册,定价 11 元。

薛永辉题写书名。志卷首有洛社镇志编写领导小组、顾问、编写组人员名录,有叶寒青等题词 2 幅,有洛社镇简图、洛社镇区域影像图 2 幅,有照片插页 21 页。继之,有吴耀良和顾允珍序文 1 篇,凡例 9 则。该志首列概述、大事记,正文为章节体,计 22 章 93 节。卷末有后记。上限溯源,下限至 1985 年。

洛阳乡志

武进县洛阳乡编史修志领导小组编。主笔吴洪元。16 开本,422 页,精装本 1 册。1985 年内部印刷。

武中奇题写书名。志卷首有照片

插页 35 页。继之,有武进县洛阳乡编史修志领导小组前言 1 篇,凡例 11 则,洛阳镇旧貌图,中华人民共和国成立后各小乡区域及行政村区域图(1983.10.19),洛阳乡行政区域自然村分布图,中华人民共和国成立前洛阳桥、秦观祠、兴教寺、忠孝祠、大圣庵图 8 幅。该志首列大事年表,正文为编章节体,计 11 编 52 章。以编余殿后。卷末有后记、编修人员名录。上限 1911 年,下限至 1983 年。

马杭乡志

中共武进县马杭乡委员会编史修志领导小组编。主编徐文渭,副主编徐建文、宋汉清。16 开本,346 页,精装本 1 册。1985 年 11 月内部印刷。

志卷首有徐寿祺题词 1 幅,有中共马杭乡委员会编史修志领导小组序文 1 篇,凡例 10 则。继之,有照片插页 17 页。该志首列概况、大事记,正文为编章节体,计 6 编 41 章。卷末有后记、编史修志小组名单。上限不限,下限至 1983 年。

马陵山镇志

马陵山镇志编纂委员会编。江苏省新沂市地方志丛书之一。主编张都云,副主编曹同太、陈福成、杨胜利。16 开本,508 页,精装本 1 册。内部印刷。

志卷首有编修人员名录,有新沂市马陵山镇区域图、马陵山镇空间区域功能示意图 2 幅,有苏子龙、时继锋、王维权题词 3 幅,并有照片插页 22 页。继之,有时继锋和王维权序文 1 篇,凡例 9 则。该志首列概述、大事记,正文为章节体,计 32 章 161 节。以附录殿后。卷末有编后记、编修人员名录。上限不限,下限至 2009 年 8 月。

马坡乡志

马坡乡人民政府编。主编赵瑶安。16 开本,386 页,精装本 1 册。内部印刷。

志卷首有编修人员名录,有何赋硕、刘忠达、赵鹏程题词 3 幅,并有马坡乡行政区图、马坡乡水利工程图(1999 年)2 幅。继之,有闫成海和张梦玲序文 1 篇,凡例 8 则。该志首列概述、大事记,正文为章节体,计 32 章 128 节。以附录殿后。卷末有编后记。上限不限,下限至 1999 年。

马塘镇志

马塘镇修志办公室编。主编秦爱道,副主编朱仲秀、步明。学林出版社 1986 年 12 月第 1 版第 1 次印刷,印数 2000 册,32 开本,248 页,175 千字,平装本 1 册,定价 1.95 元。

王冬龄题写书名。志卷首有秦爱道题写书名,有凡例 6 则,并有 1985 年马塘镇图、1940 年马塘镇图 2 幅。该志正文为类目体。卷末有编修人员名录。上限溯源,下限至 1985 年。

梅李镇志

梅李镇人民政府编。主编董匡一。古吴轩出版社 1995 年 3 月第 1 版第 1 次印刷,印数 3 000 册,32 开本,546 页,470 千字,精装本 1 册,定价

28.8元。

江浩题写书名,志卷首有焦康寿、陈刚等题词3幅,有照片插页14页,镇行政区划图、区现状图2幅。继之,有纂修人员名录,徐永达和周浩忠序文1篇,并有凡例8则。该志首列概述、大事记,正文为编章节体,计18编65章。卷末有编后记。上限不限,下限至1992年。

梅李镇志·梅李卷

《梅李镇志》编纂委员会编。江苏省常熟市地方志丛书之一。主编周丽芳、韩丽亚、苏文学等5人,副主编毛林生、孙瑞华、汤金保。上海辞书出版社2006年9月第1版第1次印刷,印数3000册,16开本,846页,精装本1册,定价380元(全三卷)。

志卷首有张永泉、徐永达、钱仁德题词3幅,有照片插页19页,有梅李镇行政区划图1幅,并有编修人员名录。继之,有邓国华和丁琪序文1篇,凡例7则。该志首列概述、大事记,正文为编章节体,计20编80章。以志余殿后。卷末有编后记。上限溯源,下限至1999年6月。

梅李镇志·赵市卷

《梅李镇志》编纂委员会编。江苏省常熟市地方志丛书之一。主编周丽芳、韩丽亚、苏文学等5人,副主编毛林生、孙瑞华、汤金保。上海辞书出版社2006年9月第1版第1次印刷,印数3000册,16开本,797页,精装本1册,定价380元(全三卷)。

志卷首有王建康、李蓁、王金元题词3幅,有照片插页23页,有赵市镇行政区划图1幅,并有编修人员名录。继之,有邓国华和丁琪序文1篇,凡例7则。该志首列概述、大事记,正文为编章节体,计17编82章。以志余殿后。卷末有后记。上限不限,下限至1998年。

梅李镇志·珍门卷

《梅李镇志》编纂委员会编。江苏省常熟市地方志丛书之一。主编周丽芳、韩丽亚、苏文学等5人,副主编毛林生、孙瑞华、汤金保。上海辞书出版社2006年9月第1版第1次印刷,印数3000册,16开本,762页,精装本1册,定价380元(全三卷)。

志卷首有何耀文、许学良、王金元题词3幅,有照片插页24页,有珍门镇行政区划图1幅,并有编修人员名录。继之,有邓国华和丁琪序文1篇,凡例8则。该志首列概述、大事记,正文为编章节体,计17编78章。以志余殿后。卷末有编后记。上限不限,下限至1999年6月。

梅堰镇志

吴江市梅堰镇地方志编纂委员会编。主编沈文龙。江苏古籍出版社2002年12月第1版第1次印刷,16开本,499页,660千字,精装本1册,定价80元。

尉天池题写书名。志卷首有费孝通题词1幅,有照片插页23页,有梅堰镇在清同治《苏州府志》中位置图、吴江县市乡地名图(民国元年)、梅堰镇政区变动图、民国三十七年梅堰镇区地图、吴江市梅堰镇区地图、梅堰镇政区图 6 幅。继之,有黄松林和金建伟序文 1 篇,凡例 10 则。该志首列概述、大事记,正文为卷章节体,计 9 卷 40 章。卷末有编修人员名录、后记。上限 1912 年,下限至 1996 年。

庙港镇志

《庙港镇志》编纂委员会编。主编朱瑞章。浙江大学出版社 2002 年 6 月第 1 版第 1 次印刷,印数 1070 册,16 开本,377 页,543 千字,精装本 1 册,定价 55 元。

项怀诚题写书名。志卷首有照片插页 16 页,并有编修人员名录。继之,有史建荣和邱龙根序文 1 篇,凡例 8 则。该志首列概述、大事记,正文为卷章节体,计 16 卷 54 章。以附录殿后。卷末有后记。上限不限,下限至 1995 年。

庙桥乡志

武进县庙桥乡编史修志领导小组编。主编恽全民。16 开本,182 页,260 千字,精装本 1 册。1986 年 12 月内部印刷,印数 800 册。

谷方题写书名。志卷首有周惠民题词 1 幅,有庙桥乡编史修志领导小组前言 1 篇,有照片插页 6 页,并有编修人员名录。继之,有庙桥乡全图 1 幅,凡例 7 则。该志首列大事年表,正文为编章节体,计 6 编 32 章。以编余殿后。卷末有后记。上限 1911 年,下限至 1983 年。

秣陵镇志

秣陵镇地方志编纂领导小组编。主编为陆纯霖。南京出版社 1992 年 10 月第 1 版第 1 次印刷,印数 1000 册,25 开本,301 页,250 千字,精装本 1 册,定价 40 元。

志卷首有纂修人员名录,刘庆忠序文 1 篇,凡例 7 则。继之,有秣陵镇地名图、秣陵镇街道示意图 2 幅,照片插页 8 页。该志首列概述、人事记,正文为章节目体,计 23 章 88 节。卷末有秣陵风光文选、后记。上限秦汉,下限至 1989 年。

莫城镇志

莫城镇志编纂委员会编。江苏省常熟市地方志丛书之一。主编邵军,副主编张锡根、钱祖兴。上海科学技术文献出版社 2002 年 9 月第 1 版第 1 次印刷,印数 3000 册,16 开本,642 页,749 千字,精装本 1 册,定价 110 元。

志卷首有唐伟萱、胡正明、金元康、何忠、祝兴华等题词 11 幅,有照片插页 31 页,有莫城镇行政区划图 1 幅,并有编修人员名录。继之,有王志平和范浩康序文 1 篇,凡例 9 则。该志首列概述、大事记,正文为编章节体,计 18 编 71 章。以志余殿后。卷末有编后记。上限 4500 年前的良渚文化,下限至 2000 年。

木渎镇志

《木渎镇志》编纂委员会编。主编潘泽苍,副主编黄林森。上海社会科学院出版社 1999 年 1 月第 1 版第 1 次印刷,印数 4 000 册,16 开本,396 页,810 千字,精装本 1 册,定价 60 元。

志卷首有程思远、李德生、李贵鲜、秦兴元题词 4 幅,木渎镇地图、木渎市镇区地图 2 幅,有照片插页 24 页。继之,有蔡根源和顾叙根序文 1 篇,并有凡例 12 则。该志首列概述、大事记,正文为章节目体,计 23 章 128 节。卷末有后记。上限溯源,下限至 1996 年。

南丰镇志

南丰镇志编纂委员会编。主编谭德宝,副主编沈锦发。方志出版社 2001 年 12 月第 1 版第 1 次印刷,印数 1000 册,16 开本,492 页,620 千字,精装本 1 册,定价 240 元(全 4 册)。

志卷首有南丰镇区域图、南丰镇区域位置图 2 幅,有照片插页 24 页。继之,有纂修人员名录,李汉忠序文 1 篇,并有凡例 10 则。该志首列概述、大事记,正文为卷章节体,计 16 卷 64 章。卷末有编纂始末。上限溯源,下限至 1999 年。

南麻镇志

江苏省吴江市南麻镇志编纂委员会编。主编张菊生。方志出版社 1999 年 11 月第 1 版第 1 次印刷,印数 1500 册,16 开本,320 页,440 千字,精装本 1 册,定价 55 元。

志卷首有沈求我题词 1 幅,南麻于吴江市位置图、南麻镇区图、民国时期南麻镇区图、南麻镇图 4 幅,有照片插页 11 页。继之,有纂修人员名录、吴新祥、徐阿学、周福根序文 1 篇,并有凡例 9 则。该志首列概述、大事记,正文为卷章节体,计 14 卷 60 章。卷末有编后记。上限溯源,下限至 1995 年。

南阳乡志

南阳乡志编委会编。主编韩迪民。16 开本,83 页,精装本 1 册。内部印刷。

柏成法题写书名。志卷首有编修人员名录,有照片插页 6 页。继之,有杨国美序文 1 篇。该志首列概况,正文为篇章节体,计 5 篇 20 章。卷末有编后。上限 1819 年,下限至 1984 年。

牛塘乡志

武进县牛塘乡编史修志领导小组编。主编白清渊。16 开本,335 页,精装本 1 册。1986 年 8 月内部印刷。

徐浩然题写书名。志卷首有史乃展、汤澈题词 2 幅,有照片插页 16 页。继之,有闻仕进前言 1 篇,凡例 13 则,有牛塘乡区域图、牛塘乡在武进县的位置图、牛塘桥市镇平面图、南宋时游塘四邻图 4 幅。该志首列大事年表,正文为编章节体,计 11 编 63 章。以编余殿后。卷末有后记、编修人员名录。上限溯源,下限至 1983 年。

牛塘镇志

常州市武进区牛塘镇地方志编纂委员会编。主编白清渊。方志出版社 2011 年 8 月第 1 版第 1 次印刷,印数 3000 册,16 开本,661 页,746 千字,精装本 1 册,定价 150 元。

志卷首有王香雄、史乃展、汤澈、王恩茂、钱正英题词5幅,有照片插页27页,并有南宋时游塘四邻图、武进县怀南乡阳湖县延政乡图、1985年卢家巷乡区域图、2001年牛塘镇各行政村(村委)图、2007年武进区地图等8幅,有编修人员名录。继之,有沈新峰序文1篇,凡例11则。该志首列概述、大事记,正文为章节体,计18章101节。以附录殿后。卷末有后记编修人员名录。上限1983年,下限至2007年。

藕渠镇志

藕渠镇志编纂委员会编。江苏省常熟市地方志丛书之一。上海科学技术文献出版社2000年6月第1版第1次印刷,印数3000册,32开本,635页,576千字,精装本1册,定价46元。

费孝通题写书名。志卷首有照片插页37页,有藕渠镇行政区划图、五渠原貌(草图)2幅,并有编修人员名录。继之,有林浩成序文1篇,凡例10则。该志首列概述、大事记,正文为编章节体,计16编69章。以志余殿后。卷末有编后记。上限不限,下限至1998年。

盘城镇志

浦口区盘城街道《盘城镇志》编纂委员会编。南京市浦口区街道志丛书之一。主编徐志恩。中国文史出版社2008年8月第1版第1次印刷,16开本,408页,680千字,精装本1册,定价150元。

志卷首有编修人员名录,有罗潮海和刘玉冬序文1篇,凡例10则。继之,有盘城镇地图1幅,有照片插页26页。该志首列概述、大事记,正文为章节体,计22章96节。以附录殿后。卷末有编纂始末。上限不限,下限至2004年。

浦棠乡志

睢宁县浦棠乡志编纂委员会编。主编戴继泉。新华出版社1997年8月第1版第1次印刷,印数1000册,16开本,433页,400千字,精装本1册,定价98元。

志卷首有王克、许若章等题词4幅,有浦棠乡域现状图、区位图2幅,照片插页8页。继之,有卢敬业和刘超序文1篇,并有凡例10则。该志首列概述、大事记,正文为章节目体,计15章56节。卷末有跋、后记、纂修人员名录。上限不限,下限至1995年。

浦庄镇志

《浦庄镇志》编纂委员会编。主编赵云发、金波,副主编沈根土。苏州大学出版社2005年4月第1版第1次印刷,16开本,294页,437千字,精装本1册,定价70元。

志卷首有照片插页14页,有苏州浦庄位置图、浦庄镇域示意图2幅,并有编修人员名录。继之,有凡例9则,杨伟根和徐国雄序文1篇。该志首列概述、大事记,正文为章节体,计22章92节。卷末有编纂始末。上限清末民初,下限至2000年。

七都镇志

吴江市七都镇地方志编纂委员会编。主编丁学明。江苏古籍出版社 2001 年 12 月第 1 版第 1 次印刷,16 开本,490 页,660 千字,精装本 1 册,定价 88 元。

志卷首有费孝通、项怀诚、桂世镛等题词 5 幅,有照片插页 20 页,七都镇政区图 1 幅。继之,有周学林、陆善彬、吴海燕序文 1 篇,并有凡例 11 则。该志首列概述、大事记,正文为卷章节体,计 14 卷 62 章。卷末有纂修人员名录、后记。上限不限,下限至 1999 年。

七里乡志

江都县《七里乡志》编纂工作领导小组编。主编张正中。江苏人民出版社 1993 年 2 月第 1 版第 1 次印刷,印数 1160 册,16 开本,226 页,300 千字,精装本 1 册,定价 8 元。

李亚如题写书名。志卷首有照片插页 4 页,有 1988 年七里乡行政区划图 1 幅。继之,有朱琳序文 1 篇,凡例 7 则。该志首列大事记,正文为篇章节体,计 13 篇 61 章。以杂记殿后。卷末有后记、编修人员名录。上限 1911 年,下限至 1988 年。

圯亭镇志

《圯亭镇志》编纂委员会编。主编李济国。16 开本,403 页,精装本 1 册,定价 68 元。1998 年内部印刷。

廖静文题写书名。志卷首有徐庆平题画 1 幅,有廖静文、刘永兴、褚绍唐题词 3 幅,有宜兴市圯亭镇行政区划图 1 幅,有照片插页 8 页。继之,有吴正裕、张爱国和程同德序文 2 篇,凡例 9 则。该志首列概述、大事记,正文为章节体,计 25 章 119 节。以附录殿后。卷末有编后、编修人员名录。上限 1929 年,下限至 1996 年。

千灯镇志

江苏省昆山市千灯镇志编纂委员会编。中国名镇志丛书之一。主编高苡平,副主编徐金龙。方志出版社 2017 年 9 月第 1 版第 1 次印刷,16 开本,270 页,338 千字,精装本 1 册,定价 115 元。

志卷首有王伟光、李培林序文 2 篇,并有编修人员名录,凡例 16 则。继之,有千灯镇在中国的位置图、千灯镇在江苏省的位置图、千灯镇地图 3 幅,有照片插页 7 页。正文为纲目体。以附录殿后。卷末有主要参考文献、编纂始末。上限溯源,下限至 2015 年。

前黄乡志

前黄乡编史修志领导小组编。主笔高国瑾。16 开本,292 页,精装本 1 册。内部印刷。

杨木者题写书名。志卷首有汤澈序文 1 篇,凡例 8 则。继之,有钱梦梧、杨洪才等题词 8 幅,有照片插页 14 页。该志首列大事年表,正文为编章节体,计 11 编 63 章。卷末有后记、编修人员名录、勘误表。上限 1911 年,下限至 1983 年。

前洲镇志

前洲镇志编纂委员会编。主编张岳根,副主编陈伟民。江苏人民出版社2002年8月第1版第1次印刷,印数2540册,16开本,638页,677千字,精装本1册,定价88元。

志卷首有照片插页31页,并有前洲镇区域图1幅。继之,有周伟翔序文1篇,凡例10则。该志首列概述、大事记,正文为章节体,计23章127节。以附录殿后。卷末有前洲镇志主要资料来源和参阅书目、编纂始末、索引。上限不限,下限至1995年。

青龙乡志

武进县青龙乡编史修志领导小组编。主编王培全。16开本,249页,精装本1册,定价10元。1986年5月内部印刷,印数1000册。

周谷城题写书名。志卷首有陈伯大、章志兆题词2幅,有照片插页12页。继之,有武进县青龙乡编史修志领导小组序文1篇,说明8则,有青龙乡全图1幅。该志首列概况,正文为编章节体,计6编39章。卷末有后记、编修人员名录。上限1879年,下限至1983年。

青山泉乡志

徐州市人民政府地方志办公室、青山泉乡人民政府编。主编李文启,副主编满振民、权兴信、赵爱华。中国矿业大学出版社1994年5月第1版第1次印刷,印数1000册,16开本,237页,318千字,精装本1册,定价45元。

高之均题写书名。志卷首有编修人员名录,有何赋硕、曹开林、沈旭、董献吉题词4幅,有照片插页8页,并有青山泉乡行政区划图、青山泉乡地形图2幅。继之,有刘厚远和李运之序文1篇,凡例7则。该志首列概述、大事记,正文为章节体,计31章106节。以附录殿后。卷末有跋、编后记。上限1882年,下限至1992年。

青阳镇志

中共江阴市青阳镇委员会、江阴市青阳镇人民政府编。主编季震宇,副主编吴允中。苏州大学出版社1999年1月第1版第1次印刷,印数1600册,32开本,519页,410千字,精装本1册,定价38元。

华继善题写书名。志卷首有照片插页16页,有青阳镇镇区图、青阳镇地名图2幅,并有编修人员名录。继之,有王士良和赵国祥序文1篇,凡例7则。该志首列总述、大事记,正文为章节体,计23章96节。以附表殿后。卷末有编后记。上限不限,下限至1987年。

青阳镇志

主编施正凯。江苏科学技术出版社2011年6月第1版第1次印刷,16开本,402页,560千字,精装本1册,定价260元。

志卷首有冯岩序文1篇,有泗洪县政区图、泗洪县城区图2幅,有照片插页5页。继之,有凡例8则。该志首列总述、大事记,正文为篇章节体,计 15 篇 49 章。以附录殿后。上限溯源，下限至 2009 年。

曲塘镇志

曲塘镇志编写委员会编。主编黄宝书。32 开本，376 页，310 千字，精装本 1 册。1990 年 3 月内部印刷，印数 3000 册。

李俊民题写书名。志卷首李进序文 1 篇，凡例 6 则。继之，有照片插页 4 页，有邓伟志、张舟萍题词 2 幅。该志首列概述，正文为篇章节体，计 6 篇 28 章。以人物传殿后。卷末有大事年表、后记、曲塘镇志编写委员会、审定单位名录、曲塘镇主要工业产品介绍。上限不限，下限至 1982 年。

沙家浜镇志

中共沙家浜镇委员会、沙家浜镇人民政府编。主编徐耀良。中共党史出版社 1994 年 8 月第 1 版第 1 次印刷，印数 3000 册，32 开本，412 页，275 千字，平装本 1 册，定价 15 元。

志卷首有叶飞、江渭清、江浩、唐伟萱题词 4 幅，有照片插页 9 页。继之，有纂修人员名录，夏光、王欣序文 2 篇，凡例 8 则。该志首列概述、大事记，正文为编章节体，计 14 编 58 章。卷末有后记。上限 1910 年，下限至 1993 年。

善卷镇志

《善卷镇志》编纂委员会编。主编史国兴，副主编徐逸国。江苏人民出版社 1999 年 6 月第 1 版第 1 次印刷，印数 2040 册，16 开本，309 页，486 千字，精装本 1 册，定价 98 元。

志卷首有照片插页 18 页，善卷镇行政区域图 1 幅。继之，有项苗兴、苏锡林和赵金云序文 2 篇，凡例 10 则。该志首列概述、大事记，正文为章节目体，计 28 章 126 节。卷末有附录、后记、纂修人员名录。上起 1912 年，下限至 1995 年。

上党镇志

镇江市丹徒区上党镇地方志办公室编。主编王春喜。16 开本，374 页，427 千字，精装本 1 册。2009 年 9 月内部印刷，印数 650 册。

志卷首有编修人员名录，有程道云和洪伟序文 1 篇，凡例 10 则。继之，有上党镇地图 1 幅，有照片插页 55 页。该志首列概述、大事记，正文为篇章节体，计 17 篇 47 章。卷末有编后。上限溯源，下限至 2005 年。

上坊乡志

上坊乡志编纂领导小组编。主编王仲模。印数 1000 册，25 开本，317 页，280 千字，精装本 1 册。1990 年 12 月内部印刷。

李荣潮题写书名。志卷首有编修人员名录，有陈本根、刘春华序文 2 篇，凡例 5 则。继之，有上坊乡行政区划图、江宁县上坊集镇现状图、上坊乡地形图 3 幅，有照片插 12 页。该志首列概述，正文为章节体，计 29 章 128 节。以附录殿后。卷末有后记。上限 1911 年，下限至 1988 年。

尚湖镇志·练塘卷

尚湖镇志编纂委员会编。江苏省常熟市地方志丛书之一。主编苗卫东、尹大大,副主编高保根。上海辞书出版社2007年11月第1版第1次印刷,16开本,784页,精装本1册,定价480元(全四册)。

志卷首有杨升华、戈炳根、王伟民、秦卫星、王建国、姚永兴、金元康、陈卫京、金曾豪题词9幅,有照片插页19页,有1949年练塘镇区旧舆图、练塘镇行政区划图2幅,并有编修人员名录。继之,有周志芳和王建国序文1篇,凡例9则。该志首列概述、大事记,正文为编章节体,计17编78章。以志余殿后。卷末有编后记。上限溯源,下限至2005年7月。

尚湖镇志·尚湖卷

尚湖镇志编纂委员会编。江苏省常熟市地方志丛书之一。主编浦利明,副主编高保根。上海辞书出版社2007年11月第1版第1次印刷,16开本,576页,精装本1册,定价480元(全四册)。

志卷首有杨升华、戈炳根、王伟民、秦卫星、徐永达、王建国、姚永兴、俞正、吴卫国、霍慰铭、陈卫京题词11幅,有照片插页32页,有尚湖镇行政区划图1幅,并有编修人员名录。继之,有周志芳和王建国序文1篇,凡例8则。该志首列概述、大事记,正文为编章节体,计11编43章。以志余殿后。卷末有编后记。上限2005年7月,下限至2007年9月。

尚湖镇志·冶塘卷

尚湖镇志编纂委员会编。江苏省常熟市地方志丛书之一。主编周建华,副主编陈耀明。上海辞书出版社2007年11月第1版第1次印刷,16开本,678页,精装本1册,定价480元(全四册)。

志卷首有杨升华、戈炳根、王伟民、秦卫星、马国富、金元康、金仲明、范龄淼、廖端娟题词9幅,有照片插页26页,有冶塘镇行政区划图1幅,并有编修人员名录。继之,有周志芳和王建国序文1篇,凡例9则。该志首列概述、大事记,正文为编章节体,计16编65章。以志余殿后。卷末有编后记。上限溯源,下限至2003年6月。

邵伯镇志

《邵伯镇志》编纂委员会编。主编徐从法,副主编张学武。江苏人民出版社1996年1月第1版第1次印刷,印数3 000册,32开本,606页,487.2千字,精装本1册,定价35元。

李圣和题写书名。志卷首有编修人员名录,有陈坤祥和仇必成序文1篇,凡例8则。继之,有邵伯镇镇区示意图、邵伯镇行政区划图2幅,有照片插页12页。该志首列概述、大事记,正文为章节体,计20章86节。以附录殿后。卷末有后记。上限不限,下限至1993年。

邵店镇志

《邵店镇志》编纂委员会编。主编孙其炯,副主编张新乐、徐召楼。中国戏剧出版社 2000 年 12 月第 1 版第 1 次印刷，印数 2 000 册，32 开本，568 页，466 千字，精装本 1 册，定价 60 元。

志卷首有编修人员名录，有邵店镇政区图 1 幅，有毕广垣、郭希忠、张惠泉等题词 6 幅，有照片插页 10 页。继之，有郁冰川文章 1 篇，曹新民序文 1 篇，凡例 10 则。该志首列概述、大事记，正文为章节体，计 29 章 111 节。以附录殿后。卷末有后记。上限溯源，下限至 1999 年。

射阳湖镇志

《射阳湖镇志》编纂委员会编。主编范敬荣，副主编黄兴余、夏永兰、陈一心、郑永吉。江苏人民出版社 1994 年 6 月第 1 版第 1 次印刷，印数 2 000 册，32 开本，415 页，324 千字，精装本 1 册，定价 23 元。

夏雨题写书名。志卷首有射阳湖镇行政区划图、射阳集镇图 2 幅，有照片插页 8 页。继之，有范敬荣序文 1 篇，凡例 8 则。该志首列概述、大事记，正文为篇章节体，计 7 篇 38 章。卷末有编后记、编修人员名录。上限 1912 年，下限至 1989 年。

胜浦镇志

胜浦镇志编纂委员会编。主编吴兵，副主编马觐伯。方志出版社 2001 年 8 月第 1 版第 1 次印刷，印数 1 000 册，16 开本，373 页，504 千字，精装本 1 册，定价 500 元（全 6 册）。

志卷首有照片插页 14 页，胜浦镇行政区域图 1 幅。继之，有纂修人员名录，潘云官、徐刚毅序文 2 篇，并有凡例 9 则。该志首列概述、大事记，正文为编章节体，计 6 编 32 章 119 节。卷末有编后记。上限溯源，下限至 1999 年。

石浦镇志

石浦镇志编纂委员会编。主编沈姐妹，副主编刘卫国、许德明。中国华侨出版社 2003 年 5 月第 1 版第 1 次印刷，印数 1000 册，16 开本，469 页，830 千字，精装本 1 册，定价 100 元。

志卷首有编修人员名录，有方学武等题词 2 幅，有照片插页 16 页，并有石浦镇镇域图 1 幅。继之，有叶海元和徐卫球序文 1 篇，凡例 10 则。该志首列概述、大事记，正文为篇章节体，计 19 篇 79 章。卷末有编后记。上限不限，下限至 1999 年。

时集乡志

中共新沂市时集镇委员会、新沂市时集镇人民政府编。主编赵宗凡。32 开本，432 页，350 千字，精装本 1 册。2000 年 12 月内部印刷。

高行令题写书名。志卷首有编修人员名录，有张明生、田园、高行令、刘叶松题词 4 幅，有照片插页 7 页，并有时集乡区域位置图、时集乡自然村庄分布图 2 幅。继之，有高行令前言 1 篇，刘叶松序文 1 篇，凡例 8 则。该志首列概述、大事记，正文为章节体，计 25 章 97 节。以附录殿后。卷末有编后记。上限溯源，下限至 1995 年。

双沟镇志

睢宁县双沟镇志编纂委员会编。主编戴兴均,副主编柳良民、葛崇方、高克堂等4人。新华出版社1997年6月第1版第1次印刷,印数1000册,16开本,462页,400千字,精装本1册,定价68元。

志卷首有程光锐等题词2幅,有编修人员名录,有睢宁县双沟镇现状图、睢宁县双沟镇总体规划图、双沟镇镇域村镇体系规划图、双沟镇行政区划图、双沟镇土壤图、双沟镇水系图6幅,并有照片插页8页。继之,有杜春霖序文1篇,凡例8则。该志首列概述、大事记,正文为章节体,计20章73节。以杂录殿后。卷末有跋、索引、捐款修志芳名录。上限不限,下限至1995年。

双沟镇志

《双沟镇志》编史修志领导小组编。主编陈景镕。16开本,255页,500千字,精装本1册,定价60元。2000年4月内部印刷,印数1000册。

志卷首有刘志义、黄璜等题词3幅,有双沟镇现状图1幅,有编修人员名录,有照片插页16页。继之,有王修平序文1篇,凡例8则。该志首列概况、大事记,正文为章节体,计19章83节。卷末有后记。上限清代,下限至1993年。

水泗乡志

《水泗乡志》编纂委员会编。主编杨志明。32开本,185页,精装本1册。内部印刷。

志卷首有照片插页4页。该志首列概述,正文为纲目体。以附录殿后。卷末有后记。上限不限,下限至2002年。

司徒乡志

司徒乡编史修志领导小组编。主编钟澜、王宗汉。16开本,305页,470千字,精装本1册。1989年1月内部印刷,印数400册。

康迪题写书名。志卷首有吴志优、司徒乡编史修志领导小组序文2篇,有照片插页2页,有凡例7则。该志首列概述、大事记,正文为编章节体,计7编38章。卷末有编后、编修人员名录。上限1912年,下限至1985年。

氾水镇志

氾水镇志编纂委员会编。主编吴达楠,副主编潘广顺、陆银坤、李锡宁。32开本,470页,精装本1册。内部印刷。

志卷首有宝应县氾水镇行政区划图、氾水镇人民公社行政区划图、宝应县第三市简图3幅,有照片插页12页。继之,有张国顺和张怀义序文1篇,凡例7则。该志首列概述、大事记,正文为篇章节体,计7篇38章。卷末有编后记、编修人员名录。上限溯源,下限至1996年。

睢城镇志

《睢城镇志》编纂委员会编。主编

仇凤仙，副主编吴光速、侯建彬、史芳华。中国文联出版社 2009 年 10 月第 1 版第 1 次印刷，16 开本，437 页，精装本 1 册，定价 225 元。

志卷首有编修人员名录，有 2006 年睢城镇地图 1 幅，有照片插页 10 页。继之，有沈虎序文 1 篇，凡例 9 则。该志首列概述、大事记，正文为章节体，计 20 章 97 节。以附记殿后。卷末有编后记。上限溯源，下限至 2007 年。

太华镇志

《太华镇志》编纂委员会编。主编张焕明、史国兴。江苏古籍出版社 2001 年 11 月第 1 版第 1 次印刷，16 开本，416 页，618 千字，精装本 1 册，定价 100 元。

志卷首有沈达人题词 1 幅，有行政区图、土地利用现状图 2 幅，照片插页 49 页。继之，有苏锡林和周斌序文 1 篇，凡例 9 则，并有纂修人员名录。该志首列概述，正文为章节目体，计 25 章 114 节。卷末有大事记、附录、后记。上限不限，下限至 1995 年。

汤泉镇志

中共汤泉镇委员会、汤泉镇人民政府编。浦口区志丛书之一。主编周世泉。32 开本，743 页，600 千字，精装本 1 册。2003 年 12 月内部印刷，印数 1000 册。

志卷首有编修人员名录，有晋先荣、王德华、葛华友序文 3 篇，凡例 9 则。继之，有汤泉镇行政区划图、汤泉镇城镇现状图 2 幅，有照片插页 16 页。该志首列概述、大事记，正文为章节体，计 24 章 117 节。以附录殿后。卷末有新编汤泉镇志始末。上限溯源，下限至 2000 年。

唐市镇志

《唐市镇志》编纂委员会编。江苏省常熟市地方志丛书之一。主编徐应济。32 开本，701 页，560 千字，精装本 1 册，定价 30 元。1997 年 11 月内部印刷，印数 2000 册。

志卷首有江浩、唐伟萱、王伟民等题词 4 幅，有照片插页 38 页，并有唐市镇行政区划图 1 幅。继之，有王欣、金炳元、俞根元序文 1 篇，王欣文章 1 篇，凡例 8 则。该志首列概述、大事记，正文为编章节体，计 20 编 78 章。以志余殿后。卷末有编后记、编修人员名录。上限不限，下限至 1996 年。

塘市镇志

江苏省张家港市塘市镇志编纂委员会编。主编陈进章。方志出版社 2001 年 6 月第 1 版第 1 次印刷，印数 1000 册，16 开本，314 页，420 千字，精装本 1 册，定价 240 元（全四册）。

志卷首有纂修人员名录，凡例 12 则，有姚湘成、缪根宝、金新题词 3 幅。继之，有缪根宝、朱锦芳序文 2 篇，有塘市镇政区图、清道光二十年马嘶镇图、中华人民共和国成立前塘墅集镇图 3 幅，照片插页 24 页。该志首列概述、大事记，正文为卷章节体，计 15 卷

57 章。卷末有跋、后记。上限溯源,下限至 1999 年 12 月。

桃园镇志

桃园镇志编纂委员会编。江苏省睢宁县乡镇志丛书之一。主编常光侠,副主编许友义。香港天马出版社 2000 年 12 月第 1 版第 1 次印刷,印数 1000 册,16 开本,456 页,430 千字,精装本 1 册,定价 98 元。

志卷首有编修人员名录,有桃园行政区划图 1 幅,并有照片插页 8 页。继之,有吕立胜序文 1 篇,凡例 10 则。该志首列概述、大事记,正文为章节体,计 20 章 93 节。以附录殿后。卷末有编纂始末。上限溯源,下限至 1998 年。

桃园镇志

桃园镇政府编。中国文史出版社 2008 年 11 月第 1 版第 1 次印刷,印数 300 册,16 开本,601 页,280 千字,精装本 1 册,定价 180 元。

志卷首有照片插页 8 页。继之,有卢霄序文 1 篇,凡例 10 则。该志首列概述、大事记,正文为章节体,计 20 章 90 节。以附录殿后。上限溯源,下限至 2004 年。

陶吴镇志

《陶吴镇志》编纂领导小组编。主编陆万福。南京出版社 1992 年 12 月第 1 版第 1 次印刷,印数 1200 册,16 开本,298 页,240 千字,精装本 1 册,定价 40 元。

志卷首有江宁县陶吴集镇现状图、陶吴镇行政区划图 2 幅,有照片插页 10 页。继之,有纂修人员名录,有叶良忠序文 1 篇,并有凡例 8 则。该志首列概述、大事记,正文为章节目体,计 24 章 93 节。卷末有编后记。上限溯源,下限至 1989 年。

陶庄志

兴化市陶庄乡志编纂委员会编。主编许茂贤,副主编陆中来。32 开本,323 页,260 千字,平装本 1 册。2000 年内部印刷,印数 2000 册。

志卷首有照片插页 8 页,有陶庄乡行政区划图 1 幅。继之,有刘海山序文 1 篇,凡例 10 则。该志首列概述、大事记,正文为章节体,计 20 章 98 节。以杂记殿后。卷末有编后记、编修人员名录。上限不限,下限至 1998 年。

菀坪镇志

吴江市菀坪镇地方志编纂委员会编。黑龙江人民出版社 2004 年 12 月第 1 版第 1 次印刷,印数 1000 册,16 开本,238 页,370 千字,精装本 1 册,定价 50 元。

志卷首有菀坪镇地图、菀坪镇区图 2 幅,有照片插页 12 页。继之,有黄万章和徐晓枫序文 1 篇,凡例 6 则。该志首列概述、大事记,正文为章节体,计 46 章 185 节。以附录殿后。卷末有编后记。上限 1891 年,下限至 2003 年。

万集乡志

《万集乡志》编纂办公室编。主编张汝洲。江苏科学技术出版社1991年8月第1版第1次印刷,印数1100册,16开本,265页,430千字,精装本1册,定价20元。

志卷首有胡登余序文1篇,有凡例8则,有万集乡行政区划图(1988)1幅。该志首列概述、记事,正文为纲目体。卷末有后记、照片插页6页。上限溯源,下限至1988年。

王庄镇志

《王庄镇志》编纂委员会编。江苏省常熟市地方志丛书之一。主编袁小弟,副主编范金良、浦利明。中共党史出版社2001年5月第1版第1次印刷,印数2500册,16开本,539页,520千字,精装本1册,定价84元。

志卷首有王殊、须浩风、陈念棣、唐伟萱、胡正明等题词10幅,有照片插页33页,并有编修人员名录。继之,有陈惠民和吴卫国序文1篇,凡例8则。该志首列概述、大事记,正文为编章节体,计18编70章。以志余殿后。卷末有编后记。上限不限,下限至1999年。

望亭镇志

《望亭镇志》编纂委员会编。主编周晓东、纪昌熙。苏州大学出版社2007年7月第1版第1次印刷,16开本,565页,900千字,精装本1册,定价100元。

志卷首有照片插页38页。继之,有茅冬文和尤建丰序文1篇,凡例8则,并有编修人员名录。继之,有望亭镇镇域图1幅。该志首列概述,正文为章节体,计20章93节。卷末有大事记、编后记。上限溯源,下限至2000年。

唯亭镇志

唯亭镇志编纂委员会编。主编沈及。方志出版社2002年1月第1次印刷,印数1000册,16开本,497页,650千字,精装本1册,定价85元。

志卷首有照片插页10页,唯亭镇镇区示意图1幅。有纂修人员名录,潘云官、徐刚毅、印启东序文3篇,凡例10则。该志首列概述、大事记,正文为编章节体,计7编33章。卷末有编后记。上限溯源,下限至2000年。

渭塘镇志

《渭塘镇志》编纂委员会编。主编张必武,副主编高家勤。上海社会科学院出版社2006年3月第1版第1次印刷,印数3050册,16开本,478页,548千字,精装本1册,定价100元。

志卷首有渭塘镇镇域图1幅,有何康等题词3幅,有照片插页31页。继之,有叶根元和茅冬文序文1篇,凡例9则。该志首列概述,正文为章节体,计20章93节。以大事记殿后。卷末有编纂始末、编修人员名录。上限溯源,下限至2000年。

魏集乡志

睢宁县魏集乡志编纂委员会编。

主编陈继龙。新华出版社 1997 年 6 月第 1 版第 1 次印刷,印数 1000 册,16 开本,308 页,350 千字,精装本 1 册,定价 68 元。

志卷首有纂修人员名录,韩振美、仲琨题词 2 幅,有魏集乡行政区划图 1 幅,照片插页 4 页。继之,有袁新华和沙兴奇序文 1 篇,并有凡例 9 则。该志首列概述、大事记,正文为章节目体,计 20 章 93 节。卷末有附录、后记。上限溯源,下限至 1995 年。

乌江镇志

浦口区乌江镇《乌江镇志》编纂委员会编。南京市浦口区街道志丛书之一。主编陈荣震。中国文史出版社 2008 年 8 月第 1 版第 1 次印刷,16 开本,430 页,750 千字,精装本 1 册,定价 150 元。

志卷首有编修人员名录,有洪汛安和黄琴序文 1 篇,凡例 11 则。继之,有乌江镇镇域现状图 1 幅,有照片插页 28 页。该志首列概述、大事记,正文为章节体,计 22 章 109 节。以附录殿后。卷末有编后。上限溯源,下限至 2004 年。

吴市镇志

《吴市镇志》编纂委员会编。江苏省常熟市地方志丛书之一。主编朱绍曾,副主编杨绍球。百家出版社 1998 年 8 月第 1 版第 1 次印刷,印数 3000 册,32 开本,605 页,488 千字,精装本 1 册,定价 30 元。

志卷首有编修人员名录,有陈行素、曾庆琛、王炜炘、孟东明题词 4 幅,有照片插页 24 页,并有吴市镇区域图 1 幅。继之,有吴市镇志编纂委员会前言 1 篇,凡例 8 则。该志首列概述、大事记,正文为章节体,计 19 章 84 节。以志余殿后。卷末有编后记。上限不限,下限至 1992 年。

西山镇志

苏州市吴中区西山镇志编纂委员会编。主编邹永明。苏州大学出版社 2001 年 6 月第 1 版第 1 次印刷,印数 4000 册,16 开本,340 页,543 千字,精装本 1 册,定价 70 元。

严艺琳题写书名。志卷首有西山镇地图 1 幅,有照片插页 16 页。继之,有华泉福和骆兴男序文 1 篇,凡例 10 则。该志首列概述、大事记,正文为章节体,计 23 章 91 节。以丛录殿后。卷末有编后记、编修人员名录。上限不限,下限至 1999 年。

西石桥镇志

《西石桥镇志》编纂办公室编。主编潘炳尧。苏州大学出版社 1994 年 6 月第 1 版第 1 次印刷,印数 1200 册,32 开本,378 页,300 千字,精装本 1 册,定价 30 元。

朱文郁题写书名。志卷首有照片插页 10 页,有邱魏高、陈玉清、何国鸿、郭兆泽题词 4 幅,并有西石桥镇行政区域图 1 幅。继之,有何国洪和陈玉清序文 1 篇,凡例 9 则。该志首列概述、大事记,正文为章节体,计 20 章 79 节。卷末有编后记。上限不限,下限至 1990 年。

夏溪乡志

武进县夏溪乡编史修志领导小组编。16 开本，223 页，精装本 1 册。内部印刷。

黄和堃题写书名。志卷首有蒋国泉序文 1 篇，有凡例 8 则，有照片插页 6 页。该志首列大事记、概况，正文为编章节体，计 13 编 50 章。卷末有后记、编修人员名录。上限不限，下限至 1983 年。

先烈乡志

先烈乡志编写组编。主编徐守忠。16 开本，195 页，精装本 1 册。1990 年 1 月内部印刷，印数 470 册。

徐守忠题写书名。志卷首有吴连洲、沈浓序文 2 篇，凡例 16 则，并有园艺队后港现状图、先烈乡行政区划图 2 幅。该志首列概述、大事记，正文为编章节体，计 5 编 26 章。以附录殿后。卷末有后记、编修人员名录。上限溯源，下限至 1987 年。

象山乡志

象山乡志编纂组编。主编熊兴邦。黄山书社 1998 年 11 月第 1 版第 1 次印刷，印数 1000 册，16 开本，324 页，418 千字，精装本 1 册，定价 68 元。

志卷首有象山乡地图、象山乡位置图 2 幅，有照片插页 16 页。继之，有徐建锋序文 1 篇，凡例 8 则。该志首列概述、大事记，正文为编章节体，计 12 编 38 章。以附录殿后。卷末有编后记、编修人员名录。上限溯源，下限至 1995 年。

谢桥镇志

《谢桥镇志》编纂委员会编。江苏省常熟市地方志丛书之一。主编钱臻兴，副主编黄卫兵。上海科学技术文献出版社 2003 年 11 月第 1 版第 1 次印刷，印数 2500 册，16 开本，634 页，710 千字，精装本 1 册，定价 88 元。

言恭达题写书名。志卷首有迟浩田、赵俊生题词 2 幅，有照片插页 35 页，有谢桥镇行政区划图 1 幅，并有编修人员名录。继之，有沈启平、张振环、罗林华序文 1 篇，凡例 9 则。该志首列概述、大事记，正文为编章节体，计 19 编 73 章。以志余殿后。卷末有后记。上限不限，下限至 2000 年。

辛丰镇志

主编杭展。河海大学出版社 2000 年 1 月第 1 版第 1 次印刷，印数 1050 册，16 开本，299 页，405 千字，精装本 1 册，定价 100 元。

志卷首有丹徒县辛丰镇行政区划图(1995) 1 幅，有照片插页 15 页。继之，有赵百才序文 1 篇，并有凡例 10 则。该志首列概述、大事记，正文为编章节体，计 7 编 39 章。卷末有后记。上限溯源，下限至 1990 年。

辛庄镇志

《辛庄镇志》编纂委员会编。主编高荣林，副主编鲍尚贤、沈志高、张伦。上海社会科学院出版社 2003 年 5 月第 1 版第 1 次印刷,印数 3 000 册,16 开本,553 页,908 千字,精装本 1 册,定价 120 元。

志卷首有潘连生、曹兴福题词 2 幅,有照片插页 30 页,辛庄镇行政区划图、辛庄镇工业园区图 2 幅。继之,有纂修人员名录,张生元和吴喜宝序文 1 篇,并有凡例 8 则。该志首列概述、大事记,正文为编章节体,计 17 编 74 章。卷末有编后记。上限不限,下限至 2000 年末。

新集镇志

主编戴家鼎,副主编帅国华、张传浩。中国文史出版社 2005 年 12 月第 1 版第 1 次印刷,印数 2 000 册,32 开本,443 页,290 千字,精装本 1 册,定价 40.8 元。

忆明珠题写书名。志卷首有新集镇行政区划图、新集镇区图 2 幅,有照片插页 14 页,并有编修人员名录。继之,有崔学锋序文 1 篇,凡例 7 则。该志首列概述、大事记,正文为章节体,计 16 章 63 节。以附录殿后。卷末有编后记。上限不限,下限至 2003 年。

新桥镇志

新桥镇志编纂委员会编。江阴市方志丛书之一。主编郁光义,副主编徐正平。方志出版社 2011 年 4 月第 1 版第 1 次印刷,印数 3 000 册,16 开本,542 页,922 千字,精装本 1 册,定价 220 元。

志卷首有照片插页 29 页,有马嘶镇图、民国马嘶乡图、新桥镇政区图 3 幅。继之,有蒋和兴和赵强序文 1 篇,凡例 9 则。该志首列总述、大事记,正文为篇章节体,计 20 篇 62 章。以志余殿后。卷末有编后记、索引、新桥镇志编纂委员会、编纂人员、审验单位、提供资料单位名录。上限溯源,下限至 2008 年。

新塘镇志

江苏省太仓市新塘镇志编纂委员会编。主编陈菊明。16 开本,359 页,44 千字,精装本 1 册。2011 年 5 月内部印刷。

郁宏达题写书名。志卷首有编修人员名录,有孙锦泉题词 1 幅,有照片插页 6 页,并有新塘镇区域图(1999 年)、新塘镇街区图(1999 年)、新塘市街区图(1948 年)3 幅。继之,有王建邦、李家齐序文 2 篇,凡例 7 则。该志首列概述、大事记,正文为篇章节体,计 19 篇 69 章。以附录殿后。卷末有编后记。上限不限,下限至 2000 年。

兴隆镇志

《兴隆镇志》编纂委员会编。江苏省常熟市地方志丛书之一。主编徐君连、杨国梁。方志出版社 1999 年 8 月第 1 版第 1 次印刷,印数 2 000 册,32 开本,570 页,精装本 1 册,定价 40 元。

曹大铁题写书名。志卷首有兴隆镇志编纂机构和编纂人员名录,有胡正明、何耀文、朱连生等题词 4 幅,照片插页 22 页,并有兴隆镇区域图。继之,有陆建达序文 1 篇,凡例 8 则。该志首列概述、大事记,正文为编章节体,计17编75章。卷末有编后记。上限不限,下限至1997年。

星甸镇志

浦口区星甸镇《星甸镇志》编纂委员会编。南京市浦口区街道志丛书之一。主编张子林、林如宝、倪世清。中国文史出版社2008年8月第1版第1次印刷,16开本,686页,1078千字,精装本1册,定价150元。

志卷首有编修人员名录,有李业明和蒋冰序文1篇,凡例8则。继之,有照片插页24页。该志首列概述、大事记,正文为章节体,计22章119节。以附录殿后。卷末有编纂始末。上限溯源,下限至2004年。

徐市镇志

《徐市镇志》编纂委员会编。江苏省常熟市地方志丛书之一。主编王东平。上海三联书店2001年1月第1版第1次印刷,印数2500册,32开本,801页,640千字,精装本1册,定价48元。

志卷首有编修人员名录,有王进龙、顾志明题词2幅,有照片插页29页,并有徐市镇政区图、徐市地理位置图2幅。继之,有张建忠和徐建国序文1篇,凡例8则。该志首列概述、大事记,正文为编章节体,计20编87章。卷末有编后。上限溯源,下限至1998年。

雪堰镇志

常州市武进区雪堰镇地方志编纂委员会编。主编杨斌其,副主编钱凯良、吴元松。南京大学出版社2012年12月第1版第1次印刷,16开本,872页,1130千字,精装本1册,定价280元。

志卷首有2007年雪堰镇行政村区划图、2010年雪堰镇行政村区划图、1984年雪堰乡地名图、1984年潘家乡地名图、1984年漕桥乡地名图、1984年南宅乡地名图、1984年太滆乡地名图7幅,有照片插页21页。继之,有姜甫明序文1篇,凡例11则。该志首列概述、大事记,正文为章节体,计30章165节。以附录殿后。卷末有后记、编修人员名录。上限1984年,下限至2007年。

扬名镇志

扬名镇志编纂委员会编。主编陈国柱。方志出版社2004年6月第1版第1次印刷,印数1000册,16开本,531页,501千字,精装本1册,定价90元。

志卷首有唐鸿鸣、袁静波题词2幅,有照片插页38页,并有扬名镇区域图、扬名镇行政区域图(2003年)2幅,扬名镇志编修人员名录。继之,有赵建新和赵建兴序文1篇,凡例7则。该志首列概述、大事记,正文为章节体,计27章145节。以附录殿后。卷末有编后记。上限溯源,下限至2003年。

杨庙乡志

杨庙镇人民政府编。主编赵瑞智,副主编曹长生。天马图书有限公司2003年6月第1版第1次印刷,印数1500册,16开本,521页,836千字,精装本1册,定价98元。

赵昌智题写书名。志卷首有编修人员名录,有翟靖东等题词2幅,有王庭国和潘剑秋序文1篇。继之,有杨庙乡行政区划图1幅,有照片插页15页,并有凡例10则。该志首列概述、大事记,正文为章节体,计19章89节。以附录殿后。卷末有扬州西山小志、后记。上限溯源,下限至1990年。

杨巷镇志

《杨巷镇志》编纂委员会编。主编曹凤仪,副主编徐宇成、杨扣根、朱孝祁。方志出版社2003年9月第1版第1次印刷,印数3 000册,16开本,424页,560千字,精装本1册,定价100元。

马苏政题写书名。志卷首有马苏政、宗顺留题词2幅,杨巷镇行政区图1幅,有照片插页43页。继之,有张听宝和周达祥序文1篇,凡例9则,并有纂修人员名录。该志首列概述,正文为章节目体,计24章123节。卷末有大事记、编后。上限1912年,下限至1999年。

杨园镇志

《杨园镇志》编纂委员会编。主编李艳,副主编薛良宝、鲍尚贤。上海社会科学院出版社2006年5月第1版第1次印刷,印数2 000册,16开本,533页,855千字,精装本1册,定价120元。

志卷首有陆林生、李菊根、马国富、秦卫星题词4幅,有照片插页34页,杨园镇镇域图1幅。继之,有纂修人员目录,范建国和邱菊平序文1篇,并有凡例8则。该志首列概述、大事记,正文为编章节体,计17编77章。卷末有志余、编后记。上限溯源,下限至2003年4月。

杨庄镇志

《杨庄镇志》编纂领导小组编。主编张锦荣。16开本,214页,360千字,精装本1册,定价70元。2000年7月内部印刷,印数600册。

周泽亚题写书名。志卷首有江都市杨庄镇行政区域图1幅,有编修人员名录。继之,有周泽亚和苏文奇序文1篇,凡例8则,有照片插页16页。该志首列大事记,正文为篇章节体,计11篇39章。卷末有编后。上限386年,下限至1998年。

姚集乡志

睢宁县姚集乡志编纂委员会编。主编张甫文,副主编姚金光、李荣艾。新华出版社1997年8月第1版第1次印刷,印数1 000册,16开本,386页,350千字,精装本1册,定价98元。

志卷首有纂修人员名录,有姚集乡行政区划图1幅,照片插页8页。继之,有袁雅敏和宋浩序文1篇,并有凡例6则。该志首列概述、大事记,正文为章节目体,计20章93节。卷末有编后记。上限溯源,下限至1996年。

遥观乡志

武进县遥观乡编史修志领导小组编。主笔张浩良、刘志仁。16 开本,361 页,精装本 1 册。内部印刷。

许竹轩题写书名。志卷首有潘传荣等题词 3 幅,有蒋凤白为遥观乡志作画 1 幅。继之,有许竹轩序文 1 篇,凡例 12 则,并有照片插页 14 页,遥观乡政区图、遥观乡在武进县的位置略图 2 幅。该志首列大事记,正文为编章节体,计 6 编 40 章。卷末有后记、编余、编修人员名录。上限 1911 年,下限至 1983 年。

冶塘镇志

冶塘镇志编纂委员会编。主编陈耀明,副主编周建华、吕福年、包龙兴。上海科学技术文献出版社 2002 年 9 月第 1 版第 1 次印刷,印数 2500 册,16 开本,461 页,740 千字,精装本 1 册。定价 78 元。

志卷首有唐伟萱、胡正明、金元康、马国富、金仲明、范龄森、廖瑞娟、范惠才题词 8 幅,有照片插页 21 页,冶塘镇行政区划图、常熟市冶塘镇镇区图 2 幅。继之,有纂修人员名录,廖瑞娟和范惠才序文 1 篇,并有凡例 8 则。该志首列概述、大事记,正文为编章节体,计 18 编 70 章。卷末有编后记。上限不限,下限至 2000 年 12 月。

宜城镇志

《宜城镇志》编纂委员会编。主编杨晓方。上海人民出版社 1991 年 7 月第 1 版第 1 次印刷,印数 3050 册,32 开本,681 页,526 千字,精装本 1 册,定价 21.5 元。

尹瘦石题写书名。志卷首有尹瘦石题词 1 幅,有镇区鸟瞰图、宜城镇地图、宜兴城厢图(1936 年)、清雍正城图 4 幅,有照片插页 11 页。继之,有徐铸成、王尧生和蒋海珠序文 2 篇,凡例 7 则。该志首列概述、大事记,正文为章节体,计 29 章 125 节。以附录殿后。卷末有编后、编修人员名录。上限 1912 年,下限至 1987 年。

宜陵镇志

《宜陵镇志》编纂领导小组编。主编黄指南、姜锦文,副主编谢玉树、曹有懋。江苏古籍出版社 1998 年 12 月第 1 版第 1 次印刷,印数 2000 册,16 开本,475 页,737 千字,精装本 1 册,定价 60 元。

郭东坡题写书名。志卷首有宜陵镇行政区划图 1 幅,有照片插页 8 页,并有编修人员名录。继之,有刘惠鹏和黄为民序文 1 篇,凡例 12 则。该志首列概述、大事记,正文为编章节体,计 15 编 44 章。卷末有编后。上限溯源,下限至 1994 年。

益林镇志

益林镇志编纂委员会编。主编杨欣吾、殷法权,副主编周芝荣、黄清汉、许士洪、李汝春。16 开本,356 页,精装本 1 册。2002 年 10 月内部印刷。

志卷首有王勤、陈世旺等题词 7 幅,有益林镇行政区划图、益林镇镇区现状图、益林战役图 3 幅,有照片插页

11 页。继之,有王步林和李德平序文 1 篇,凡例 8 则。该志首列概述、大事记,正文为篇章节体,计 23 篇 97 章。卷末有后记、编修人员名录。上限 1224 年,下限至 2000 年。

虞山镇志

虞山镇志编纂委员会编。主编谢伟麟。中央文献出版社 2000 年 12 月第 1 版第 1 次印刷,印数 3000 册,16 开本,931 页,1500 千字,精装本 1 册,定价 158 元。

志卷首有沈国放题词 1 幅,有照片插页 30 页,虞山镇行政区划图 1 幅。继之,有纂修人员名录,谢伟麟序文 1 篇,并有凡例 8 则。该志首列概述、大事记,正文为编章节体,计 24 编 113 章。卷末有编后记。上限溯源,下限至 1999 年。

岳王镇志

岳王镇志编纂委员会编。主编何亦如,副主编张士伟。上海交通大学出版社 1996 年 4 月第 1 版第 1 次印刷,印数 2000 册,32 开本,471 页,412 千字,精装本 1 册,定价 40 元。

志卷首有编修人员名录,有照片插页 16 页,并有岳王镇行政区域图(1992 年 12 月)、1992 年岳王镇镇区图、中华人民共和国成立前夕岳王镇区模拟图 3 幅。继之,有周伟忠和王永明序文 1 篇,凡例 10 则。该志首列概述、大事记,正文为篇章节体,计 18 篇 65 章。卷末有编后记。上限不限,下限至 1992 年。

越溪镇志

《越溪镇志》编纂委员会编。主编陆金根,副主编杨成杰。苏州大学出版社 2003 年 12 月第 1 版第 1 次印刷,印数 770 册,16 开本,375 页,606 千字,精装本 1 册,定价 80 元。

志卷首有越溪镇区地图、吴县越溪镇地理位置图、吴县越溪镇地图 3 幅,有陈金元题词 1 幅,有照片插页 11 页,并有编修人员名录。继之,有凡例 10 则,有张学仁和李永泉、陆培康和钱敖云序文 2 篇。该志首列概述、大事记,正文为章节体,计 23 章 98 节。卷末有后记。上限 1912 年,下限至 2000 年。

云亭镇志

《云亭镇志》编纂委员会编。主编曹正平。苏州大学出版社 1998 年 5 月第 1 版第 1 次印刷,印数 1200 册,16 开本,331 页,370 千字,精装本 1 册,定价 48 元。

志卷首有编修人员名录,有云亭镇区位示意图 1 幅,有照片插页 14 页。继之,有苏士虎和陶忠良序文 1 篇,凡例 5 则。该志首列总述、大事记,正文为章节体,计 23 章 90 节。以附表殿后。卷末有后记。上限 1911 年,下限至 1992 年。

云阳镇志

丹阳市云阳镇志编纂委员会编。主编徐金良,副主编卢志容。方志出版社 2012 年 3 月第 1 版第 1 次印刷,印数 2000 册,16 开本,1120 页,1533

千字,精装本 1 册,定价 250 元。

志卷首有云阳镇志编纂委员会、编辑与工作人员、审定单位名录,有 2006 年云阳镇镇区图、云阳镇城区图 2 幅,有照片插页 42 页。继之,有任剑平序文 1 篇,凡例 18 则。该志首列概述、大事记,正文为章节体,计 25 章 112 节。以专记、附录殿后。卷末有后记。上限不限,下限至 2006 年。

在城镇志

溧水县在城镇人民政府编。主编秘光祥。16 开本,227 页,精装本 1 册。1990 年 9 月内部印刷,印数 1000 册。

志卷首有江萍、邱训成和秘光祥序文 2 篇,凡例 10 则,有沈阳龙题词 1 幅,有照片插页 15 页,有在城镇图 1 幅。该志首列大事记,正文为篇章节体,计 10 篇 40 章。卷末有编后记、编修人员名录。上限不限,下限至 1985 年。

寨桥乡志

武进县寨桥乡编史修志领导小组编。主编史之直。16 开本,267 页,精装本 1 册。1986 年 8 月内部印刷,印数 1000 册。

陈静吾、杨谷方题写书名。志卷首有舒若、汤澈、潘汉东题词 3 幅,有寨桥乡编史修志领导小组前言 1 篇,凡例 11 则,寨桥地图 1 幅,照片插页 14 页。该志首列大事年表、概况,正文为编章节体,计 7 编 39 章。卷末有后记、编修人员名录。上限 1879 年,下限至 1983 年。

张浦镇志·大市卷

张浦镇人民政府编。昆山市地方志丛书之一。主编陈阿根,副主编刘健英。西安地图出版社 2003 年 12 月第 1 版第 1 次印刷,印数 1000 册,16 开本,326 页,509 千字,精装本 1 册,定价 58 元。

志卷首有大市镇行政区划图、大市镇位置图、大市镇镇区图 3 幅,有照片插页 13 页。继之,有顾志中和张大妹序文 1 篇,凡例 8 则。该志首列概述、大事记,正文为篇章节体,计 16 篇 64 章。卷末有编后记、编修人员名录。上限不限,下限至 1999 年。

张浦镇志·南港卷

张浦镇人民政府编。昆山市地方志丛书之一。主编张梅官。西安地图出版社 2003 年 12 月第 1 版第 1 次印刷,印数 1000 册,16 开本,236 页,389 千字,精装本 1 册,定价 58 元。

志卷首有南港镇行政区域图、南港镇位置图、南港镇集镇及开发区建成图 3 幅,有照片插页 20 页。继之,有孙国良和程文荣序文 1 篇,凡例 9 则。该志首列概述、大事记,正文为篇章节体,计 16 篇 69 章。卷末有后记、修纂人员名录。上限不限,下限至 1999 年。

张桥镇志

《张桥镇志》编纂委员会编。江苏省常熟市地方志丛书之一。主编周阿林,副主编陈锦良、陶雪康。上海社会科学院出版社 2003 年 6 月第 1 版第 1

次印刷,印数 3 000 册,16 开本,557 页,632 千字,精装本 1 册,定价 82 元。

志卷首有照片插页 18 页,有张桥镇行政区划图 1 幅,并有编修人员名录。继之,有马建平和黄胜平序文 1 篇,凡例 7 则。该志首列概述、大事记,正文为编章节体,计 20 编 84 章。以志余殿后。卷末有后记。上限不限,下限至 2000 年。

张圩乡志

睢宁县张圩乡志编纂委员会编。主编李道平,副主编陈仪龙。新华出版社 1997 年 6 月第 1 版第 1 次印刷,印数 1 000 册,16 开本,244 页,300 千字,精装本 1 册,定价 68 元。

志卷首有纂修人员名录,有张圩乡行政区划图、张圩乡地形图等 3 幅,照片插页 8 页。继之,有胡昌柱和贾辰早序文 1 篇,凡例 7 则。该志首列概述、大事记,正文为章节目体,计 19 章 71 节。卷末有编后记。上限不限,下限至 1994 年。

张渚镇志

《张渚镇志》编纂委员会编。主编史国兴,副主编赵国夫。江苏人民出版社 2013 年 1 月第 1 版第 1 次印刷,16 开本,877 页,1 350 千字,精装本 1 册,定价 460 元。

志卷首有星云大师、许仲梓、史祥彬、王宏民题词 4 幅,照片插页 44 页,并有张渚镇行政区域图、张渚镇区图 2 幅。继之,有蒋洪亮、王中苏、骆永辉和蒋俊杰序文 3 篇,凡例 10 则。该

志首列概述、大事记,正文为章节体,计 29 章 160 节。卷末有后记、编修人员名录。上限不限,下限至 2010 年。

真武镇志

真武镇志编纂委员会编。主编戴尔华,副主编张锦荣、陈庆华。方志出版社 2005 年 8 月第 1 版第 1 次印刷,印数 1 000 册,16 开本,554 页,1 100 千字,精装本 1 册,定价 150 元。

志卷首有纂修人员名录,有袁苏祥和朱有志序文 1 篇,凡例 13 则。继之,有真武镇行政区划图、原真武镇行政区划图、滨湖乡行政区划图、杨庄镇行政区划图 4 幅,照片插页 28 页。该志首列概述、大事记,正文为篇章节体,计 4 篇 68 章。卷末有附录、编后记。上限溯源,下限至 2004 年 4 月。

镇湖镇志

《镇湖镇志》编纂委员会编。主编姚海泉,副主编张善德。上海辞书出版社 2007 年 8 月第 1 版第 1 次印刷,16 开本,485 页,540 千字,精装本 1 册,定价 120 元。

志卷首有照片插页 42 页,并有镇湖镇行政村区域图(2000 年)、吴县志中收录的西华区图(1933 年)2 幅。继之,有虞美华和华建男序文 1 篇,凡例 12 则。该志首列概述,正文为章节体,计 21 章 96 节。以大事记殿后。卷末有后记、镇湖镇志参考书目、编修人员名录。上限 1912 年,下限至 2000 年。

正仪镇志

正仪镇志编纂委员会编。主编叶亚廉,副主编王道伟、袁理、王顺保。中国大百科全书出版社上海分社1992年9月第1版第1次印刷,印数1000册,16开本,134页,205千字,精装本1册,定价80元。

志卷首有周谷城题词1幅,有照片插页14页,正仪镇行政区划示意图、正仪镇镇区示意图2幅。继之,有编者献辞、李小智、朱应明、汪国桢、王文元序文2篇,并有凡例7则。该志首列概述、大事记,正文为章节目体,计14章66节。卷末有编后记。上限溯源,下限至1988年。

郑陆乡志

武进县郑陆乡编史修志领导小组编。主编顾齐大,副主编范坚明。16开本,264页,精装本1册。内部印刷。

俞遹章题写书名。志卷首有前言1篇,有凡例5则。继之,有郑陆乡全图1幅,有照片插页8则。该志首列大事年表,正文为编章节体,计6编38章。卷末有后记、编修人员名录。上限溯源,下限至1983年。

支塘镇志·何市卷

支塘镇志编纂委员会编。江苏省常熟市地方志丛书之一。主编汤炜。上海科学技术出版社2014年7月第1版第1次印刷,印数4000册,16开本,608页,精装本1册,定价398元(全三卷)。

志卷首有照片插页22页,有何市镇简图1幅,并有编修人员名录。继之,有温献民和芮伟国序文1篇,凡例10则。该志首列概述、大事记,正文为编章节体,计20编84章。以志余殿后。卷末有编后记。上限不限,下限至2002年。

支塘镇志·任阳卷

支塘镇志编纂委员会编。江苏省常熟市地方志丛书之一。主编汤炜。上海科学技术文献出版社2014年7月第1版第1次印刷,印数4000册,16开本,506页,精装本1册,定价398元(全三卷)。

志卷首有照片插页22页,有任阳镇镇域图1幅,并有编修人员名录。继之,有温献民和芮伟国序文1篇,凡例9则。该志首列概述、大事记,正文为编章节体,计19编85章。以志余殿后。卷末有编后记。上限不限,下限至2002年。

支塘镇志·支塘卷

支塘镇志编纂委员会编。江苏省常熟市地方志丛书之一。主编汤炜。上海科学技术文献出版社2014年7月第1版第1次印刷,印数4000册,16开本,588页,精装本1册,定价398元(全三卷)。

志卷首有照片插页28页,有支塘镇区域图1幅,并有编修人员名录。继之,有温献民和芮伟国序文1篇,凡例10则。该志首列概述、大事记,正文为编章节体,计18编79章。以志余殿后。卷末有编后记。上限不限,下限至 2002 年。

周岗镇志

江宁县周岗镇人民政府编。江宁县地方志丛书之一。主编俞林松,副主编周洪亮、杨大庆。32 开本,516 页,347 千字,精装本 1 册,定价 30 元。1995 年 8 月内部印刷,印数 1200 册。

志卷首有编修人员名录,有陶荣富、周光田、王永福序文 3 篇,凡例 7 则。继之,有周岗镇行政区划图、周岗集镇现状图 2 幅,有照片插页 24 页。该志首列概述、大事记,正文为章节体,计 25 章 106 节。以附录殿后。卷末有编后。上限 1911 年,下限至 1994 年。

周市镇志

江苏省昆山市地方志丛书之一。主编汤大明、陈德明。广东人民出版社 2002 年 5 月第 1 版第 1 次印刷,印数 1000 册,16 开本,334 页,825 千字,精装本 1 册,定价 118 元。

志卷首有周市镇行政区划图、周市镇地图、周市镇集镇图 3 幅,有照片插页 16 页。继之,有沈保明和姚惠元序文 1 篇,凡例 10 则。该志首列概述、大事记,正文为篇章节体,计 20 篇 82 章。卷末有编后、编修人员名录。上限不限,下限至 1999 年。

周铁镇志

周铁镇志编纂委员会编。主编郭海泉。凤凰出版社 2008 年 4 月第 1 版第 1 次印刷,16 开本,611 页,785 千字,精装本 1 册,定价 150 元。

志卷首有周铁镇行政区划图、清·洞山乡区域图 2 幅,有照片插页 81 页。继之,有吴锡军等序文 1 篇,凡例 11 则,并有编修人员名录。该志首列概述,正文为章节体,计 28 章 135 节。以大事记殿后。卷末有后记。上限不限,下限至 2003 年。

周庄镇志

中共江阴市周庄镇委员会、江阴市周庄镇人民政府编。主编费仕忠,副主编贡士兴、吴国忠等 3 人。南京大学出版社 1999 年 10 月第 1 版第 1 次印刷,印数 5 000 册,16 开本,457 页,711 千字,精装本 1 册,定价 50 元。

志卷首有纂修人员名录,有照片插页 56 页,宋志全境图、周庄乡行政区划示意图(1955 年)、镇地名图等 7 幅。继之,有赵一鸣和沈国兴序文 1 篇,凡例 11 则。该志首列总述、大事记,正文为篇目体,计 23 篇。卷末有后记、附录。上限溯源,下限至 1997 年。

周庄镇志

昆山市周庄镇镇志编纂委员会编。主编叶亚廉,副主编王道伟、袁理、王顺保。上海三联书店 1992 年 5 月第 1 版第 1 次印刷,印数 3000 册,16 开本,258 页,380 千字,精装本 1 册,定价 20 元。

志卷首有周谷城题词 1 幅,有照片插页 9 页,周庄镇政区图 1 幅。继之,有朱兴农、顾根元、脊家兴序文 1

篇,凡例 8 则。该志首列概述、大事记,正文为篇章节体,计 19 篇 65 章。卷末有编后记、纂修人员名录。上限溯源,下限至 1990 年。

珠江镇志

浦口区江浦街道《珠江镇志》编纂委员会编。南京市浦口区街道志丛书之一。主编刘尚和。中国文史出版社 2008 年 8 月第 1 版第 1 次印刷,16 开本,720 页,1167 千字,精装本 1 册,定价 150 元。

志卷首有编修人员名录,有许贤和成永来序文 1 篇,凡例 14 则。继之,有珠江镇地图、珠江镇街区图 2 幅,有照片插页 44 页。该志首列概述、大事记,正文为章节体,计 24 章 126 节。以附录殿后。卷末有编后记。上限溯源,下限至 2006 年 2 月。

竹镇镇志

竹镇镇地方志编纂委员会编。主编王福春、吕金才,副主编吕明亮、韦俊生等 6 人,执行主编朱定俊。方志出版社 2011 年 12 月第 1 版第 1 次印刷,印数 1000 册,16 开本,502 页,650 千字,精装本 1 册,定价 280 元。

志卷首有竹镇镇志编纂委员会、编纂人员名录,有六合区竹镇镇行政区划图(2007 年)、竹镇镇镇区现状图(2007 年 12 月)2 幅,有照片插页 28 页。继之,有吕金才等序文 2 篇,凡例 12 则。该志首列概述、大事记,正文为章节体,计 25 章 103 节。以索引殿后。卷末有编后语。上限溯源,下限至 2007 年。

祝塘镇志

祝塘镇志编纂委员会编。江阴市方志丛书之一。主编李中林,副主编何国荣。方志出版社 2014 年 2 月第 1 版第 1 次印刷,印数 2000 册,16 开本,966 页,1686 千字,精装本 1 册,定价 280 元。

志卷首有照片插页 40 页,有祝塘镇地图(2007 年)1 幅。继之,有薛永兴、黄绥泉、张少波序文 3 篇,凡例 11 则。该志首列大事记,正文为编章节体,计 24 编 88 章。卷末有编后记、索引、祝塘镇志主要资料来源和参考书目。上限溯源,下限至 2010 年。

邹区镇志

常州市武进区邹区镇地方志编纂委员会编。主编袁仁明。南京大学出版社 2010 年 12 月第 1 版第 1 次印刷,16 开本,804 页,1280 千字,精装本 1 册,定价 285 元。

志卷首有照片插页 11 页。继之,有周仲华序文 1 篇,凡例 9 则。该志首列概述、大事记,正文为编章节体,计 11 编 60 章。以附录殿后。卷末有后记、编修人员名录。上限不限,下限至 2007 年。

浙江省

安昌镇志

安昌镇镇志编纂委员会编。浙江省名镇志集成之一。主编包昌荣,副主编倪守箴。中华书局2000年8月第1版第1次印刷,印数2000册,16开本,465页,600千字,精装本1册,定价118元。

志卷首有照片插页16页,安昌镇图1幅。继之,有胡张尧和丁生产序文1篇,凡例8则。该志首列概述、大事记,正文为编章节体,计7编28章。卷末有后记。上限不限,下限至1993年。

白泉镇志

浙江省舟山市定海区白泉镇志编纂委员会编。主编方长生,副主编俞隐鹤。中国书籍出版社1996年7月第1版第1次印刷,印数3000册,32开本,517页,445千字,精装本1册,定价45元。

志卷首有陈安羽题词1幅,有照片插页14页,有白泉镇区划图、白泉镇区示意图2幅。继之,有王家恒、李善忠和李文华、张民富序文3篇,凡例8则。该志首列概述、大事记,正文为篇章节体,计14篇57章。以丛录殿后。卷末有跋、编修人员名录。上限不限,下限至1994年。

白石镇志

白石镇人民政府编。浙江省乐清市地方志丛书之一。主编陈建中,副主编邱星伟、黄醒余。天马图书有限公司1997年1月第1版第1次印刷,印数3000册,32开本,353页,290千字,精装本1册,定价33元。

志卷首有徐柏龄题词1幅,有照片插页10页,有白石镇政区图、白石镇街巷平面图2幅。继之,有林立、屠庆枢、陈岳畴、郑道松、黄洪川、倪宝胜和谢炳献序文4篇,凡例10则。该志首列概述、大事记,正文为篇章节体,计7篇27章。以附录殿后。卷末有编后记、编修人员名录、出版资助者名录。上限溯源,下限至1990年。

北白象镇志

北白象镇志编纂委员会编。主编高益登。中华书局2011年8月第1版第1次印刷,印数5000册,16开本,470页,580千字,精装本1册,定价200元。

倪士毅题写书名。志卷首有编修人员名录,有邱清华、姜增尧、赵乐强、章纪泉题词4幅,有浙江省乐清市政区图、北白象镇政区图、北白象镇建成区图、北白象镇全景图4幅,并有照片插页32页。继之,有潘云夫和刘寅豹序文1篇,凡例10则。该志首列概述、大事记,正文为卷章节体,计8卷34章。卷末有编后记。上限溯源,下限至2009年。

苍南灵溪镇志

《苍南灵溪镇志》编纂办公室编。主编王汝亮,副主编叶宗武。浙江人民出版社1993年3月第1版第1次印刷,印数3000册,32开本,318页,260千字,精装本1册,定价18元。

志卷首有林剑丹题词1幅,有照片插页13页,并有灵溪镇行政区域图(1991)、苍南县灵溪镇老区域图2幅。继之,有鲍向东和郭廷春序文1篇,凡例8则。该志首列概述、大事记,正文为编目体,计28编。以杂记殿后。卷末有后记、编修人员名录。上限溯源,下限至1989年。

昌化镇志

《昌化镇志》编纂委员会编。主编余志伟。方志出版社2010年11月第1版第1次印刷,印数1500册,16开本,507页,617千字,精装本1册,定价220元。

薛驹题写书名。志卷首有编修人员名录,有照片插页28页,并有昌化镇城区图、昌化镇政区图2幅。继之,有邵毅、周军和马根龙序文2篇,凡例11则。该志首列概述、大事记,正文为编章节体,计18编63章。以丛录殿后。卷末有后记。上限不限,下限至2007年。

长安镇志

《长安镇志》编纂委员会编。主编金新良,执行主编高建林,副主编程溢、林有坤。方志出版社2014年12月第1版第1次印刷,印数800册,16开本,604页,1100千字,精装本1册,定价280元。

志卷首有编修人员名录,有凡例9则。继之,有腾敏忠序文1篇。该志首列概述、大事记,正文为卷章节体,计14卷51章。以索引殿后。卷末有后记。上限溯源,下限至2005年。

长河镇志

萧山县长河镇志编写领导小组编。主编王炜常,副主编任吾萃、王士根。光明日报出版社1989年6月第1版第1次印刷,印数3000册,32开本,374页,250千字,精装本1册,定价20元。

来新夏题写书名。志卷首有薛驹、沈吾泉、王良仟、费黑题词4幅,有长河镇地图1幅,有照片插页9页。继之,有黄水庆和邱宝根、来可泓序文2篇,凡例10则。该志首列概述、大事记,正文为编章节体,计17编69章。卷末有后记、编修人员名录。上限北宋太平兴国三年,下限至1987年。

长街镇志

长街镇志编纂委员会编。主编林欧福,副主编周世校、林常飞等4人。方志出版社2010年3月第1版第1次印刷,印数1000册,16开本,1210页,1508千字,精装本1册,定价280元。

林邦德题写书名。志卷首有照片插页33页,有长街镇域行政图、长街镇镇区图、长街镇水利现状图、长街镇交通图4幅。继之,有葛国标和葛水照序文1篇,凡例8则。该志首列概述、大事记,正文为编章节体,计28编115章。以丛录殿后。卷末有后记、长街镇志编纂机构与人员名录。上限溯源,下限至2005年。

长乐镇志

《长乐镇志》编纂委员会编。主编邢出非,副主编邢樟苗、钱孝鹤。浙江人民出版社1999年4月第1版第1次印刷,印数3000册,16开本,749页,952千字,精装本1册,定价70元。

志卷首有邢子陶题词1幅,有照片插页16页,长乐镇政区图、长乐镇平面图2幅。继之,有邢子陶、魏桥和叶江仁、金伟民序文3篇,凡例9则。该志首列概述、大事记,正文为卷编章节体,计5卷29编。卷末有附记、编后记、纂修人员名录。上限不限,下限至1995年。

城郊乡志

温州镇志编纂委员会编。温州镇志系列丛书之一。主编汤一钧,副主编郑梦熊。黄山书社2000年2月第1版第1次印刷,印数2000册,32开本,217页,230千字,精装本1册,定价36元。

志卷首有温州城郊区域图、城郊乡行政区划图2幅,有照片插页14页,有迟浩田题词1幅。继之,有徐华山和杨文升序文1篇,凡例11则。该志首列概述,正文为编章节体,计6编22章。以人物志、大事记、附录殿后。卷末有后记、编修人员名录。上限不限,下限至1999年6月。

崇福镇志

主编张冰华,副主编蔡一、王春祥。上海书店出版社1994年3月第1版第1次印刷,印数2000册,32开本,466页,430千字,精装本1册,定价28元。

志卷首有郭仲选、沈如淙、方艾题词3幅,有照片插页13页,并有崇福镇地图1幅。继之,有李建平、陈桥驿、李裕民序文3篇,凡例7则。该志首列概述、大事记,正文为章节体,计20章86节。以索引殿后。卷末有编后记、编修人员名录。上限溯源,下限至1990年。

崇福镇志

崇福镇志编纂委员会编。主编俞尚曦,副主编徐建人、沈惠金。中华书局2013年11月第1版第1次印刷,印数5000册,16开本,1855页,2800千字,精装本2册,定价680元。

志卷首有编修人员名录,有照片插页52页,并有崇福镇镇域图、崇福镇交通图、崇福镇河道分布图、明万历崇德县城图、清光绪县城图、1950年崇德县城图6幅。继之，有徐鸣阳和张雪根等序文2篇，凡例12则。该志首列概述、大事记，正文为编章节体，计32编136章。以索引殿后。卷末有编后记。上限溯源，下限至2008年。

春晓镇志

宁波市北仑区春晓街道办事处、《春晓镇志》编纂委员会编。主编曹永成，副主编邵福达。浙江人民出版社2017年4月第1版第1次印刷，16开本，695页，978千字，精装本1册，定价268元。

志卷首有照片插页35页，有1912年泰邱乡境域图、1912年海晏乡境域图、2012年北仑区春晓镇行政区域图、春晓滨海新城建设项目分布图（2007年2月至2014年1月）4幅，并有编修人员名录。继之，有庄优辉序文1篇，凡例11则。该志首列概述、大事记，正文为篇章节体，计17篇62章。以丛录殿后。卷末有编后记、《春晓镇志》资料员名单。上限溯源，下限至2012年。

大荆镇志

乐清市大荆镇志编纂委员会编。主编腾万林，副主编黄盛。中华书局2011年6月第1版第1次印刷，印数3000册，16开本，262页，476千字，精装本1册，定价168元。

志卷首有大荆城区图、大荆镇地图2幅，有周晓沛、高育厅、赵乐高、杨和岳题词4幅，有照片插页26页。继之，有刘翔璋序文1篇，凡例8则。该志首列概述、大事记，正文为篇章节体，计8篇38章。卷末有编后记、编修人员名录。上限不限，下限至2009年。

大溪镇志

大溪镇志编纂委员会编。主编陈士良，副主编叶方俭、赵振玉。中国文史出版社2007年12月第1版第1次印刷，16开本，876页，1000千字，精装本1册，定价150元。

詹武题写书名。志卷首有编修人员名录，有陈高华、张于荣、张永兵、潘军明、徐寅序文2篇，凡例7则。该志首列概述、大事记，正文为编章节体，计17编79章。以丛录殿后。卷末有后记。上限溯源，下限至2003年。

埭溪镇志

《埭溪镇志》编纂委员会编。主编吴以群。方志出版社2004年12月第1版第1次印刷，印数1000册，16开本，474页，478千字，精装本1册，定价200元。

志卷首有纂修人员名录，郎玉麟等题词5幅，有照片插页18页，埭溪镇域图等3幅。继之，有陈学文、徐伟华序文2篇，凡例8则。该志首列概述、大事记，正文为篇章节体，计6篇36章。卷末有后记。上限溯源，下限至2000年。

戴村镇志

戴村镇志编纂委员会编。主编陈

志根、李维松。方志出版社 2014 年 7 月第 1 版第 1 次印刷,印数 11000 册,16 开本,1023 页,2031 千字,精装本 1 册,定价 400 元。

志卷首有钱建隆作词、莫若铭作曲的《戴花的村庄》一首,有照片插页 45 页,并有编修人员名录。继之,有汤卫和夏利明序文 1 篇,凡例 8 则。该志首列概述、大事记,正文为卷章节体,计 16 卷 73 章。以附录殿后。卷末有编后记。上限溯源,下限至 2008 年。

淡溪镇志

淡溪镇人民政府编。主编薛文甫。方志出版社 2010 年 1 月第 1 版第 1 次印刷,印数 3000 册,16 开本,424 页,412 千字,精装本 1 册,定价 120 元。

张逸天题写书名。志卷首有编修人员名录,有薛振安、卓高柱、陈逸峰、赵乐强题词 4 幅,有淡溪镇行政区划图、明代乐清县境图 2 幅,并有照片插页 28 页。继之,有汤建生和徐燕序文 1 篇,凡例 6 则。该志首列概述、大事记,正文为卷章节体,计 12 卷 46 章。以《淡溪镇志》赞助单位、个人名录殿后。卷末有后记。上限溯源,下限至 2007 年。

东浦镇志

东浦镇志领导小组编。主编陈云德、诸国良、李元春、张洁。32 开本,678 页,400 千字,精装本 1 册。1998 年 3 月内部印刷,印数 3000 册。

志卷首有照片插页 16 页,并有绍兴县东浦镇政区图、东浦镇在绍兴县位置图 2 幅。继之,有章生建和吴水康、谢全元和何存强、陈桥驿序文 3 篇,凡例 8 则。该志首列概述、大事记,正文为章节体,计 26 章 92 节。卷末有后记、编修人员名录。上限不定,下限至 1993 年。

洞桥镇志

洞桥镇志编纂委员会编。主编李苏苗,副主编贝春芬、仝荣昌。浙江人民出版社 2016 年 12 月第 1 版第 1 次印刷,16 开本,449 页,493 千字,精装本 1 册,定价 98 元。

志卷首有编修人员名录,有宁波市鄞州区地图(2013 年)、洞桥镇卫星影像图、洞桥镇各行政村区位示意图 3 幅,有照片插页 7 页。继之,有卢明娟序文 1 篇,凡例 13 则。该志首列综述,正文为章节体,计 18 章 74 节。以大事记、附文殿后。卷末有后记。上限溯源,下限至 2012 年。

杜桥志

《杜桥志》编纂委员会编。主编郑达根、彭连生。浙江人民出版社 2009 年 12 月第 1 版第 1 次印刷,16 开本,800 页,1128 千字,精装本 1 册,定价 180 元。

志卷首有照片插页 25 页,杜桥航拍图、杜桥镇镇区示意图、杜桥镇行政图等 7 幅。继之,有中共杜桥镇党委和杜桥镇人民政府序文 1 篇,凡例 10 则。该志首列概述、大事记,正文为编章节体,计19编56章。卷末有历史留影、修志始末、索引、参考书目、后记、纂修人员名录。上限溯源,下限至2006年。

方山乡志

《方山乡志》编纂委员会编。主编陈正波,副主编叶才科、陈英恺等4人。方志出版社2004年6月第1版第1次印刷,印数2500册,16开本,242页,396千字,精装本1册,定价198元。

志卷首有金建新、陈慕榕序文2篇,凡例6则。该志首列大事记,正文为章节体,计10部分43章。以附录、编修人员名录殿后。卷末有后记。上限溯源,下限至2002年。

芙蓉镇志

芙蓉镇人民政府编。浙江省乐清市地方志丛书之一。主编包忠久。天马图书有限公司1998年9月第1版第1次印刷,印数1500册,32开本,324页,215千字,精装本1册,定价48元。

志卷首有编修人员名录,有仇雪清、蔡康春、王权题词3幅,有芙蓉镇行政区划图、芙蓉镇街巷示意图2幅,有照片插页14页。继之,有林昌辉和余协献、吴呈兴序文2篇,凡例10则。该志首列概述、大事记,正文为篇章节体,计8篇36章。卷末有编后记。上限374年,下限至1993年。

福全镇志

福全镇志编纂委员会编。绍兴县志丛书之一。主编杨乃浚,副主编卢祥耀、张观达。中华书局2012年6月第1版第1次印刷,印数2000册,16开本,511页,480千字,精装本1册,定价168元。

志卷首有编修人员名录,有照片插页34页,有福全镇地图1幅。继之,有绍兴县地方志编纂委员会、陈桥驿、周建鑫和陈刚序文3篇,凡例13则。该志首列概述、大事记,正文为章节体,计23章103节。卷末有后记。上限溯源,下限至2005年。

阜山乡志

《阜山乡志》编纂委员会编。主编严奏平,副主编陈英伦、周苏友、郑步光。西泠印社2013年1月第1版第1次印刷,印数2000册,16开本,555页,776千字,精装本1册,定价218元。

志卷首有编修人员名录,有照片插页12页。继之,有傅伯祥、阮崇春和王锡存序文2篇,凡例8则。该志首列概述、大事记,正文为编章节体,计10编37章。以附录殿后。卷末有后记。上限溯源,下限至2012年6月。

富盛镇志

富盛镇志编纂委员会编。主编何瑞灿。中华书局2013年11月第1版第1次印刷,印数2000册,16开本,1102页,1100千字,精装本1册,定价280元。

志卷首有编修人员名录,有2004年编制的富盛集镇总体规划图1幅,有照片插页 36 页,并有富盛镇地图 1 幅。继之,有绍兴县地方志编纂委员会、陈桥驿、章金尧和孟雁凤序文 3 篇,凡例 16 则。该志首列概述、大事记,正文为编章节体,计 7 编 32 章。卷末有编后记。上限不限,下限至 2011 年。

富阳新登镇志

富阳新登镇志编纂小公室编。主编李椿芳,副主编朱正。浙江人民出版社 1994 年 3 月第 1 版第 1 次印刷,印数 3 000 册,32 开本,509 页,410 千字,精装本 1 册,定价 28 元。

沈一帆题写书名。志卷首有魏桥、周廷冲、孙达人题词 3 幅,有照片插页 16 页,并有富阳县新登镇行政区图、新登镇城区图、新登县全图 3 幅。继之,有金满水和闻国胜、王锡培和潘建平、俞佐萍序文 3 篇,凡例 9 则。该志首列概述、大事记,正文为编章节体,计 7 编 34 章。以附录殿后。卷末有跋、编后记、编修人员名录。上限溯源,下限至 1992 年。

富阳镇志

富阳镇志编纂室编。主编陆佐华。汉语大词典出版社 1994 年 2 月第 1 版第 1 次印刷,印数 5 000 册,32 开本,479 页,420 千字,精装本 1 册,定价 22 元。

志卷首有何满子、李丰平题词 2 幅,富阳镇政区图、富阳镇市区现状图(1992 年)等 4 幅,有照片插页 10 页。继之,有许宝水和胡志坚、邑人和何满子序文 2 篇,凡例 11 则。该志首列概述、大事记,正文为编章节体,计 8 编 39 章。卷末有编外记、后记、纂修人员名录。上限不限,下限至 1990 年。

澉浦镇志

浙江省名镇志集成之一。主编王健飞,副主编顾郎椿。中华书局 2001 年 9 月第 1 版第 1 次印刷,印数 5 000 册,16 开本,643 页,720 千字,精装本 1 册,定价 89 元。

志卷首有照片插页 14 页,澉浦镇行政区划图(2000 年)1 幅。继之,有魏桥序文 1 篇,凡例 9 则。该志首列概述、大事记,正文为卷章节体,计 11 卷 40 章。卷末有后记、编修人员名录。上限溯源,下限至 1995 年。

海宁硖石镇志

《海宁硖石镇志》编纂委员会编。主编孔庆云。浙江人民出版社 1992 年 9 月第 1 版第 1 次印刷,印数 3 000 册,32 开本,490 页,400 千字,精装本 1 册,定价 18 元。

志卷首有费孝通、钱君匋、赵宗英题词 3 幅,有照片插页 13 页,有硖石镇图、硖石镇关厢图、硖山全图 3 幅。继之,有王似熊、马建忠和骆松康序文 2 篇,凡例 8 则。该志首列概述、大事记,正文为编章节体,计 18 编 58 章。卷末有后记、编修人员名录。上限不限,下限至 1989 年。

杭州市余杭区镇乡街道简志

杭州市余杭区地方志编纂委员会

办公室编。主编王庆、杨法宝,副主编郑红。方志出版社2003年8月第1版第1次印刷,印数2500册,16开本,732页,1160千字,精装本1册,定价130元。

志卷首有编修人员名录,有杭州市余杭行政区域图1幅,有照片插页27页。继之,有何关新序文1篇,凡例8则。该志首列概述,正文为纲目体。卷末有后记、撰稿人员与责任编辑名单、照片插页16页。上限不限,下限至2002年。

鹤城镇志

《鹤城镇志》编纂委员会编。主编詹汝健、章东星,副主编叶海淼、夏观荣。浙江人民出版社2009年12月第1版第1次印刷,16开本,901页,1238千字,精装本1册,定价268元。

志卷首有编修人员名录,有青田县古城图、青田县鹤城镇辖区示意图2幅,有照片插页31页。继之,有王通林、邝平正序文2篇,凡例9则。该志首列概述、大事记,正文为编章节体,计17编66章。以丛录殿后。卷末有后记。上限溯源,下限至2006年。

横河镇志

横河镇志编纂委员会编。主编孙礼贤,副主编孙振康、陈纪昌等3人。方志出版社2007年6月第1版第1次印刷,印数2000册,16开本,1195页,1675千字,精装本2册,定价468元。

余秋雨题写书名(封面)。志卷首有孙菊生题写书名,有照片插页27页,并有原始社会遗址图、扬州刺史部图、横河镇卫星影像图、横河镇镇域图、横河镇交通现状图、横河镇水利现状图、横河镇土壤养分图7幅。继之,有魏桥、谢华君和陈新昌序文2篇,凡例12则。该志首列概述、大事记,正文为卷章节体,计21卷98章。以丛录殿后。卷末有后记、编修人员名录。上限溯源,下限至2002年。

洪溪镇志

天凝镇镇志编纂委员会编。主编李志杰,副主编戴根荣。中国文史出版社2017年2月第1版第1次印刷,16开本,417页,540千字,精装本1册,定价158元。

志卷首有编修人员名录,并有徐志文和李志杰序文1篇。继之,有照片插页27页,有清光绪嘉善县境总图、民国时期嘉善县区域图、1978年洪溪公社地图、1984年洪溪乡地图、2009年6月洪溪镇行政区域图、2009年洪溪集镇平面图6幅,凡例11则。该志首列概述、大事记,正文为章节体,计29章115节。以专记殿后。卷末有后记。上限溯源,下限至2009年6月。

虹桥镇志

乐清县虹桥镇人民政府编。浙江省乐清县地方志丛书之一。主编王晓泉,副主编仇肃城、赵新如。中国国际广播出版社1993年2月第1版第1次印刷,印数2000册,32开本,434页,320千字,精装本1册,定价18元。

志卷首有周丕振、黄光宇题词2

幅,有照片插页 16 页,有虹桥镇行政区域图、虹桥镇水陆交通图、虹桥镇市镇建成区示意图、虹桥镇专业市场分布图、虹桥镇中华人民共和国成立前主要街道商店分布图、民国时期虹桥镇市场商行分布图 6 幅,并有编修人员名录。继之,有方升何和薛金宽序文 1 篇,凡例 8 则。该志首列概述、大事记,正文为篇章节体,计 13 篇 47 章。以附录殿后。上限溯源,下限至 1988 年。

华埠镇志

《华埠镇志》编纂小组编。主编余金华,副主编刘高汉。浙江人民出版社 2003 年 2 月第 1 版第 1 次印刷,印数 2000 册,16 开本,465 页,625 千字,精装本 1 册,定价 88 元。

志卷首有邵华泽、斯大孝、梁平波等题词 5 幅,有照片插页 24 页,华埠政区图 1 幅。继之,有纂修人员名录,魏桥、肖渭根、苏新祥和余金华序文 3 篇,并有凡例 7 则。该志首列概述、大事记,正文为篇章节体,计 6 篇 29 章。卷末有后记。上限溯源,下限至 2001 年。

稽东镇志

稽东镇志编纂委员会编。绍兴县志丛书之一。主编张韩松、俞林萍、胡倡华、胡伟炎、方卫利,副主编俞国荣。中华书局 2015 年 1 月第 1 版第 1 次印刷,印数 1500 册,16 开本,429 页,570 千字,精装本 1 册,定价 200 元。

志卷首有编修人员名录,有照片插页 8 页,并有稽东镇地图 1 幅。继之,有绍兴县地方志编纂委员会、陈桥驿、赵凯序文 3 篇,凡例 9 则。该志首列概述、大事记,正文为编章节体,计 10 编 36 章。以丛录殿后。卷末有后记。上限溯源,下限至 2003 年。

嘉善县乡镇志

嘉善县志编纂委员会编。长江三角洲乡镇志丛书之一。主编陆勤方。上海三联书店 1992 年 7 月第 1 版第 1 次印刷,印数 1 200 册,16 开本,347 页,500 千字,精装本 1 册,定价 25 元。

志卷首有周谷城题词 1 幅,有编修人员名录,并有长江三角洲乡镇志丛书编者献辞 1 篇。继之,有沈子松和杨荣华序文 1 篇,嘉善县行政区划图 1 幅。该志首列概述,正文为条目体。以附录殿后。卷末有编后。上限 1949 年,下限至 1988 年。

笕桥镇志

笕桥镇志编纂委员会编。主编孙平。中华书局 2016 年 10 月第 1 版第 1 次印刷,16 开本,1 182 页,精装本 2 册,定价 320 元。

志卷首有笕桥镇志编纂委员会及编撰人员名录,有照片插页 28 页,并有笕桥镇地图、明万历仁和县图、清光绪笕桥水陆图、1949 年笕桥区艮山区地域图、1975 年笕桥公社平面图 5 幅。继之,有葛剑雄、毛昭晰序文 2 篇,凡例 10 则。该志首列概述、大事记,正文为卷节体,计 24 卷 148 节。卷末有编后记。上限溯源,下限至 2013 年。

江山城关镇志

《江山城关镇志》办公室编。主编朱云亨。浙江人民出版社1991年7月第1版第1次印刷,印数1500册,32开本,328页,212千字,精装本1册,定价16元。

志卷首有梅崚题词1幅,有照片插页11页,并有江山市城区图1幅。继之,有徐仁敏、徐元礼和姜存庚、邵作彬和郑其生序文3篇,凡例6则。该志首列概述、大事记,正文为章节体,计17章71节。卷末有编后记、编修人员名录。上限溯源,下限至1988年。

鸠坑乡志

淳安县鸠坑乡志编纂委员会编。主编洪春生,副主编方流传、洪锦奎。浙江大学出版社2003年9月第1版第1次印刷,印数1000册,16开本,357页,350千字,精装本1册,定价128元。

邵华泽题写书名。志卷首有编修人员名录,有刘枫、王国平、魏桥、郑荣胜、陈新华题词5幅,有鸠坑乡地图、1959年新安江水库形成前鸠坑南赋地域示意图2幅,有照片插页32页。继之,有王恒堂和叶圣镁、严华好、魏桥序文3篇,凡例9则。该志首列概述、大事记,正文为章节体,计16章59节。以丛录殿后。卷末有后记。上限不限,下限至2002年。

莒江乡志

莒江乡志编纂委员会编。主编施明达,副主编夏志雄、高启新、夏秀聪。中华书局2001年7月第1版第1次印刷,印数1000册,32开本,239页,130千字,精装本1册,定价60元。

志卷首有编修人员名录,有照片插页39页,并有珊溪水库莒江乡淹没区示意图1幅。继之,有夏志、魏成赖和陈常积序文2篇,凡例9则。该志首列大事记,正文为章节体,计17章57节。以主题索引殿后。上限不限,下限至1993年。

爵溪镇志

爵溪镇志编纂委员会编。主编林志龙,副主编林德宝、何敏求。中国古籍出版社1997年10月第1版第1次印刷,印数3000册,16开本,945页,982千字,精装本1册,定价110元。

志卷首有爵溪镇行政区划图、城区平面图等7幅,有照片插页16页。继之,有胡望荣和陈振祥、魏桥序文2篇,凡例10则。该志首列概述、要事系年,正文为章节目体,计20章122节。卷末有参考文献目录、查阅资料单位、后记。上限不限,下限至1995年。

坎山镇志

坎山镇志编纂委员会编。主编周扬标。16开本,615页,906千字,精装本1册。2003年12月内部印刷,印数1000册。

志卷首有编修人员名录,有陈之骅、张桂凤、瞿独伊等题词4幅,有照片插页18页,有坎山镇位置示意图、坎山镇区域示意图 2 幅。继之,有陈国昌和商舟序文 1 篇,凡例 10 则。该志首列概述、大事记,正文为编章节体,计 8 编 40 章。以丛录殿后。卷末有后记。上限春秋战国时期,下限至 2001 年。

兰亭镇志

兰亭镇志编纂委员会编。绍兴县志丛书之一。主编王宜男,副主编茹祖定。中华书局 2015 年 2 月第 1 版第 1 次印刷,印数 2000 册,16 开本,684 页,860 千字,精装本 1 册,定价 280 元。

志卷首有编修人员名录,有照片插页 44 页,有兰亭镇地图 1 幅。继之,有绍兴县地方志编纂委员会、陈桥驿、中共兰亭镇委员会和兰亭镇人民政府、陈学军和林建光序文 4 篇,凡例 9 则。该志首列概述、大事记,正文为章节体,计 32 章 130 节。以丛录殿后。卷末有编后记。上限溯源,下限至 2004 年。

兰溪城关镇志

兰溪城关镇志编纂领导小组编。主编朱永林。浙江人民出版社 1987 年 11 月第 1 版第 1 次印刷,印数 1600 册,32 开本,465 页,327 千字,精装本 1 册,定价 9 元。

志卷首有照片插页 15 页,有兰溪市城关镇图 1 幅。继之,有徐舜联和胡禄云、朱志文序文 2 篇,凡例 7 则,并有编修人员名录。该志首列概述、大事记,正文为编章节体,计 6 编 25 章。卷末有编后记。上限 674 年,下限至 1985 年。

兰溪游埠镇志

游埠镇志编纂委员会编。主编施廷扬。浙江人民出版社 1989 年 5 月第 1 版第 1 次印刷,印数 1500 册,32 开本,346 页,243 千字,精装本 1 册,定价 16 元。

志卷首有照片插页 8 页,有兰溪市游埠镇政区图、游埠镇街巷分布图 2 幅。继之,有邵马高和周荣彩序文 1 篇,凡例 8 则。该志首列概述、大事记,正文为编章节体,计 6 编 24 章。卷末有编后记、编修人员名录。上限溯源,下限至 1987 年。

乐成镇志

乐成镇人民政府编。浙江省乐清县地方志丛书之一。主编殷乐人。当代中国出版社 1994 年 5 月第 1 版第 1 次印刷,印数 2000 册,32 开本,337 页,250 千字,精装本 1 册,定价 18 元。

志卷首有编修人员名录,有照片插页 8 页,有乐成镇街道图、乐成镇政区图 2 幅。继之,有殷乐人、郑章成、林东勇序文 3 篇,凡例 8 则。该志首列概述、大事记,正文为篇章节体,计 6 篇 29 章。卷末有编后记。上限晋代,下限至 1990 年。

练市镇志

练市镇志编纂委员会编。主编徐建新、尹金荣。方志出版社 2012 年 9 月第 1 版第 1 次印刷,印数 3000 册,16

开本，1 583 页，2 982 千字，精装本 2 册，定价 688 元。

邵华泽、梁平波题写书名。志卷首有罗开富、施金毛、王礼贤题词 3 幅，有照片插页 91 页，并有乌程县五里方图、归安县五里方图、抗日战争时期的琏市区图、1946 年撤区并乡时的乌镇区区域图、1950 年划乡建乡后的练市区区域图、练市镇人文景观地图、练市镇行政村及自然村分布图（2010 年）、练市镇中心城区道路示意图等 10 幅。继之，有徐国华序文 1 篇，凡例 9 则。该志首列概述、大事记，正文为卷章节体，计 24 卷 133 章。卷末有后记、编纂委员会名录、参考书目。上限溯源，下限至 2010 年 12 月。

临安市三口镇志

临安市三口镇志编纂委员会编。主编尉豪、徐立亭，副主编吴品森。16 开本，210 页，精装本 1 册。内部印刷。

骆恒光题写书名。志卷首有杨泮星、管竹苗、王坚、郎宗月题词 4 幅，有照片插页 11 页，并有三口镇地图、临安县三口镇山林现状图 2 幅。继之，有吴苗强、李红樱和卜志红序文 2 篇，有编修人员名录，凡例 8 则。该志首列概述、大事记，正文为章节体，计 17 章 83 节。以丛录殿后。卷末有附记、编后记。上限不限，下限至 2003 年。

临浦镇志

《临浦镇志》编纂委员会编。主编鲍慧强，副主编陆伟岗。方志出版社 2008 年 10 月第 1 版第 1 次印刷，印数 2000 册，16 开本，1075 页，1337 千字，精装本 1 册，定价 220 元。

志卷首有编修人员名录，有照片插页 36 页，并有杭州市萧山区临浦镇位置示意图、杭州市萧山区临浦镇行政区划图 2 幅。继之，有屠锦铭和顾春晓序文 1 篇，凡例 10 则。该志首列概述、大事记，正文为编章节体，计 20 编 80 章。以附录、索引殿后。卷末有后记。上限不限，下限至 2006 年。

菱湖镇志

菱湖镇志编纂委员会编。湖州市志丛书之一。主编李惠民、姚志卫，副主编李加生、葛世炳。昆仑出版社 2009 年 1 月第 1 版第 1 次印刷，印数 3000 册，16 开本，2207 页，2400 千字，精装本 2 册，定价 680 元。

志卷首有钱宝荣、朱儒清、朱锡林等题词 6 幅，有照片插页 59 页，并有 2004 年菱湖镇区域图、1981 年菱湖镇城区图、2002 年菱湖镇行政村区域图、菱湖镇河网图等 10 幅。继之，有蔡建新、李连初、朱新春，闵建国和钱宝荣，陈学文序文 3 篇，凡例 9 则。该志首列概述、大事记，正文为编章节体，计 6 编 49 章。以丛录殿后。卷末有后记、编修人员名录。上限不限，下限至 2000 年。

柳市镇志

温州镇志编纂委员会编。温州镇志系列丛书之一。主编汤一钧，副主编郑梦熊。黄山书社 1998 年 10 月第 1 版第 1 次印刷，印数 3500 册，16 开本,237 页,433 千字,精装本 1 册,定价 68 元。

志卷首有照片插页 14 页,有柳市镇街巷图 1 幅。继之,有周三荣、陈建品、任雁鸣序文 3 篇,凡例 12 则。该志首列概述,正文为编章节体,计 6 编 23 章。以附录殿后。卷末有后记、编修人员名录。上限不限,下限至 1997 年。

龙港镇志

《龙港镇志》编纂委员会编。浙江省名镇志集成之一。主编陈宏平、杨道敏。中华书局 2003 年 7 月第 1 版第 1 次印刷,印数 6000 册,16 开本,488 页,780 千字,精装本 1 册,定价 80 元。

志卷首有纂修人员名录,有照片插页 16 页,龙港镇城区图、镇区域图 2 幅。继之,有俞佐萍、梁世盛和汤宝林序文 2 篇,凡例 6 则。该志首列概述、大事记,正文为篇目体,计 26 篇。卷末有后记。上限 1991 年,下限至 2000 年。

马鞍镇志

马鞍镇志编纂委员会编。绍兴县志丛书之一。主编陈生央,副主编胡金炎、程嘉祥、孙水根。中华书局 2014 年 2 月第 1 版第 1 次印刷,印数 2000 册,16 开本,465 页,600 千字,精装本 1 册,定价 198 元。

志卷首有编修人员名录,有照片插页 27 页,并有马鞍镇地图 1 幅。继之,有绍兴县地方志编纂委员会、陈桥驿、闻仁水和陈钧序文 3 篇,凡例 26 则。该志首列概述、大事记,正文为章节体,计 28 章 101 节。以丛录殿后。上限溯源,下限至 2003 年。

马岙镇志

《马岙镇志》编纂委员会编。主编唐云跃、高国文。中国文史出版社 2010 年 12 月第 1 版第 1 次印刷,印数 1000 册,16 开本,317 页,530 千字,精装本 1 册,定价 180 元。

志卷首有王家恒题词 1 幅,有照片插页 26 页,有马岙镇区划图、马岙镇示意图 2 幅。继之,有李善忠、陈长明、赵志军和章跃军序文 3 篇,凡例 8 则。该志首列概述、大事记,正文为篇章节体,计 14 篇 57 章。以丛录殿后。卷末有跋、编修人员名录。上限不限,下限至 2007 年。

梅城镇志

浙江省建德县梅城镇人民政府编。16 开本,339 页,精装本 1 册。1985 年 8 月内部印刷。

郭仲选题写书名。志卷首有照片插页 2 页,有梅城镇城区图、梅城镇地理位置图 2 幅。继之,有蔡维林和蔡东有序文 1 篇,凡例 10 则。该志首列概述,正文为篇章节体,计 6 篇 36 章。以大事年表殿后。卷末有跋、编修人员名录。上限 1919 年,下限至 1983 年。

沐尘畲族乡志

《沐尘畲族乡志》编纂委员会编。主编劳乃强,副主编武辛夫。方志出版社2014年9月第1版第1次印刷，印数6 000册，16开本，492页，800千字，精装本1册，定价198元。

志卷首编修人员名录，有沐尘畲族乡地图1幅，有照片插页11页。继之，有方健忠序文1篇，凡例11则。该志首列概述，正文为基本篇和专题篇：基本篇为篇卷体，计15卷；专题篇共计5个专题。卷末有索引、跋。上限溯源，下限至2010年。

南浔镇志

南浔镇志编纂委员会编。主编蒋琦亚，副主编范希仁、林黎元。上海科学技术文献出版社1995年12月第1版第1次印刷，印数4000册，16开本，435页，731千字，精装本1册，定价50元。

伍修权题写书名。志卷首有伍修权、蒋心雄题词各1幅，有照片插页16页。继之，有陈学文序文1篇，凡例7则。该志首列概述、大事记，正文为篇章节体，计7篇38章。卷末有附录、后记。上限溯源，下限至1992年。

宁海城关镇志

宁海城关镇志编纂办公室编。主编储功彭、陈去生，副主编王卫国、郑学武、许昌乾。浙江人民出版社1989年10月第1版第1次印刷，印数4500册，32开本，474页，397千字，精装本1册，定价18元。

志卷首有编修人员名录，有宁海县城关镇图、宁海县城区图、宁海县城关镇总体规划图3幅，有沙孟海、黄正雄等题词3幅，有照片插页14页。继之，有葛立奎和储功彭、王家扬序文2篇，凡例9则。该志首列概述、大事记，正文为篇目体，计24篇。卷末有后记。上限溯源，下限至1987年。

女埠镇志

女埠镇志编纂委员会编。主编方培松。方志出版社1998年7月第1版第1次印刷，印数1 000册，16开本，513页，759千字，精装本1册，定价95元。

志卷首有女埠镇行政区划图1幅，有照片插页14页。继之，有纂修人员名录，有魏桥、胡汝明和许桂华、方培松序文3篇，并有凡例9则。该志首列概述、大事记，正文为卷章节体，计16卷69章。卷末有参考书目、后记。上限溯源，下限至1996年。

瓯北镇志

温州镇志编纂委员会编。温州镇志系列丛书之一。主编汤一钧，副主编郑梦熊、王景飞。黄山书社1997年10月第1版第1次印刷，印数3 500册，32开本，322页，270千字，精装本1册，定价32元。

志卷首有编修人员名录，有照片插页14页，并有瓯北镇行政区划图1幅。继之，有杨高云和陈景宝序文1篇，凡例10则。该志首列综述，正文为编章节体，计5编23章。以大事记、人物志、附录殿后。卷末有后记。上限公元前192年，下限至1996年。

磐石镇志

乐清市《磐石镇志》编纂委员会办公室编。16 开本，202 页，精装本 1 册。内部印刷。

志卷首有梁平波、黄正强、戈悟、林建海题词 4 幅，有照片插页 8 页。继之，有施树桂和徐金荣、瞿维妙和胡志云序文 2 篇，凡例 8 则。该志首列概述、大事记，正文为篇章节体，计 8 篇 29 章。卷末有编后记。上限溯源，下限至 2004 年。

浦沿镇志

浦沿镇志编纂领导小组编。主编王炜常，副主编许大伟。中国商业出版社 1994 年 12 月第 1 版第 1 次印刷，印数 3000 册，32 开本，231 页，200 千字，精装本 1 册，定价 28.8 元。

志卷首有褚木根等题词 3 幅，有浦沿镇政区图 1 幅，有照片插页 15 页。继之，有高宜先和邱宝根、李志庭序文 2 篇，凡例 6 则。该志首列概述、大事记，正文为编章节体，计 16 编 69 章。卷末有编后记、编修人员名录。上限不限，下限至 1993 年。

七星镇志

《七星镇志》编纂领导小组编。主编丁家林。方志出版社 2009 年 4 月第 1 版第 1 次印刷，印数 3000 册，16 开本，412 页，421 千字，精装本 1 册，定价 100 元。

志卷首有七星镇志编纂领导小组人员名录，有 2008 年七星镇域示意图、2008 年七星镇交通示意图、1982 年七星公社地图 3 幅，有照片插页 14 页。继之，有魏建明、周军、柴荣明和童伟强序文 3 篇，凡例 13 则。该志首列概述、大事记，正文为篇章节体，计 15 篇 46 章。卷末有后记。上限溯源，下限至 2005 年。

齐贤镇志

《齐贤镇志》编纂委员会编。绍兴县地方志丛书之 。主编陈元泰，副主编李其友。中华书局 2005 年 7 月第 1 版第 1 次印刷，印数 2000 册，16 开本，870 页，830 千字，精装本 1 册，定价 160 元。

林岫题写书名。志卷首有绍兴县地方志编纂委员会、齐贤镇志编纂委员会和齐贤镇志编纂办公室人员名录，有照片插页 62 页，并有齐贤镇行政区域图（1992 年 5 月）、齐贤镇行政区域图（2002 年 12 月区域调整后区域）、齐贤镇集镇区域图、民国时期下方桥集镇示意图、清代下方山下方村示意图 5 幅。继之，有绍兴县地方志编纂委员会总序 1 篇，陈桥驿、王秋珍和杨伟卿序文 2 篇，凡例 9 则。该志首列概述、大事记，正文为章节体，计 36 章 143 节。卷末有编后记。上限溯源，下限至 2000 年。

乾潭镇志

《乾潭镇志》编纂委员会编。主编范树标，副主编黄荣炎、林义育、汪樟保。浙江人民出版社 2017 年 12 月第 1 版第 1 次印刷，16 开本，754 页，1060 千字，精装本 1 册，定价 180 元。

志卷首有乾潭镇行政区域图、2005年乾潭镇集镇全景图、2014年乾潭集镇鸟瞰图、2015年乾潭集镇全景图、乾潭镇交通图5幅,有照片插页23页,并有编修人员名录。继之,有王百金和唐正彪、陈观宝、周金奎序文3篇,凡例12则。该志首列大事记、概述,正文为章节体,计25章126节。以索引殿后。卷末有跋。上限溯源,下限至2014年。

桥头镇志

永嘉县桥头镇志编纂领导小组编。主编金德群,副主编洪京陵、黄汉青等3人。海洋出版社1989年3月第1版第1次印刷,印数4000册,32开本,332页,280千字,精装本1册,定价8元。

志卷首有桥头镇政区图、桥头镇地理位置图2幅,有照片插页6页。继之,有夏瑞洲和李有苗序文1篇,凡例6则,彩色图片目录。该志首列概述,正文为编章体,计5编30章。以大事记、表格索引殿后。卷末有后记、英文目录、桥头镇志编纂人员名单。上限明初洪武年间,下限至1988年5月。

清湖镇志

清湖镇志编纂委员会编。浙江省名镇志集成之一。主编毛东武,副主编查国康、柴俊树。天马图书有限公司2003年1月第1版第1次印刷,印数2000册,16开本,491页,532千字,精装本1册,定价98元。

志卷首有清湖镇行政区划图1幅,有照片插页30页。继之,有魏桥等序文2篇,凡例10则。该志首列概述、大事记,正文为章目体,计23章。卷末有跋、纂修人员名录。上限溯源,下限至2000年。

沈荡镇志

《沈荡镇志》编纂组编。主编王志明,副主编史建明。上海人民出版社1991年4月第1版第1次印刷,印数1000册,16开本,362页,500千字,精装本1册,定价20元。

志卷首有黄源、周关通题词2幅,有照片插页8页,并有沈荡镇政区图、沈荡镇平面图2幅。继之,有金松林、季顺观序文2篇,凡例11则。该志首列概述、大事记,正文为编章节体,计12编56章。卷末有跋。上限溯源,下限至1987年。

沈家门镇志

沈家门镇志编纂领导小组编。主编谢永根,副主编王明时。浙江人民出版社1996年8月第1版第1次印刷,印数2000册,32开本,572页,486千字,精装本1册,定价56元。

志卷首有照片插页32页,有沈家门镇区图、沈家门街区图2幅。继之,有陶开明和张明序文1篇,凡例5则。该志首列概述、大事记,正文为章目体,计19章。以附录殿后。卷末有表格索引、编后记、编修人员名录。上限1123年,下限至1992年。

石门镇志

《石门镇志》编纂委员会编。主编徐才勋,副主编衷瑞荣。方志出版社2002年11月第1版第1次印刷,印数1500册,16开本,471页,750千字,精装本1册,定价128元。

志卷首有石门镇行政区图、石门镇镇区图等4幅,有照片插页21页。继之,有丰一吟题词1幅,凡例12则,并有丰一吟、周跃荣和吴炳芳序文2篇。该志首列序言、大事记,正文为编章节体,计7编28章。以附录殿后。卷末有编者的话、编修人员名录。上限溯源,下限至1995年。

寿昌镇志

《寿昌镇志》编纂委员会编。主编方根发、黄琦峰,执行主编黄琦峰。西泠印社2016年10月第1版第1次印刷,印数3 000册,16开本,888页,1370千字,精装本2册,定价668元。

尤太忠题写书名。志卷首有尤大忠将军致寿昌镇政府信函一封。有寿昌镇志编修人员名录,有南宋严州府境图、南宋寿昌县境图、寿昌镇全图(2014)、寿昌镇在建德市的位置图(2014)等14幅,并有照片插页13页。继之,有张鸿铭、贾大清、姜建生序文3篇,凡例10则。该志首列总述、大事记、专记4篇,正文为章节体,计36章239节。以口述寿昌殿后。卷末有本志编修始末。上限溯源,下限至2014年。

双林镇志

浙江省湖州市南浔区双林镇志编纂委员会编。中国名镇志文化工程成果之一。主编宋银虎、嵇发根,副主编金国梁。方志出版社2018年11月第1版第1次印刷,16开本,261页,325千字,精装本1册,定价149元。

志卷首有谢伏瞻、王伟光、李培林序文3篇,有编修人员名录,并有凡例14则。继之,有双林镇在中国的位置、双林镇在浙江省的位置、双利镇地图3幅,有照片插页5页。该志首列基本镇情,正文为纲目体。以附录殿后。卷末有主要参考文献、编纂始末。上限溯源,下限至2015年。

陶山镇志

《陶山镇志》编纂委员会编。主编林成楨、林伟光,副主编唐宝贤、方步翰、唐方汉。中国文史出版社2016年3月第1版第1次印刷,16开本,607页,628千字,精装本1册,定价220元。

志卷首有编修人员名录,并有照片插页26页。继之,有白一帆、林伟光、贾建华和陈阿朋序文3篇,凡例9则。该志首列概述、大事记,正文为编章节体,计9编28章。以丛录殿后。卷末有后记。上限溯源,下限至2014年。

腾蛟镇志

《腾蛟镇志》编纂委员会编。主编林步宽,副主编白洪祉、练维杰。浙江摄影出版社2016年3月第1版第1次印刷,16开本,777页,精装本1册,定价228元。

志卷首有腾蛟鸟瞰图、平阳县腾蛟镇行政区图、平阳县在浙江省的位置图、腾蛟镇在温州市的位置图、腾蛟镇在平阳县的位置图、镇域文物古迹分布图6幅,有照片插页25页。继之,有周瑞金、黄勇、黄益友和王文胜、温自坚和李标斌序文4篇,凡例10则。该志首列概述、大事记,正文为章节体,计28章155节。以杂记殿后。卷末有编后语、编修人员名录。上限不限,下限至2011年。

天马镇志

《天马镇志》编纂委员会编。主编饶贤福。浙江人民出版社2012年6月第1版第1次印刷,16开本,470页,546千字,精装本1册,定价68元。

志卷首有编修人员名录,有天马镇政区图、天马镇城区图2幅,并有照片插页13页。继之,有凡例8则,何健和姜利成序文1篇。该志首列概述、大事记,正文为篇章节体,计7篇29章。以附录殿后。卷末有后记。上限不限,下限至2006年。

天凝镇志

天凝镇镇志编纂委员会编。主编沈雪林、陈忠贤,副主编戴根荣。中华书局2015年5月第1版第1次印刷,印数1000册,16开本,489页,542千字,精装本1册,定价158元。

志卷首有天凝镇行政区域图(2009.6)、天凝镇区位图、天凝镇地图等18幅,有照片插页21页。继之,有徐志文和陈忠贤序文1篇,凡例10则。该志首列概述、大事记,正义为章节体,计29章153节。卷末有后记、编修人员名录。上限不限,下限至2009年6月。

桐庐镇志

桐庐镇志编纂委员会编。主编鲍骥,副主编祝仁雄。16开本,518页,660千字,精装本1册,定价150元。1994年3月内部印刷,印数1000册。

志卷首有照片插页20页,桐庐镇地图、桐庐镇街巷图等3幅。继之,有袁一凡、闻关海、王石洪和陈郎生序文3篇,凡例10则。该志首列概述、大事记,正文为编章节体,计8编49章。卷末有附录、跋。上限唐开元二十六年,下限至1990年。

湍口镇志

中共临安市湍口镇委员会、临安市湍口镇人民政府编。主编潘庆平。中国文史出版社2015年5月第1版第1次印刷,16开本,652页,660千字,精装本1册,定价80元。

孙根义题写书名。志卷首有编修人员名录,有湍口镇政区图、湍口镇交通图、湍口全境卫星影像图3幅,并有照片插页48页。继之,有凌理和汪成、魏桥序文2篇,凡例8则。该志首列概述、大事记,正文为章节体,计17章90节。卷末有后记。上限溯源,下限至2013年。

王店镇志

王店镇志编纂委员会编。主编沈

一超。中国书籍出版社 1996 年 6 月第 1 版第 1 次印刷,印数 2500 册,32 开本,520 页,435 千字,精装本 1 册,定价 35 元。

陈安羽题写书名。志卷首有钱李仁、沈觉人、韩西雅题词 3 幅,有王店镇平面图、梅里全图 2 幅,有照片插页 16 页。继之,有王国和、郑福根和裴永鑫、钱万兴和徐文明序文 3 篇,凡例 9 则。该志首列概述、大事记,正文为篇章节体,计 9 篇 45 章。以附记、跋殿后。卷末有编纂资料来源。上限溯源,下限至 1990 年。

魏塘镇志

嘉善县魏塘镇人民政府编。主编童毓秀、赵嘉明。上海社会科学院出版社 1996 年 3 月第 1 版第 1 次印刷,印数 1200 册,16 开本,344 页,530 千字,精装本 1 册,定价 50 元。

吴道弘为封面题写书名。志卷首有凌云、孙道临题词 2 幅,有李德葆、黄新华、吴杏明,陆金龙和汪善明序文 2 篇,继之有凡例 8 则,照片插页 14 页,魏塘镇地图、嘉善城区图 2 幅。该志首列概述、大事记,正文为章节目体,计 20 章 118 节。卷末有新镇纪事、新镇纪事(英译)、后记、编修人员名录。上限溯源,下限至 1988 年。

翁垟镇志

《翁垟镇志》编写组编。主编王宗汉,副主编陈立宣。当代中国出版社 2002 年 6 月第 1 版第 1 次印刷,印数 3000 册,32 开本,380 页,304 千字,精装本 1 册,定价 50 元。

志卷首有翁垟镇地图 1 幅,有陈汉元、陈维祺等题词 5 幅,有照片插页 14 页。继之,有张忠强和徐斌序文 1 篇,凡例 6 则。该志首列概述、大事记,正文为篇章节体,计 6 篇 30 章。卷末有编后记、编修人员名录。上限溯源,下限至 2000 年。

乌镇志

主编汪家荣,副主编庄子安。上海书店出版社 2001 年 3 月第 1 版第 1 次印刷,印数 3000 册,32 开本,732 页,600 千字,精装本 1 册,定价 70 元。

志卷首有照片插页 15 页,并有乌镇镇域图、乌镇街市图、乌镇市街图 3 幅。继之,有魏桥、陈桥驿和郑顺荣、朱林根和陈传生、周发荣序文 4 篇,凡例 8 则。该志首列概述、大事记,正文为编章节体,计 8 编 32 章。以索引殿后。卷末有编后记、编修人员名录。上限溯源,下限至 1990 年。

乌镇志

浙江省桐乡市乌镇志编纂委员会编。中国名镇志丛书之一。主编俞尚曦。方志出版社 2017 年 10 月第 1 版第 1 次印刷,16 开本,341 页,415 千字,精装本 1 册,定价 139 元。

志卷首有王伟光、李培林序文 2 篇,并有编修人员名录。继之,有凡例 16 则,有乌镇在中国的位置图、乌镇在浙江省的位置图、乌镇地图 3 幅,并有照片插页 7 页。该志正文为纲目体。以大事纪略殿后。卷末有编纂始末。

上限溯源,下限至 2016 年。

武义柳城镇志

柳城镇志编纂办公室编。主编王志邦。浙江人民出版社 1989 年 8 月第 1 版第 1 次印刷,印数 2100 册,32 开本,371 页,281 千字,精装本 1 册,定价 13.5 元。

志卷首有商景才等题词 2 幅,有照片插页 12 页,有柳城镇地图 1 幅。继之,有王永金和雷玉林、魏桥序文 2 篇,凡例 8 则。该志首列概述、大事记,正文为编章节体,计 9 编 37 章。卷末有后记、编修人员名录。上限溯源,下限至 1987 年。

武原镇志

海盐县武原镇志编纂领导小组编。主编叶炳生。上海人民出版社 1991 年 10 月第 1 版第 1 次印刷,印数 1560 册,32 开本,475 页,371 千字,精装本 1 册,定价 16.2 元。

黄原题写书名。志卷首有朱干生题词 1 幅,有照片插页 14 页,有武原镇行政区域图、武原镇城区平面图、清代县城图 3 幅。继之,有姚沈良和姚生法、金松林序文 2 篇,凡例 8 则。该志首列概述、大事记,正文为编章节体,计 8 编 40 章。卷末有编后记、编修人员名录。上限溯源,下限至 1988 年。

西兴镇志

杭州市西兴镇人民政府编。主编王炜常。32 开本,328 页,精装本 1 册。内部印刷,印数 2000 册。

志卷首有赵申行题词 1 幅,有西兴镇全图 1 幅,有照片插页 17 页。继之,有袁如祥和王虎才序文 1 篇,凡例 7 则。该志首列概述、大事记,正文为编章节体,计 10 编 33 章。卷末有跋、编修人员名录。上限春秋末期,下限至 2000 年。

萧山城厢镇志

萧山城厢镇志编纂委员会编。主编沈璧、徐树林。浙江大学出版社 1989 年 4 月第 1 版第 1 次印刷,印数 3000 册,32 开本,534 页,399 千字,精装本 1 册,定价 22 元。

志卷首有城厢镇鸟瞰图、城厢镇现状图、87 年城厢镇相片图 3 幅,有照片插页 15 页。继之,有韩吾松序文 1 篇,凡例 7 则,并有编修人员名录。该志首列概述、大事记,正文为编章节体,计 8 编 39 章。卷末有编后记。上限 1911 年,下限至 1985 年。

小港镇志

《小港镇志》编纂委员会编。浙江省宁波市地方志丛书之一。主编副主编。上海科学技术文献出版社 2000 年 12 月第 1 版第 1 次印刷,印数 2000 册,16 开本,627 页,968 千字,精装本 1 册,定价 168 元。

张爱萍题写书名。志卷首有小港镇行政区域图(1998 年)、小港镇地形图、长山区九乡区域图(1952 年)、长山区三乡区域图(1956 年)、长山区四公社区域图(1981 年)、崇邱乡地图(1931

年)6幅,有照片插页26页。继之,有张嘉梁、俞一雄和周善康序文2篇,凡例8则。该志首列综述、大事记,正文为编章节体,计5编21章。以丛录殿后。卷末有后记、编修人员名录。上限不限,下限至1996年。

晓塘乡志稿

主编张则火。16开本,501页,500千字,精装本1册。内部印刷,印数1200册。

志卷首有象山县晓塘乡乡域图1幅,有照片插页7页。继之,有张洪成、张利民序文2篇。该志首列概况、大事记、大事专记,正文为章节体,计10章34节。以附录殿后。卷末有编后语、跋、编修人员名录。上限溯源,下限至2008年。

莘塍镇志

温州镇志编纂委员会编。温州镇志系列丛书之一。主编汤一钧,副主编郑梦熊。黄山书社1998年5月第1版第1次印刷,印数2000册,32开本,320页,273千字,精装本1册,定价38元。

志卷首有照片插页14页,有莘塍镇行政区划图1幅。继之,有蒋良荣和陈裕荣序文1篇,凡例11则。该志首列综述,正文为编章节体,计6编23章。以附录殿后。卷末有后记、编修人员名录。上限不限,下限至1996年。

新仓镇志

平湖市《新仓镇志》编纂领导小组编。主编李克勤,副主编朱玉林。中华书局2012年2月第1版第1次印刷,印数2000册,16开本,789页,1280千字,精装本1册,定价258元。

马雨农题写书名。志卷首有照片插页45页,有平湖市新仓镇行政区划图、新仓镇区划图、1983年时新仓乡区划图、1983年时新庙乡区划图、1983年新仓集镇平面图5幅。继之,有邱志根和钱学勤序文1篇,凡例7则。该志首列概述、大事记,正文为编章节体,计17编86章。以附录殿后。卷末有编后记。上限溯源,下限至2005年。

新塍镇志

新塍镇志编纂委员会编。主编胡锦权、程斯惠。上海社会科学院出版社1998年1月第1版第1次印刷,印数2500册,16开本,286页,486千字,精装本1册,定价50元。

凌云题写书名。志卷首有新塍地图、新塍旧域图2幅,邱开甲、许培基等题词3幅,有照片插页13页。继之,有朱春林、顾太文和郑兴观、杨瑛、许明农序文4篇,凡例9则。该志首列概述、大事记,正文为篇章节体,计22篇84章。卷末有后记、编修人员名录。上限溯源,下限至1990年。

新河镇志

《新河镇志》编纂委员会编。主编林崇增。中华书局2016年9月第1版第1次印刷,印数3000册,16开本,1219页,1540千字,精装本1册,定价

380元。

志卷首有新河镇志编纂委员会、编辑组人员名录,有新河镇区位图、新河镇卫星遥感图、新河镇行政区划图、新河镇城区图4幅,并有照片插页31页。继之,有朱宝卿、葛利江序文2篇,凡例8则。该志首列概述、大事记,正文为卷章节体,计21卷93章。卷末有编后记。上限溯源,下限至2010年。

新碶镇志

《新碶镇志》编纂委员会编。主编陈培嘉。上海辞书出版社2005年12月第1版第1次印刷,16开本,518页,779千字,精装本1册,定价158元。

志卷首有贺友直题词1幅,编修人员名录,有照片插页28页,新碶镇影像图等6幅。继之,有顾文良、贺贤土序文2篇,凡例11则。该志首列概述、大事记,正文为编章节体,计18编76章。卷末有后记。上限溯源,下限至2003年。

新胜镇志

新胜镇志编纂委员会编。主编胡锦权、程斯惠。上海社会科学院出版社1998年1月第1版第1次印刷,印数2500册,16开本,286页,486千字,精装本1册,定价50元。

志卷首有凌云等题词4幅,新胜图、新胜旧舆图2幅,有照片插页13页。继之,有朱春林、顾太文和郑兴观、杨瑛、许明农序文4篇,凡例9则。该志首列概述、大事记,正文为篇章节体,计22篇83章。卷末有后记、编修人员名录。上限不限,下限至1990年。

许村镇志

《许村镇志》编纂委员会编。主编杨正静。中国文史出版社2016年7月第1版第1次印刷,16开本,522页,855千字,精装本1册,定价180元。

志卷首有许村镇志编撰领导小组人员名录,有照片插页21页,并有许村镇行政区划图1幅。继之,有凡例8则,杜莹池序文1篇。该志首列概述、大事记,正文为篇章节体,计10篇32章。卷末有后记。上限溯源,下限至2005年。

衙前镇志

《衙前镇志》编纂委员会编。浙江省名镇志集成之一。主编徐木兴,副主编莫惠能。方志出版社2004年4月第1版第1次印刷,印数2000册,16开本,1063页,1140千字,精装本1册,定价150元。

志卷首有陈威题词1幅,有照片插页22页,有衙前农民运动范围图等6幅。继之,有高锦耀和高国飞、魏桥序文2篇,凡例12则。该志首列概述、大事记,正文为编章节体,计30编137章。卷末有后记、编修人员名录。上限溯源,下限至2000年。

盐官镇志

盐官镇志编写组编。主编朱士江,副主编朱敏贤。南京出版社1993年4月第1版第1次印刷,印数3000

册,32 开本,347 页,180 千字,平装本 1 册,定价 12 元。

启功题写书名。志卷首有陈学昭题词 1 幅,有照片插页 31 页。继之,有金连根和徐洪芳序文 1 篇,凡例 5 则,并有编修人员名录。该志首列概述、大事记,正文为编章节体,计 8 编 31 章。以附录殿后。卷末有后记,有盐官镇平面图、海宁旧城图、海神庙图、安澜园图、城外图、州治图、学宫图 7 幅。上限溯源,下限至 1990 年。

仰义乡志

《仰义乡志》编纂委员会编。主编胡小洁,副主编张品珠、夏作海、张光明。32 开本,194 页,精装本 1 册。2004 年 4 月内部印刷。

志卷首有仰义乡行政区域图 1 幅,有照片插页 16 页。继之,有张维忠和全一凡序文 1 篇,凡例 7 则。该志首列概述、大事记,正文为篇章节体,计 5 篇 18 章。卷末有编修人员名录。上限溯源,下限至 2003 年。

义桥镇志

义桥镇志编纂委员会编。浙江省名镇志集成之一。主编王志邦,副主编韩浩祖、韩永标。方志出版社 2005 年 12 月第 1 版第 1 次印刷,印数 1000 册,16 开本,657 页,975 千字,精装本 1 册,定价 150 元。

志卷首有照片插页 34 页,义桥镇现状图、1949 年前义桥街巷示意图 2 幅。继之,有王海尧和倪国平序文 1 篇,并有凡例 8 则。该志首列概述、大事记,正文为篇章节体,计 16 篇 69 章。以丛录殿后。卷末有后记。上限溯源,下限至 2000 年。

义乌稠城镇志

义乌稠城镇志编纂委员会编。主编陶维桢,副主编刘将效。32 开本,361 页,精装本 1 册。1990 年 12 月内部印刷。

志卷首有照片插页 8 页,有义乌市城区图、义乌市稠城镇图 2 幅。继之,有刘长牛、季诚富、王炳荣序文 1 篇,凡例 8 则。该志首列概述,正文为编章节体,计 13 编 43 章。卷末有后记、编修人员名录。上限溯源,下限至 1989 年。

余杭临平镇志

余杭临平镇志编纂委员会编。主编康自强、史济政。浙江人民出版社 1991 年 9 月第 1 版第 1 次印刷,印数 3000 册,32 开本,327 页,277 千字,精装本 1 册,定价 15 元。

志卷首有郭仲选题词 1 幅,有照片插页 15 页,有临平镇图、1953 年临平镇示意图 2 幅。继之,有洪生林和潘金祥、孙晓村、周如汉序文 3 篇,凡例 5 则。该志首列概述、大事记,正文为篇章节体,计 6 篇 20 章。以附录殿后。卷末有后记。上限 249 年,下限至 1987 年。

余杭镇志

余杭镇志编纂办公室编。主编周霖根。浙江人民出版社 1992 年 2 月第 1 版第 1 次印刷,印数 2065 册,32

开本，376 页，275 千字，精装本 1 册，定价 17.5 元。

志卷首有照片插页 8 页。继之，有俞正才和汤常德、周如汉序文 2 篇，凡例 6 则。该志首列综述，正文为篇目体，计 12 篇。以附录殿后。卷末有编后记、编修人员名录。上限溯源，下限至 1989 年。

禹越镇志

禹越镇志编纂委员会编。主编陈景超，副主编钟宁奎。方志出版社 2017 年 6 月第 1 版第 1 次印刷，印数 1000 册，16 开本，809 页，837 千字，精装本 1 册，定价 360 元。

张寅题写书名。志卷首有编修人员名录，有姜庆华和胡国忠序文 1 篇，凡例 13 则。继之，有照片插页 29 页，并有民国时期德清县地图、禹城镇政区图、禹城镇行政村分布图 3 幅。该志首列概述，正文为卷章节体，计 25 卷 99 章。以丛录殿后。卷末有后记。上限民国，下限至 2013 年。

玉环坎门镇志

玉环坎门镇志编纂办公室编。主编支超明。浙江人民出版社 1991 年 4 月第 1 版第 1 次印刷，印数 2000 册，32 开本，431 页，320 千字，精装本 1 册，定价 18 元。

志卷首有丁世祥题词 1 幅，有照片插页 14 页，并有坎门镇区划图、坎门镇建成区图 2 幅。继之，有许爱平和陈细香、郭一民、董楚平、林生平和陈银林序文 4 篇，凡例 6 则。该志首列概述、大事记，正文为编章节体，计 7 编 34 章。卷末有后记、编修人员名录。上限溯源，下限至 1988 年。

越溪镇志

《越溪镇志》编纂委员会编。主编陆金根，副主编杨成杰。苏州大学出版社 2003 年 12 月第 1 版第 1 次印刷，印数 770 册，16 开本，375 页，606 千字，精装本 1 册，定价 80 元。

志卷首有镇区地图、镇地理位置图、镇地图 3 幅，陈金元题词 1 幅，有照片插页 11 页。继之，有编修人员名录，凡例 10 则，李永泉、陆培康序文 2 篇。该志首列概述、大事记，正文为章节目体，计 23 章 98 节。卷末有后记。上限民国元年，下限至 2000 年。

泽国镇志

《泽国镇志》编纂领导小组编。浙江省名镇志集成之一。主编阮法根，副主编魏致忠。中华书局 1999 年 12 月第 1 版第 1 次印刷，印数 3500 册，16 开本，563 页，600 千字，精装本 1 册，定价 106 元。

志卷首有照片插页 20 页，镇区域图、镇城区图 2 幅。继之，有林广祥、邱士明、叶其泉、魏桥序文 2 篇，并有凡例 7 则。该志首列概述、大事记，正文为编章节体，计 6 编 27 章。以附录殿后。卷末有编后记、编修人员名录。上限溯源，下限至 1998 年。

展茅镇志

主编蒋文波、秦永禄，副主编庄智

秀。中国古籍出版社1997年6月第1版第1次印刷，印数2000册，32开本，462页，400千字，精装本1册，定价50元。

志卷首有柴松岳题词1幅，有展茅镇行政图、展茅地形图2幅，有照片插页14页。继之，有孙昌明和徐显伏、张竹昌和张信节序文2篇，凡例8则。该志首列总述，正文为编章节，计5编24章。以大事记殿后。卷末有编后记、编修人员名录。上限不限，下限至1994年。

章旦乡志

《章旦乡志》编纂委员会编。主编孙贯江，副主编沈心予、朱平光。浙江人民出版社2013年8月第1版第1次印刷，16开本，394页，410千字，精装本1册，定价120元。

志卷首有编修人员名录，有陈铁雄题词1幅，有章旦乡行政区划图1幅，并有照片插页1页。继之，有叶群力、郑云波序文2篇，凡例7则。该志首列概述、大事记，正文为篇章节体，计11篇31章。以杂录殿后。卷末有编后语。上限溯源，下限至2008年。

浙江省名镇志

浙江省名镇志编纂委员会编。主编魏桥，副主编顾志兴、俞佐萍。上海书店1991年5月第1版第1次印刷，印数9300册，16开本，813页，1300千字，精装本1册，定价255元。

志卷首有费新我题词1幅，有编修人员名录，照片插页48页。继之，有严济慈、刘枫序文2篇，并有魏桥前言1篇。正文为条目体。

钟管镇志

《钟管镇志》编纂委员会编。主编姚季方。16开本，393页，精装本1册。内部印刷。

志卷首有骆恒光题词1幅，有照片插页8页，镇行政区划图、镇城区示意图2幅。继之，有赵来法、李华和姚阿连序文2篇，凡例8则。该志首列概述、大事记，正文为卷章节体，计25卷99章。卷末有文选。上限不限，下限至1998年。

周巷镇志

《周巷镇志》编纂小组编。主编周惠新。32开本，528页，458千字，精装本1册。1999年内部印刷，印数2000册。

志卷首有周巷镇地图、周巷区域位置图、慈溪市周巷城市总体规划（1995—2010）3幅，有照片插页16页。继之，有吴武忠和张建人序文1篇，凡例7则。该志首列概述、大事记，正文为编章节体，计7编29章。卷末有编后纪、编修人员名录。上限1341年，下限至1999年。

洲泉镇志

桐乡市洲泉镇志编纂委员会编。主编俞尚曦。浙江大学出版社2009年12月第1版第1次印刷，印数3000册，16开本，723页，1483千字，精装本

1册,定价258元。

志卷首有洲泉镇行政区划图、洲泉中心镇区图、洲泉镇交通图、洲泉镇水系图、清光绪洲泉镇图5幅,有照片插页24页。继之,有来新夏、周民、闻建梁和张应中序文3篇,凡例8则。该志首列概述、大事记,正文为编章节体,计24编78章。以附录殿后。卷末有索引、后记、编修人员名录。上限溯源,下限至2006年。

诸暨市乡镇志（岭北镇志）

诸暨市史志办公室编。主编周田法,副主编周忠法、周世华、陈新苞、周维忠。中国文史出版社2017年6月第1版第1次印刷,16开本,493页,816千字,精装本1册,定价120元。

周华金题写书名。志卷首有诸暨市行政区域图、岭北镇政区示意图2幅,有周华金题词1幅,有照片插页13页。继之,有中共岭北镇委员会和岭北镇人民政府序文1篇,凡例8则。该志首列概述、大事记,正文为编章节体,计18编66章。卷末有后记、编修人员名录。上限溯源,下限至2013年。

安徽省

八里河镇志

颍上县八里河镇人民政府编。主编苏家颖。16开本,175页,精装本1册。内部印刷。

志卷首有编修人员名录,有颍上县八里河镇行政区划图1幅,有陈怀贵、汤辉和刘军序文2篇,有照片插页38页。继之,有编纂说明8则。正文为章节体,计24章81节。以附录殿后。卷末有后记。上限不限,下限至2002年。

板桥集镇志

板桥集镇地方志办公室编。蒙城县地方志丛书之一。主编方怀轩,副主编刘巧红、王斌。16开本,178页,80千字,精装本1册,定价30.2元。2007年2月内部印刷,印数1000册。

志卷首有编修人员名录,有康治平序文1篇,有照片插页24页,并有板桥集镇行政区划图1幅。继之,有凡例7则。该志首列承前简述、概述、大事记、特载,正文为章节体,计9章44节。以附录殿后。卷末有后记。上限1986年,下限至2006年。

半汤镇志

巢湖市居巢区半汤镇编纂委员会编。主编李立民。16开本,196页,200千字,精装本1册。2003年1月内部印刷,印数800册。

傅爱国题写书名。志卷首有半汤镇行政区划示意图1幅,有曹亚东题词1幅,有照片插页6页,并有编修人员名录。继之,有李良杰序文1篇,凡例8则。该志首列概述、大事记,正文为章节体,计26章114节。卷末有编后记。上限溯源,下限至2000年。

半汤志

安徽省巢湖市半汤镇人民政府编。主编彭正仓。16开本,204页,精装本1册。内部印刷。

傅爱国题写书名。志卷首有编修人员名录,有半汤镇行政区划图示意图、半汤镇地图2幅,有省地志单位历届负责人表,有照片插页12页。继之,李良杰、王武汤序文2篇,凡例7则。该志首列概述、大事记,正文为章节体,计26章。卷末有编后记。上限不限,下限至2000年。

城关镇志

固镇县城关镇人民政府编。安徽省地方志丛书之一。主编王友臣。16开本,522页,精装本1册。内部印刷。

志卷首有城关镇行政区划图、城关镇城区图2幅,有照片插页29页,并有编修人员名录。继之,有张金和吴雪松序文1篇,凡例8则。该志首列概述、大事记,正文为章节体,计17章90节。以特载殿后。卷末有后记。上限1948年11月27日,下限至2010年。

丹城镇志

丹城镇志编纂委员会编。主编相学纯。16开本,268页,389千字,精装本1册,定价60元。1998年2月内部印刷。

志卷首有燕标、赵锋题词2幅,有照片插页13页。继之,有赵锋序文1篇,凡例13则。该志首列概述、大事记,正文为章节体,计32章126节。以附录殿后。卷末有本志编修始末。上限220年,下限至1997年。

单王乡志

中共单王乡党委、单王乡人民政府编。主编王耘。32开本,111页,精装本1册。内部印刷。

志卷首有编修人员名录,有施万章和汪国宏序文1篇,有六安市裕安区单王乡总体规划-乡域村镇体系规划图(2006—2020)1幅,有照片插页15页。该志首列概述,正文为章节体,计20章55节。卷末有跋叙。上限不限,下限至2009年。

荻港镇志

安徽省繁昌县《荻港镇志》编写组编。主编郭珍仁。16开本,239页,平装本1册。内部印刷。

志卷首有倪茂发题词1幅,有胡敏生、周其东序文2篇,凡例12则。继之,有荻港镇地图、荻港镇街道示意图2幅,有照片插页10页。该志首列概述、大事记要,正文为章节体,计28章110节。以杂记殿后。卷末有编后记。上限清末民初,下限至1985年。

峨岭乡志

峨岭乡志编写组编。主编李瑞麟。16开本,268页,平装本1册。1986年7月内部印刷,印数2000册。

刘夜烽题写书名。志卷首有刘夜烽等题词2幅,有刘启林诗1首。继之,有李玉水序文1篇,凡例11则。该志首列概述、大事记,正文为篇章节体,计7篇47章。以附录殿后。卷末有编纂始末、编修人员名录。上限清末,下限至1985年9月。

凤台县城关镇志

凤台县城关镇地方志编纂办公室编。主编蔡志国。16开本,358页,精装本1册。2010年9月内部印刷,印数500册。

志卷首有张太冲、濮良贵等题词4幅,有凤台县行政区划示意图、凤台县城关镇行政区划示意图、凤台县城关镇城区图、下蔡十二连城位置示意图4

幅,有照片插页 17 页,并有编修人员名录。继之,有张涤华、黄佩瑾等序文 3 篇,凡例 8 则。该志首列概述、大事记,正文为章节体,计 44 章 165 节。以附录殿后。卷末有编后记。上限不限,下限至 2005 年。

符离镇志

主编李胜田。黄山书社 1997 年 5 月第 1 版第 1 次印刷,印数 2000 册,32 开本,307 页,200 千字,精装本 1 册,定价 40 元。

志卷首有编修人员名录,有符离镇图 1 幅,有照片插页 16 页。继之,有周家富、陶化东、黄渔夫序文 3 篇,凡例 10 则。该志首列概述、大事记,正文为章节体,计 21 章 44 节。以附录殿后。卷末有后记。上限溯源,下限至 1997 年 4 月。

甘棠镇志

福安市甘棠镇地方志编纂委员会编。主编张水顺、缪品枚,副主编刘振声。厦门大学出版社 1992 年 12 月第 1 版第 1 次印刷,印数 3000 册,16 开本,455 页,600 千字,精装本 1 册,定价 28 元。

伍洪祥题写书名。志卷首有曾志、左丰美题词 2 幅,有照片插页 14 页,有安德县苏维埃政府（1934—1935）区域图 1 幅,并有编修人员名录。继之,有吕居永、何团经、钟明森、陈顺基、郭逢生序文 5 篇,凡例 16 则。该志首列概述、大事记,正文为编章节体,计 4 编 75 章。以附录殿后。卷末有编后记。上限 864 年,下限至 1990 年。

耿城镇志

《耿城镇志》编纂委员会编。黄山区乡镇志丛书之一。主编吴兴龙,副主编陈应忠。16 开本,245 页,精装本 1 册。内部印刷。

志卷首有叶正军、陈明题词 2 幅,有耿城镇行政区划图、耿城乡行政区域概况图 2 幅,有照片插页 14 页。继之,有李忠、汪全胜和林承寿序文 2 篇,凡例 8 则,有编修人员名录。该志首列概述、大事记、特载,正文为章节体,计 26 章 94 节。以附录殿后。卷末有编后记。上限溯源,下限至 2006 年。

胡集镇志

海安县胡集镇志编委会编。主编卢辉平,副主编吴志梅、周晓荣、卢荣翔。安徽电子音像出版社 2007 年 10 月第 1 版第 1 次印刷,印数 3000 册,16 开本,384 页,410 千字,精装本 1 册,定价 50 元。

志卷首有编修人员名录,有海安县胡集镇区位图、海安县胡集镇镇域图 2 幅,有照片插页 19 页。继之,有卢辉平、傅大友序文 2 篇,凡例 9 则。该志首列概述、大事记,正文为章节体,计 21 章 93 节。卷末有后记。上限不限,下限至 2006 年。

焦村镇志

焦村镇志编纂委员会编。黄山区

乡镇志丛书之一。主编徐光中,副主编汪新华。16 开本,317 页,精装本 1 册。内部印刷。

汤己生题写书名。志卷首有叶正军、陈明题词 2 幅,有焦村镇行政区划图、黄山焦村镇总体规划（2007—2020）2 幅,有照片插页 10 页。继之,有洪军、邢金海序文 2 篇,凡例 8 则,并有编修人员名录。该志首列概述、大事记,正文为章节体,计 18 章 66 节。以附录殿后。卷末有编后记。上限唐朝,下限至 2006 年。

弥陀镇志

太湖县弥陀镇人民政府、太湖县地方志办公室编。主编宋迪华,副主编王义明、郝顺昌。16 开本,169 页,精装本 1 册,定价 48 元。2004 年内部印刷,印数 1000 册。

志卷首有编修人员名录,有太湖行政区地图、弥陀镇行政区划图、弥陀镇区位示意图、弥陀镇总体规划图 4 幅,有照片插页 18 页。继之,有潘卫平序文 1 篇,凡例 8 则。该志首列概述、大事记,正文为章节体,计 6 章 27 节。上限不限,下限至 2001 年。

祁门乡镇简志

《祁门乡镇简志》编纂委员会编。主编马里千、程成贵,副主编胡海平。32 开本,320 页,333 千字,精装本 1 册。1999 年内部印刷。

志卷首有王保利题词 1 幅,并有编修人员名录。继之,有覃金平序文 1 篇,凡例 8 则,有祁门县行政区划图 1 幅。该志首列概说,正文为条目体。卷末有跋。上限不限,下限至 1997 年。

蕲县镇志

蕲县镇志编纂委员会编。主编王守本。黄山书社 2009 年 4 月第 1 版第 1 次印刷,印数 2000 册,16 开本,334 页,516 千字,精装本 1 册,定价 80 元。

志卷首有万立勋题词 1 幅,有照片插页 22 页,有蕲县镇行政区划示意图 1 幅。继之,有王家岭、王廷军序文 2 篇,凡例 10 则。该志首列大事记,正文为章节体,计 15 章 71 节。卷末有后记、编修人员名录。上限西周,下限至 2008 年 8 月。

千岭乡志

宿松县千岭乡人民政府编。宿松县地方志丛书之一。主编项石明。16 开本,485 页,400 千字,精装本 1 册,定价 54 元。2006 年 10 月内部印刷,印数 600 册。

志卷首有宿松县千岭乡行政区划图 1 幅,有编修人员名录,有方济仁、项文谟、王原平、傅皓题词 4 幅,有照片插页 28 页。继之,有李金星序文 1 篇,凡例 12 则。该志首列概述、大事记,正文为章节体,计 29 章 123 节。以附录殿后。卷末有修志始末。上限 1949 年,下限至 2004 年。

宿松县洲头乡志

宿松县洲头乡地方志编纂委员会编。宿松县地方志丛书之一。主编胡朝阳。16 开本,354 页,360 千字,精装本 1 册,定价 68 元。2007 年 6 月内部印刷,印数 600 册。

唐先田题写书名。志卷首有洲头乡行政区划图 1 幅,有编修人员名录,有唐先田等题词 3 幅,有照片插页 12 页。继之,有张新和陈耀华序文 1 篇,凡例 8 则。该志首列概述、大事记,正文为章节体,计 21 章 91 节。以附录殿后。卷末有编纂始末。上限 1978 年,下限至 2004 年。

濉溪镇志

濉溪镇志编纂领导小组编。主编郑化坤。16 开本,403 页,平装本 1 册。1987 年 11 月内部印刷,印数 500 册。

张爱萍题写书名。志卷首有照片插页 8 页。继之,有张华和郑化强序文 1 篇,凡例 9 则。该志首列概述、大事记,正文为篇章节体,计 7 篇 69 章。以附录殿后。卷末有编后记。上限辛亥革命,下限至 1985 年。

谭家桥镇志

谭家桥镇志编纂委员会编。黄山区乡镇志丛书之一。主编王仁佳,副主编桂秀华。16 开本,259 页,精装本 1 册。内部印刷。

志卷首有叶正军、陈明题词 2 幅,有谭家桥镇行政区划图、谭家桥镇对外交通示意图 2 幅,有照片插页 12 页。继之,有李忠和李胜利、张强和蒋时光序文 2 篇,凡例 10 则,有编修人员名录。该志首列概述、大事记、特载,正文为章节体,计 21 章 64 节。以附录殿后。卷末有编后记。上限溯源,下限至 2006 年。

汤池镇志

安徽省庐江县汤池镇志编纂委员会编。中国名镇志丛书之一。主编严德胜。方志出版社 2017 年 5 月第 1 版第 1 次印刷,16 开本,292 页,337 千字,精装本 1 册,定价 120 元。

志卷首有王伟光、李培林序文 2 篇,有编修人员名录,凡例 16 则。继之,有汤池镇在中国的位置图、汤池镇在安徽省的位置图、汤池镇地图、汤池温泉旅游度假区导览图 4 幅,有照片插页 4 页。正文为纲目体。以大事纪略殿后。卷末有编纂始末。上限溯源,下限至 2014 年。

汤口镇志

《汤口镇志》编纂委员会编。黄山区乡镇志丛书之一。主编吴桂枝,副主编程建明。16 开本,390 页,精装本 1 册。内部印刷。

志卷首有叶正军、陈明题词 2 幅,有汤口镇行政区划图 1 幅,有照片插页 13 页。继之,有于亮、黄德顺序文 2 篇,凡例 11 则,并有编修人员名录。该志首列概述、大事记、特载,正文为章节体,计 21 章 81 节。以附录殿后。卷末有跋。上限溯源,下限至 2006 年。

乌石乡志

《乌石乡志》编纂委员会编。黄山

区乡镇志丛书之一。主编袁良才。16开本,276页,精装本1册。内部印刷。

志卷首有叶正军、陈明题词2幅,有乌石乡行政区域图1幅,有照片插页7页。继之,有李忠、李雷和张筱敏序文2篇,凡例12则,有编修人员名录。该志首列概述、大事记,正文为章节体,计18章57节。以附录殿后。上限溯源,下限至2006年。

芜湖县易太镇志

易太镇志编纂委员会编。芜湖县地方志丛书之一。主编巫俊钦,副主编郭学桂、郭静洲。32开本,365页,精装本1册,定价50元。1999年11月内部印刷,印数2000册。

志卷首有编修人员名录,有照片插页18页,并有芜湖县易太乡行政区划图1幅。继之,有叶建新、夏登平序文2篇,凡例8则。该志首列概述、大事记,正文为篇章节体,计8篇30章。以附录殿后。卷末有编后记。上限溯源,下限至1996年。

仙坊乡志

南陵县黄墓镇人民政府编。主编陶庭荣。32开本,351页,280千字,精装本1册。2002年4月内部印刷,印数800册。

马步云题写书名。志卷首有奚国平、桂克修等题词4幅。继之,有张青秀和胡光金序文1篇,凡例12则。该志首列概述、大事年表,正文为章节体,计30章113节。以附录殿后。卷末有后记、编修人员名录。上限1840年,下限至1985年。

仙源镇志

《仙源镇志》编纂委员会编。黄山区乡镇志丛书之一。主编洪建春,副主编王雪琴。16开本,324页,精装本1册。2007年内部印刷。

志卷首有叶正军、陈明题词2幅,有仙源镇区域图、仙源镇区位图2幅,有照片插页12页。继之,有李忠、郭婉芳和王向民序文2篇,凡例8则,并有编修人员名录。该志首列概述、大事记,正文为章节体,计22章109节。以附录殿后。卷末有编后记。上限溯源,下限至2006年。

香泉镇志

《香泉镇志》编纂委员会编。安徽省地方志丛书之一。主编金绪道。安徽人民出版社2017年12月第1版第1次印刷,16开本,339页,600千字,精装本1册,定价128元。

志卷首有香泉镇行政区划示意图、香泉旅游区示意图2幅,有照片插页54页,并有编修人员名录。继之,有徐支河、吴文军和张春原序文2篇,凡例9则。该志首列概述、大事记,正文为章节体,计18章62节。以附录殿后。卷末有编纂始末。上限溯源,下限至2014年。

新丰乡志

《新丰乡志》编纂委员会编。黄山区乡镇志丛书之一。主编杜日生,副主编詹守春。16开本,334页,精装本

1册。内部印刷。

志卷首有叶正军、陈明题词2幅，有新丰乡行政区划图1幅，有照片插页11页。继之，有李忠、陈学毅和朱敏序文2篇，凡例9则，有编修人员名录。该志首列概述、大事记，正文为章节体，计19章66节。以附录殿后。卷末有跋。上限溯源，下限至2006年。

新华乡志

《新华乡志》编纂委员会编。黄山区乡镇志丛书之一。主编王辅成。16开本，353页，精装本1册。2007年内部印刷。

志卷首有叶正军、陈明题词2幅，有新华乡行政区划图1幅，照片插页15页。继之，有李忠、吴兴龙序文2篇，凡例12则，并有编修人员名录。该志首列概述、大事记，正文为章节体，计18章80节。以附录殿后。卷末有跋。上限溯源，下限至2006年。

新明乡志

《新明乡志》编纂委员会编。主编周恩锡。16开本，330页，精装本1册。内部印刷。

刘增基题写书名。志卷首有叶正军、陈明题词2幅，有黄山区新明乡区域概况图1幅，有照片插页15页。继之，有李忠、胡克胜和谢业国序文2篇，凡例8则，并有编修人员名录。该志首列概述、大事记、特载，正文为章节体，计18章68节。以附录殿后。卷末有跋、编纂始末、致新明籍旅外人士的一封信。上限溯源，下限至2006年。

永丰乡志

《永丰乡志》编纂委员会编。黄山区乡镇志丛书之一。主编姚国辉，副主编刘大华。16开本，359页，精装本1册。内部印刷。

志卷首有叶正军、陈明题词2幅，有永丰乡行政区划图1幅，有照片插页11页。继之，有李忠、陶芳文序文2篇，凡例8则，有编修人员名录。该志首列概述、大事记，正文为章节体，计18章66节。以附录殿后。卷末有编后记。上限溯源，下限至2006年。

岳西县乡镇简志

岳西县乡镇简志编纂领导小组办公室编。主编王晖，副主编江荣璋。黄山书社2001年10月第1版第1次印刷，印数3 000册，16开本，384页，770千字，精装本1册，定价70元。

志卷首有岳西县行政区划图1幅，有照片插页16页。继之，有吴良仁序文1篇，凡例9则。该志正文为条目体。以岳西县乡镇简志编纂大事记殿后。卷末有编修人员名录。上限1992年，下限至1997年。

福建省

榜头镇志

仙游县榜头镇人民政府编。主编吴栋平、蒋庆和,副主编庄林顺、林加植。鹭江出版社2017年5月第1版第1次印刷,16开本,525页,1021千字,精装本1册,定价218元。

志卷首有编修人员名录,有福建省榜头镇"镇级市"城乡总体规划(2015—2030)区位分析图、仙游县榜头镇总体规划(2010—2030)镇村体系现状图、福建省榜头镇"镇级市"城乡总体规划(2015—2030)镇域交通现状图、福建省榜头镇"镇级市"城乡总体规划(2015—2030)旅游发展规划图4幅,有榜头之歌1首,有照片插页31页。继之,有郑金床、朱建阳、吴栋平、蒋庆和序文4篇,凡例10则。该志首列概述、大事记,正文为篇章节体,计7篇45章。以附录殿后。卷末有后记。上限溯源,下限至2014年。

北竿乡志

北竿乡志编纂委员会编。16开本,447页,精装本1册。2005年12月内部印刷。

志卷首有王朝生序言1篇,有凡例9则。该志首列概述、大事记,正文为篇目体,计12篇。以附录殿后。卷末有参考书目。上限宋孝宗淳熙年间,下限至2002年。

曹远镇志

永安市曹远镇志编纂委员会编。主编陈胜智,副主编张上仁、刘启龙、邓国旺。16开本,305页,430千字,精装本1册。2005年10月内部印刷,印数1500册。

志卷首有曹远镇政区图1幅,有照片插页11页,并有编修人员名录。继之,有陈胜智和张上仁序文1篇,凡例10则。该志首列综述、大事记,正文为章节体,计22章90节。以附录殿后。卷末有后记。上限不限,下限至2004年。

大济镇志

《大济镇志》编纂委员会编。主编马玉耀、蒋庆和。海峡文艺出版社2013年8月第1版第1次印刷,16开本,401页,605千字,精装本1册,定价90元。

志卷首有编修人员名录,有大济镇政区图1幅,有照片插页15页。继之,有吴建华、马玉耀、蒋庆和序文3

篇,凡例 10 则。该志首列概述、大事记,正文为篇章节体,计 7 篇 59 章。以附录殿后。卷末有后记。上限溯源,下限至 2010 年。

东肖镇志

龙岩市东肖镇志编纂委员会编。主编郭再兴,副主编谢辉泉、陈添福、郑鸿金、倪必禄。鹭江出版社 1995 年 6 月第 1 版第 1 次印刷,印数 1600 册,16 开本,294 页,483 千字,精装本 1 册,定价 56 元。

志卷首有东肖镇地图 1 幅,有照片插页 7 页,并有谢炎华题词 1 幅。继之,有郭再兴和谢辉泉序文 1 篇,凡例 10 则,有修志始末。该志首列概述、大事记,正文为章节体,计 22 章 103 节。卷末有编修人员名录。上限宋代,下限至 1992 年。

佛昙镇志

福建省漳浦县佛昙镇志编写组编。16 开本,254 页,精装本 1 册。1993 年 8 月内部印刷。

卢嘉锡、苏步青题写书名。志卷首有佛昙镇政区图 1 幅,有杨逸民、陈旺寿、林五四序文 3 篇,有凡例 10 则。继之,有照片插页 10 页。该志首列概述、大事记,正文为篇章节体,计 8 篇 26 章。卷末有跋 2 篇、编修人员名录。上限 1912 年,下限至 1993 年 8 月。

芙蓉乡志

《芙蓉乡志》编写组编。32 开本,57 页,精装本 1 册。内部印刷。

志卷首有前言 1 篇。该志正文为条目体。卷末有后记。上限 1323 年,下限至 1997 年。

福建省上杭县湖洋乡志

福建省上杭县湖洋乡志编纂委员会编。主编王安麒、傅松英、林树春,副主编李德林、杨进汉、胡发荣、陈加才、谢耀通。16 开本,407 页,精装本 1 册。内部印刷。

志卷首有照片插页 9 页,有湖洋乡地图 1 幅。继之,有罗开洪、王安麒序文 2 篇,凡例 10 则。该志首列概述、大事记,正文为章节体,计 23 章 112 节。以附录殿后。卷末有编修人员名录、编纂始末。上限溯源,下限至 2007 年。

福州市盖山镇志

中共盖山镇党委、盖山镇人民政府、福建师范大学地理系《福州市盖山镇志》编写组编。主编黄公勉,副主编李永实、姚颂恩等 3 人。福建科学技术出版社 1997 年 2 月第 1 版第 1 次印刷,印数 4200 册,32 开本,318 页,250 千字,精装本 1 册,定价 25 元。

志卷首有编修人员名录,有照片插页 16 页。继之,有陈镜溪和钱庭勋序文 1 篇,福州市盖山镇地形图、福州市盖山镇政区图 2 幅,凡例 9 则。该志首列概述、大事记,正文为章节体,计 14 章 55 节。以附录殿后。卷末有后记。上限溯源,下限至 1992 年。

港尾镇志

港尾镇志编纂委员会编。福建省龙海县地方志丛书之一。主编张日庆。黄山书社1995年7月第1版第1次印刷,印数1000册,16开本,271页,320千字,精装本1册,定价45元。

江山题写书名。志卷首有编修人员名录,有照片插页8页。继之,有庄凉江、郭进福和曾跃国序文2篇,有1987年港尾乡政区示意图1幅,前言1篇,凡例6则。该志首列概述、大事记,正文为卷章节体,计22卷57章。以1993—1994年补志殿后。上限溯源,下限至1992年。

桂阳乡志

德化县桂阳乡志编纂委员会编。主编陈风火、许永汀,副主编林义添、郭玉炽、林新炎。32开本,318页,精装本1册,定价20元。1993年5月内部印刷,印数1200册。

志卷首有照片插页16页,有桂阳乡区域图1幅。继之,有许永汀、陈风火、赖有秋和李进维序文3篇,凡例8则。该志首列概述、大事记,正文为篇章节体,计6篇29章。以附录殿后。卷末有修志始末、编修人员名录。上限溯源,下限至1992年。

禾山镇志

《禾山镇志》编委会编。主编陈高润,副主编钟伟东、叶春和、李玉荣。16开本,296页,430千字,精装本1册。2004年8月内部印刷,印数1000册。

志卷首有禾山镇行政区划图1幅,有照片插页28页。继之,有何清秋和李栋梁序文1篇,凡例7则。该志首列镇情综述,正文为章节体,计10章38节。以大事记殿后。卷末有后记。上限781年,下限至2003年。

洪濑镇志

南安市洪濑镇志编纂委员会编。主编黄荣周。人民日报出版社2009年10月第1版第1次印刷,印数800册,16开本,786页,1000千字,精装本1册,定价398元。

刘英烈题写书名。志卷首有洪濑镇区位分析图、洪濑镇政区图、洪濑镇域体系现状图、洪濑镇区示意图4幅,有照片插页38页。继之,有苏双碧、李清安、戴方、蔡宗来和林启伏、洪文哲和王卫东序文5篇,凡例11则。该志首列概述、大事记,正文为卷章节体,计30卷121章。以附录殿后。卷末有编修人员名录、编后记。上限不限,下限至2005年。

洪山镇志

《洪山镇志》编纂委员会编。主编林友明,副主编刘建兴、柳卫松、何玲等4人。福建教育出版社1998年11月第1版第1次印刷,印数2000册,16开本,391页,502千字,精装本1册,定价90元。

卢嘉锡题写书名。志卷首有洪山镇镇域示意图1幅,有陈慕华、宋健、项南等题词14幅,照片插页38页。

继之,有编修人员名录,郑瑞英和王乾玉序文1篇,并有凡例11则。该志首列概述、大事记,正文为篇章节体,计17篇62章。以附录殿后。卷末有后记。上限溯源,下限至1995年。

黄坑镇志

福建省建阳市黄坑镇志编纂委员会编。主编王晓、吴政禹。16开本,366页,660千字,精装本1册,定价160元。2010年8月内部印刷。

志卷首有建阳市黄坑镇地图、道光年间嘉禾里图、中华民国年间嘉禾里图3幅,有照片插页28页。继之,有王晓和吴政禹序文1篇,凡例10则。该志首列概述、大事记,正文为篇章节体,计7篇32章。以附录殿后。卷末有后记、编纂领导机构。上限溯源,下限至2009年。

江口镇志

江口镇志编辑委员会编。主编李德全。华艺出版社1991年1月第1版第1次印刷,印数10 000册,32开本,150页,109千字,平装本1册,定价4.6元。

郭风题写书名。志卷首有郑义正、陈桂宗、林春连等题词4幅,有江口镇政区图1幅,有照片插页17页。继之,有章武序文1篇,黄金松前言1篇。该志首列概述、大事记,正文为章节体,计17章。以附录殿后。卷末有编后记、江口镇志编委会人员名录。上限溯源,下限至1990年。

蛟洋镇志

《蛟洋镇志》编纂委员会编。主修吕丁武、丘小林,总纂林汉扬。方志出版社2016年1月第1版第1次印刷,印数1500册,16开本,570页,1140千字,精装本1册,定价288元。

志卷首有编修人员名录,有傅柒生、吕丁武和丘小林序文2篇,并有凡例14则。继之,有蛟洋镇地图1幅,有照片插页30页。该志首列概述、专记、大事记,正文为章节体,计22章121节。以附录殿后。卷末有编纂始末。上限溯源,下限至2013年。

九都镇志

南安市九都镇志编纂委员会编。主编黄荣周。16开本,743页,800千字,精装本1册。2015年3月内部印刷,印数2000册。

志卷首有编修人员名录,有李秀记和傅金昭、吴世彪和侯洲洋叙文2篇,有南安县洪濑区九都镇简明图(1942年)、九都镇鹏溪乡地形图(1943年)、九都彭口示意图(1971年)、九都镇政区图、九都镇卫星地形图、九都镇区示意图、九都镇中心区修建性详细规划图、九都镇行政村示意图8幅,有照片插页76页。继之,有凡例12则。该志首列概述、大事记,正文为篇章节体,计8篇30章。以附录殿后。卷末有编后记。上限不限,下限至2010年。

芦口镇志

芦口镇编志办编。主编王飞进。

16开本，816页，954千字，精装本1册。2004年3月内部印刷，印数2000册。

志卷首有编修人员名录，有张绍敏、秦龙飞、虞朝兵、李财满题词4幅。继之，有王飞进序文1篇，凡例11则，有莒口镇地形图、莒口镇政区图、莒口镇区全景图、莒口镇民国时期政区图、莒口镇民国时期政区图5幅，有照片插页33页。该志首列概述、大事记，正文为篇章节体，计26篇96章。以附录殿后。卷末有后记。上限溯源，下限至2000年。

均溪镇志

中共大田县均溪镇委员会、大田县均溪镇人民政府编。主编肖宏强，副主编吴初通、杜成火。16开本，506页，精装本1册。2013年2月内部印刷。

志卷首有程立双题词1幅，有均溪镇地图、均溪镇区域图、均溪镇政府驻地平面图3幅，有照片插页50页。继之，有周联清序文1篇，凡例11则，并有编修人员名录。该志首列概述、大事记，正文为章节体，计24章96节。以附录殿后。卷末有编后语。上限溯源，下限至2012年。

李坊乡志

李坊乡人民政府编。主编曾柏进。16开本，294页，精装本1册。2013年6月内部印刷。

志卷首有张崇泰、黄建生题词2幅，有光泽县李坊乡地形图、光泽县李坊乡行政区示意图2幅，有照片插页34页。继之，有王静燕和李金荣序文1篇，凡例9则。该志首列概述、大事记，正文为篇章节体，计12篇48章。以附录殿后。卷末有编修人员名录、编后记。上限溯源，下限至2010年。

鲤城镇志

鲤城镇人民政府编。主编陈国华、陈明泉，副主编吴加林、朱清玉、严宗伙等4人。方志出版社2002年1月第1版第1次印刷，印数3000册，16开本，486页，765千字，精装本1册，定价89元。

志卷首有鲤城镇政区图1幅，有照片插页29页，继之有李德全、林素钦、陈国华、陈明泉序文4篇，并有凡例11则。该志首列概述、大事记，正文为章节目体，计16章67节。卷末有后记、编修人员名录。上限溯源，下限至2000年。

临江镇志

临江镇人民政府编。主编刘荣生、钟立新、赖育忠、柯振祥，副主编詹净、李小康、唐鉴荣、钟巨藩。鹭江出版社2016年2月第1版第1次印刷，16开本，540页，750千字，精装本1册，定价180元。

志卷首有临江镇地图1幅，有照片插页38页，并有编修人员名录。继之，有赖育忠和柯振祥序文1篇，凡例12则。该志首列概述、大事记，正文为章节体，计22章94节。以附录殿后。卷末有编后记。上限溯源，下限至

2013年。

龙浔镇志

龙浔镇志编纂委员会编。主编彭凌飞,副主编林玉泉。16开本,353页,精装本1册。内部印刷。

杨新题写书名。志卷首有杨新敬题词1幅,有龙浔镇地图、龙浔镇城区图2幅,有照片插页24页。继之,有林星民、徐明侃序文2篇,凡例11则。该志首列概述、大事记,正文为篇章节体,计11篇45章。以附录殿后。卷末有编后记、编修人员名录。上限溯源,下限至2002年。

马鼻镇志

马鼻镇志编委会编。主编张振英。福建教育出版社2016年1月第1版第1次印刷,16开本,403页,484千字,精装本1册,定价100元。

志卷首有编修人员名录,有凡例7则,并有2014年马鼻全景图、马鼻镇行政区域图、1979年马鼻镇区图3幅。该志首列概述、大事记,正文为章节体,计10章29节。以附录殿后。卷末有后记。上限溯源,下限至2014年。

闽安镇志

《闽安镇志》编纂委员会编。主编蔡勇庆、陈名实。福建人民出版社2010年3月第1版第1次印刷,印数3000册,16开本,396页,501千字,精装本1册,定价168元。

游德馨题写书名。志卷首有编修人员名录,有闽安镇地理位置图1幅,并有照片插页13页。继之,有卢美松序文1篇。该志首列概述、大事记,正文为章节体,计19章75节。以附录殿后。卷末有后记。上限溯源,下限至2008年。

浦源镇志

周宁县浦源镇志编纂委员会编。主编萧传彬,副主编吴凤山。福建美术出版社2015年3月第1版第1次印刷,16开本,499页,精装本1册,定价268元。

志卷首有浦源镇政区图、浦源镇地势图、浦源镇公路现状图、浦源镇地质矿藏示意图4幅,有照片插页29页。继之,有陈寿清和汤祖明序文1篇,凡例10则。该志首列概述、大事记,正文为篇章节体,计23篇101章。以附录殿后。卷末有编修人员名录,修志始末。上限不限,下限至2009年。

珊瑚乡志

《珊瑚乡志》编纂委员会编。主修刘华荣、阙镔锋、傅晓刚等4人,总纂林汉扬。方志出版社2017年9月第1版第1次印刷,印数1200册,16开本,483页,736千字,精装本1册,定价288元。

志卷首有编纂委员会、编修人员、审查验收人员名录,有胡金祥、阙镔锋和梁尚荣序文2篇,凡例11则。继之,有珊瑚乡地图1幅,有照片插页18页。该志首列概述、大事记,正文为章节体,计20章88节。以附录殿后。卷末有编后记。上限溯源,下限至2015年。

深沪镇志

深沪镇志编纂委员会编。主编张世雄、张朝阳,副主编张乙童、周先进。上海辞书出版社2007年12月第1版第1次印刷,32开本,330页,298千字,精装本1册,定价68元。

庄为玑题写书名。志卷首有编修人员名录,有庄为玑题词1幅,有照片插页28页,并有深沪镇行政区域图1幅。继之,有杨益民、施宣圆、许雄飞、张世雄序文4篇,凡例9则。该志首列大事记、概述,正文为卷目体,计11卷。卷末有后记。上限溯源,下限至2006年。

狮城镇志

《狮城镇志》编纂委员会编。主编郑步钦,副主编叶申礼、郑立兴。福建美术出版社1995年8月第1版第1次印刷,印数2 000,16开本,326页,550千字,精装本1册,定价38元。

志卷首有照片插页12页,周墩城图(清道光十三年)、狮城镇政区图等5幅。继之,有吴敦诚、何万开和周孔寿序文2篇,凡例8则。该志首列概述、大事记,正文为卷章节体,计22卷99章。卷末有附录、纂修人员名录、修志始末。上限不限,下限至1993年。

石苍乡志

石苍乡人民政府编。主编郑洪庆,副主编黄素英、陈庆新、郭建华。方志出版社2014年3月第1版第1次印刷,印数2 000册,16开本,455页,765千字,精装本1册,定价180元。

志卷首有编修人员名录,有石苍乡地图1幅,有照片插页25页。继之,有郑洪庆、林清明序文2篇,凡例10则。该志首列概述、大事记,正文为章节体,计22章88节。以附录殿后。卷末有修志始末、出版经费赞助单位和个人。上限溯源,下限至2008年。

适中镇志

福建省龙岩市新罗区适中镇志编纂委员会编。主编林建初,副主编谢财万。华夏出版社2008年7月第1版第1次印刷,印数3 050册,16开本,713页,600千字,精装本1册,定价200元。

志卷首有编修人员名录,有适中镇图、适中镇在新罗区区位地图、新罗区适中镇城镇总体规划总体布局(2003—2020)地图3幅,有照片插页30页,并有罗哲文、陈从周、路秉杰、林源等题词8幅。继之,有谢克金、蔡朝晖和杨晓晖序文2篇,凡例10则。该志首列概述、大事记,正文为章节体,计17章63节。以附录殿后。卷末有后记。上限溯源,下限至2006年。

书坊乡志

《书坊乡志》编纂委员会编。主编郑顺莲、李家钦,副主编叶建清、钟爱珠、黄挺。16开本,381页,精装本1册。内部印刷。

志卷首有书坊乡区划图、明代书坊图2幅,有照片插页14页,并有编修人员名录。继之,有卢美松、周永和、郑顺莲、吴世华序文4篇,凡例10则。该志首列概述、大事记,正文为篇章节体,计8篇32章。以附录殿后。卷末有后记。上限溯源,下限至2006年。

台江镇志

台江镇志编纂委员会编。主编吴庆灼,副主编汀传腾、吴木俤、陈木樑。16开本,180页,精装本1册。1996年内部印刷。

游德馨题写书名。志卷首有游德馨、陈伦、邓卫平、程天光题词4幅,有照片插页4页。继之,有郭镇俤和吴庆灼序文1篇,凡例8则。该志首列概述、大事记,正文为章节体,计15章35节。以人物传殿后。卷末有后记、编修人员名录。上限清末,下限至1995年。

通贤镇志

中共通贤镇委员会、通贤镇人民政府编。主编温如坤、梁兰珍,副主编刘彪贤、蓝福辉、谢开平等8人。16开本,643页,精装本1册。2006年12月内部印刷。

志卷首有编修人员名录,有温如坤和梁兰珍序文1篇,有凡例10则。继之,有通贤政区图1幅,有照片插页44页。该志首列概述、大事记、专记,正文为章节体,计28章124节。以附录殿后。卷末有编纂始末。上限溯源,下限至2015年。

童游镇志

建阳县童游镇地方志编办编。主编李飞、黄显才,副主编魏尚人。32开本,441页,精装本1册。内部印刷。

志卷首有李飞题词1幅,有黄显才序文1篇,有凡例13则,并有编修人员名录。继之,有照片插页5页,有童游镇行政图1幅。该志首列概述、大事记,正文为篇章节体,计23篇90章。以附录殿后。卷末有编后记。上限溯源,下限至1992年。

万安乡志

万安乡志搜编小组编。主编詹家彬。16开本,120页,精装本1册。内部印刷。

志卷首有编修人员名录,有照片插页1页,并有连子丹、罗树彬、吴锦河、温锦昌题词4幅。该志首列概况,正文为纲目体。以大事年表殿后。卷末有后记。上限不限,下限至1986年。

梧塘镇志

梧塘镇志编纂委员会编。主编蔡金耀,副主编蔡鸿渚、蔡人杰、林伟明。方志出版社1997年1月第1版第1次印刷,印数5000册,16开本,433页,675千字,精装本1册,定价68元。

王元机题写书名。志卷首有梧塘镇行政区域图1幅,有黄文麟、许集美、陈祖辉、黄明、许开瑞、吴建华、刘可清、甘玉连、郑师平、许培元题词10幅,有照片插页19页,并有编修人员名录。继之,有赵黎明序文1篇,凡例7则。该志首列概述、大事记,正文为篇章节体,计6篇32章。卷末有后记。上限溯源,下限至1994年。

祥华乡志

安溪县祥华乡志编纂委员会编。主编李清泉、陈拱,副主编陈开清。中国文史出版社2016年5月第1版第1次印刷,印数1500册,16开本,302页,395千字,精装本1册,定价128元。

志卷首有编修人员名录,有安溪县地图1幅,有照片插页57页。继之,有朱团能、陈水潮等序文3篇,凡例8则。该志首列概述、大事记,正文为卷章节体,计8卷35章。以附录殿后。卷末有编后记。上限溯源,下限至2013年。

小桥镇志

建瓯市小桥镇志编纂领导小组编。主编毛样生、林绳亮,副主编江明星、李挺桢、张世尧、江华元。16开本,314页,460千字,精装本1册。1997年内部印刷,印数1000册。

毛样生题写书名。志卷首有编修人员名录,有范家接题词1幅,有小桥镇政区图1幅,有照片插页5页。继之,有吴永辉、毛样生序文2篇,凡例6则。该志首列概述、大事记,正文为篇章节体,计6篇35章。以附录殿后。卷末有后记。上限溯源,下限至1996年。

晓澳志

连江县晓澳地方志编纂委员会编。主编陈可恩,副主编邱玉明、邱德向。16开本,638页,1230千字,精装本1册。2011年3月内部印刷,印数2000册。

志卷首有筱江览胜图、清时澳图、2009年晓澳航拍图3幅,有照片插页48页,并有编修人员名录。继之,有邱吉明、邱清武序文2篇,凡例12则。该志首列概述、大事记,正文为章节体,计24章126节。以附录殿后。卷末有后记。上限溯源,下限至2009年。

新店镇志

厦门市翔安区新店镇人民政府编。主编夏长文,副主编曾嘉福、方机械、纪添财。16开本,266页,精装本1册。2008年内部印刷。

郭勋安题写书名。志卷首有编修人员名录,有2007年新店镇地图、新店镇地名图2幅,有照片插页25页。继之,有夏长文序文1篇,凡例10则。该志首列概述、大事记,正文为章节体,计14章52节。以附录殿后。卷末有编后记。上限溯源,下限至2007年。

宣和乡志

连城县宣和乡志编纂委员会编。主编曹晖,副主编廖荣富、吴美熙、曹初行、吴光标。16开本,210页,精装本 1 册。内部印刷。

志卷首有编修人员名录，有照片插页 5 页，并有宣和乡地名图 1 幅。继之，有陈福桂、曹国丰、益心序文 3 篇，凡例 10 则。该志首列概述、大事记，正文为章节体，计 25 章 57 节。以附录殿后。卷末有编后话。上限溯源，下限至 1994 年。

雁石镇志

龙岩市雁石镇人民政府编。主编陈荣坤。16 开本，202 页，精装本 1 册。1992 年 12 月内部印刷。

尹德懋题写书名。志卷首有卢启妙、谢联辉题词 2 幅，有雁石镇地图 1 幅，有照片插页 6 页，并有编修人员名录。继之，有张学强、林仁川序文 2 篇，凡例 10 则。该志首列概述、大事记，正文为章节体，计 15 章 66 节。以附录殿后。卷末有编后记。上限元末，下限至 1990 年。

雁石镇志（续编）

龙岩市新罗区雁石镇人民政府编。主编陈荣坤。32 开本，343 页，精装本 1 册。2000 年 3 月内部印刷。

志卷首有编修人员名录，有王德堂、林庭煌、戴忠信、谢联辉等题词 8 幅，有雁石镇地图 1 幅，并有照片插页 4 页。继之，有罗锦华前言 1 篇，有林仁川序文 1 篇，凡例 8 则。该志首列概况、大事记，正文为章节体，计 13 章 91 节。以附录殿后。卷末有编后。上限 1991 年，下限至 1999 年。

永宁镇志

福建省石狮市永宁镇志编纂委员会编。中国名镇志文化工程成果之一。主编郑天应，副主编李显扬。方志出版社 2016 年 10 月第 1 版第 1 次印刷，16 开本，317 页，373 千字，精装本 1 册，定价 123 元。

志卷首有王伟光、李培林序文 2 篇，有中国名镇志文化工程专家委员会、学术委员会、编纂委员会、编纂委员会办公室和永宁镇志编纂委员会、编纂委员会办公室人员名录，有凡例 16 则，并有永宁镇在中国的位置、永宁镇在福建省的位置、永宁镇地图 3 幅，有照片插页 7 页。该志首列概述，正文为纲目体，计 10 纲。以大事纪略、附录、主要参考文献殿后。卷末有编纂始末。上限溯源，下限 2016 年。

忠门镇志

莆田市忠门镇人民政府编。主编俞建忠、卓金贤，副主编戴亚抛、叶天新、陈文华等 5 人。方志出版社 1997 年 11 月第 1 版第 1 次印刷，印数 5000 册，16 开本，389 页，615 千字，精装本 1 册，定价 68 元。

郑海雄题写书名。志卷首有忠门镇 1994 年地名图 1 幅，有照片插页 21 页。继之，有纂修人员名录，俞建忠和卓金贤、郭金文和康锦星序文 2 篇，并有凡例 10 则。该志首列概述、大事记，正文为章节目体，计 23 章 82 节。以附录殿后。卷末有后记。上限溯源，下限至 1994 年。

江西省

敖桥乡志

江西省宜丰县敖桥乡乡志编纂委员会编。江西省宜丰县地方志系列丛书之一。主编胡乐辉,副主编邬明香、晏桂芳、龚长春。32开本,404页,500千字,精装本1册。2003年内部印刷。

志卷首有编修人员名录,有李立德、龚细水题词2幅,有照片插页24页,并有敖桥乡地图1幅。继之,有张海如、胡乐辉序文2篇,凡例8则。该志首列概述、大事记,正文为章节体,计29章134节。以附录殿后。卷末有编后记。上限不限,下限至2002年。

八景镇志

《八景镇志》编纂委员会编。主编熊冬根,副主编廖自发、赵清华。江西人民出版社2009年12月第1版第1次印刷,印数3 000册,16开本,634页,800千字,精装本1册,定价268元。

志卷首有八景镇政区图1幅,有照片插页39页,并有编修人员名录。继之,有熊冬根序文1篇,凡例13则。该志首列概述、大事记,正文为章节体,计34章179节。以附录殿后。卷末有编后。上限溯源,下限至2007年。

宝峰乡志

靖安县宝峰乡志编纂办公室编。主编项金华。16开本,402页,320千字,精装本1册。1990年10月内部印刷,印数500册。

志卷首有宝峰乡在靖安县域位置图、宝峰乡地图、靖安县宝峰乡庙前集镇地形图、宝峰寺原貌图4幅,有照片插页12页。继之,有章厚贵、晏人节序文2篇,凡例10则。该志首列概述、大事记,正文为编章节体,计6编34章。以附录殿后。卷末有后记、编修人员名录。上限溯源,下限至1989年。

唱凯镇志

中共临川区唱凯镇委员会、临川区唱凯镇人民政府编。临川区乡镇地方志丛书之一。主编万安飞、何钟芳。16开本,477页,800千字,精装本1册,定价98元。2009年1月内部印刷,印数600册。

志卷首有照片插页20页,并有编修人员名录。继之,有许润龙、杜健雄和徐长科序文 2 篇,凡例 12 则。该志首列大事记,正文为卷篇章节体,计 8 卷 31 篇。卷末有跋。上限溯源,下限至 2008 年。

车溪乡志

车溪乡人民政府、于都县地方志办公室编。于都县地方志丛书乡镇志之一。主编钟晓鸣。16 开本,290 页,160 千字,精装本 1 册。2002 年内部印刷,印数 500 册。

志卷首有编修人员名录,有伍春贵序文 1 篇,凡例 10 则。继之,有照片插页 8 页,有车溪乡(含段屋乡)地图 1 幅。该志正文为章节体,计 16 章 74 节。以大事记殿后。卷末有后记。上限溯源,下限至 2001 年。

东山坝镇志

东山坝镇人民政府、宁都县史志办编。主编邱新民,副主编何冬生、刘红彦。16 开本,282 页,450 千字,精装本 1 册,定价 200 元。2009 年 10 月内部印刷,印数 350 册。

志卷首有编修人员名录,有贺词 1 幅,有李大成题词 1 幅,有凡例 9 则。继之,有照片插页 5 页,有东山坝镇行政区划图 1 幅。该志首列概述、宁都会议纪要、大事记,正文为篇章节体,计 6 篇 30 章。以附录殿后。卷末有后记。上限溯源,下限至 2003 年。

芳溪镇志

芳溪镇志编纂委员会编。江西省宜丰县地方志丛书。主编王苟生,副主编刘团起、刘晓鹏。32 开本,400 页,500 千字,精装本 1 册。2002 年 11 月内部印刷,印数 900 册。

志卷首有编修人员名录,有照片插页 26 页,有芳溪镇地图 1 幅。继之,有刘东明、王苟生序文 2 篇,凡例 10 则。该志首列概述、大事记,正文为篇章节体,计 6 篇 36 章。以附录殿后。卷末有编后记。上限不限,下限至 2001 年。

凤岗镇志

中共南康市凤岗镇委员会、南康市凤岗镇人民政府编。主编刘忠萍,副主编刘吉军。16 开本,176 页,147 千字,精装本 1 册。2004 年 9 月内部印刷,印数 400 册。

志卷首有编修人员名录,有照片插页 6 页。继之,有刘忠萍和刘吉军序文 1 篇,凡例 9 则。该志首列概述、大事记,正文为章节体,计 22 章 104 节。以附录殿后。卷末有后记。上限不限,下限至 2002 年。

冈上镇志

冈上镇志编纂委员会编。主编熊才水。方志出版社 2011 年 2 月第 1 版第 1 次印刷,印数 1 000 册,16 开本,764 页,850 千字,精装本 1 册,定价 368 元。

志卷首有南昌县冈上镇行政区划图 1 幅,熊光楷、彭勃等题词 3 幅,有照片插页 18 页,并有冈上镇志编纂委员会人员名录。继之,有王光华、熊衍云序文 2 篇,凡例 8 则。该志首列大事记、概述，正文为篇章节体，计 13 篇 55 章。以附录殿后。卷末有后记。上限秦朝，下限至 2009 年。

高田镇志

石城县高田镇人民政府编。江西省石城县地方志丛书之一。主编朱祖振。16 开本，266 页，460 千字，精装本 1 册。2004 年 9 月内部印刷。

志卷首有李轩源题词 1 幅，有石城县高田镇行政区划图（2004 年）1 幅，有照片插页 8 页。继之，有涂文华序文 1 篇，凡例 9 则。该志首列概况，正文为卷章节体，计 9 卷 49 章。以附录殿后。卷末有编后记、编修人员名录。上限不限，下限至 2002 年。

横市镇志

《横市镇志》编纂委员会编。主编刘贞校，副主编陈启新、赖新林。江西人民出版社 2016 年 12 月第 1 版第 1 次印刷，16 开本，444 页，743 千字，精装本 1 册，定价 180 元。

志卷首有横市镇地图、横市圩全景图 2 幅，有照片插页 17 页，并有编修人员名录。继之，有刘吉军序文 1 篇，凡例 8 则。该志首列概述、大事记，正文为章节体，计 26 章 129 节。以附录殿后。卷末有后记。上限溯源，下限至 2014 年。

湖边镇志

赣州市章贡区湖边镇人民政府、赣州市章贡区地方志办公室编。主编谢凯建，副主编马远旗、张炳华。华夏文化艺术出版社 2006 年 3 月第 1 版第 1 次印刷，印数 400 册，16 开本，247 页，380 千字，精装本 1 册，定价 180 元。

志卷首有编修人员名录，腾福安和刘占海序文 1 篇，有凡例 8 则，有照片插页 8 页，有湖边镇地图 1 幅。该志首列大事记，正文为章节体，计 23 章 100 节。以附录殿后。卷末有后记。上限不限，下限 2003 年。

花桥乡志

《花桥乡志》编纂委员会编。宜丰县地方志系列丛书之一。主编熊仕跃，副主编韩仁芳、陈克生、晏桂芳。32 开本，506 页，500 千字，精装本 1 册。1995 年内部印刷，印数 700 册。

志卷首有编修人员名录，有宜丰县花桥乡示意图 1 幅，有孙世群、毛野德、幸茂才题词 3 幅，并有照片插页 16 页。继之，有董仚生、毛庆生、熊仕跃序文 3 篇，凡例 9 则。该志首列概述、大事记，正文为篇章节体，计 6 篇 32 章。以附录殿后。卷末有编后记。上限不定，下限至 1994 年。

黄陂镇志

黄陂镇人民政府、宁都县史志办编。主编邱新民，副主编谢金生、卢慧芳。华夏文化艺术出版社 2005 年 6 月第 1 版第 1 次印刷，印数 600 册，16 开本，278 页，480 千字，精装本 1 册，定价 200 元。

谢亦森题写书名。志卷首有编修

人员名录,有李上柱序文1篇,有凡例9则,有照片插页6页,有黄陂镇行政区划图1幅。该志首列概述、大事记、苏区纪略,正文为篇章节体,计6篇30章。卷末有后记。上限溯源,下限至2002年。

黄麟乡志

黄麟乡人民政府、于都县地方志办公室编。主编钟旺生、谢秀珍。16开本,309页,580千字,精装本1册。2007年8月内部印刷,印数500册。

吴本清题写书名。志卷首有编修人员名录,有刘奇兰、肖永鸿和胡新绘序文2篇,凡例9则。继之,有照片插页8页,并有黄麟乡地图1幅。正文为章节体,计20章79节。以大事记殿后。卷末有后记。上限溯源,下限至2005年8月。

会埠乡志

奉新县会埠乡志编辑委员会编。主编舒建勋、魏绪良,副主编涂宇钦、涂国胜、李承林。32开本,400页,精装本1册。1990年1月内部印刷。

李高柏题写书名。志卷首有会埠乡地图、会埠乡林区图、会埠乡水利分布图、会埠乡交通公路分布图4幅,有照片插页19页,并有编修人员名录。继之,有敖庆沸序文1篇,凡例8则。该志首列概述,正文为章节体,计17章84节。以附录、大事记殿后。卷末有编后记。上限549年,下限至1989年。

剑光镇志

江西省丰城县《剑光镇志》编纂办公室编。主编土德片。16开本,234页,精装本1册。1986年11月内部印刷。

志卷首有同治癸酉春三月县治图、丰城县剑光镇地图、剑光镇排水系统图3幅,有照片插页9页。继之,有周展南、傅文杰和徐运华序文2篇,凡例9则。该志首列概述,正文为篇章节体,计10篇36章。以大事记殿后。卷末有增补订止、后记、编修人员名录。上限651年,下限至1985年。

江西乡镇志

江西省地方志编委会办公室编。主编俞红飞,副主编范茂芝、虞桃秀、喻方华。中国城市出版社1996年3月第1版第1次印刷,印数2500册,32开本,779页,700千字,精装本1册,定价60元。

志卷首有编修人员名录。继之,有编辑说明1篇。该志正文为纲目体。上限不限,下限至1995年。

金川镇志

新干县金川镇志编纂委员会编。江西省地方志丛书之一。主编洪喜耕,副主编孙维武、陈光华。16开本,250页,精装本1册。内部印刷。

志卷首有照片插页14页,有金川镇区位图、新干县城平面图、民国三十二年新淦县城图3幅,并有照片插页18页。继之,有洪喜耕序文1篇,凡例10则。该志首列概述、大事记,正文为篇章节体，计 6 篇 34 章。以附录殿后。卷末有编后记、编修人员名录。上限 590 年，下限至 1987 年。

宽田乡志

宽田乡人民政府、于都县地方志办公室编。主编李忠东。16 开本，271 页，400 千字，精装本 1 册。2002 年 7 月内部印刷，印数 500 册。

志卷首有胡华序文 1 篇，凡例 10 则。继之，有照片插页 8 页，并有宽田乡地图 1 幅。该志首列大事记，正文为章节体，计 18 章 77 节。以于会瑞边区、瑞西县纪略殿后。卷末有后记。上限溯源，下限至 2000 年。

岭背镇志

岭背镇人民政府、于都县地方志办公室编。编纂钟荣涵、钟健瑞。16 开本，342 页，400 千字，精装本 1 册。1997 年 9 月内部印刷，印数 600 册。

王辉明题写书名。志卷首有编修人员名录，有刘智武和蒋新华序文 1 篇，有照片插页 8 页，并有岭背镇地图 1 幅，凡例 9 则。该志首列大事记，正文为章节体，计 21 章 78 节。卷末有后记。上限溯源，下限至 1997 年。

罗山乡乡志

罗山乡乡志编写组编。主编雷清明。16 开本，200 页，平装本 1 册。内部印刷。

志卷首有熊红亮序言 1 篇，有凡例 10 则，有照片插页 8 页。该志首列概述，正文为篇章节体，计 8 篇 34 章。以大事记殿后。卷末有后记、编修人员名录。上限晋朝，下限至 1985 年。

洛口镇志

洛口镇人民政府、宁都县史志办公室编。主编邱新民，副主编曾春生、刘红彦。16 开本，233 页，420 千字，精装本 1 册。2006 年 9 月内部印刷，印数 500 册。

志卷首有编修人员名录，有曾晓春、黄宏洲序文 2 篇，凡例 9 则。继之，有照片插页 8 页，并有洛口镇行政区划图 1 幅。该志首列概述、大事记，正文为篇章节体，计 6 篇 30 章。以附录殿后。卷末有后记。上限溯源，下限至 2003 年。

洛市镇志

丰城县洛市镇志编写组编。主编闵布光。16 开本，271 页，平装本 1 册。内部印刷。

志卷首有赖发赓、熊天文和孙剑纯、邹保才和邹德星序文 3 篇，有凡例 10 则，有照片插页 19 页，并有洛市镇区域图、洛市镇机关分布示意图 2 幅。该志首列概述，正文为章节体，计 30 章 116 节。以大事记殿后。卷末有后记、编修人员名录。上限公元前 1066 年，下限至 1985 年。

麻丘镇志

《麻丘镇志》编纂委员会编。主编熊才水。方志出版社 2009 年 8 月第 1 版第 1 次印刷，印数 1000 册，16 开本，515 页，637 千字，精装本 1 册，定价

268元。

志卷首有南昌高新区麻丘镇行政区域图、南昌市麻丘镇镇区控制性详细规划远景发展概念规划图2幅,有照片插页16页,并有编修人员名录。继之,有姜为民、李顺华序文2篇,凡例8则。该志首列大事记、概述,正文为篇章节体,计11篇45章。以附录殿后。卷末有后记。上限西晋,下限至2007年。

马当镇志

马当镇人民政府编。主编戴燕生。江西人民出版社2016年6月第1版第1次印刷,16开本,280页,400千字,精装本1册,定价128元。

志卷首有编修人员名录,有马当镇行政区域图、彭泽县马当镇总体规划图(2011年、2010—2012年、2008—2030年)4幅,有照片插页26页。继之,有方修武、胡斌序文2篇,凡例8则。该志首列概述、大事记、重大事件、重要文件,正文为章节体,计43章173节。卷末有编后语。上限溯源,下限至2014年。

茅坪乡志

《茅坪乡志》编纂委员会编。主编兰胜华、张杰、萧平、胡林才。中共党史出版社2015年11月第1版第1次印刷,印数600册,16开本,439页,530千字,精装本1册,定价90元。

权希军题写书名。志卷首有编修人员名录,有茅坪乡地图、井冈山茅坪景区周边环境详细规划图2幅,有照片插页30页。继之,有李敏、龙波舟、兰胜华和张杰序文3篇,凡例7则。该志首列概述、特载、特记、大事记,正文为篇章节体,计9篇34章。以附录殿后。卷末有编后。上限1330年,下限至2015年。

南塘镇志

南塘镇人民政府、赣县地方志办公室编。主编钟志红、朱祥福。16开本,395页,精装本1册。内部印刷。

黄勇题写书名。志卷首有编修人员名录,有赖正文、刘文秋和兰华序文2篇,有照片插页16页,有南塘镇地图1幅。继之,有凡例7则。该志首列概述、大事记,正文为章节体,计21章86节。以附录殿后。卷末有后记。上限溯源,下限至2006年。

齐埠乡志

万年县齐埠乡党政办公室编。主编叶福春。32开本,306页,精装本1册。2004年12月内部印刷。

志卷首有照片插页6页,有齐埠乡城区图1幅,并有齐埠乡志编审委员会人员名录。继之,有吴曙、夏雪梅序文2篇,凡例19则。该志首列写在前面的话、概述、齐埠之最、齐埠之第一、齐埠大事记,正文为篇章节体,计9篇49章。以附录殿后。卷末有编后记。上限不限,下限至2004年。

瑞洪方志

余干县瑞洪方志编纂委员会编。主编范式增、张卫心,副主编洪科发。

16 开本,537 页,600 千字,精装本 1 册,定价 100 元。2004 年 9 月内部印刷,印数 500 册。

周丹题写书名。志卷首有胡保才、王成纲题词 2 幅,有瑞洪地区行政区划图 1 幅,有照片插页 14 页。继之,有周丹、高根林、谭劲风序文 3 篇,例言 14 则。该志首列概论,正文为篇章节体,计 3 篇 26 章。以附录殿后。卷末有编修人员名录。上限溯源,下限至 2003 年 9 月。

三板桥乡志

莲花县《三板桥乡志》编纂委员会编。江西地方志丛书之一。主编贺海南。16 开本,448 页,600 千字,精装本 1 册,定价 100 元。2009 年 9 月内部印刷,印数 1200 册。

志卷首有编修人员名录,有三板桥乡地图、清乾隆二十五年(1760)十九下都图、清乾隆二十五年(1760)二十都图 3 幅,有照片插页 26 页。继之,有邓小明、朱敏美、陈天相、李明安序文 4 篇,凡例 11 则。该志首列概述、大事记,正文为篇章节体,计 8 篇 26 章。以附录、索引殿后。卷末有修志始末。上限 1744 年,下限至 2009 年。

上塘镇志

上塘镇志编纂委员会编。主编张重礼,副主编丁毅、袁卫平、金建国。16 开本,412 页,350 千字,精装本 1 册。2008 年 1 月内部印刷,印数 1000 册。

志卷首有包世芬、万火金、丁毅题词 3 幅,有照片插页 26 页,并有上塘镇行政区域图,上塘镇辖区旧时乡、保区划示意图 2 幅。继之,有张重礼、高学明、毛日凡、饶金华序文 4 篇,凡例 9 则。该志首列概述,正文为篇章节体,计 10 篇 37 章。以附录殿后。卷末有编后记。上限 167 年,下限至 2006 年。

石市乡志

石市乡志编纂委员会编。主编邹岳明,副主编吴兆祥等 4 人。32 开本,382 页,500 千字,精装本 1 册,1994 年内部印刷,印数 500 册。

志卷首有石市乡地图 1 幅,有伍仲秋等题词 4 幅,照片插页 8 页。继之,有林大昌、李奇恒、邹岳明、胡正采序言 4 篇,凡例 9 则。该志首列概述,正文为篇章节体,计 6 篇 30 章。以附录、大事记殿后,卷末有编后记。上限不限,下限至 1992 年底。

水东镇志

中共赣州市水东镇委员会、赣州市水东镇人民政府编。主编黄圣茂。16 开本,304 页,420 千字,精装本 1 册,定价 80 元。2000 年 5 月内部印刷,印数 1200 册。

志卷首有彭玲和张志刚序文 1 篇,有凡例 11 则。继之,有照片插页 16 页,并有水东镇旅游资源图 1 幅。该志首列大事记,正文为章节体,计 21 章 97 节。以附录殿后。卷末有编修人员名录、后记。上限溯源,下限至 1998 年。

潭山镇志

江西省宜丰县潭山镇镇志编纂委员会编。宜丰县地方志系列丛书之一。主编唐忠良,副主编李经农、徐俊坤、邹茂生等 4 人。32 开本,430 页,500 千字,精装本 1 册。1995 年内部印刷,印数 500 册。

志卷首有编修人员名录,有宜丰县潭山镇示意图 1 幅,有毛野德、刘承芳题词 2 幅,并有照片插页 12 页。继之,有刘礼祖、刘铭根、唐忠良序文 3 篇,凡例 8 则。该志首列概述、大事记,正文为篇章节体,计 7 篇 35 章。以附录殿后。卷末有编后记。上限不定,下限至 1994 年。

棠浦镇志

棠浦镇志编纂委员会编。江西省宜丰县地方志丛书之一。主编胡志勇,副主编邹启明、周德正、晏和平、罗反修。32 开本,856 页,700 千字,精装本 1 册,定价 70 元。1995 年内部印刷,印数 600 册。

志卷首有棠浦镇地图、棠浦集镇规划图 2 幅,有照片插页 20 页,有卢明生、毛野德、刘承芳、谌鼎言题词 4 幅。继之,有杨景荣、胡志勇、高惠民序文 3 篇,凡例 9 则。该志首列概述、大事记,正文为篇章节体,计 6 篇 33 章。以附录殿后。卷末有编修人员名录、编后记。上限不限,下限至 1994 年。

田南镇志

《田南镇志》编纂委员会编。主编陈方根,副主编陈喜然、何木生、陈献峰。江西高校出版社 2012 年 12 月第 1 版第 1 次印刷,印数 900 册,16 开本,625 页,590 千字,精装本 1 册,定价 268 元。

志卷首有田南镇行政区划图 1 幅,有照片插页 23 页,并有编修人员名录。继之,有盛恒、吴庆中序文 2 篇,凡例 13 则。该志首列概述、大事记,正文为章节体,计 34 章 171 节。以附录殿后。卷末有后记。上限不限,下限至 2011 年。

铁路镇志

丰城市《铁路镇志》编修委员会编。主编涂爱平,副主编肖正辉、杨和平、徐和平等 5 人。16 开本,422 页,精装本 1 册。2010 年 10 月内部印刷,印数 1100 册。

志卷首有铁路镇在丰城的位置图、铁路镇政区图 2 幅,有照片插页 48 页。继之,有蒋国根、曾建平和涂爱平序文 2 篇,凡例 8 则。该志首列概述,正文为篇章节体,计 6 篇 29 章。以大事记殿后。卷末有编后记、编修人员名录。上限 1986 年,下限至 2009 年。

同安乡志

江西省宜丰县同安乡乡志编纂委员会编。主编舒彬,副主编王和生等 3 人。32 开本,407 页,500 千字,精装本 1 册。2000 年 8 月内部印刷,印数 800 册。

志卷首有编修人员名录,有照片插页 24 页,宜丰县同安乡示意图 1

幅,有张海如、舒彬序言2篇,有凡例9则。该志首列概述、大事记,正文为篇章节体,计7篇32章。卷末有附录。上限不定,下限至1999年。

汪家乡志

《汪家乡志》编纂委员会编。主编王培根,副主编汪建章、王卫国、刘仕庆。16开本,251页,精装本1册,定价218元。内部印刷。

志卷首有编修人员名录,有江西省上饶市万年县地图、汪家乡行政区域图2幅,有照片插页10页,继之,有毛奇、张金亮、张开敏序文3篇,凡例10则。该志首列概述、大事记,正文为篇章节体,计3篇27章。以附录殿后。卷末有编纂始末、后记。上限溯源,下限至2013年。

西江镇志

《西江镇志》编纂委员会编。主编刘士攸。16开本,397页,390千字,精装本1册,定价70元。2001年8月内部印刷,印数800册。

肖泽泉题写书名。志卷首有西江镇地图1幅,有照片插页8页,并有编修人员名录。继之,有张逸和吴名海序文1篇,凡例10则。该志首列概述、大事记,正文为章节体,计28章105节。以鸣谢殿后。卷末有编后记。上限溯源,下限至1999年。

相城镇志

相城镇志编纂委员会编。主编习杰斌,副主编简美清、胡蔚安、黄新春。

江西科学技术出版社2017年2月第1版第1次印刷,16开本,962页,1150千字,精装本1册,定价618元。

志卷首有相城镇行政区划图1幅,有照片插页33页,并有编修人员名录。继之,有习杰斌序文1篇,凡例12则。该志首列概述、大事记,正文为章节体,计38章201节。以附录殿后。卷末有编后。上限溯源,下限至2014年。

向塘镇志

《向塘镇志》编纂委员会编。主编熊才水,副主编肖万件。方志出版社2014年10月第1版第1次印刷,印数2000册,16开本,445页,923千字,精装本1册,定价388元。

志卷首有编修人员名录。继之,有王光华和万军序文1篇,凡例8则。该志首列大事记、概述,正文为篇章节体,计15篇76章。以附录殿后。卷末有后记。上限西汉,下限至2012年。

小港镇志

江西省丰城县小港镇《小港镇志》编写组编。主编刘振华。16开本,209页,平装本1册。1988年10月内部印刷,印数1000册。

李南轩题写书名。志卷首有吴德培、甘章仔序文2篇,有凡例8则。继之,有照片插页22页。该志首列概述,正文为编章节体,计8编34章。以大事记殿后。卷末有后记、编修人员名录。上限不限,下限至1985年。

孝岗镇志

孝岗镇志修志领导小组编。主编乐九旺。16 开本,431 页,精装本 1 册。2012 年 10 月内部印刷。

志卷首有吴宜文、艾鹏华、李云书序文 3 篇,凡例 11 则。该志首列概述、大事记,正文为篇章节体,计 17 篇 69 章。以附录殿后。卷末有编后记。上限 1512 年,下限至 2011 年。

新陂乡志

于都县新陂乡人民政府、于都县地方志办公室编。主编刘明湖、谢宏建。16 开本,408 页,580 千字,精装本 1 册。2008 年 2 月内部印刷,印数 500 册。

志卷首有编修人员名录,有康林、丁荣昌题词 2 幅。继之,有刘明湖和谢宏建序文 1 篇,凡例 7 则,并有照片插页 8 页,新陂乡行政区域图 1 幅。该志正文为章节体,计 20 章 88 节。以大事记殿后。卷末有后记。上限溯源,下限至 2006 年。

新昌镇志

江西省宜丰县新昌镇镇志编纂委员会编。主编胡志勇,副主编蔡焕然、周美辉、杨仕林、龚英贱。32 开本,412 页,500 千字,精装本 1 册。1996 年内部印刷,印数 700 册。

志卷首有编修人员名录,有新昌县城(盐步镇)图、新昌县城图、宜丰县城市图、宜丰县城 1985 年现状图、新昌镇城区平面图 5 幅,有卢明生、毛野德、刘承芳题词 3 幅,有照片插页 16 页。继之,有胡志勇序文 1 篇,凡例 8 则。该志首列概述、大事记,正文为篇章节体,计 6 篇 37 章。以附录殿后。卷末有编后记。上限不限,下限至 1995 年。

宜春地区乡镇志

江西省宜春地区地方志编纂委员会编。主编卢明生,副主编吕友林、袁赣湘。32 开本,401 页,500 千字,精装本 1 册。1994 年 1 月内部印刷,印数 3000 册。

志卷首有宜春地区行政区划图 1 幅,有编辑说明 7 则。该志正文为纲目体。以附录殿后。卷末有编后、编修人员名录。上限不限,下限至 1992 年。

油墩街乡志

《油墩街乡志》编纂领导小组编。波阳县地方志丛书之一。主编吴重日,副主编吴精华。32 开本,337 页,230 千字,精装本 1 册。1996 年 1 月内部印刷,印数 2000 册。

汪自安题写书名。志卷首有油墩街乡行政区划图 1 幅,有照片插页 12 页。继之,有潘赞海、吴重日、胡国平序文 3 篇,凡例 10 则。该志首列概述、大事记,正文为章节体,计 24 章 93 节。以附录殿后。卷末有编后、编修人员名录。上限溯源,下限至 1994 年。

袁渡乡志

江西省丰城县袁渡乡编史修志办

公室编。主编邹文华。16 开本,154 页,平装本 1 册。内部印刷。

袁安发题写书名。志卷首有熊友水、袁细妹序文 2 篇,有凡例 5 则。继之,有照片插页 8 页,并有袁渡乡区域图 1 幅。该志首列概述,正文为章节体,计 29 章 115 节。卷末有编者的话、编修人员名录。上限唐初,下限至 1985 年。

渣津镇志

《渣津镇志》编审委员会编。主编熊耐久。国际炎黄文化出版社 2004 年 10 月第 1 版第 1 次印刷,印数 1200 册,16 开本,432 页,精装本 1 册,定价 85 元。

志卷首有魏宏彬、李晨峰、樊昊题词 3 幅,有照片插页 14 页,并有渣津镇行政区划图 1 幅。继之,有王炯尧、胡荣军序文 2 篇,凡例 7 则。该志首列概述、大事记,正文为卷章节体,计 9 卷 42 章。卷末有读志寄语、编后记、编修人员名录。上限溯源,下限至 20 世纪末。

山东省

安丘镇志

安丘镇志编纂组编。主编王龙云、崔达三、钟志湘。16开本，408页，320千字，精装本1册，定价30元。1993年1月内部印刷，印数1000册。

刘锡铜题写书名。志卷首有朱兆礼和李桂序文1篇，有凡例10则，有安丘县安丘镇行政图1幅，有照片插页24页。该志首列概述、大事记述，正文为篇章节体，计23篇91章。以附录殿后。卷末有编后记、编修人员名录。上限1840年，下限至1989年。

北隍城乡志

长岛县北隍城乡志编委会编。主编宋军昌。32开本，609页，300千字，精装本1册。2010年12月内部印刷，印数1000册。

志卷首有编修人员名录，有刘延凤、宋家来题词2幅，有长岛县政区图1幅，有照片插页33页。继之，有冷彩凌序文1篇，凡例7则。该志首列大事记，正文为章节体，计27章145节。以附录殿后。卷末有后记。上限不限，下限至2007年。

北园镇志

北园镇志编纂委员会办公室编。主编杨锡福，副主编李金、韩会敏、刘晓钟等6人。山东科学技术出版社1991年1月第1版第1次印刷，印数3000册，16开本，494页，713千字，精装本1册，定价33.50元。

志卷首有编修人员名录，有杨锡福序文1篇，凡例9则。继之，有北园镇行政区划图1幅，有照片插页16页。该志首列概述、大事记，正文为编章节体，计20编75章。以附录殿后。卷末有后记。上限不限，下限至1988年。

北镇志

北镇志编纂委员会编。中华人民共和国地方志丛书之一。主编李振西。山东省地图出版社2003年11月第1版第1次印刷，印数2000册，16开本，618页，1060千字，精装本1册，定价158元。

志卷首有编修人员名录，有安世银、林则茂、刘宝庭、祁维华、魏景芳、尹建华题词6幅，有照片插页18页，并有滨城区北镇街道办事处区域平面图1幅。继之，有唐志强序文1篇，凡例10则。该志首列概述、大事记，正文为编章节体，计18编110章。以人物、附录殿后。卷末有编后记。上限清末，下限至2001年。

埠村镇志

埠村镇志编纂委员会编。主编马乃昌，副主编姜汝德。32开本，372页，精装本1册。内部印刷。

志卷首有埠村镇区域图1幅，有照片插页5页，并有编修人员名录。继之，有王恩荣序文1篇，凡例9则。该志首列概述、大事记，正文为篇章节体，计14篇53章。以附录殿后。卷末有编后记。上限不限，下限至1995年。

草庙子镇志

《草庙子镇志》编纂委员会编。主编张义江，副主编于兆俊。方志出版社2005年7月第1版第1次印刷，印数600册，16开本，607页，625千字，精装本1册，定价218元。

志卷首有草庙子政区图1幅，有李强、刘为群、张向阳、邹智敏题词4幅，有照片插页29页，并有编修人员名录。继之，有张向阳序文1篇，凡例8则。该志首列概况、大事记，正文为编章节体，计14编62章。以丛录殿后。卷末有后记。上限清代，下限至2003年。

长岭镇志

莒县长岭镇人民政府、莒县地方史志办公室编。主编邹方民、朱吉高、慕德东等8人，副主编姜德伟、李洪梅、王国新等5人。山东省地图出版社2007年6月第1版第1次印刷，印数3600册，16开本，1038页，1500千字，精装本1册，定价228元。

志卷首有编修人员名录，有赵志浩、谷凤鸣、刘秋增、王斌、刘兆亮题词5幅，有长岭镇地图(2006)、石井人民公社行政区划图(1959)2幅，有照片插页32页。继之，有朱兰湘、邹方民、慕德东、张永明序文2篇，凡例9则。该志首列概述、大事记，正文为编章节体，计23编90章。以附录殿后。卷末有编后记。上限不限，下限至2005年。

常家镇志

山东高青经济开发区管委会，常家镇党委、政府编。主编邵珠泉，副主编王建泉、孟庆尧。中国文史出版社2013年11月第1版第1次印刷，16开本，443页，680千字，精装本1册，定价398元。

志卷首有编修人员名录，有山东高青经济开发区·常家镇行政区域图、山东高青经济开发区产业园区分布图、2011年常家镇地图、2009年常家镇地图4幅。继之，有邵珠泉序文1篇，有凡例8则，有照片插页36页。该志首列概述、大事记，正文为编章节体，计23编100章。以附录殿后。卷末有后记。上限溯源，下限至2012年。

城阳镇志

莒县城阳镇人民政府、莒县地方

史志办公室编。中华人民共和国地方志丛书之一。主编卢宝安、朱吉高、陈秉祥等7人,副主编刘江山、王国新。山东省地图出版社2006年6月第1版第1次印刷,印数6 000册,16开本,1210页,1700千字,精装本1册,定价266元。

志卷首有编修人员名录,有苏毅然、王斌题词2幅,有城阳镇行政区划图1幅,有照片插页74页。继之,有匡立福和卢宝安序文1篇,凡例8则。该志首列概述、大事记,正文为编章节体,计23编107章。以附录殿后。卷末有编后记。上限不限,下限至2005年。

大店镇志

大店镇志编纂委员会编。齐鲁地方志鉴丛书(2012)之一。主编李祥琨。黄河出版社2013年12月第1版第1次印刷,印数5 000册,16开本,1133页,2173千字,精装本1册。

志卷首有编修人员名录,有大店镇地图、莒南县大店镇总体规划镇域现状图2幅,有刘居英、杨波、白刃和冷克题词3幅,有照片插页38页。继之,有姚少国和徐伟序文1篇,凡例15则。该志首列概述、大事记,正文为编章节体,计30编164章。以附录殿后。卷末有编后记。上限不限,下限至2007年。

大桥镇志

天桥区大桥镇志编纂委员会编。主编李光华,副主编张广银。山东人民出版社2015年6月第1版第1次印刷,16开本,507页,800千字,精装本1册,定价568元。

志卷首有编修人员名录,有毕筱奇、李洪海、李雷和王忠胜序文3篇,有宋继峰、孙积港题词2幅,有照片插页31页。继之,有大桥镇地图1幅,凡例10则。该志首列概述、大事记,正文为篇章节体,计28篇108章。以附录殿后。卷末有编后记。上限明朝初期,下限至2013年。

稻田镇志

山东省寿光市稻田镇志编纂委员会编。主编丁汉亭,副主编张振友、魏寿忠。中国档案出版社2005年12月第1版第1次印刷,印数3 000册,16开本,483页,560千字,精装本1册,定价118元。

志卷首有王乐泉、黄凤岩、王守福、彭璞题词4幅,有照片插页46页,有稻田镇地图、稻田镇区图2幅,并有编修人员名录。继之,有丁汉亭和李铁柱序文1篇,凡例12则。该志首列概述、大事记,正文为编章节体,计18编71章。以附录殿后。卷末有编后记。上限溯源,下限至2005年。

店埠乡志

店埠乡志编纂领导小组编。主编程显兴,副主编崔盛恺。16开本,448页,平装本1册。内部印刷。

志卷首有李广功、崔子范题词2幅,有张咸德序文1篇,有凡例13则。继之,有莱西县店埠乡行政区划图、莱西县店埠乡水利现状图、莱西县店埠乡土壤分布图、莱西县店埠乡驻地平面图 4 幅,有照片插页 5 页。该志首列大事记,正文为篇章节体,计 22 篇 87 章。以附录殿后。卷末有编纂始末。上限 1840 年,下限至 1984 年。

刁镇志

章丘市刁镇镇志编纂委员会编。主编李庆山,副主编高恒昌。山东省地图出版社 2001 年 1 月第 1 版第 1 次印刷,印数 2 000 册,16 开本,531 页,530 千字,精装本 1 册,定价 99 元。

志卷首有编修人员名录,有刘茂津、王勤光序文 2 篇,有宪杰、李家政题词 2 幅,并有刁镇政区图 1 幅。继之,有照片插页 27 页,凡例 10 则。该志首列概述、大事记,正文为篇章节体,计 21 篇 97 章。以附录殿后。卷末有编后记。上限 1840 年,下限至 1995 年。

东庄镇志

《东庄镇志》编纂委员会编。主编胡国强,副主编许振朋、李义兰、孔祥水。中国文史出版社 2016 年 10 月第 1 版第 1 次印刷,16 开本,600 页,690 千字,精装本 1 册,定价 398 元。

志卷首有编修人员名录,有刘玉华和郭怀锋序文 1 篇,有照片插页 38 页,并有宁阳县东庄镇城镇总体规划图(2015—2030)、东庄镇行政区划图 2 幅。继之,有凡例 9 则。该志首列概述、大事记,正文为编章节体,计 30 编 121 章。以附录殿后。卷末有编后记。

上限不限,下限至 2014 年。

董集乡志

董集乡志编纂委员会编。主编张月强。黄河出版社 2010 年 10 月第 1 版第 1 次印刷,印数 1 000 册,16 开本,539 页,990 千字,精装本 1 册,定价 680 元(全套)。

志卷首有编修人员名录,有田治颖、韩利学题词 2 幅,有袁金龙和胥高远序文 1 篇,有凡例 7 则,有照片插页 26 页,并有董集乡行政区划、土地利用图(2009 年)。该志首列概述、大事记,正文为篇章节体,计 22 篇 68 章。以附录殿后。卷末有编后记。上限不限,下限至 2010 年 6 月。

段店镇志

济南市段店镇志编纂委员会编。主编赵荣章,副主编金文禧。16 开本,241 页,精装本 1 册。内部印刷。

齐颂臣题写书名。志卷首有编修人员名录,有段店镇地图 1 幅,有照片插页 11 页。继之,有张其江前言 1 篇,李贵仁序文 1 篇。该志首列大事记,正文为章节体,计 15 章 61 节。卷末有驻段店镇单位名录。上限 1920 年,下限至 1986 年。

防山乡志

防山乡志编写组编。主编钱振臣,副主编孔繁宽。16 开本,247 页,平装本 1 册。1989 年内部印刷。

徐寿崿题写书名。志卷首有朱润广序文 1 篇,凡例 8 则。继之,有防山乡地形图、防山乡行政区划图、防山乡水利图3幅,有照片插页8页。该志首列大事记,正文为篇章节体,计8篇41章。卷末有编后记、编修人员名录。上限1911年,下限至1988年。

房寺镇志

房寺镇人民政府编。主编徐正利,副主编马元哲、高汝成。16开本,420页,精装本1册。2003年12月内部印刷,印数300册。

聂修俊题写书名。志卷首有编修人员名录,有周同恩、徐正利题词2幅,有照片插页8页。继之,有周同恩和徐正利序文1篇,凡例10则。该志首列大事记,正文为篇章节体,计10篇35章。以附录殿后。卷末有编后记。上限1927年,下限至2003年。

凤凰镇志

凤凰镇志编纂委员会编。主编王道平、张茂华,副主编李泉、边忠然。齐鲁书社2007年10月第1版第1次印刷,印数5000册,16开本,588页,1200千字,精装本1册,定价398元。

志卷首有编修人员名录,有凡例8则,有唐福泉、刘帅和朱春光序文2篇。继之,有临淄经济开发区总体规划图、临淄区凤凰镇政区图2幅,有照片插页46页。该志首列概述、大事记,正文为篇章节体,计23篇97章。以附录殿后。卷末有索引、编后记。上限不限,下限至2006年。

浮来山镇志

莒县浮来山镇人民政府、莒县地方志史志办公室编。主编李观军、朱吉高、周远东,副主编陈常修、张同旭、穆文。华艺出版社2009年9月第1版第1次印刷,印数3000册,16开本,1298页,1880千字,精装本1册,定价278元。

陆懋曾题写书名。志卷首有编修人员名录,有刘兆克、万伯翱、戚素芬题词3幅,有李观军和周远东序文1篇,有照片插页41页,并有1985年(浮来山镇)境内行政区划图、浮来山镇行政区划图(2009)、浮来山工业园规划平面图、浮来山东山门旅游景区规划总平面图4幅。继之,有凡例9则。该志首列概述、大事记,正文为编章节体,计24编120章。以附录殿后。卷末有后记。上限不限,下限至2008年。

傅家乡志

傅家乡志编纂委员会编。主编韩其潭。16开本,583页,540千字,精装本1册。1989年1月内部印刷,印数1000册。

张云铸题写书名。志卷首有照片插页16页,有傅家乡行政区划沿革图、张店区傅家乡现状图2幅。继之,有尹立文序文1篇,凡例12则。该志首列概述大事记,正文为编章节体,计18编59章。以附录殿后。卷末有编修人员名录、编后记。上限1940年,下限至1986年。

古路口乡志

邹县古路口乡志编纂办公室编。

邹县地方史志丛书之一。主编郑文阁,副主编王慎意。16开本,377页,185千字,精装本1册。1989年9月内部印刷,印数500册。

郑文霆题写书名。志卷首有古路口乡地图1幅,有冯维杰、刘相林题词2幅,有古路口乡志编纂领导小组前言1篇,有照片插页6页。继之,有刘相林序文1篇,凡例10则。该志首列概述、大事记,正文为编章节体,计8编48章。卷末有编修人员名录、后记。上限溯源,下限至1988年。

郭里镇志

郭里镇志编纂委员会编。主编史传龙,副主编杨华、张计来、边可玉。16开本,335页,270千字,精装本1册。2008年4月内部印刷,印数500册。

志卷首有编修人员名录,有郭里镇政区图1幅,有照片插页18页。继之,有史传龙序文1篇,凡例9则。该志首列概述、大事记,正文为篇章节体,计10篇50章。卷末有编后记。上限1840年,下限至2006年。

海阳市镇村简志

海阳市地方史志编纂委员会编。主编吕民豪、杨哲一、杨奎先等5人,副主编董敏、潘文涛、安兴华等5人。中国出版社2004年10月第1版第1次印刷,印数2 000册,16开本,1 578页,1 700千字,精装本2册,定价380元。

刘铭伟题写书名。志卷首有编修人员名录,有李树军题词1幅,有海阳市政区图1幅,有照片插页60页。继之,有刘炳国序文1篇,凡例12则。该志首列总述,正文为条目体。卷末有后记。上限溯源,下限至2002年。

洪绪镇志

洪绪镇志编纂委员会编。主编颜景焱,副主编张铁耀、赵月彦、孟文等6人。16开本,471页,460千字,精装本1册。2006年6月内部印刷,印数3 000册。

李景题写书名。志卷首有编修人员名录,有颜景焱和张铁耀序文1篇,凡例9则。该志首列概述、大事记,正文为篇章节体,计16篇66章。以附录殿后。卷末有后记。上限溯源,下限至2006年6月6日。

侯镇志

寿光市侯镇志编纂委员会编。主编王深鹏,副主编马清波、王鹏飞。16开本,324页,365千字,精装本1册。2000年内部印刷,印数3 000册。

志卷首有刘德成、王天德、王炳富题词3幅,有王深鹏和杨树森序文1篇,有编修人员名录,有凡例21则。继之,有照片插页27页,有侯镇地图、侯镇镇区平面图2幅。该志首列卷首编、大事记,正文为编章节体,计9编26章。卷末有编后记。上限1840年,下限至1999年。

湖屯镇志

山东省肥城市湖屯镇志编纂委员

会编。主编闫正新,副主编张钦元、魏庆山、赵方忠。山东省地图出版社2006年9月第1版第1次印刷,印数1000册,16开本,547页,860千字,精装本1册,定价156元。

刘方元题写书名。志卷首有编修人员名录,有张瑞东、王长勇等题词5幅,有湖屯镇行政区划图、湖屯镇驻地平面图、肥城市湖屯镇总体规划图(2005—2020)3幅,有照片插页14页。继之,有王长勇和孙刚远序文1篇,凡例10则。该志首列概述、大事记,正文为编章节体,计32编57章。以附录殿后。卷末有后记。上限清末,下限至1992年。

华山镇志

济南市历城区华山镇志编纂委员会编。主编刘存新、曹玉南。16开本,250页,302千字,精装本1册。2010年5月内部印刷。

志卷首有编修人员名录,有照片插页20页,有华山镇地图1幅。继之,有陈军序文1篇。该志首列政府工作报告、大事记,正文为篇章节体,计23篇87章。卷末有后记。上限1968年,下限至2005年。

皇城镇志

皇城镇志编纂委员会编。中华人民共和国地方志丛书之一。主编张建平,副主编房守忠。山东省地图出版社2002年10月第1版第1次印刷,印数1500册,16开本,525页,540千字,精装本1册,定价98元。

志卷首有编修人员名录,有李同道、解维俊、于世君、孙玉华、张福信题词5幅,有照片插页12页,并有皇城镇行政区域图1幅。继之,有李同道、王建东和单学功序文2篇,凡例10则。该志首列概述、大事记,正文为篇章节体,计17篇82章。以人物、附录殿后。卷末有编后记。上限1840年,下限至2001年。

界河镇志

界河镇志编撰委员会编。滕州市镇街志丛书之一。主编邵长栋,副主编陈凡锋、孙超、彭炜。中国戏剧出版社2007年1月第1版第1次印刷,16开本,335页,480千字,精装本1册,定价68元。

志卷首有界河镇地图1幅,有照片插页24页,并有编修人员名录。继之,有凡例9则。该志首列概述、大事记,正文为章节体,计26章113节。以附录殿后。卷末有后记。上限1988年,下限至2005年。

金岭镇志

招远市金岭镇志编纂委员会编。主编赵英才、王兴明。16开本,539页,400千字,精装本1册。2001年10月内部印刷,印数1000册。

志卷首有编修人员名录,有金岭镇地图1幅,有照片插页8页。继之,有迟义信、庄耀林和姜桂东序文2篇,凡例10则。该志首列概述、大事记,正文为编章节体,计13编56章。以杂记殿后。卷末有修志始末。上限

1840年，下限至1997年。

巨野镇村简志

巨野县地方史志办公室编。主编白林新、张宗宇，副主编王洪云、谭静。银河出版社2003年3月第1版第1次印刷，16开本，571页，850千字，精装本1册，定价178元。

志卷首有编修人员名录，有巨野县政区图1幅，有照片插页24页。继之，有朱保华序文1篇，编纂说明7则。该志首列概述，正文为纲目体。卷末有编后记。上限溯源，下限至2001年。

孔镇镇志

《孔镇镇志》编纂委员会编。主编万海波。中国文史出版社2015年12月第1版第1次印刷，16开本，612页，1130千字，精装本1册，定价1080元（全五册）。

志卷首有编修人员名录，有勒建华、李长顺序文2篇，有孔镇镇地图、山东省乐陵市地图2幅，有照片插页18页。继之，有凡例8则。该志首列概述、大事记，正文为编章节体，计16编65章。以附录殿后。上限溯源，下限至2014年。

老城镇志

肥城市老城镇镇志编纂委员会编。主编张衍贵，副主编朱云峰、石翠芝。16开本，595页，650千字，精装本1册。2006年9月内部印刷，印数600册。

志卷首有编修人员名录，有尹祚起、刘方元、侯庆洋等题词4幅，有老城镇地图、老城镇驻地平面示意图、老城镇民营企业项目区图3幅，有照片插14页。继之，有侯庆洋和蔡丽霞序文1篇，凡例9则。该志首列概述、大事记，正文为编章节体，计31编28章。以附录殿后。卷末有后记。上限清末，下限至2002年。

蓼兰镇志

平度市蓼兰镇志编纂委员会编。主编李杰、李升龙，副主编张玉春、彭三忠、王宝祥。16开本，199页，283千字，精装本1册。2010年1月内部印刷，印数1000册。

志卷首有编修人员名录，有照片插页36页，并有平度市蓼兰镇行政区域图1幅。继之，有倪平、崔广东序文2篇，凡例7则。该志首列概述、大事记，正文为章节体，计30章107节。以附录殿后。卷末有编后记。上限不限，下限至2008年。

临朐村镇志略·五井卷

临朐县史志办公室编。主编刘建国，副主编曾宪铎、张凤双。16开本，406页，324千字，精装本1册，定价120元。2010年1月内部印刷，印数2000册。

志卷首有编修人员名录，有刘建国、肖明胜题词2幅。继之，有赵同祥序文1篇，编辑说明9则。该志正文为纲目体。卷末有编后语、五井镇区划图、临朐县旧自治区图。上限溯源，下限至2008年。

留格庄乡志

留格庄乡志编纂领导小组编。主编张培浩,副主编杨玉仁、张殿发、傅志奎。16开本,476页,333千字,精装本1册。1987年5月内部印刷,印数400册。

孙胜奎题写书名。志卷首有照片插页11页,有留格庄乡地图、留格庄乡驻地现状图2幅。继之,有张培浩前言1篇。该志首列大事记、概述,正文为编章节体,计9编40章。卷末有后记、编修人员名录。上限不限,下限至1985年。

龙池乡志

昌邑县龙池乡乡志办公室编。16开本,202页,精装本1册。1984年内部印刷。

温石痴题写书名。志卷首有照片插页10页,有龙池乡行政区划图1幅。继之,有中共龙池乡委员会、龙池乡人民政府前言1篇。该志首列概述、大事记,正文为编章节体,计8编47章。卷末有编后记、编修人员名录。上限1840年,下限至1982年。

龙阳镇志

龙阳镇志编纂委员会编。滕州市地方志系列丛书之一。主编邢孟航,副主编宗兆波、马金安、张济法、于志明。中国书画出版社2010年1月第1版第1次印刷,16开本,387页,380千字,精装本1册,定价198元。

志卷首有编修人员名录,有龙阳镇政区图1幅,有王玉玺、马世晓、司琬、谷溪题词4幅,有照片插页25页。继之,有邢孟航和宗兆波序文1篇,凡例10则。该志首列概述、大事记,正文为篇章节体,计20篇81章。以附录殿后。卷末有后记。上限1840年,下限至2009年。

洛河镇志

莒县洛河镇人民政府、莒县地方史志办公室编。中华人民共和国地方志丛书之一。主编柳明忠、朱吉高、陈乐增、刘树芬等6人,副主编王国新、翟公锋、尹相增等4人。山东省地图出版社2005年10月第1版第1次印刷,印数4 000册,16开本,1 104页,1 600千字,精装本1册,定价226元。

志卷首有刘秋增、王斌题词2幅,有莒县洛河镇行政区划图(2005年)、1963年洛河区行政图、1949年雪山区行政图3幅,有照片插页42页,并有编修人员名录。继之,有柳明忠和陈乐增序文1篇,凡例9则。该志首列概述、大事记,正文为编章节体,计23编87章。以附录殿后。卷末有编后记。上限不限,下限至2004年。

南沙河镇志

山东省滕州市南沙河镇志编纂委员会编。滕州市镇街志丛书之一。主编李广耀,副主编刘宗峰、刘存亮、唐红。齐鲁书社2006年12月第1版第1次印刷,32开本,307页,310千字,精装本1册,定价168元。

杨斯德题写书名。志卷首有编修人员名录,有杨斯德、王玉玺、王学仲题词 3 幅,有照片插页 37 页。继之,有李广耀和刘宗峰序文 1 篇,凡例 9 则。该志首列概述、大事记,正文为编章节体,计 15 编 66 章。卷末有后记。上限 1840 年,下限至 2006 年。

蟠桃镇志

蟠桃镇志编纂委员会编。山东省青岛市地方志丛书之一。主编张志忠、王洪业。16 开本,288 页,310 千字,精装本 1 册。2001 年 7 月内部印刷,印数 100 册。

朱学达题写书名。志卷首有编修人员名录,有王景崑、乔正才题词 2 幅,有编纂说明 6 则,有照片插页 9 页,有蟠桃人民公社地图、蟠桃乡地图、蟠桃镇地图 3 幅。继之,有王守太、张志忠序文 2 篇。该志首列大事记,正文为编章节体,计 8 编 40 章。卷末有后记。上限不限,下限至 2000 年。

彭集镇志

彭集镇志编纂委员会编。中华人民共和国地方志丛书之一。主编刘全和,副主编刘润皋、郭云楼。山东省地图出版社 2001 年 12 月第 1 版第 1 次印刷,16 开本,520 页,774 千字,精装本 1 册,定价 156.8 元。

志卷首有编修人员名录,有郑成尧、朱永强、许光华等题词 4 幅,有照片插页 13 页,并有彭集镇区域图 1 幅。继之,有宋鲁、肖国常和陈敏序文 2 篇,凡例 10 则。该志首列概述、大事记,正文为编章节体,计 24 编 107 章。以人物殿后。卷末有后记。上限 1900 年,下限至 2000 年。

七贤镇志

七贤镇志编纂委员会办公室编。主编李兆才,副主编胡安荣、赵宝斌、杨景雪等 6 人。32 开本,305 页,100 千字,精装本 1 册。1993 年 12 月内部印刷。

周继常题写书名。志卷首有编修人员名录,有张忠泉序文 1 篇,有七贤镇地图 1 幅,有照片插页 16 页,并有凡例 9 则。该志首列概述、大事记,正文为章节体,计 13 章 68 节。以附录殿后。卷末有后记。上限不限,下限至 1990 年。

碁山镇志

碁山镇人民政府、莒县地方史志办公室编。主编吴玉琳、朱吉高、陈秉祥等 5 人,副主编王洪伦、刘树芬。山东省地图出版社 2003 年 10 月第 1 版第 1 次印刷,印数 3 000 册,16 开本,722 页,820 千字,精装本 1 册,定价 168 元。

志卷首有编修人员名录,有王斌题词 1 幅,有碁山镇地图(2002)1 幅,有照片插页 18 页。继之,有阎波、徐国兴和吴玉琳序文 2 篇,凡例 9 则。该志首列概述、大事记,正文为编章节体,计 22 编 72 章。以附录殿后。卷末有后记。上限不限,下限至 2002 年。

曲堤镇志

曲堤镇志编纂委员会编。主编平

志海。16开本,600页,603千字,精装本1册,定价258元。2013年11月内部印刷,印数1500册。

志卷首有编修人员名录,有祖爱民、王壮序文2篇,有杜爱君、叶维平、庞金良、刘佩禄题词4幅,有济阳县曲堤镇行政区划图1幅,并有照片插页50页。继之,有凡例6则。该志首列开篇,正文为篇目体,计12篇58目。以附录殿后。卷末有后记。上限不限,下限至2011年。

仁风镇志

仁风镇志编纂委员会编。主编赵明法。中国文史出版社2015年12月第1版第1次印刷,16开本,740页,979千字,精装本1册,定价369元。

志卷首有编修人员名录,有祖爱民序文1篇,有王壮、杜爱君、叶维平、庞金良题词4幅,有照片插页37页,并有济阳县仁风镇行政区划图1幅。继之,有凡例9则。该志首列概述、大事记,正文为编章节体,计23编105章。以附录殿后。卷末有编纂始末。上限溯源,下限至2012年。

桑园乡志

莒县桑园乡人民政府、莒县地方史志办公室编。主编贾高仟、朱吉高、庄肃艾,副主编兰庆朔、梁军、王国新。山东省地图出版社2007年8月第1版第1次印刷,印数2500册,16开本,948页,1380千字,精装本1册,定价228元。

志卷首有编修人员名录,有刘兆亮、王杰题词2幅,有贾高仟、庄肃艾序文2篇,有桑园乡地图(2005)、1992年境内行政区划图2幅,并有照片插页54页。继之,有凡例9则。该志首列概述、大事记,正文为编章节体,计23编86章。以附录殿后。卷末有编后记。上限不限,下限至2005年。

山东名镇名村志

山东省民政厅地名研究所编。主编王复进,副主编董珂、徐建良。山东省地图出版社2002年1月第1版第1次印刷,印数3000册,32开本,1139页,500千字,平装本2册,定价48元。

志卷首有编修人员名录,有照片插页29页。继之,有李吉忠序文1篇。正文为条目体。

山东强镇名村志

山东省地方史志办公室编。主编刘秋增、孙其海。山东省地图出版社2002年8月第1版第1次印刷,印数5000册,16开本,1045页,2186千字,精装本1册,定价150元。

志卷首有照片插页3页,有山东省地图1幅,并有编修人员名录。继之,有蔡秋芳序文1篇,编纂说明9则。该志正文为纲目体。卷末有编后记,照片插页71页。上限不限,下限至2000年。

胜坨镇志

《胜坨镇志》编纂委员会编。主编宋华锋,副主编宋金生、王新冬、徐春芳、胡华兴。线装书局2016年6月第

1版第1次印刷,印数2 000册,16开本,1 121页,1 770千字,精装本1册,定价568元。

志卷首有编修人员名录,有胜坨镇政区图、垦利县胜坨镇总体规划图2幅。继之,有王秀华、张学锋和宋华锋序文2篇,有照片插页50页,凡例10则。该志首列概述、大事记,正文为篇章节体,计25篇95章。以附录殿后。卷末有编后记。上限不限,下限至2014年。

石横镇志

肥城市石横镇史志编纂委员会编。中华人民共和国地方志丛书之一。主编王庆吉,副主编韩吉庚。方志出版社1997年8月第1版第1次印刷,印数3 000册,16开本,471页,748千字,精装本1册,定价86元。

阴法鲁题写书名。志卷首有编修人员名录,有齐承芳、陈文峰、刘洪府、陶绪田、路强、许文学、魏绪刚题词7幅,有1990年石横镇行政区划图、石横镇驻地平面图、肥城市石横镇经济开发区示意图3幅,并有照片插页12页。继之,有陶绪田和许文学、尹兆金、丘仲生和薰沐敬序文3篇,凡例10则。该志首列概述、大事记,正文为编章节体,计32编145章。以人物、附录殿后。卷末有后记。上限清末,下限至1987年。

宿安乡志

临邑县宿安乡志编纂委员会编。主编刘洪田。16开本,399页,320千字,精装本1册,定价168元。2016年10月内部印刷,印数400册。

志卷首有编修人员名录,有邓荣良序文1篇,凡例8则。继之,有临邑县宿安乡地图、宿安乡地图、民国十五年九月临邑三区(宿安)乡镇村详图3幅,并有照片插页32页。该志首列概述、大事记,正文为编章节体,计17编58章。以附录殿后。卷末有编后记。上限不限,下限至2015年。

太平乡志

河口区地方史志编纂委员会编。主编孟维芳、张成儒,副主编谭振涛。山东省地图出版社2011年9月第1版第1次印刷,印数1 600册,16开本,478页,900千字,精装本1册,定价366元。

志卷首有编修人员名录,有凡例11则,有太平乡2010年村落分布图、太平乡在河口区的位置图2幅,有聂建军、苟增杰、黄高潮、王树臣题词4幅,有照片插页16页。继之,有孙学诗序文1篇。该志首列概述、大事记,正文为编章节体,计23编98章。以附录殿后。卷末有后记。上限溯源,下限至2010年。

太平镇志

《太平镇志》编纂委员会编。主编李凌志,副主编马明轩、郭召利。16开本,410页,420千字,精装本1册,定价86元。2003年6月内部印刷,印数1 000册。

王玉玺题写书名。志卷首有编修

人员名录,有太平镇行政区图 1 幅,有王玉玺、王传忠、王润廷题词 3 幅,有照片插页 26 页。继之,有陈兆存序文 1 篇,凡例 8 则。该志首列概述、大事记,正文为章节体,计 56 章 182 节。卷末有编后记。上限 1840 年,下限至 2000 年。

滕县官桥镇志

官桥镇志编纂委员会编。主编龙敦治,副主编王崇友、杨继舜、张冠中。16 开本,446 页,400 千字,精装本 1 册。1987 年 7 月内部印刷,印数 2000 册。

志卷首有官桥镇地图 1 幅,有照片插页 9 页,并有编修人员名录。继之,有龙敦治前言 1 篇,有王崇友、张冠友序文 2 篇,凡例 6 则。该志首列概述、大事记,正文为章节体,计 18 章 85 节。卷末有后记。上限 1840 年,下限至 1985 年。

滕州市城郊乡志

滕州市城郊乡志编纂委员会编。16 开本,498 页,550 千字,精装本 1 册。1993 年 3 月内部印刷,印数 400 册。

程峻宇题写书名。志卷首有陈芳秀、李传和题词 2 幅,有照片插页 7 页,有城郊乡地图 1 幅。继之,有王广山序文 1 篇,凡例 10 则。该志首列概述、大事记,正文为编章节体,计 14 编 51 章。卷末有后记、编修人员名录。上限不限,下限至 1987 年。

田横镇志

田横镇志编纂委员会编。即墨市新编地方志丛书之一。主编刁艳艳。山东省地图出版社 2008 年 1 月第 1 版第 1 次印刷,印数 1000 册,16 开本,285 页,470 千字,精装本 1 册,定价 118 元。

志卷首有编修人员名录,有青岛市滨海公路沿线城市组团——田横组团卫星影像图 1 幅,有照片插页 23 页。继之,有宋宗军序文 1 篇,凡例 9 则。该志首列概述、大事记,正文为篇章节体,计 18 篇 54 章。以附录殿后。卷末有编后记。上限 1840 年,下限至 2006 年。

汀罗镇志

《汀罗镇志》编纂委员会编。主编王立军、李元锐,副主编李明。中国国际文化出版社 2015 年 12 月第 1 版第 1 次印刷,印数 1000 册,16 开本,642 页,700 千字,精装本 1 册,定价 238 元。

志卷首有编修人员名录,有利津县地图、利津县汀罗镇区域图、黄河河口流路变迁图 3 幅。继之,有王泽武、王立军序文 2 篇,有照片插页 38 页,凡例 9 则。该志首列综述、大事记,正文为章节体,计 21 章 92 节。以附录殿后。卷末有后记。上限 1931 年,下限至 2013 年。

王瓜店镇志

肥城市王瓜店镇志编纂委员会编。主编田文鑫,副主编张继孔。山东省地图出版社2005年1月第1版第1次印刷,印数1000册,16开本,402页,530千字,精装本1册,定价120元。

志卷首有编修人员名录,有张瑞东、萧恩瑞、路强、韩立新、李庆胜等题词9幅,有王瓜店镇地图、王瓜店镇驻地平面图、肥城市开发区总体规划用地规划图3幅,有照片插页10页。继之,有路强、萧恩瑞序文2篇,凡例9则。该志首列概述、大事记,正文为章节体,计29章164节。以附录殿后。卷末有编后记。上限1852年,下限至1992年。

望庄镇志

腾州市望庄镇史志办公室编。主编刘书良。16开本,372页,276千字,精装本1册,定价28.5元。1992年5月内部印刷,印数1000册。

林兆义题写书名。志卷首有王学仲、王成纲题词2幅,有照片插页4页,有望庄镇水利地形图、望庄镇图2幅,并有编修人员名录。继之,有张忠诚序文1篇,凡例6则。该志首列概述、大事记,正文为章节体,计19章77节。以附录殿后。卷末有后记。上限1840年,下限至1991年。

西岗镇志

《西岗镇志》编纂委员会编。主编马峰,副主编王家鹤、孙中华、王光超、李本义。黄河出版社2016年3月第1版第1次印刷,印数1500册,16开本,740页,788千字,精装本1册,定价298元。

志卷首有编修人员名录,有董沂峰、远义彬、杨位明、李健、岳石、张龙之题词6幅。继之,有马峰和王家鹤序文1篇,凡例11则,有西岗镇镇区图、西岗镇区位图2幅,有照片插页34页。该志首列概述、大事记,正文为编章节体,计12编59章。以附录殿后。卷末有编后记。上限不限,下限至2012年。

乡饮乡志

乡饮乡人民政府编。主编王汝成、王万银。山东省地图出版社2005年6月第1版第1次印刷,印数2000册,16开本,552页,520千字,精装本1册,定价198元。

志卷首有编修人员名录,有宁阳县乡饮乡行政区划图、1962年乡饮行政区划图、1981年乡饮行政区划、宁阳县乡饮乡村村通公路示意图等6幅,有照片插页57页。继之,有刘卫东和陈湘安、桑逢杰和张茂盛序文2篇,凡例9则。该志首列概述、大事记,正文为编章节体,计29编137章。以人物殿后。卷末有后记。上限不限,下限至2004年。

小店镇志

小店镇人民政府、莒县地方史志办公室编。主编刘维军、朱吉高、卢兆梅,副主编张玉沈、张同旭。中国方志出版社2010年9月第1版第1次印刷,16开本,1050页,1500千字,精装本1册,定价298元。

李振题写书名。志卷首有编修人员名录,有刘兆亮、卢仁法、卢培琪题词3幅,有刘维军和卢兆梅序文1篇,有小店镇行政区划图(2009)、小店镇驻地控制性详细规划总平面图(2009年)2幅,有照片插页53页。继之,有凡例11则。该志首列概述、大事记,正文为编章节体,计26编133章。以附录殿后。卷末有编后记。上限溯源,下限至2009年。

小营镇志

小营镇志编纂委员会编。主编王学苏、刘晋光。济南出版社1993年10月第1版第1次印刷,印数2000册,32开本,540页,350千字,精装本1册,定价35元。

志卷首有王道玉、李戈、林则懋、隆方同题词4幅,有照片插页12页,并有编修人员名录,有小营镇地图1幅。继之,有凡例9则,张贵斌序言1篇。该志首列概述、大事记,正文为编章节体,计24编132章。以人物殿后。卷末有编后记。上限1840年,下限至1992年。

辛召乡志

枣庄市山亭区辛召乡志编纂领导小组编。主编徐慎选。32开本,356页,150千字,精装本1册。1990年12月内部印刷,印数500册。

志卷首有辛召乡地图1幅,有照片插页8页,并有编修人员名录。继之,有王祥平前言1篇,有宋克展序文1篇,凡例6则。该志首列概述、大事记,正文为章节体,计20章91节。卷末有后记。上限1840年,下限至1987年。

幸福镇志

山东省烟台市芝罘区《幸福镇志》编纂委员会编。主编张荫家。16开本,581页,440千字,精装本1册,定价96元。1997年6月内部印刷,印数800册。

叶崧光题写书名。志卷首有编修人员名录,有善言卫序义1篇,有凡例9则,有烟台市芝罘区图、幸福镇地理位置图2幅,有照片插页12页。该志首列大事记,正文为编章节体,计14编37章。以附录殿后。卷末有后记。上限1911年,下限至1995年。

绣惠镇志

绣惠镇志编纂委员会编。中华人民共和国地方志丛书之一。主编张志铭。山东省地图出版社2002年12月第1版第1次印刷,印数2000册,16开本,502页,503千字,精装本1册,定价128元。

志卷首有编修人员名录,有刘秋增、孟云、李家政、王传玉题词4幅,有照片插页21页,并有绣惠镇地图1幅。继之,有马纯济、赵立元序文2篇,凡例10则。该志首列概述、大事记,正文为篇章节体,计18篇89章。以人物、附录殿后。卷末有编后记。上限1840年,下限至1995年。

阎庄镇志

阎庄镇政府、莒县地方史志办公室编。主编田纪平、朱吉高、陈秉祥，副主编杜贞兰、陈秉友、张庆余、张同旭。山东省地图出版社 2005 年 1 月第 1 版第 1 次印刷，印数 3 000 册，16 开本，1 134 页，1 170 千字，精装本 1 册，定价 216 元。

志卷首有编修人员名录，有王斌、尹钧荣、尹亮题词 3 幅，有阎庄镇地图 1 幅，有照片插页 30 页。继之，有胡东浩序文 1 篇，凡例 9 则。该志首列概述、大事记，正文为编章节体，计 23 编 83 章。以附录殿后。卷末有编后记。上限不限，下限至 2004 年 6 月。

羊口镇志

山东省寿光市羊口镇志编委会编。主编副主编。16 开本，425 页，450 千字，精装本 1 册。1998 年 12 月内部印刷，印数 5 000 册。

志卷首有刘命信题词 1 幅，有刘增武和李培岱序文 1 篇，有编修人员名录，有凡例 11 则。继之，有照片插页 16 页，羊口镇域图、羊口镇区图 2 幅。该志首列概述、大事记，正文为编章节体，计 18 编 68 章。以文献附录殿后。卷末有后记。上限 1891 年，下限至 1997 年。

羊庄镇志

腾州市羊庄镇史志编纂委员会编。主编张兆登。16 开本，499 页，620 千字，精装本 1 册，定价 40 元。1992 年 10 月内部印刷，印数 1000 册。

志卷首有编修人员名录，有照片插页 12 页。继之，有倪士昌、郑玉申序文 2 篇，有刘承安、孙景民、孙学宏、张宗昌题词 4 幅，凡例 10 则。该志首列概述、大事记，正文为篇章节体，计 14 篇 63 章。以附录殿后。卷末有后记。上限溯源，下限至 1990 年。

冶源镇志

山东省临朐县冶源镇志编纂委员会编。主编刘建国，副主编王现友、魏学强。方志出版社 2016 年 12 月第 1 版第 1 次印刷，16 开本，326 页，383 千字，精装本 1 册，定价 132 元。

志卷首有王伟光、李培林序文 2 篇，有编修人员名录，有凡例 16 则。继之，有冶源镇位置示意图、冶源镇地图 2 幅，有照片插页 4 页。该志首列概述，正文为纲目体。以附录殿后。卷末有编纂始末。上限溯源，下限至 2014 年。

仪阳乡志

肥城市仪阳乡史志编纂委员会编。主编孟昭禄、王维臣。山东省地图出版社 1999 年 10 月第 1 版第 1 次印刷，印数 1 000 册，16 开本，519 页，620 千字，精装本 1 册，定价 82 元。

志卷首有编修人员名录，有萧思贵、周传贵、刘方元等题词 6 幅，有 1994 年仪阳乡行政区划图、1995 年仪阳乡驻地平面图 2 幅，有照片插页 12 页。继之，有刘正琦和张兆军序文 1 篇，凡例 9 则。该志首列概述、大事记，正文为编章节体，计 24 编 138 章。

以附录殿后。卷末有后记。上限清末,下限至1994年。

义桥乡志

汶上县义桥乡志编写组编。主编张建勋。16开本,235页,精装本1册。1988年内部印刷。

林成宝题写书名。志卷首有义桥乡志编写领导小组序文1篇,有凡例7则。该志首列大事记,正义为编章节体,计11编48章。卷末有编后记、编修人员名录。上限1911年,下限至1984年。

院上镇志

院上镇志编纂办公室编。主编李尚民。16开本,295页,精装本1册。1986年7月内部印刷。

志卷首有王子阳题词1幅,有李学海、于仁龙序文2篇,并有编修人员名录。继之,有凡例10则,有院上镇行政区划图、院上镇驻地平面图2幅,有照片插页3页。该志首列大事记,正文为篇章节体,计22篇73章。以杂记殿后。卷末有编纂始末。上限1840年,下限至1985年。

张汪镇志

《张汪镇志》编纂委员会编。主编马兆国,副主编孔娜。黄河出版社2013年9月第1版第1次印刷,印数1000册,16开本,620页,840千字,精装本1册,定价168元。

志卷首有编修人员名录,有董沂峰序文1篇,凡例8则。继之,有张汪镇地图、张汪镇农村社区规划图2幅,有照片插页41页。该志首列概述、大事记,正文为编章节体,计9编64章。以附录殿后。卷末有后记。上限不限,下限至2011年。

招贤镇志

中共莒县招贤镇委员会、莒县招贤镇人民政府编。主编来永超,副主编赵理国、徐雨田。中国文史出版社2004年9月第1版第1次印刷,印数5000册,16开本,1092页,1200千字,精装本1册,定价198元。

宋平题写书名。志卷首有王斌等题词2幅,有招贤镇行政图(2002)、招贤镇地形图(2002)、招贤镇镇区图(2002)3幅,有照片插页44页,有凡例9则,并有编修人员名录。继之,有来永超、赵理国、徐雨田序文1篇。该志首列概述、大事记,正文为编章节体,计21编91章。以附录殿后。卷末有编后。上限1840年,下限至2002年。

中楼镇志

莒县中楼镇人民政府、莒县地方史志办公室编。主编王兴展、杨世顺、朱吉高等6人,副主编徐明先、张同旭、王国新。山东省地图出版社2008年5月第1版第1次印刷,印数3000册,16开本,1158页,1690千字,精装本1册,定价268元。

志卷首有编修人员名录,有刘兆亮题词1幅,有中楼镇地图(2007)、中楼区地图(1945)2幅,有照片插页32页。继之,有王兴展和杨世顺序文1

篇,凡例 9 则。该志首列概述、大事记,正文为编章节体,计 24 编 116 章。以附录殿后。卷末有编后记。上限不限,下限至 2007 年。

朱台镇志

朱台镇志编纂委员会编。主编李家刚、张永建、王晓滨,副主编殷德孝、李灵国、李成山。海天出版社 2006 年 8 月第 1 版第 1 次印刷,印数 3 000 册,16 开本,459 页,500 千字,精装本 1 册,定价 398 元。

志卷首有编修人员名录,有解维俊、毕国鹏、王守国序文 1 篇,凡例 8 则。继之,有朱台镇行政区划图、朱台镇总体规划图 2 幅,有照片插页 60 页。该志首列概述、大事记,正文为篇章节体,计 17 篇 72 章。以附录殿后。卷末有编后记。上限不限,下限至 2003 年。

淄城镇志

淄城镇志编纂委员会编。中华人民共和国地方志丛书之一。主编李作贵、韩京城,副主编张秀和、闫新生。山东省地图出版社 2001 年 12 月第 1 版第 1 次印刷,16 开本,558 页,575 千字,精装本 1 册,定价 108 元。

志卷首有编修人员名录,有照片插页 29 页,并有淄川区淄城镇区域图 1 幅。继之,有李作贵和张秀和序文 1 篇,有《中共淄城镇委员会、淄城镇人民政府关于编纂〈淄城镇志〉的决定》《中共淄城镇委员会、淄城镇人民政府关于进一步加强领导认真搞好镇志编纂工作的通知》文件 2 则,凡例 8 则。该志首列概述、大事记,正文为篇章节体,计 19 篇 71 章。以附录殿后。卷末有编后记。上限 1840 年,下限至 2000 年 7 月。

邹城市北宿镇志

北宿镇志编纂委员会编。主编孔祥杰,副主编许开礼。16 开本,369 页,450 千字,精装本 1 册,定价 88.6 元。1997 年 10 月内部印刷,印数 1 000 册。

志卷首有编修人员名录,有张瑞凤、房立泉、周长汉、李景鹏题词 4 幅,有照片插页 27 页,有北宿镇政区图 1 幅。继之,有周长汉序文 1 篇,凡例 8 则。该志首列概述、大事记,正文为篇章节体,计 10 篇 49 章。卷末有编后记。上限 1840 年,下限至 1995 年。

河南省

安丰乡志

安丰乡志编纂委员会编。主编金静、贾振林、龙振山、王长庆,副主编徐志海、丁凤菊。中州古籍出版社2010年3月第1版第1次印刷,印数2000册,16开本,578页,832千字,精装本1册,定价180元。

志卷首有编修人员名录,有张保香和徐慧前、贾振林和张晓梅序文2篇,有安丰乡地图1幅,有照片插页32页。继之,有凡例8则。该志首列概述、大事记,正文为章节体,计19章80节。以附录殿后。卷末有编纂始末。上限溯源,下限至2008年。

白营镇志

白营镇志编纂委员会编。主编陈庆福。16开本,717页,750千字,精装本1册。2005年7月内部印刷,印数800册。

志卷首有编修人员名录,有汤阴县白营镇政区图1幅,有照片插页26页。继之,有田海涛和宋庆林、臧国红和侯静华序文2篇,凡例8则。该志首列概述、大事记,正文为篇章节体,计9篇34章。以附录殿后。卷末有编纂始末。上限1949年,下限至2014年。

长葛市乡镇志

长葛市地方史志编纂委员会编。主编刘水林,副主编刘建立、王秋红、刘都旰。中州古籍出版社2016年3月第1版第1次印刷,印数1000册,16开本,845页,1250千字,精装本1册,定价560元。

志卷首有长葛市政区图1幅,有编修人员名录,有刘胜利和尹俊营序文1篇,有照片插页30页,有编辑说明8则。该志首列概述、大事记,正文为篇章节体,计16篇108章。上限溯源,下限至2014年。

大岗刘乡志

郑州市中原区大岗刘乡志组编。主编张保山,副主编王志俭。32开本,126页,精装本1册。1988年7月内部印刷,印数1000册。

志卷首有张保山题词1幅,有编修人员名录,有郑州市中原区大岗刘乡政区图1幅,有照片插页4页。继之,有张保山前言1篇,凡例7则。该志首列概述、大事记,正文为章节体,计25章63节。以附录殿后。上限1983年,下限至1987年。

大金店镇志

主编段双印。河南人民出版社2014年10月第1版第1次印刷,16开本,1009页,1400千字,精装本1册,定价369元。

志卷首有大金店镇地图、登封市大金店镇总体规划图(2012—2030)、登封市高新技术开发园区总体发展规划图(2013—2030)3幅,有照片插页23页,并有编修人员名录。继之,有凡例9则,大金店镇志编纂委员会、安金槐序文2篇。该志首列概述、大事记,正文为编章节体,计22编84章。以附录殿后。卷末有修志始末。上限溯源,下限至2013年。

大冶镇志

大冶镇地方志编纂委员会编。主编冯现超、张书凯、郝新节等5人,副主编董喜年、吴国宾。河南人民出版社1994年8月第1版第1次印刷,印数1500册,32开本,610页,483千字,精装本1册,定价42元。

刘海斌题写书名。志卷首有张一弓题词1幅,有大冶镇政区图1幅。继之,有大冶镇地方志编纂委员会序文1篇,凡例10则,有编修人员名录,并有照片插页16页。该志首列概述、大事记,正文为编章节体,计23编83章。以附录殿后。卷末有修志始末。上限不限,下限至1992年。

大冶镇志

主编郝焕斌,副主编李丰岗、景新源。河南人民出版社2008年4月第1版第1次印刷,16开本,945页,1400千字,精装本1册,定价220元。

志卷首有大冶镇政区图1幅,有照片插页16页。继之,有许跃森序文1篇,凡例9则,并有编修人员名录。该志首列概述、大事记,正文为卷章节体,计24卷106章。以文献辑存殿后。卷末有修志始末。上限新石器时期,下限至2006年。

东郊乡志

安阳市《东郊乡志》编纂办公室编。主编宋金铮。16开本,391页,220千字,精装本1册。1987年9月内部印刷,印数530册。

刘顺题写书名。志卷首有张景法和殷尚法序文1篇,凡例9则。该志首列概述、大事记,正文为编章节体,计9编37章。卷末有编后记、编修人员名录。上限1912年,下限至1985年。

告成镇志

告成镇志编纂委员会编。河南人民出版社2007年2月第1版第1次印刷,16开本,645页,920千字,精装本1册,定价150元。

志卷首有告成镇镇域地图、登封市告成镇镇区建设规划-用地规划图(2005—2020)2幅,有张学军、吴福民、董焕德、吴聚才题词4幅,有照片插页19页,并有编修人员名录。继之,有凡例8则,有唐怀党序文1篇。该志首列概述、大事记,正文为编章节体,计16编76章。卷末有后记。上限远古,下限至2005年。

耿黄乡志

河南省新乡市凤泉区耿黄乡志编纂委员会编。主编王振锋、申明、常保庆等5人,副主编李明春。中州古籍出版社2014年4月第1版第1次印刷,印数1000册,16开本,710页,1340千字,精装本1册,定价280元。

志卷首有编修人员名录,有新乡市凤泉区耿黄乡区位图、新乡市凤泉区耿黄乡政府驻地现状图、耿黄乡土地利用现状图等6幅,有照片插页46页。继之,有王振锋、申明、常保庆、王西忠序文1篇,凡例9则。该志首列特载、概述、大事记,正文为章节体,计28章。上限不限,下限至2013年。

桂林镇志

桂林镇志编纂委员会编。主编郭布舜、张俊杰、韩建立,副主编魏耀蓝、申国林、辛靖宇、郭建兵。中州古籍出版社2015年6月第1版第1次印刷,印数1000册,16开本,659页,760千字,精装本1册,定价298元。

志卷首有桂林镇行政图1幅,有编修人员名录,有照片插页7页。继之,有李红海、宋君芳序文2篇,凡例5则。该志首列概述、大事记,正文为卷章节体,计17卷80章。以文录殿后。卷末有后记。上限溯源,下限至2014年。

河南登封县告成乡志

告成乡志编纂领导小组编。主编赵怀珍,副主编韩书田。16开本,520页,精装本1册。内部印刷。

姚雪垠题写书名。志卷首有魏巍、毛秉乾、孙炎斌、安金槐、徐景祥题词5幅,有照片插页10页。继之,有卢银芳序文1篇,凡例10则,有修志人员名录。该志首列概述、大事年表,正文为编章节体,计11编50章。卷末有编纂始末。上限不限,下限至1985年。

河顺镇志

河顺镇志编纂委员会编。主编常明礼。方志出版社2005年4月第1版第1次印刷,印数1500册,16开本,785页,1292千字,精装本1册,定价196元。

志卷首有河顺镇政区图1幅,有照片插页15页。继之,有田随林和栗彦林序文1篇,凡例10则。该志首列概述、大事记,正文为卷章节体,计18卷76章。以附录殿后。卷末有编纂始末、编修人员名录。上限溯源,下限至2003年。

鹤壁集镇志

鹤壁集镇志编纂委员会编。主编李水泉、史金富、杨柳,副主编刘小军、郭河奇。中州古籍出版社2012年4月第1版第1次印刷,印数1000册,16开本,528页,700千字,精装本1册,定价598元。

志卷首有鹤壁集镇政区图1幅,有照片插页30页,并有编修人员名录。继之,有鲁德政、李水泉、姚红卫和李树文序文 3 篇，凡例 14 则。该志首列概述、大事记，正文为章节体，计 18 章 72 节。以附录殿后。卷末有增记、编纂始末、索引。上限溯源，下限至 2010 年。

横水镇志

林州市横水镇志编纂委员会编。主编李万全，副主编杨启发、郭艳明。北京艺术与科技电子出版社 2006 年 12 月第 1 版第 1 次印刷，印数 1 500 册，16 开本，536 页，860 千字，精装本 1 册，定价 196 元。

志卷首有编修人员名录，有申学魁、杨玉生、呼明山题词 3 幅，有照片插页 5 页。继之，有倪相明、王志国序文 2 篇，凡例 10 则。该志首列概述、大事记，正文为卷章节体，计 21 卷 80 章。以附录殿后。卷末有编纂始末、跋。上限不限，下限至 2005 年。

侯寨乡志

侯寨乡志编纂委员会编。主编郭廷伟。16 开本，302 页，350 千字，精装本 1 册，定价 100 元。1994 年 12 月内部印刷。

祖松臣题写书名。志卷首有编修人员名录，有祖松臣、康定军、刘国斌、陈海瑞题词 4 幅，有照片插页 4 页。继之，有刘艾明序文 1 篇，凡例 12 则，侯寨乡行政示意图 1 幅。该志首列概述、大事记，正文为章节体，计 42 章 112 节。以附录殿后。卷末有编后记。上限溯源，下限至 1993 年。

祭城镇志

郑州市金水区祭城镇地方史志编纂委员会编。主编赵海发、成永祥，副主编吉修银。中州古籍出版社 2010 年 8 月第 1 版第 1 次印刷，印数 1000 册，16 开本，714 页，930 千字，精装本 1 册，定价 280 元。

志卷首有赵海发、李力序文 2 篇，有祭城镇政区图（1996）、祭城镇政区图（2006）2 幅，有照片插页 16 页，并有编修人员名录。该志首列总述、特记、大事记，正文为章节体，计 32 章 175 节。以附录殿后。卷末有编纂始末。上限不限，下限至 2006 年。

郏县长桥镇志

郏县长桥镇志编纂委员会编。主编闫高闯、刘程飞、马佳、赵阳，副主编孙玉新。16 开本，443 页，精装本 1 册。内部印刷。

志卷首有编修人员名录，有韩俊举、肖向红序文 2 篇，有凡例 11 则，有郏县长桥镇村庄分布示意图、长桥镇在郏县位置图 2 幅，有照片插页 36 页。该志首列概述、大事记，正文为章节体，计 26 章 112 节。以附录殿后。卷末有索引、编后记。上限溯源，下限至 2012 年。

灵宝市朱阳镇志

《灵宝市朱阳镇志》编纂委员会编。主编姚邦顺，副主编赵致祥、王治恩、张增有。河南人民出版社 2016 年 10 月第 1 版第 1 次印刷，印数 1000 册，16 开本，562 页，840 千字，精装本

1册,定价198元。

志卷首有王先层和王骁序文1篇,有朱阳镇地图、灵宝市朱阳镇总体规划图(2013—2030)等3幅,有照片插页73页,并有编修人员名录。继之,有凡例8则。该志首列概述、大事记,正文为章节体,计32章146节。以附录殿后。卷末有编纂始末。上限1949年,下限至2015年。

陵阳镇志

陵阳镇志编纂委员会编。主编常明礼,副主编栗会生、王志学。线装书局2008年3月第1版第1次印刷,印数2000册,16开本,565页,725千字,精装本1册,定价280元。

志卷首有编修人员名录,有照片插页16页。继之,有方海龙、蔡晓军序文2篇,凡例10则。该志首列概述、大事记,正文为卷章节体,计20卷78章。以附录殿后。卷末有编纂始末。上限1992年,下限至2006年。

刘河乡志

刘河乡人民政府编。编纂委员会主任朱继彪,副主任刘道存、刘福永、余飞、冯靖。16开本,286页,精装本1册。内部印刷。

志卷首有编修人员名录,有刘河乡行政区划图、刘河乡区位图2幅,有照片插页19页。继之,有刘道存序文1篇,有朱继彪《刘河赋》1篇。该志正文为篇目体,计5篇。以附录殿后。上限溯源,下限至2012年。

柳林镇志

郑州市金水区柳林镇地方史志编纂委员会编。主编王男、陈鸿斌、宋进平。16开本,689页,866千字,精装本1册。2005年3月内部印刷,印数500册。

志卷首有编修人员名录,有柳林镇区域位置图、金水区柳林镇行政区域图、2004年—2005年柳林镇总体规划图3幅,有照片插页16页。继之,有柳林镇志编纂委员会前言1篇,丁胜全和刘中选序文1篇,凡例14则。该志首列概述、大事记,正文为篇章节体,计21篇91章。以附录殿后。卷末有编后记。上限公元前22世纪,下限至2003年。

卢店镇志

卢店镇地方志编纂委员会编。主编曹红宾,副主编王世良、徐辉、朱喜芳、陈鸿朝。16开本,498页,精装本1册。2010年内部印刷,印数1000册。

志卷首有编修人员名录,有卢店镇政区图、卢店镇总体规划图2幅,有照片插页28页。继之,有曹红宾序文1篇,凡例9则。该志首列概述、大事记,正文为编章节体,计11编49章。以附录殿后。卷末有修志始末。上限溯源,下限至2009年。

栾川乡志

栾川县栾川乡志编纂委员会编。主编黄正煊、唐随章。河南人民出版社2018年1月第1版第1次印刷,印数1000册,16开本,604页,880千字,精装本1册,定价360元。

志卷首有照片插页26页,有编修人员名录。继之,有智建军和唐随章序文1篇,凡例7则。该志首列概述、大事记,正文为章节体,计11章56节。以附录殿后。卷末有索引、编后记。上限仰韶文化中后期,下限至2016年。

孟州市南庄镇志

孟州市南庄镇志编纂委员会编。主编侯殿志,副主编宫来忠。16开本,444页,450千字,精装本1册,定价268元。2010年11月内部印刷,印数1000册。

志卷首有南庄镇行政区划图1幅,有照片插页72页,并有编修人员名录。继之,有薛宏亮和赵文超序文1篇,凡例9则。该志首列概述、大事记、专记,正文为编章节体,计7编46章。以附录殿后。卷末有后记。上限1912年,下限至2008年。

密县牛店乡志

牛店乡志编写组编。主编郑金良、杜长进、李桂兰、方万义。档案出版社1990年5月第1版第1次印刷,印数3000册,32开本,230页,198千字,平装本1册,定价4.20元。

志卷首有冯子直、邵文杰题词2幅,有牛店乡地图1幅。继之,有牛店乡志编写组序言1篇,凡例7则。该志首列概述,正文为章节体,计6章27节。卷末有修志始末、编修人员名录。上限1840年,下限至1987年。

苗店镇志

苗店镇志编纂委员会编。主编史群堂。中州古籍出版社2018年2月第1版第1次印刷,印数500册,16开本,506页,690千字,精装本1册,定价268元。

志卷首有编修人员名录,有耿松颖和陈国刚序文1篇,有凡例11则。继之,有照片插页18页。该志首列综述、大事记略,正文为篇章节体,计19篇84章。以附录殿后。卷末有编纂始末、索引。上限不限,下限至2016年。

明港镇志

《明港镇志》编纂委员会编。主编陈宏章,副主编李品华。中州古籍出版社2010年9月第1版第1次印刷,印数1000册,16开本,567页,800千字,精装本1册,定价268元。

志卷首有明港镇政区图1幅,有照片插页37页。继之,有赵志阳、李绍军序文2篇,有编修人员名录,凡例10则。该志首列总述、大事记,正文为章节体,计29章111节。以附录殿后。卷末有编纂始末。上限1949年,下限至2008年。

内黄县马上乡志

《马上乡志》编委会编。主编袁连周、袁礼堂。16开本,621页,精装本1册。内部印刷。

志卷首有马上乡政区图、内黄县繁阳新区图2幅,有照片插页33页,并有编修人员名录。继之,有周贵安、任彦峰序文 2 篇，凡例 5 则。该志首列马上乡光荣榜、概述、大事记，正文为章节体，计 12 章 46 节。以附录殿后。卷末有后记。上限不限，下限至 2015 年。

内黄县乡镇村志·窦公乡卷

内黄县乡镇村志编纂委员会编。主编史其显。32 开本，333 页，146 千字，精装本 1 册。2004 年 4 月内部印刷，印数 1500 册。

志卷首有照片插页 14 页，并有编修人员名录。继之，有董宝和王希社、赵宪法和韩洪波序文 2 篇，凡例 5 则，有窦公乡政区图 1 幅。该志正文为条目体。卷末有编后记。上限不限，下限至 1998 年。

内黄县乡镇村志·二安乡卷

内黄县乡镇村志编纂委员会编。主编郭铭杰。天马图书有限公司 2000 年 12 月第 1 版第 1 次印刷，印数 1200 册，32 开本，828 页，420 千字，精装本 1 册，定价 58 元。

志卷首有照片插页 14 页，有编修人员名录，并有二安乡地图 1 幅。继之，有董宝和王希社、姜连成和孙建忠序文 2 篇，凡例 5 则，编者前言 1 篇。该志首列概述、大事记，正文为章节体，计 11 章 36 节。以附录殿后。卷末有后记。上限不限，下限至 1998 年。

内黄县乡镇村志·后河镇卷

内黄县乡镇村志编纂委员会编。主编刘忠民，副主编李红革。32 开本，631 页，278 千字，精装本 1 册。2000 年 12 月内部印刷，印数 1000 册。

志卷首有照片插页 14 页，并有编修人员名录。继之，有董宝和王希社、刘忠民和李红革序文 2 篇，凡例 5 则。该志正文为条目体。卷末有编后记。上限不限，下限至 1998 年。

内黄县乡镇村志·宋村乡卷

内黄县乡镇村志编纂委员会。主编史其显。32 开本，376 页，175 千字，精装本 1 册。1999 年 12 月内部印刷，印数 1000 册。

志卷首有照片插页 14 页，并有编修人员名录。继之，有董宝和王希杜、邱章元和张文君序文 2 篇，凡例 5 则。该志正文为条目体。卷末有编后记。上限不限，下限至 1998 年。

内黄县乡镇村志·中召乡卷

内黄县乡镇村志编纂委员会编。主编史其显。天马图书有限公司 2000 年 12 月第 1 版第 1 次印刷，印数 1000 册，32 开本，419 页，210 千字，精装本 1 册，定价 48 元。

志卷首有照片插页 12 页，有中召乡政区图 1 幅，并有编修人员名录。继之，有董宝和王希杜、张合朝和张红卫序文 2 篇，凡例 5 则。该志正文为条目体。卷末有编后记。上限不限，下限至 1998 年。

齐礼阎乡志

郑州市二七区齐礼阎乡志编纂委

员会编。主编胡同河,副主编王书海。16开本,360页,310千字,精装本1册。2004年6月内部印刷,印数200册。

志卷首有编修人员名录,有朱广善和杨郑安序文1篇,凡例5则。继之,有齐礼闫乡行政村示意图1幅,有照片插页6页。该志首列概述、大事记,正文为章节体,计16章72节。以附录殿后。卷末有编后记。上限1993年,下限至2002年。

陕县宫前乡志

陕县宫前乡党委、政府编。主编薛爱军,副主编贾法磨。32开本,381页,268千字,精装本1册,定价50元。2002年6月内部印刷,印数1000册。

石立桥题写书名。志卷首有宫前乡行政区划图1幅,有照片插页11页。继之,有张中平、刘安璋序文2篇,凡例6则。该志首列概述、大事记,正文为章节体,计7章49节。卷末有跋、后记、编修人员名录。上限不限,下限至2000年。

沈丘县乡镇志

沈丘县史志编纂办公室编。周口地方史志丛书之一。主编束子成,副主编李绍文、辛国章、艾明堂。中州古籍出版社1998年11月第1版第1次印刷,印数2000册,32开本,630页,369千字,精装本1册,定价88元。

志卷首有编修人员名录,有王惠林序文1篇,有照片插页14页。继之,有凡例9则,沈丘县政区图、沈丘县城区平面图2幅。该志正文为条目体。以附录殿后。卷末有后记。上限不限,下限至1996年。

十八里河镇志

十八里河镇志编纂委员会编。主编连德林、王润才。中州古籍出版社2001年6月第1版第1次印刷,印数1000册,16开本,599页,641千字,精装本1册,定价106元。

志卷首有编修人员名录,有十八里河镇行政区域图1幅,有邵文杰、王宏文等题词4幅,有照片插页14页。继之,有杨静琦、解国强和荆清淼序文2篇,凡例7则。该志首列概述、大事记,正文为章节体,计26章119节。上限1953年,下限至1999年。

石界河镇志

中共石界河镇委员会、石界河镇人民政府编。主编喻春文。中州古籍出版社2017年6月第1版第1次印刷,印数1000册,16开本,349页,460千字,精装本1册,定价286元。

志卷首有凡例11则,有编修人员名录。继之,有黄磊和胡晓文序文1篇,有照片插页15页,并有南阳市西峡县石界河镇总体规划图、镇域村镇分布现状图2幅。该志首列概述、大事记,正文为编章节体,计13编50章。卷末有后记。上限溯源,下限至2016年。

水冶镇志

河南省安阳县水冶镇人民政府

编。主编郭正朝,副主编杨旺学、胡冠富。16开本,444页,平装本1册。内部印刷。

志卷首有照片插页5页,并有水冶镇地图1幅。继之,有郭正朝序文1篇,凡例10则。该志首列沿革,正文为篇章体,计12篇54章。以大事记殿后。卷末有编修人员名录。上限民国初,下限至1983年。

寺河乡志

寺河乡人民政府编。灵宝地方史志丛书之一。主编韩山平、姚继忠。16开本,278页,262千字,精装本1册。1995年11月内部印刷,印数3000册。

志卷首有张焕良和付晓业序文1篇,有凡例5则。并有编修人员名录。继之,有寺河乡行政图1幅,有照片插页18页。该志首列概述、大事记,正文为篇章节体,计10篇48章。以附录殿后。卷末有编修人员名录。上限不限,下限至1994年。

瓦店乡志

瓦店乡志编纂委员会编。主编申海明、牛勇、刘向前、原文广。16开本,670页,精装本1册,定价280元。2011年12月内部印刷。

志卷首有编修人员名录,有瓦店乡行政区域图1幅,有照片插页69页。继之,有徐慧前和程利军、申海明和牛勇序文2篇,凡例11则。该志首列概述、大事记,正文为章节体,计19章78节。以附录殿后。卷末有编纂始末、后记。上限不限,下限至2011年11月。

五亩乡志

灵宝市五亩乡志编纂委员会编。主编姚邦顺,副主编常润仙、建胜民。16开本,531页,500千字,精装本1册。2012年10月内部印刷,印数400册。

志卷首有编修人员名录,有灵宝市行政区划图、五亩乡政区图、灵宝市五亩乡总体规划(2010—2020)集镇区用地规划图3幅,有照片插页38页。继之,有尚东旭和王博序文1篇,凡例9则。该志首列概述、大事记,正文为章节体,计24章109节。以附录殿后。卷末有编纂始末。上限1949年,下限至2012年。

五星乡(办事处)志

五星乡(办事处)志编纂委员会编。主编刘天新,副主编郑忠阳、卢长富。河南人民出版社2013年3月第1版第1次印刷,16开本,480页,800千字,精装本1册,定价198元。

志卷首有湖河区政区图、五星行政区划图2幅,有柴明贵、王益民、屈海学、罗光辉等题词6幅,有照片插页54页,并有编修人员名录。继之,有张晓帆、刘天新序文2篇,有付瑜《五星赋》1篇,凡例14则。该志首列概述、大事记,正文为章节体,计34章138节。以附录殿后。卷末有编后记。上限1949年,下限至2010年。

孝义志

河南省巩县孝义镇政府《孝义志》编写组编。16开本，267页，精装本1册。1988年内部印刷。

志卷首有照片插页13页，有王恒修和马公秀序文1篇，有凡例7则，有陈天然题词1幅，有孝义镇政区图1幅。该志首列概述、大事记，正文为篇章节体，计9篇36章。卷末有编后记、编修人员名录。上限1840年，下限至1986年。

殷都区西郊乡志

安阳市殷都区西郊乡志编纂委员会编。主编王建军、李庆军、宋金星，副主编孙明丽、刘国政、冯军强、常进。16开本，649页，530千字，精装本1册。2006年3月内部印刷，印数1000册。

志卷首有编修人员名录，有西郊乡行政图1幅，有照片插页61页。继之，有侯中立和王建军序文1篇，凡例11则。该志首列概述、大事记，正文为篇章节体，计13篇58章。以附录殿后。卷末有后记。上限1911年，下限至2005年。

永和乡志

永和乡志编纂委员会编。主编狄拥军、金静、王长庆，副主编刘杰、宋伟、姚靖慈。中国文史出版社2012年2月第1版第1次印刷，16开本，486页，710千字，精装本1册，定价198元。

志卷首有编修人员名录，有徐慧前和程利军、狄拥军和宋伟序文2篇，有永和乡地图、安阳县永和乡总体规划远期建设规划图（2005—2020）、永和乡土地利用总体规划图（1997—2010)等5幅，并有照片插页64页。继之，有凡例8则。该志首列概述、大事记，正文为章节体，计15章68节。以附录殿后。卷末有编纂始末。上限1949年，下限至2011年。

袁店回族乡志

中共方城县袁店回族乡委员会、方城县袁店回族乡人民政府编。主编贺金峰，副主编武建韬、屈会丽、金锋。16开本，280页，精装本1册。2015年内部印刷。

穆罕默德沙秀峰题写书名。志卷首有编修人员名录，有张宏伟和李志杰序文1篇，有照片插页21页。该志首列概述、大事记，正文为章节体，计25章128节。以附录殿后。卷末有后记。上限溯源，下限至2014年。

源潭镇志

《源潭镇志》编纂委员会编。主编吴新来，副主编仝文超。河南大学出版社1999年9月第1版第1次印刷，印数2000册，16开本，495页，750千字，精装本1册，定价58元。

志卷首有照片插页5页，有源潭镇在唐河县的位置图1幅。继之，有源潭镇志编纂委员会前言1篇，高从林和朱新阁、黄琨和郑化中序文2篇，凡例14则。该志首列概述、大事记，正文为卷章节体，计29卷112章。以附录殿后。卷末有编修人员名录、后记。上限明代,下限至1994年。

中原乡志

郑州市中原区中原乡编。主编卢慎廉。16开本,272页,平装本1册。1989年1月内部印刷,印数130册。志卷首有朱广新、吕长岑题词2幅,有照片插页5页,有中原乡行政区域图1幅。继之,有张业治前言1篇,有编修人员名录,凡例7则。该志首列概述、大事记,正文为章节体,计25章92节。以附录殿后。上限1948年,下限至1987年。

湖北省

保安镇志

湖北省大冶市保安镇志编纂委员会编。中国名镇志文化工程成果之一。主编乐晗、陈立新,副主编石玉栋、周晓露。方志出版社 2017 年 11 月第 1 版第 1 次印刷,16 开本,342 页,415 千字,精装本 1 册,定价 139 元。

志卷首有王伟光、李培林序文 2 篇,有编修人员名录。继之,有凡例 16 则,有保安镇在中国的位置图、保安镇在湖北省的位置图、保安镇地图 3 幅,有照片插页 7 页。该志正文为纲目体。以附录殿后。卷末有主要参考文献、编纂始末。上限溯源,下限至 2015 年。

垌塚镇志

湖北省汉川市垌塚镇志编纂委员会编。主编廖家红、王仲官,副主编左又清、方汉文。16 开本,453 页,456 千字,精装本 1 册,定价 120 元。2011 年 3 月内部印刷,印数 400 册。

志卷首有编修人员名录,有汉川市地图 1 幅,有方平安、高本祥题词 2 幅,有照片插页 10 页。继之,有廖家红序文 1 篇,凡例 12 则。该志正文为编章节体,计 10 编 50 章。以大事记殿后。卷末有编后语。上限 1910 年,下限至 2008 年。

分水镇志

汉川市分水镇人民政府镇志编纂办公室编。中华人民共和国地方志丛书之一。主编周正明,副主编黄荣清。16 开本,387 页,646 千字,精装本 1 册。1998 年 10 月内部印刷,印数 1000 册。

志卷首有编修人员名录,有吴泽斌题词 1 幅,有王良才、张银木序文 2 篇,有凡例 14 则,有照片插页 8 页,有汉川市分水镇地图 1 幅。该志首列综述、大事记,正文为编章节体,计 13 编 52 章。卷末有编后。上限 1858 年,下限至 1996 年。

高铁岭镇志

嘉鱼县高铁岭镇志编纂委员会编。主编廖朝晖、马桂莲、周新武、孙成尧,副主编张行泽、殷志刚。16 开本,593 页,666 千字,精装本 1 册,定价 200 元。2010 年 12 月内部印刷,印数 500 册。

志卷首有高铁岭镇行政区划图(2006 年)、高铁岭镇基础设施综合图

(2006年)2幅,有照片插页18页,并有编修人员名录。继之,有周新武、张行泽序文2篇,凡例10则。该志首列综叙、大事记,正文为章节体,计25章109节。以附录殿后。卷末有编纂纪要、后记。上限不限,下限至2006年。

古夫镇志

兴山县古夫镇志编纂委员会编。主编甘发根、王克品,副主编王文甲、李浩。16开本,388页,370千字,精装本1册。2006年内部印刷,印数500册。

志卷首有编修人员名录,有罗毅、陈华题词2幅,有兴山县行政区划图、兴山县古夫镇行政区划图、县城社区区域战略图3幅,有照片插页36页。继之,有甘发根、王克品序文2篇,凡例10则。该志首列概述、大事记,正文为章节体,计22章86节。以附录殿后。卷末有后记。上限1949年,下限至2003年。

汉川市沉湖镇志

汉川市沉湖镇志编纂委员会编。汉川市地方志丛书之一。主编夏智勇,副主编龚义成。16开本,320页,精装本1册。内部印刷。

志卷首有编修人员名录,有汉川市行政区划图、沉湖镇行政区划图、沉湖镇城乡统筹规划图(2009—2030)、福星开发区规划结构图(2009—2030)4幅,有谭功炎、赵复炎题词2幅,有照片插页12页。继之,有聂贵海序文1篇,凡例12则。该志首列概述、大事记,正文为编章节体,计10编41章。卷末有后记。上限1875年,下限至2009年。

郝穴镇志

《郝穴镇志》编写组编。主编张家清。16开本,455页,精装本1册。1986年10月内部印刷,印数3000册。

杨随震题写书名。志卷首有编修人员名录,有照片插页11页,有黄杰、谭友林、胡曲园题词3幅,有江陵贝郝穴镇区域现状图、江陵县郝穴镇经济联系示意图、1935年郝穴镇示意图3幅。继之,有前言1篇,说明7则。该志首列概况,正文为编章节体,计7编43章。以大事记殿后。卷末有后记。上限西晋,下限至1985年。

河口志

黄石市西塞山区河口镇编。主编易飞,副主编胡学龙、汪杰。32开本,247页,精装本1册,定价50元。内部印刷。

志卷首有照片插页8页。继之,有方泽安序文1篇,凡例6则。该志首列概述、大事记,正文为篇章节体,计6篇43章。卷末有编修人员名录、鸣谢。上限1949年,下限至2004年。

黑龙集镇志

黑龙集镇志编纂委员会编。主编田秀生,副主编罗新国。32开本,370页,平装本1册。1994年10月内部印刷。

许国富题写书名。志卷首有编修人员名录,有凡例 13 则,有赵志洪序文 1 篇。该志首列特载、大事记,正文为编章节体,计 10 编 49 章。卷末有后记。上限 1856 年,下限至 1992 年。

横店镇志

黄陂县横店镇志编纂委员会编。主编杨奉权。16 开本,381 页,精装本 1 册。内部印刷。

杨奉权题写书名。志卷首有王治国序言 1 篇,说明 6 则。继之,有编修人员名录,有横店镇行政区划图、横店镇工业分布现状图、黄陂县清代驿道图、横店自来水管网分布图、横店镇中小学分布图 5 幅,有照片插页 24 页。该志正文为纲目体。以横店镇大事年表殿后。卷末有后记。上限清末,下限至 1985 年。

还地桥镇志

大冶市还地桥镇镇志编纂委员会编。主编孙江河。16 开本,259 页,250 千字,精装本 1 册。1998 年 12 月内部印刷,印数 1000 册。

志卷首有还地桥镇地图 1 幅。继之,有吴凤鸣序文 1 篇,凡例 8 则。该志首列概述、大事记,正文为章节体,计 28 章 75 节。以附录殿后。卷末有编后记。上限不限,下限至 1996 年。

黄潭镇志

湖北省天门市黄潭镇地方志编纂委员会编。主编李晓菁,副主编高立斌。新华出版社 2008 年 4 月第 1 版第 1 次印刷,印数 1000 册,16 开本,644 页,670 千字,精装本 1 册,定价 98 元。

志卷首有天门市黄潭镇地图 1 幅,有照片插页 16 页,有王士杰题词 1 幅,并有编修人员名录。继之,有李晓菁序文 1 篇,凡例 11 则。该志首列概述、大事记,正文为篇章节体,计 23 篇 78 章。以附录殿后。卷末有编后记。上限清末,下限至 2003 年。

江堤乡志

《江堤乡志》编纂委员会编。武汉市名街名镇名乡名村志丛书之一。主编曾防汛。武汉出版社 2006 年 9 月第 1 版第 1 次印刷,16 开本,275 页,308 千字,精装本 1 册,定价 50 元。

志卷首有 2003 年江堤乡行政区划示意图 1 幅,有武汉市名街名镇名乡名村志编纂委员会前言 1 篇,并有编修人员名录。继之,有皮明庥、佘诗刚序文 2 篇,凡例 11 则。该志首列综述、大事记,正文为纲目体。以索引殿后。卷末有修志始末。上限溯源,下限至 2004 年。

金口镇志

武昌县金口镇志编纂委员会编。主编任永山。32 开本,483 页,468 千字,精装本 1 册,定价 20 元。1991 年 8 月内部印刷,印数 2500 册。

陆定一题写书名。志卷首有金口镇图 1 幅,有屈武、简朴等题词 3 幅。继之,有魏守富序文 1 篇,凡例 8 则,有编修人员名录。该志首列总述、大事记,正文为卷目体,计 24 卷。卷末有后记。上限溯源,下限至1985年。

客店镇志

客店镇志编纂委员会编。主编姚文,副主编邱红梅。32开本,335页,精装本1册。内部印刷。

志卷首有编修人员名录,有客店政区图、客店镇旅游交通图、客店旅游景点分布图、客店公社、客店镇水系图(泉河水库)5幅,有照片插页9页。继之,有郭庆、黄益洲序文2篇,凡例11则。该志首列概述、人事记,正文为篇章节体,计28篇100章。以附录殿后。卷末有编后语。上限不限,下限至2008年。

老官乡志

嘉鱼县老官乡地方志编纂领导组编。主编刘平。16开本,250页,183千字,精装本1册。1987年内部印刷,印数1000册。

志卷首有照片插页2页,有殷衍河等序文2篇,有凡例6则,有老官乡政区图1幅。该志首列概述,正文为卷目体,计10卷。以附录殿后。卷末有编修人员名录、后记。上限溯源,下限至1985年。

龙凤镇志

《龙凤镇志》编纂委员会编。主编崔宇辉,副主编董晓明、张金花。湖北人民出版社2014年1月第1版第1次印刷,16开本,440页,594千字,精装本1册,定价210元。

志卷首有龙凤镇行政区划示意图1幅,有照片插页12页,并有编修人员名录。继之,有崔宇辉、赵书拉序文2篇,凡例10则。该志首列人事记、概述,正文为章节体,计24章95节。以附录殿后。卷末有后记。上限溯源,下限至2003年。

龙舟坪镇志

龙舟坪镇志编纂委员会编。主编宗代国、邓守政。16开本,510页,800千字,精装本1册,定价100元。2008年6月内部印刷。

志卷首有龙舟坪镇行政区划图1幅,有照片插页12页,并有编修人员名录。继之,有覃高轩序文1篇,凡例11则。该志首列总述、大事记,正文为章节体,计21章92节。卷末有编后语。上限1949年,下限至2004年。

马口镇志

湖北省汉川市马口镇志编纂委员会编。中国名镇志文化工程成果之一。主编王远爱、邓卫国,副主编胡萍、张维汉。方志出版社2018年11月第1版第1次印刷,16开本,288页,386千字,精装本1册,定价161元。

志卷首有谢伏瞻、王伟光、李培林序文3篇,有编修人员名录。继之,有凡例14则,有马口镇在中国的位置图、马口镇在湖北省的位置图、马口镇地图3幅,有照片插页7页。该志正文为纲目体。以主要参考文献殿后。卷末有编纂始末。上限溯源,下限至2018年。

脉旺镇志

湖北省汉川县脉旺镇志办公室编。主编孙涤清。16 开本，228 页，平装本 1 册。1989 年 12 月内部印刷。

叶方新题写书名。志卷首有曾昭荣序文 1 篇，有编修人员名录，有谢江庭、李立权题词 2 幅。继之，有照片插页 14 页，凡例 8 则，并有脉旺镇街道图、脉旺镇旧貌示意图 2 幅。该志首列概述、大事记，正文为篇章节体，计 12 篇 51 章。卷末有编后记。上限 1568 年，下限至 1987 年。

沔城志

仙桃市沔城回族镇人民政府编。主编魏光荣。16 开本，214 页，精装本 1 册。1990 年内部印刷。

李贤垣题写书名。志卷首有编修人员名录，有章孟林、喻伦源等题词 3 幅，有照片插页 4 页，有仙桃市沔城回族镇行政区划图、仙桃市沔城回族镇城区现状图、六十年前（1930）的沔阳州城图 3 幅。继之，有定光元序文 1 篇，凡例 7 则。该志首列概况，正文为卷章体，计 7 卷 26 章。以大事编年殿后。卷末有后记。上限 1368 年，下限至 1987 年。

三店镇志

三店镇志编写组编。主编程纲溪。16 开本，349 页，350 千字，精装本 1 册，定价 50 元。2000 年 12 月内部印刷，印数 1000 册。

志卷首有三店镇行政区划图 1 幅，有照片插页 10 页，并有编修人员名录。继之，有陈炼涛、蔡爱龙序文 2 篇，凡例 9 则。该志首列概述、大事记，正文为篇章节体，计 17 篇 76 章。以杂录殿后。卷末有编志始末。上限 1882 年，下限至 1985 年。

三阳镇志

三阳镇人民政府编。主编刘佰华。16 开本，465 页，650 千字，精装本 1 册。2012 年 6 月内部印刷，印数 500 册。

段贤斌题写书名。志卷首有三阳镇地图 1 幅，有照片插页 30 页，并有编修人员名录。继之，有殷益波、张道红等序文 3 篇，凡例 8 则。该志首列综述、大事记，正文为篇章节体，计 32 篇 135 章。卷末有编后。上限 1980 年，下限至 2009 年。

三阳镇志

湖北省京山县三阳镇志编纂委员会编。中国名镇志文化工程成果之一。主编祝君、刘佰华，副主编田斯琴、万明、王烈。方志出版社 2016 年 12 月第 1 版第 1 次印刷，16 开本，385 页，463 千字，精装本 1 册，定价 156 元。

志卷首有王伟光、李培林序文 2 篇，有编修人员名录。继之，有凡例 16 则，有三阳镇在湖北省的位置图、三阳镇地图 2 幅，有照片插页 4 页。该志正文为纲目体。以附录殿后。卷末有编纂始末。上限溯源，下限至 2015 年。

沙道观镇志

沙道观镇志编纂委员会编。主编

苏振德、丁永林,副主编宁华。16 开本,313 页,480 千字,精装本 1 册,定价 118 元。2009 年 3 月内部印刷,印数 1000 册。

志卷首有沙道观政区图 1 幅,有谢继伦题词 1 幅,有编修人员名录,并有照片插页 13 页。继之,有苏振德序文 1 篇,凡例 8 则。该志首列引言、大事记,正文为卷目体,计 30 卷。卷末有修志始末。上限 1911 年,下限至 2008 年。

索河镇志

索河镇志编委会编。主编吴正忠,副主编戴百斌、郑举发、郑举彦、郭正安、萧永刚。32 开本,495 页,350 千字,平装本 1 册,定价 4 元。1991 年 10 月内部印刷,印数 2500 册。

志卷首有编修人员名录,有凡例 13 则,戴百斌序文 1 篇。该志首列综述、大事记,正文为篇章节体,计 9 篇 25 章。以杂录殿后。卷末有后记。上限 1911 年,下限至 1985 年。

汪集镇志

汪集镇志编写组编。主编程序。32 开本,612 页,510 千字,精装本 1 册。内部印刷,印数 500 册。

喻光达题写书名。志卷首有编修人员名录,有照片插页 12 页。继之,有童庆启、李敦元序文 2 篇,凡例 9 则。该志首列概述、大事记,正文为篇章节体,计 16 篇 66 章。以杂录殿后。卷末有跋。上限清咸丰、同治年间,下限至 1987 年。

吴山镇志

随州市随县吴山镇志编纂委员会编。湖北省随县地方志丛书之一。主编胡永强。16 开本,238 页,精装本 1 册。

志卷首有编修人员名录,有王新序文 1 篇,有照片插页 16 页,有吴山镇行政区划图、吴山镇交通图、吴山镇电力网络图、吴山镇旅游景点图、吴山镇矿藏资源分布示意图、吴山镇林果分布示意图、兴修吴山水库(1965 年)以前吴山老街鸟瞰图 7 幅。该志首列综述、大事记,正文为章目体,计 22 章。

伍洛镇志

湖北省云梦县伍洛镇志编纂委员会编。中国名镇志文化工程成果之一。主编倪虹丹、杨双德,副主编罗彩平。方志出版社 2018 年 11 月第 1 版第 1 次印刷,16 开本,228 页,342 千字,精装本 1 册,定价 131 元。

志卷首有谢伏瞻、王伟光、李培林序文 3 篇,有编修人员名录。继之,有凡例 14 则,有伍洛镇在中国的位置图、伍洛镇在湖北省的位置图、伍洛镇地图 3 幅,有照片插页 7 页。正文为纲目体。以附录殿后。卷末有编纂始末。上限溯源,下限至 2017 年。

淅河志

淅河镇地方志办公室编。主编王定国,副主编聂德勋、余家国。16 开本,360 页,精装本 1 册。内部印刷。

志卷首有编修人员名录,有淅河

镇在随州市的位置图、淅河镇行政区划图(2004年底区划)2幅,有照片插页12页。继之,有李清国序文1篇,凡例8则。该志首列概述、大事记,正文为章节体,计14章75节。卷末有后记。上限1981年,下限至2004年。

新沟镇志

新沟镇志编纂委员会编。主编张自宪、李守万。武汉出版社2003年10月第1版第1次印刷,印数3000册,16开本,261页,333千字,精装本1册,定价48元。

志卷首有新沟镇地图1幅,有照片插页12页,有前言1篇,并有编修人员名录。继之,有贾耀斌、陈三发、张型俊序文3篇,有张型俊题词1幅,凡例7则。该志首列概述、大事记,正文为纲目体。以附录殿后。卷末有索引、修志始末。上限1900年,下限至2000年。

新洲县城关镇志

新洲县城关镇人民政府修志办公室编。主编张春和。32开本,318页,平装本1册。内部印刷。

徐华藻题写书名。志卷首有新洲县城关镇城区现状图、城关镇古城区简图、城关鸟瞰图(1980年)3幅,有照片插页2页。继之,有张春和序文1篇,凡例10则。该志首列概述、大事年表,正文为纲目体。以附录殿后。卷末有修志始末、编修人员名录。上限不限,下限至1985年。

阳逻镇志

新洲县阳逻镇人民政府编志办公室编。主编张从新。16开本,238页,精装本1册。内部印刷。

志卷首有阳逻总体规划图、阳逻旧城区示意图、阳逻镇区地图3幅,有程志根、项能文等题词7幅,有照片插页20页,并有编修人员名录。继之,有李光前序文1篇,凡例9则。该志首列概述、大事年表,正文为篇章节体,计18篇65章。以杂录殿后。卷末有后记。上限不限,下限至1985年。

杨店镇志

湖北省孝感市孝南区杨店镇志编纂委员会编。中国名镇志文化工程成果之一。主编史勇军。方志出版社2018年11月第1版第1次印刷,16开本,276页,384千字,精装本1册,定价155元。

志卷首有谢伏瞻、王伟光、李培林序文3篇,有编修人员名录,有凡例14则。继之,有杨店镇在中国的位置图、杨店镇在湖北省的位置图、杨店镇地图3幅,有照片插页9页。该志正文为纲目体。以附录殿后。卷末有编纂始末。上限溯源,下限至2017年。

杨集乡志

杨集乡志编纂委员会编。主编胡高社,副主编吴宏潮、童启忠、陈维忠。32开本,488页,350千字,精装本1册,定价32.5元。2000年8月内部印刷,印数1100册。

志卷首有编修人员名录,有照片

插页 4 页。继之，有胡高社序文 1 篇，凡例 8 则。该志首列综述、大事记，正文为篇章节体，计 24 篇 130 章。卷末有表格索引、修志始末、杨集乡地形图 1 幅。上限 1912 年，下限至 1997 年。

杨林尾镇志

湖北省仙桃市杨林尾镇人民政府、仙桃市杨林尾镇地方志编纂委员会编。主编陈剑春。16 开本，803 页，996 千字，精装本 1 册。2013 年内部印刷，印数 600 册。

志卷首有编修人员名录，有王生铁、李辉、郭百荣题词 3 幅，有编者卷首语 1 篇，有文浪书评 1 篇，有仙桃市杨林尾镇地图 1 幅，并有照片插页 14 页。继之，有张赛祥序文 1 篇，凡例 6 则。该志首列概述、大事记，正文为卷章节体，计 26 卷 71 章。卷末有后记。上限 1900 年，下限至 2010 年。

峪山镇志

襄樊市峪山镇地方志编纂委员会编。主编周维和。16 开本，584 页，精装本 1 册。2009 年 9 月内部印刷。

志卷首有编修人员名录，有照片插页 9 页，有峪山镇政区图 1 幅。继之，有凡例 9 则，有孟艳清、陈文序文 2 篇。该志首列综述、大事记，正文为章节体，计 51 章 183 节。以附录殿后。卷末有后记。上限 1949 年，下限至 2005 年。

岳口镇志

岳口镇人民政府地方志办公室编。主编陈玉祥。16 开本，293 页，精装本 1 册。1990 年内部印刷。

志卷首有岳口镇街区图、岳口镇区域图、岳口镇在天门市的位置图、民国时期岳口镇街区示意图 4 幅，有照片插页 4 页，并有编修人员名录。继之，有程远林和金兆松前言 1 篇，凡例 10 则。该志首列篇首、大事记，正文为篇章节体，计 7 篇 33 章。上限清末，下限至 1988 年。

张金镇志

张金镇志编纂委员会编。主编吴遵喜。16 开本，428 页，500 千字，精装本 1 册。2009 年 4 月内部印刷，印数 320 册。

志卷首有凡例 9 则，有王维序文 1 篇，有照片插页 14 页，有潜江市张金镇地图、张金镇区位图、龙湾司图 3 幅。该志首列概述、大事记，正文为章目体，计 38 章。卷末有编后、编修人员名录。上限不限，下限至 2005 年。

湖南省

白沙乡志

白沙乡志编纂组编。主编廖能护、李伏清。16开本，238页，370千字，精装本1册。2004年内部印刷，印数400册。

志卷首有王首道题词1幅，有浏阳市白沙乡行政区划图、白沙集镇总体规划图(1995—2015)2幅，有照片插页7页，并有编修人员名录。继之，有吴菊初序文1篇，凡例10则。该志首列总述、大事记，正文为篇章节体，计6篇32章。以附录殿后。卷末有修志梗概、后记。上限1949年，下限至2002年。

长安营乡志

长安营乡人民政府编。主编段志强，副主编梁纯忠、钟训迪。16开本，225页，精装本1册。内部印刷。

段志强题写书名。志卷首有编修人员名录，有长安营乡地形图、长安营乡交通形势图、长安营乡旅游交通示意图、古长安营城示意图、红军长征过长安线路图5幅。继之，有蒙永福序文1篇，凡例5则，有照片插页26页。该志首列概述、大事记，正文为章节体，计9章31节。以附录殿后。卷末有编后语。上限清代，下限至2009年。

常德市武陵区街道（乡镇）简志

常德市武陵区史志档案局编。主编梅小平，副主编方移洪、何仕林。湖南地图出版社2017年12月第1版第1次印刷，16开本，460页，600千字，精装本1册，定价238元。

志卷首有编修人员名录，有明·嘉靖十八年(1539)常德府城示意图、清·嘉庆十八年(1813)常德府城示意图、常德市武陵区行政区划图(1982年)、常德市武陵区行政区划图(1989年)、常德市武陵区行政区划图(2000年)等16幅，有照片插页10页。继之，有莫汉桃和廖可元序文1篇，凡例9则。该志首列概况，正文为条目体。卷末有索引、后记。上限溯源，下限至2014年。

淳口镇志

淳口镇志编纂组编纂编。主编盛志新、唐天真，副主编罗振兴、朱玉华。16开本，275页，379千字，精装本1册。内部印刷，印数1000册。

志卷首有淳口镇行政区域图1

幅,有罗杏林题词 1 幅,有照片插页 13 页,并有编修人员名录。继之,有吕兴胜序文 1 篇,凡例 10 则。该志首列总述、大事记,正文为篇章节体,计 6 篇 32 章。以附录殿后。卷末有后记。上限 1949 年,下限至 2002 年。

达浒镇志

达浒镇志编纂组编。主编李小平,副主编罗石林。16 开本,200 页,222 千字,精装本 1 册,定价 50 元。内部印刷,印数 350 册。

志卷首有浏阳市达浒镇行政区划图 1 幅,有照片插页 6 页,并有编修人员名录。继之,有黎石秋序文 1 篇,凡例 12 则。该志首列总述、大事记,正文为篇章节体,计 6 篇 28 章。以附录殿后。卷末有后记。上限 1949 年,下限至 2002 年。

大成桥镇志

大成桥镇老年科技工作者协会编。主编李志敏,副主编彭海华。16 开本,295 页,精装本 1 册,定价 168 元。2012 年 1 月内部印刷,印数 2000 册。

志卷首有编修人员名录,有谢国恩编者话题 1 篇,有照片插页 32 页,并有大成桥乡行政区划简图、大成桥镇方位图 2 幅。继之,有刘亮、袁喜清、王斌序文 3 篇。该志首列特辑、大事记,正文为篇章节体,计 9 篇 32 章。以鸣谢殿后。卷末有后记。上限 1949 年,下限至 2011 年。

大围山镇志

大围山镇志编纂组编。主编徐和初,副主编卢安国。16 开本,271 页,460 千字,精装本 1 册,定价 50 元。内部印刷,印数 500 册。

志卷首有浏阳市大围山镇行政区划图 1 幅,有照片插页 6 页,并有编修人员名录。继之,有张扬序文 1 篇,凡例 9 则。该志首列概述、大事记,正文为篇章节体,计 6 篇 35 章。以附录殿后。卷末有后记。上限 1922 年,下限至 2002 年。

党坪苗族乡志

党坪苗族乡志编纂委员会编。主编陈明才。32 开本,705 页,410 千字,平装本 1 册。1997 年 6 月内部印刷,印数 1000 册。

志卷首有屈家海、龚佳禾、龙道坤题词 3 幅,有党坪苗族乡地图,枫乐乡乡、保区域图 2 幅,有照片插页 16 页,并有编修人员名录。继之,有杨范中、隆振理、伍远考、杨焕海、龙景林序文 2 篇,凡例 11 则。该志首列概述、大事记,正文为编章节体,计 6 编 41 章。以附录殿后。卷末有编修始末、捐款名录。上限年清朝末年,下限至 1995 年。

鼎城区乡镇简志

常德市鼎城区人民政府地方志办公室编。湖南省乡镇(街道)简志系列丛书。主编曾世平。方志出版社 2017 年 10 月第 1 版第 1 次印刷,印数 1000 册,16 开本,520 页,646 千字,精装本

1 册,定价 298 元。

志卷首有 1990 年常德县政区图、2005 年鼎城区政区图、2014 年鼎城区政区图 3 幅,并有编修人员名录。继之,有朱金平序文 1 篇,凡例 5 则。该志首列概述,正文为纲目体。以附录殿后。卷末有后记。上限溯源,下限至 2014 年。

高坪乡志

高坪乡志编纂组编。主编李谟冬,副主编李谟顺、易新和。16 开本,235 页,435 千字,精装本 1 册,定价 50 元。内部印刷,印数 300 册。

志卷首有浏阳市高坪乡行政区划图 1 幅,有谭仲池题词 1 幅,有照片插页 5 页,并有编修人员名录。继之,有易华堂序文 1 篇,凡例 6 则。该志首列总述、大事记,正文为篇章节体,计 6 篇 33 章。以附录殿后。卷末有后记。上限 1949 年,下限至 2002 年。

关峡苗族乡志

绥宁县关峡苗族乡志编纂委员会编。主编黄忠义、成有道,副主编莫卓明、朱立明、黄始勇等 8 人。16 开本,465 页,650 千字,精装本 1 册。2012 年 10 月内部印刷,印数 1000 册。

志卷首有关峡苗乡行政区划图 1 幅,并有编修人员名录。继之,有凡例 8 则,有苏仁华、黄忠义和成有道序文 2 篇,并有照片插页 24 页。该志首列大事记,正文为篇章节体,计 7 篇 18 章。以附录殿后。卷末有后记。上限溯源,下限至 2011 年。

官渡镇志

官渡镇志编纂组编。主编钟艾明,副主编施天罡。16 开本,299 页,375 千字,精装本 1 册。内部印刷,印数 500 册。

志卷首有浏阳市官渡镇行政区划示意图 1 幅,有照片插页 7 页,并有编修人员名录。继之,有黄石根、林昌梅序文 2 篇,凡例 8 则。该志首列总述、大事记,正文为篇章节体,计 6 篇 34 章。卷末有后记。上限 1949 年,下限至 2002 年。

衡东县乡镇简志

衡东县史志办公室编。主编陈华良。方志出版社 2017 年 7 月第 1 版第 1 次印刷,印数 3 000 册,16 开本,328 页,352 千字,精装本 1 册,定价 180 元。

志卷首有编修人员名录,有编辑说明 8 则,有衡东县地图(乡镇区划调整前)、衡东县地图(乡镇区划调整后) 2 幅。该志正文为条目体。卷末有后记。上限 1989 年,下限至 2014 年。

湖南乡镇简志

《湖南乡镇简志》编纂委员会编。主编龙举高。黄山书社 1995 年第 1 版第 1 次印刷,32 开本,752 页,精装本 1 册,定价 28 元。

志卷首有编修人员名录。继之,有胥亚序文 1 篇。正文为条目体,收录 21 个县、市的 648 个乡、镇、街道办事处,以及相当于乡镇的农、林、牧、渔场。

隆回县横板桥镇志

隆回县横板桥镇志编纂委员会编。主编廖克亮,副主编戴玉树。16开本,570页,460千字,精装本1册。2016年1月内部印刷,印数500册。

志卷首有编修人员名录,有横板桥镇行政区划图、横板桥镇交通图2幅,有照片插页42页。继之,有刘汉才和魏志坚序文1篇,凡例11则。该志首列概述、大事记,正文为篇章节体,计11篇54章。以附录殿后。卷末有编后语。上限溯源,下限至2014年。

梅云镇志

梅云镇镇志编纂委员会编。主编黄义荣。湖南地图出版社1998年6月第1版第1次印刷,印数5000册,16开本,495页,700千字,精装本1册,定价55元。

志卷首有陈燕发、陈木汗、陈泓平题词3幅,有梅云镇鸟瞰图、梅云镇地图等3幅,有照片插页31页。继之,有陈延华序文1篇,凡例9则。该志首列事纪,正文为卷目体,计12卷。卷末有编后、编修人员名录。上限北宋元丰七年,下限至1996年。

那溪瑶族乡志

洞口县那溪瑶族乡志编纂委员会编。主编谭玉生。32开本,404页,精装本1册。内部印刷。

志卷首有孙明元、阳灿虎、杨期钊序文1篇,凡例9则。该志首列概述、大事记,正文为篇章节体,计7篇36章。卷末有编后记、编修人员名录。上限1404年,下限至1988年。

那溪瑶族乡志

洞口县那溪瑶族乡志编纂委员会编。主编蒋子棠。32开本,446页,246千字,精装本1册。2006年9月内部印刷,印数1500册。

杨升题写书名。志卷首有那溪瑶族乡志地图1幅,有阳树智等题词3幅,有编修人员名录,有照片插页40页。继之,有杨刚基、黄生龙和戴昌龙序文2篇,凡例9则。该志首列概述、大事记,正文为篇章节体,计7篇33章。以附录殿后。卷末有编后的话。上限1956年,下限至2006年。

南坪岗乡志

常德市武陵区南坪岗乡人民政府编。常德市武陵区地方志丛书之一。主编吴昌国。16开本,438页,768千字,精装本1册,定价120元。2005年5月内部印刷,印数400册。

志卷首有南坪岗乡政区图、南坪岗乡水利设施分布图2幅,有编修人员名录。继之,有丁天德、廖星源序文2篇,凡例8则,有照片插页16页。该志首列概述、大事记,正文为篇章节体,计23篇87章。以杂录殿后。卷末有编后记。上限1961年,下限至2004年。

七宝山乡志

七宝山乡志编纂组编。主编陈升阶,副主编曾良初。16开本,174页,

213 千字,精装本 1 册。内部印刷,印数 300 册。

志卷首有七宝山乡行政区域图 1 幅,有照片插页 4 页,并有编修人员名录。继之,有王绍平序文 1 篇,凡例 9 则。该志首列总述、大事记,正文为篇章节体,计 6 篇 29 章。以附录殿后。卷末有修志梗概、后记。上限 1949 年,下限至 2002 年。

三堂街镇志

中共三堂街镇委员会、三堂街镇人民政府编。主编周德生,副主编罗红卫。16 开本,289 页,精装本 1 册。内部印刷。

志卷首有编修人员名录,有 2005 年—2008 年三堂街镇行政区划图、2008 年后三堂街镇行政区划图 2 幅,有照片插页 11 页。继之,有周德生序文 1 篇,凡例 6 则。该志首列概述,正文为篇章节体,计 21 篇 100 章。卷末有后记。上限 1949 年,下限至 2011 年。

三塘镇志

湘阴县三塘镇志编纂委员会编。主编汪鹏,副主编钟建文、吴建山。民主与建设出版社 2016 年 10 月第 1 版第 1 次印刷,16 开本,332 页,450 千字,精装本 1 册,定价 280 元。

志卷首有编修人员名录,有周太平序文 1 篇,有秦献鹏和王雄前言 1 篇,凡例 10 则。继之,有清代三塘镇区位图、三塘镇地名图、三塘镇行政区划图 3 幅,有吴广、伏煌曙、陈宇、张晃

林题词 4 幅,有照片插页 15 页。该志首列概述、大事记,正文为章节体,计 10 章 66 节。以附录殿后。卷末有后记。上限溯源,下限至 2015 年。

三仙湖镇志

中共三仙湖镇委员会、三仙湖镇人民政府编。主编涂其鸣、熊志远。16 开本,157 页,81.357 千字,精装本 1 册。2016 年 12 月内部印刷,印数 300 册。

志卷首有游涛序文 1 篇,有编修人员名录,有三仙湖镇行政区划图、三仙湖镇在南县地理位置图 2 幅,并有照片插页 16 页。该志首列概述、大事记,正文为章节体,计 7 章 34 节。以附录殿后。卷末有编后语。上限 1895 年,下限至 2016 年。

山田乡志

山田乡乡志编纂组编。主编戴建国,副主编徐伟才。16 开本,246 页,280 千字,精装本 1 册。内部印刷,印数 120 册。

志卷首有照片插页 4 页,并有编修人员名录。继之,有余海波、孙玉樟序文 2 篇,凡例 8 则。该志首列总述、大事记,正文为篇章节体,计 6 篇 29 章。卷末有后记。上限 1949 年,下限至 2002 年。

社港镇志

社港镇志编纂组编。主编徐克家,副主编廖成生、寻玉怀。16 开本,235 页,365 千字,精装本 1 册,定价 60

元。2004年内部印刷,印数600册。

志卷首有社港镇行政区划图1幅,有照片插页8页,并有编修人员名录。继之,有徐湘平序文1篇,凡例8则。该志首列总述、大事记,正文为章节体,计32章119节。以附录殿后。卷末有后记。上限1949年7月,下限至2002年。

石鼓镇志

湘潭县石鼓镇志编纂委员会编。32开本,420页,334千字,精装本1册。2000年12月内部印刷,印数2000册。

刘振涛题写书名。志卷首有石鼓镇政区图1幅,有照片插页8页,有宋厚源等题词2幅。继之,有胡步芳和陈海军序文1篇,凡例7则。该志首列概述、大事记,正文为章节体,计16章59节。以附录殿后。卷末有跋、编修人员名录。上限溯源,下限至1998年。

索溪峪土家族乡志

索溪峪土家族乡志编纂委员会编。主编赵辉廷,副主编邓华新。湖南美术出版社2015年12月第1版第1次印刷,印数1100册,16开本,257页,120千字,精装本1册,定价98元。

赵辉廷题写书名。志卷首有编修人员名录,有编辑说明8则,有索溪峪土家族乡行政区划图1幅,有照片插页29页。继之,有卓乐知、朱洪和邓剑、李芳、杨春云和周迪光序文4篇。该志首列概述、大事记,正文为篇章节体,计16篇49章。以附录殿后。卷末有后记。上限1995年,下限至2014年。

太和镇志

太和镇人民政府编。主编徐桂才。32开本,548页,379千字,精装本1册。1999年9月内部印刷,印数1000册。

志卷首有编修人员名录,有太和镇行政区划图1幅。继之,有王新福、蓝三元和何小保序文2篇,凡例8则,有照片插页12页。该志首列概述、大事记,正文为章节体,计6章31节。以附录殿后。卷末有编后语。上限民国,下限至1998年。

王家坪镇志

湖南省张家界市永定区王家坪镇志编纂委员会编。中国名镇志文化工程成果之一。主编张宏和。方志出版社2017年10月第1版第1次印刷,16开本,330页,429千字,精装本1册,定价135元。

志卷首有王伟光、李培林序文2篇,有编修人员名录。继之,有凡例16则,有王家坪镇在中国的位置图、王家坪镇在湖南省的位置图、王家坪镇地图3幅,有照片插页5页。该志正文为纲目体。以附录殿后。卷末有编纂始末。上限溯源,下限至2016年。

文家市镇志

文家市镇志编纂组编。主编肖沐统、蔺万寿,副主编余振魁、李文龙、周树兴。16开本,344页,448千字,精装本 1 册。2004 年内部印刷，印数 600 册。

志卷首有文家镇行政区划图 1 幅，有照片插页 24 页，并有编修人员名录。继之，有沈裕谋、黄文先序文 2 篇，凡例 8 则。该志首列总述、大事记，正文为篇章节体，计 6 篇 35 章。以附录殿后。卷末有跋、编后记。上限 1949 年，下限至 2002 年。

沅江县琼湖镇志

沅江县琼湖镇志编纂小组编。主编王友达，副主编朱立夫。中国文史出版社 2006 年 12 月第 1 版第 1 次印刷，32 开本，308 页，精装本 1 册，定价 168 元。

志卷首有编修人员名录，有刘克强、黄花珍序文 2 篇，有琼湖镇地图 1 幅，有照片插页 10 页。继之，有编辑说明 5 则。该志首列概述、大事记，正文为章节体，计 7 章 28 节。以附录殿后。卷末有后记。上限 598 年，下限至 1988 年。

寨市苗族侗族乡志

湖南省绥宁县寨市苗族侗族乡志编纂委员会编。主编兰序贵、袁子华、王汉雄，副主编沈忠友、黄清喜。方志出版社 2017 年 3 月第 1 版第 1 次印刷，16 开本，254 页，326 千字，精装本 1 册，定价 105 元。

志卷首有王伟光、李培林序文 2 篇，并有编修人员名录。继之，有凡例 16 则，有寨市苗族侗族乡在中国的位置图、寨市苗族侗族乡在湖南省的位置图、寨市苗族侗族乡地图 3 幅，有照片插页 5 页。该志正文为纲目体。以大事纪略殿后。卷末有编纂始末。上限溯源，下限至 2015 年。

中湖乡志

大庸市武陵源区中湖乡人民政府编。主编熊廷锋。32 开本，232 页，180 千字，精装本 1 册。1992 年内部印刷，印数 1000 册。

张子龙题写书名。志卷首有照片插页 1 页，有武陵源区中湖乡地图 1 幅，并有编修人员名录。继之，有张子龙序文 1 篇。该志正文为篇章节体，计 9 篇 31 章。以大事记殿后。卷末有后记。上限溯源，下限至 1992 年。

广东省

北陡镇志

　　台山市北陡镇志编纂工作领导小组编。主编容锡畴。32开本，379页，230千字，精装本1册。2005年10月内部印刷。

　　志卷首有照片插页22页。继之，有彭建明序文1篇，凡例5则。该志首列概述、大事略，正文为章节体，计33章103节。以特辑殿后。卷末有编修人员名录、编后语。上限1952年9月，下限至2000年。

北兴镇志

　　广东省花县北兴镇政府、《北兴镇志》编纂组编。花县地方志丛书之一。主编高秋尧。16开本，280页，精装本1册。内部印刷。

　　刘镜棠题写书名。志卷首有编修人员名录，有照片插页7页，并有北兴镇政区图1幅。继之，有黄炳光序文1篇，凡例9则。该志首列概述、大事记，正文为篇章节体，计6篇32章。卷末有编后语。上限20世纪初，下限至1988年。

彩塘镇志

　　彩塘镇志办公室编。主编黄猷。16开本，559页，精装本1册。内部印刷。

　　志卷首有编修人员名录，有苏仰钦、庄贞蔚序文2篇，有凡例8则。继之，有彩塘镇地图1幅，有施锡洲题词1幅，并有照片插页8页。该志首列概述、大事记，正文为编章节体，计7编45章。以附录殿后。卷末有后记。上限不限，下限至1990年。

长洲镇志

　　长洲镇地方志办公室编。主编曾永定，副主编苏兆怀。广东省地图出版社1998年9月第1版第1次印刷，印数2000册，16开本，209页，320千字，精装本1册，定价58元。

　　志卷首有编修人员名录，有马岩序文1篇，有凡例10则，有黄浦区行政区划图、长洲镇行政区划图、长洲镇景点分布图、长洲上庄街巷图、长洲下庄街巷图等8幅，有照片插页20页。该志首列概述、大事记，正文为章节体，计12章44节。以附录殿后。卷末有编后记。上限1840年，下限至1990年。

车田镇志

　　《车田镇志》修编委员会编。主编

邓文强。16 开本，434 页，精装本 1 册。内部印刷。

志卷首有编修人员名录，有车田镇行政区域图 1 幅，有照片插页 22 页。继之，有杨华维、朱明健、陈俊强和沙小建序文 3 篇，凡例 8 则。该志首列概述、大事记，正文为篇章节体，计 6 篇 36 章。卷末有编后记。上限宋代，下限至 2008 年。

赤溪镇志

赤溪镇修志办公室编。主编谢伟毛，副主编李木浓。16 开本，724 页，精装本 1 册。2005 年 9 月内部印刷。

志卷首有编修人员名录，有赤溪镇地图、赤溪镇地貌图、赤溪镇山脉分布图、赤溪镇水系分布图、县境全图 5 幅，有照片插页 28 页。继之，有傅文锐、周耀辉、李孟普序文 3 篇，凡例 8 则。该志首列概述、事纪略，正文为篇章节体，计 16 篇 47 章。以附录殿后。卷末有编纂始末。上限溯源，下限至 2003 年。

大江镇志

台山市大江镇志编纂领导小组编。主编蔡连喜。32 开本，392 页，220 千字，精装本 1 册。2007 年 10 月内部印刷，印数 1000 册。

志卷首有大江镇在台山市的位置图 1 幅，有照片插页 38 页，并有编修人员名录。继之，有吴东文序文 1 篇，凡例 4 则。该志首列概述、大事记，正文为章节体，计 22 章 116 节。上限 1979 年，下限至 2000 年。

大沙镇志

广州市黄埔区大沙镇地方志编纂委员会编。主编陈华祥。中华书局 2008 年 6 月第 1 版第 1 次印刷，印数 1000 册，16 开本，580 页，660 千字，精装本 1 册，定价 280 元。

志卷首有编修人员名录，有中华人民共和国成立前大沙镇地域由番禺县鹿步司管辖图、大沙镇地图 2 幅。继之，有黄旭明和秦志新序文 1 篇，有照片插页 42 页，凡例 10 则。该志首列总述、大事记，正文为篇章节体，计 23 篇 84 章。以专记殿后。卷末有后记。上限 1840 年，下限至 2001 年。

东漖镇志

东漖镇地方志办公室编。主编梁树燊。广东人民出版社 1994 年 11 月第 1 版第 1 次印刷，印数 2000 册，16 开本，157 页，200 千字，平装本 1 册，定价 10.8 元。

志卷首有编修人员名录，有东漖镇行政区划图 1 幅，有照片插页 8 页。继之，有连广成序文 1 篇，凡例 8 则。该志首列概述、大事记，正文为编章节体，计 6 编 30 章。上限不限，下限至 1990 年。

东水镇志

东水镇志编纂委员会编。主编伍新登。16 开本，313 页，精装本 1 册。内部印刷。

志卷首有广东省河源市和平县东水镇地理位置图 1 幅，并有编修人员名录。继之，有陈文炸序文 1 篇，凡例

10 则,有照片插页 20 页。该志首列大事记,正文为编章节体,计 10 编 45 章。卷末有后记。上限溯源,下限至 2016 年。

东莞市茶山镇志

《东莞市茶山镇志》编纂委员会编。主编黄少峰,副主编黎晃厚。岭南美术出版社 2010 年 7 月第 1 版第 1 次印刷,印数 5 000 册,16 开本,797 页,16 开,精装本 1 册,定价 210 元。

志卷首有茶山镇地图、茶山镇中心图 2 幅,有照片插页 66 页,并有编修人员名录。继之,有罗慧贻、卢少雄和黄少峰序文 2 篇,凡例 10 则。该志首列总述、大事记、专记、茶山之最,正文为篇章节体,计 23 篇 89 章。以附录殿后。卷末有后记。上限溯源,下限至 2007 年。

东莞市大朗镇志

《东莞市大朗镇志》编纂委员会编。主编谢锦波,副主编黄锦发、叶惠明等 5 人。广东人民出版社 2010 年 1 月第 1 版第 1 次印刷,16 开本,830 页,1200 千字,精装本 1 册,定价 268 元。

志卷首有东莞市地图、大朗镇区位图、大朗镇地图(2008)3 幅,有照片插页 39 页,并有编修人员名录。继之,有尹景辉、谢锦波序文 2 篇,凡例 9 则。该志首列概述、大事记,正文为篇章节体,计 6 篇 32 章。以附录殿后。卷末有编后记。上限 331 年,下限至 2008 年。

东莞市大岭山镇志

《东莞市大岭山镇志》编纂委员会编。主编殷流稳,副主编李梨。中华书局 2011 年 3 月第 1 版第 1 次印刷,印数 3000 册,16 开本,1103 页,1 280 千字,精装本 1 册,定价 228 元。

志卷首有大岭山镇地图、大岭山镇中心区图 2 幅,有照片插页 62 页,并有编修人员名录。继之,有曾生、梁荣业和黄仗辉序义 2 篇,凡例 8 则。该志首列概述、大事记,正文为编章节体,计 19 编 86 章。以附录殿后。卷末有编后记。上限明代以前,下限至 2005 年。

东莞市洪梅镇志

《东莞市洪梅镇志》编纂委员会编。主编王建周,副主编吴淑萍、谭志强、麦沛坚。广东人民出版社 2010 年 3 月第 1 版第 1 次印刷,16 开本,398 页,560 千字,精装本 1 册,定价 160 元。

志卷首有王建周、刘鹤翘题词 2 幅,有东莞市洪梅镇地图、洪梅镇中心区图、洪梅镇中心鸟瞰图 3 幅,有照片插页 29 页,并有编修人员名录。继之,有王建周序文 1 篇,凡例 11 则。该志首列概述、大事记,正文为篇章节体,计 18 篇 56 章。以附录殿后。卷末有编修始末。上限溯源,下限至 2006 年。

东莞市黄江镇志

《东莞市黄江镇志》编纂委员会编。主编叶沃昌、李志东,副主编温泉华、袁柱波。中华书局 2016 年 5 月第

1 版第 1 次印刷，印数 3 000 册，16 开本，915 页，1250 千字，精装本 1 册，定价 280 元。

志卷首有黄江镇卫星图、黄江镇位置图、黄江镇地图、黄江镇中心图 4 幅，有照片插页 53 页，并有编修人员名录。继之，有叶锦锐、李志东序文 2 篇，凡例 8 则。该志首列概述、大事记、专记，正文为编章节体，计 24 编 121 章。以附录殿后。卷末有编修始末。上限溯源，下限至 2012 年。

东莞市桥头镇志

中共桥头镇委员会、桥头镇人民政府编。主编刘庆华。岭南美术出版社 2006 年 12 月第 1 版第 1 次印刷，印数 2000 册，16 开本，303 页，精装本 1 册，定价 128 元。

志卷首有桥头镇地理位置图、东莞市桥头镇总体规划（2001—2020）道路系统规划图、东莞市桥头镇总体规划（2001—2020）电力工程规划图、桥头镇地图、桥头镇中心图、桥头镇内公共汽车线路图 6 幅，有照片插页 46 页，并有编修人员名录。继之，有谭全安、莫厚良序文 2 篇，东莞市桥头镇志编写组前言 1 篇，凡例 10 则。该志首列总述、大事记，正文为篇章节体，计 11 篇 58 章。以附录殿后。卷末有编后记。上限溯源，下限至 2002 年。

东莞市石碣镇志

《东莞市石碣镇志》编纂委员会编。主编刘始团，副主编王炜东、袁灿怀、何志伟等 4 人。中华书局 2010 年 12 月第 1 版第 1 次印刷，印数 5 000 册，16 开本，754 页，1020 千字，精装本 1 册，定价 198 元。

志卷首有石碣镇地图、石碣镇中心图 2 幅，有照片插页 49 页，并有编修人员名录。继之，有刘始团、王炜东序文 2 篇，凡例 8 则。该志首列总述、大事记、专记，正文为篇章节体，计 22 篇 78 章。以附录殿后。卷末有图表索引、编后记。上限溯源，下限至 2008 年。

东莞市中堂镇志

《东莞市中堂镇志》编纂委员会编。主编刘丹。广东人民出版社 2012 年 10 月第 1 版第 1 次印刷，印数 3000 册，16 开本，870 页，1200 千字，精装本 1 册，定价 260 元。

志卷首有清康熙中堂司图、民国后期中堂圩印象图、中堂镇地图、中堂镇中心图 4 幅，有照片插页 49 页，并有编修人员名录。继之，有黎桂康、袁东平序文 2 篇，凡例 11 则。该志首列概述、大事记、专记，正文为篇章节体，计 21 篇 101 章。以附录殿后。卷末有索引、编后记。上限 960 年，下限至 2008 年。

都城镇志

郁南县都城镇志编纂小组编。主编李立，副主编陈瑞云。16 开本，506 页，精装本 1 册。1991 年内部印刷。

黄耀钧题写书名。志卷首有郁南县都城镇地图、都城镇街道图 2 幅，有照片插页 8 页。继之，有林载龙、刘金泉序文 2 篇，凡例 9 则。该志首列概述、大事记，正文为章节体，计 30 章 140 节。以附录殿后。卷末有编后记、编修人员名录。上限 1912 年，下限至 1986 年。

福永镇志

福永镇志编纂委员会编。主编郭培源，副主编黄庆棠。合肥工业大学出版社 2006 年 4 月第 1 版第 1 次印刷，16 开本，650 页，900 千字，精装本 1 册，定价 150 元。

志卷首福永镇航拍摄像图（2004 年 10 月）1 幅，有照片插页 11 页，有编修人员名录。继之，有陈桂其序文 1 篇，凡例 6 则。该志首列概述、大事记，正文为编章节体，计 6 编 39 章。以附录殿后。卷末有后记。上限溯源，下限至 2004 年。

附城镇志

附城镇志编纂委员会编。主编朱国羡，副主编谭德和、林荣裕、陈务科等 5 人。32 开本，600 页，290 千字，精装本 1 册。2006 年 12 月内部印刷。

志卷首有附城镇位置图、附城公社地图 2 幅，有照片插页 19 页，并有编修人员名录。继之，有谭伟豪序文 1 篇，凡例 11 则。该志首列概述、大事略记，正文为章节体，计 23 章 77 节。卷末有编后记。上限溯源，下限至 2000 年。

公平镇志

公平镇人民政府编。主编黄小流、廖方灶，副主编钟智和、邱智荣、钟志能。中国大地出版社 2001 年 6 月第 1 版第 1 次印刷，印数 2000 册，16 开本，198 页，250 千字，精装本 1 册，定价 58 元。

连家生题写书名。志卷首有钟敬文题词 1 幅，有公平镇区域图、公平镇城区示意图（1990 年）、公平镇城区示意图（1949 年）、公平镇交通示意图 4 幅，有照片插页 16 页，并有编修人员名录。继之，有廖方灶序文 1 篇，凡例 8 则。该志首列概述、大事记，正文为编章节体，计 6 编 24 章。以附录殿后。卷末有编后语。上限不限，下限至 1990 年。

谷饶乡志

编著张海鸥。32 开本，315 页，精装本 1 册。2001 年 8 月内部印刷，印数 2000 册。

吴南生题写书名。志卷首有李习楷、莫仲予等题词 6 幅，有照片插页 12 页。继之，有张盛志序文 1 篇，凡例 5 则，有潮阳谷饶镇全图、谷饶五村全图 2 幅。该志首列概述、大事记，正文为卷章体，计 2 卷 27 章。以鸣谢殿后。卷末有后记。上限 1391 年，下限至 1998 年。

广海镇志

广海镇志编纂委员会编。广东省台山市地方志丛书之一。主编曹明，副主编陈荣发、黄造时、黄国伟。16 开本，566 页，615 千字，精装本 1 册。2009 年 9 月内部印刷，印数 1500 册。

志卷首有李法、陈志远、曹何、胡培新题词4幅,有广海镇在台山市位置图、广海镇区域图、广海镇地形图、广海城街道简图4幅,有照片插页24页,并有编修人员名录。继之,有叶锐箭、黄仁夫序文2篇,凡例9则。该志首列总述、大事记,正文为章节体,计27章124节。以附录殿后。卷末有编后记。上限溯源,下限至2006年。

海侨镇志

台山市海侨镇志编纂委员会编。主编黄文汉。32开本,211页,精装本1册。2005年8月内部印刷。

志卷首有黄文汉序言1篇,有照片插页14页,有凡例4则,并有编修人员名录。该志首列概述、大事记,正文为章节体,计13章51节。以辑存殿后。卷末有后记。上限1963年,下限至2000年。

红砂乡志

潮安江东红砂乡志编委会编。主编洪理悦,副主编洪良才。16开本,684页,精装本1册。内部印刷。

洪理悦题写书名。志卷首有编修人员名录,有洪小灵、洪理悦、洪泽宏、佃耀奎题词4幅,有红砂区域图1幅,有照片插页41页。继之,有洪理悦序文1篇,凡例9则。该志首列概述、大事记,正文为篇章节体,计2篇5章。以附录殿后。卷末有编后语。上限溯源,下限至2015年。

厚街镇志

《东莞市厚街镇志》编纂委员会编。主编王卓培,副主编王健文、陈剑峰、温放玲。广东人民出版社2015年1月第1版第1次印刷,印数6000册,16开本,1036页,1401千字,精装本1册,定价288元。

志卷首有厚街镇地图、厚街地图、清厚街乡全图、厚街乡图4幅,有照片插页49页,并有编修人员名录。继之,有万卓培序文1篇,凡例10则。该志首列概述、大事记,正文为卷章节体,计32卷144章。以附表索引殿后。卷末有编后记。上限北宋末期,下限至2010年。

虎门镇志

广东省东莞市虎门镇志编纂委员会编。中国名镇志文化工程成果之一。主编谭叙棉,副主编陈浩华。方志出版社2016年4月第1版第1次印刷,16开本,354页,426千字,精装本1册,定价146元。

志卷首有王伟光、李培林序文2篇,有编修人员名录,有凡例6则。继之,有虎门镇位置示意图、虎门镇地图、虎门镇中心图3幅,有照片插页4页。该志正文为纲目体。以附录殿后。卷末有编纂始末。上限溯源,下限至2015年。

黄埔镇志

黄埔镇地方志编纂委员会编。主编古惠煌、罗帝春、孙启驹、林丽华,副主编张志军。广东人民出版社2013

年 11 月第 1 版第 1 次印刷,16 开本,587 页,700 千字,精装本 1 册,定价 588 元。

志卷首有编修人员名录,有周木文、赖文辉序文 2 篇,有凡例 10 则。继之,有古代归善县地图、清朝时期惠州府地图、民国时期惠阳县政区图(1946.4.20)、黄埔镇卫星俯瞰图、黄埔镇地形图 5 幅,有照片插页 43 页。该志首列大事记、概述,正文为篇章节体,计 25 篇 77 章。卷末有编后记、鸣谢。上限 1371 年,下限至 2013 年。

惠州市小金口镇志

惠州市小金口镇编。惠州市惠城区地方志丛书之一。主编范振初。32 开本,317 页,精装本 1 册。内部印刷。

志卷首有编修人员名录,有严玉全序文 1 篇,有凡例 6 则。该志首列概述、大事记,正文为章节体,计 20 章 59 节。卷末有编者的话。上限 1840 年,下限至 1987 年。

九龙镇志

广东清远英德市九龙镇志编纂委员会编。主编郭金土,副主编刘炳仁。16 开本,611 页,600 千字,精装本 1 册。2008 年 2 月内部印刷。

志卷首有编修人员名录,有李木桥等题词 2 幅,有英德市九龙镇行政区划图 1 幅,有照片插页 30 页。继之,有李木桥、黄志明序文 2 篇,凡例 10 则。该志首列概述、大事记,正文为篇章节体,计 7 篇 42 章。卷末有编修镇志始末、编后记。上限 1369 年,下限至 2007 年。

黎咀镇志

《黎咀镇志》编纂领导小组编。主编邹海林。16 开本,436 页,精装本 1 册。内部印刷。

志卷首有龙川县黎咀镇政区图 1 幅,有照片插页 11 页,并有编修人员名录。继之,有骆天、谢銮新、谢东海和陈永生、陈添胜和罗良海序文 4 篇,凡例 8 则。该志首列概述、大事记,正文为编章节体,计 6 编 24 章。以附录殿后。卷末有后记。上限溯源,下限至 1997 年。

龙归镇志

广州市白云区龙归镇人民政府编。主编周楫航。16 开本,179 页,258 千字,精装本 1 册。2002 年内部印刷,印数 2000 册。

志卷首有编修人员名录,有张树权题词 1 幅,有广州市白云区龙归镇地图 1 幅,有照片插页 26 页。继之,有张树权和越锡滔、黎桂初序文 2 篇,凡例 5 则。该志首列概述、大事记,正文为章节体,计 28 章 103 节。卷末有编后记、编审后记、鸣谢。上限 1840 年,下限至 1995 年。

萝岗镇志

广州市白云区萝岗镇人民政府编。主编梁中成。16 开本,222 页,240 千字,精装本 1 册。2001 年内部印刷,印数 1000 册。

钟锡添题写书名。志卷首有清代

鹿步司（禺东地区）地名图、广州市白云区萝岗镇政区图 2 幅，有照片插页 17 页。继之，有钟锡元和黄秀梅、钟钊常序文 2 篇，凡例 11 则，有编修人员名录。该志首列概述、大事记，正文为篇章节体，计 6 篇 30 章。卷末有编者的话、编审后记。上限 1840 年，下限至 1990 年。

麻布岗镇志

《麻布岗镇志》编纂领导小组编。主编黄观兰。16 开本，458 页，精装本 1 册。内部印刷。

黄观兰题写书名。志卷首有黄菊勋、黄勋拔题词 2 幅，有麻布岗行政区域图、麻布岗镇地势、交通图、麻布岗水域、蓄水工程电站分布图 3 幅，有照片插页 15 页，并有编修人员名录。继之，有刘卓文、黄维忠序文 2 篇，凡例 9 则。该志首列概述、大事记，正文为编章节体，计 6 编 31 章。以附录殿后。卷末有后记。上限溯源，下限至 1998 年。

麻涌镇志

《东莞市麻涌镇志》编纂委员会编。主编郭佳荣、杜学民、尹礴、陈章松，副主编陈锡立。中华书局 2012 年 6 月第 1 版第 1 次印刷，印数 4000 册，16 开本，735 页，1000 千字，精装本 1 册，定价 218 元。

志卷首有麻涌镇地图、麻涌镇中心图、清中堂司图（载康熙《东莞县志》卷首）3 幅，有照片插页 43 页，并有编修人员名录。继之，有邓流文、袁国超序文 2 篇，凡例 8 则。该志首列概述、大事记，正文为篇章节体，计 22 篇 96 章。以附录殿后。卷末有附表索引、编后记。上限 1140 年，下限至 2008 年。

梅县丙村镇志

梅县丙村镇志编辑部编。主编温带权，副主编廖江添。16 开本，227 页，精装本 1 册。1993 年 10 月内部印刷。

志卷首有编修人员名录，有梅县丙村镇行政区划图 1 幅，有照片插页 9 页。继之，有谢文思序文 1 篇，凡例 12 则。该志首列概述、大事记，正文为篇章节体，计 5 篇 27 章。以附录记殿后。卷末有编后话。上限 1733 年，下限至 1987 年。

梅县三乡乡志

梅县三乡乡志编纂办公室编。主编钟其坚，副主编陈光燊、陈国光。16 开本，280 页，精装本 1 册。内部印刷。

志卷首有编修人员名录，有廖安祥题词 1 幅，有照片插页 10 页，并有梅县三乡乡行政区划简图、梅县三乡乡圩镇建设规划简图 2 幅。继之，有钟其庆序文 1 篇，凡例 10 则。该志首列概述、大事记，正文为篇章节体，计 6 篇 27 章。卷末有编后记。上限 1898 年，下限至 1987 年。

梅县畲江镇志

梅县畲江镇志编辑部编。主编吴炳奎。16 开本，252 页，精装本 1 册。

1995年10月内部印刷。

志卷首有畲江镇政区示意图1幅,有照片插页11页,并有编修人员名录。继之,有编者前言1篇,凡例11则。该志首列概述、大事记,正文为篇章节体,计5篇29章。以附录殿后。卷末有修志始末。上限溯源,下限至1993年。

弥高乡志

《弥高乡志》编纂委员会、中共普宁泥沟总支委员会、普宁泥沟村村委会编。主编张仲益,副主编许斯喜、张仲发、张仲泰、张伯友、张怡华。16开本,377页,精装本1册。2008年3月内部印刷,印数2500册。

志卷首有普宁市地图、泥沟简图2幅,有林川、张伯人序文2篇,有照片插页32页,有凡例6则。该志首列大事记,正文为编目体,计12编。以附录殿后。卷末有后记、编修人员名录。上限1286年,下限至2007年。

南岗镇志

广州市黄埔区南岗镇地方志编纂委员会编。主编陈华祥,副主编崔大经。中华书局2006年9月第1版第1次印刷,印数1000册,16开本,445页,620千字,精装本1册,定价180元。

志卷首有编修人员名录,有潘井泉和杨滨序文1篇,有南岗镇地图等2幅,有照片插页43页。继之,有凡例11则。该志首列总述、大事记,正文为篇章节体,计26篇101章。卷末有后记。上限1840年,下限至2001年。

南海市南庄镇志

广东省南海市南庄镇地方志编纂委员会编。南海市地方志丛书之一。主编陈德礼、陈少安。广东人民出版社2009年9月第1版第1次印刷,16开本,796页,830千字,精装本1册,定价180元。

志卷首有南海市南庄镇行政区划图(2002年)1幅,有照片插页48页,并有编修人员名录。继之,有高成建序文1篇,凡例11则。该志首列概述、大事记,正文为章节体,计18章97节。以附录殿后。卷末有英文目录、编后记。上限1022年,下限至2002年。

炮台镇志

中共炮台镇委员会、炮台镇人民政府编。主编王楚斯。16开本,486页,精装本1册。内部印刷。

王兰若题写书名。志卷首有炮台镇行政区划图、桃山都古辖区图2幅,有编修人员名录,有照片插页10页。继之,有黄兰发、陈廷华、江玉城序文3篇,凡例9则。该志首列概述,正文为篇章节体,计12篇75章。以附录殿后。卷末有后记。上限溯源,下限至2010年。

人和镇志

广州市白云区人和镇政府编。主编黎宇。16开本,320页,450千字,精装本1册。1997年3月内部印刷,印数 2000 册。

志卷首有编修人员名录,有黎子流题词 1 幅,有人和镇地图 1 幅,并有照片插页 14 页。继之,有刘康和序文 1 篇,凡例 7 则。该志首列概述、大事记,正文为篇章节体,计 25 篇 76 章。卷末有后记。上限 1840 年,下限至 1994 年。

三合镇志

三合镇志编纂委员会编。主编余仲立,副主编朱灿业、朱锡照。32 开本,547 页,270 千字,精装本 1 册。2006 年 12 月内部印刷。

志卷首有照片插页 61 页,并有编修人员名录。继之,有朱启辉序文 1 篇,凡例 6 则。该志首列概述、大事记,正文为章节体,计 23 章 94 节。卷末有编后记。上限溯源,下限至 2000 年。

三坑镇志

清新县三坑镇地方志编纂办公室编。主编梁新发,副主编胡金河、黄德水。16 开本,263 页,300 千字,精装本 1 册。2001 年内部印刷,印数 1000 册。

潘金池题写书名。志卷首有照片插页 8 页,有李向武、曾汝就、伍广林题词 3 幅,有清新县三坑镇区域图 1 幅,并有编修人员名录。继之,有李向武序文 1 篇,凡例 11 则。该志首列概述、大事记,正文为章节体,计 16 章 95 节。以附录殿后。卷末有编纂始末、鸣谢。上限不限,下限至 2000 年。

沙井镇志

沙井镇志编纂委员会编。主编赖为杰,副主编覃汉进、程建。吉林摄影出版社 2002 年 6 月第 1 版第 1 次印刷,印数 5000 册,32 开本,929 页,530 千字,精装本 1 册,定价 88 元。

志卷首有编修人员名录,有沙井镇地图 1 幅,有照片插页 16 页。继之,有余伟良和邓寿棠序文 1 篇,凡例 8 则。该志首列概述、大事记,正文为编章节体,计 6 编 38 章。以附录殿后。卷末有后记。上限不限,下限至 2000 年。

沙湾镇志

中共广州市番禺区沙湾镇委员会、广州市番禺区沙湾镇人民政府编。主编何品端,副主编何星耀、赖国雄。广东人民出版社 2013 年 10 月第 1 版第 1 次印刷,印数 3000 册,16 开本,731 页,1100 千字,精装本 1 册,定价 280 元。

志卷首有编修人员名录,有中共广州市番禺区沙湾镇委员会、广州市番禺区沙湾镇人民政府序文 1 篇,有凡例 6 则。继之,有沙湾司图、1990 年沙湾镇域图、沙湾镇地理位置及交通示意图 3 幅,有照片插页 66 页。该志首列大事记,正文为篇章节体,计 9 篇 41 章。以附录殿后。卷末有后记。上限汉代,下限至 2000 年。

沙溪镇志

中山市沙溪镇人民政府编。主编高灿雄,副主编陈毅力。花城出版社

1999年6月第1版第1次印刷,16开本,496页,精装本1册。

志卷首有编修人员名录,有中山市沙溪镇地图、沙溪镇在中山市的位置图等4幅,有照片插页20页。继之,有胡永康序文1篇,凡例8则。该志首列概况、大事记,正文为篇章节体,计9篇55章。以附录殿后。卷末有编后。上限南宋,下限至1997年。

上川镇志

台山市上川镇志编纂委员会编。主编曹汉平。32开本,375页,190千字,精装本1册。2008年12月内部印刷,印数1200册。

方卓儒题写书名。志卷首有上川岛地图1幅,有编修人员名录,有照片插页50页。继之,有方卓儒序文1篇,凡例6则。该志首列概述、大事记,正文为章节体,计26章92节。以附录殿后。卷末有编后记。上限溯源,下限至2000年。

深井镇志

台山市深井镇人民政府编。主编伍彩金,副主编吴炎胜。32开本,365页,精装本1册。2004年5月内部印刷。

志卷首有照片插页13页,并有编修人员名录。继之,有甄确序文1篇,凡例6则。该志首列概述、大事年表,正文为章节体,计18章56节。卷末有编后记、有陈克振、陈景常、吴立、张兴才等题词7幅。上限1642年,下限至2000年。

深圳市十九镇简志

深圳市史志办公室编。主编周其若、马志明,副主编严衡山、林雨如、徐太宏。海天出版社1996年9月第1版第1次印刷,16开本,235页,精装本1册,定价58元。

志卷首有编修人员名录,有厉有为、李子彬、李广镇、林祖基、莫华枢题词5幅,有深圳市卫星影像图、深圳市十九镇分布图2幅,有照片插页19页。继之,有凡例7则,李容根序文1篇。正文为条目体。以深圳市十九镇建制沿革表(1949.10—1995.12)殿后。卷末有后记。上限溯源,下限至1995年。

石龙镇志(第一卷)

东莞石龙镇人民政府编。主编陈建宁,副主编陈淦林。岭南美术出版社2004年12月第1版第1次印刷,16开本,603页,精装本1册,定价280元。

志卷首有黄卓钦和冼周恩序言1篇,有石龙镇地图、石龙市图(民国二十七年石龙工局制)、石龙潢涌茶山县城图(民国东莞县志附图)、民国石龙新市图、民国粤海道图5幅,有照片插页63页。继之,有凡例8则。该志首列概述、大事记,正文为篇章节体,计9篇45章。以附录殿后。卷末有编修人员名录,编后记。上限不限,下限至1979年。

台城镇志

台城镇志编纂领导小组编。主编

陈务科、伍启辉。32开本,489页,245千字,精装本1册。2006年12月内部印刷。

志卷首有台山市地图、台山市城区(台城镇)地图、台城镇在台山市的位置及台山市在珠江三角洲的位置示意图、清代时期(光绪十九年)台城规模街道图4幅,有照片插页27页,并有编修人员名录。继之,有陈增辉序文1篇,凡例8则。该志首列概述、大事记,正文为章节体,计12章45节。卷末有编后记。上限1499年,下限至2000年。

太和镇志

广州市白云区太和镇人民政府编。主编谢汉清。16开本,307页,445千字,精装本1册。1998年内部印刷,印数1000册。

谢丽康题写书名。志卷首有编修人员名录,有陈耀光、谢锡坚、谢丽康、黄细福题词4幅,有广东市白云区太和镇地图1幅,并有照片插页12页。继之,有谢锡坚序文1篇,凡例8则。该志首列概述、大事记,正文为篇章节体,计27篇89章。卷末有编后语、编纂资料来源、编审后记。上限1837年,下限至1996年。

唐家湾镇志

《唐家湾镇志》编纂委员会编。主编周火根,副主编王璐、罗玉芬。广东人民出版社2015年5月第1版第1次印刷,印数10000册,16开本,458页,530千字,精装本1册,定价168元。

志卷首有唐家湾镇社区行政管理范围图1幅,有照片插页29页,并有编修人员名录。继之,有周火根、罗锡强、唐龙彬序文3篇,凡例8则。该志首列总述,正文为章节体,计16章64节。以大事记殿后。卷末有后记。上限1524年,下限至2013年。

佗城镇志

《佗城镇志》编纂委员会编。主编罗观星、李宇,副主编陈国忠、袁伟才、黄大城。16开本,405页,748.8千字,精装本1册。2005年12月内部印刷,印数2000册。

张克明题写书名。志卷首有编修人员名录,有照片插页42页,并有秦代的龙川位置图、南越国时期的龙川位置图、西汉时期的龙川位置图、隋代的龙川位置图、佗城镇图等15幅。继之,有蓝玉珊、陈亦谦、黄志平和徐南春序文3篇,凡例7则。该志首列概述、大事记,正文为篇章节体,计6篇35章。以附录殿后。卷末有后记。上限不限,下限至2004年。

汶村镇志

台山市汶村镇志编纂委员会编。主编何景欢,副主编陈新喜。32开本,319页,18千字,精装本1册。2007年10月内部印刷,印数1000册。

志卷首有照片插页22页,并有编修人员名录。继之,有凡例8则。该志首列概述、大事记,正文为章节体,计29章87节。上限溯源,下限至2000年。

下川镇志

台山市下川镇志编纂委员会编。主编方松年。32开本，386页，220千字，精装本2册。2009年5月内部印刷，印数2000册。

志卷首有下川地图1幅，有照片插页74页。继之，有方庭旺、方卓儒序文2篇，有方松年编者的话1篇，有凡例7则。该志首列概述、大事记，正文为章节体，计20章78节。以附录殿后。卷末有编后记。上限溯源，下限至2003年。

小榄镇志

广东省中山市小榄镇志编纂委员会编。中国名镇志文化工程成果之一。主编梁荣佳、林伟强、梁华海。方志出版社2016年10月第1版第1次印刷，16开本，352页，424千字，精装本1册，定价142元。

志卷首有王伟光、李培林序文2篇，有编修人员名录，有凡例16则，有小榄镇在中国的位置图、小榄镇在广东省的位置图、小榄镇地图3幅，并有照片插页7页。该志首列概述，正文为纲目体。以附录殿后。卷末有主要参考文献、编纂始末。上限溯源，下限至2015年。

新华镇志

花县新华镇志编纂办公室编。主编黄琰鸿。16开本，340页，精装本1册。1989年10月内部印刷，印数1000册。

徐晢嘉题写书名。志卷首有黄迪菲、徐安如题词2幅，有新华镇行政区划图、新华镇城区现状图2幅，有照片插页8页。继之，有杜绍暖序文1篇，凡例10则。该志首列概述、大事记，正文为编章节体，计6编38章。卷末有编后记、编修人员名录。上限1686年，下限至1988年。

新市镇志

广州市白云区新市镇人民政府编。主编黎迪昌，副主编黎灿光、蔡启声。16开本，304页，350千字，精装本1册。2002年内部印刷，印数3000册。

志卷首有编修人员名录，有陈残云、黄志昌、黎光照等题词6幅，有新市镇镇域图1幅，有照片插页21页。继之，有黄志昌和陈琦琳、黎光照序文2篇，凡例9则。该志首列概述、大事记，正文为章节体，计22章97节。卷末有编后话、编审后记。上限1840年，下限至1995年。

新寨乡志

广东省揭东县炮台镇《新寨乡志》编纂委员会编。主编吴济荣，副主编吴锦泉、吴忠。16开本，545页，精装本1册。内部印刷。

志卷首有吴南生、吴惠瑜、吴桂贤、吴伟勋、吴健琴、吴声贤等题词22幅，有吴惠瑜、吴奎信序文2篇，有揭阳市地图1幅，有照片插页16页，并有编者前言1篇。该志首列记事，正文为章节体，计18章47节。卷末有后记、编修人员名录。上限溯源，下限至 2000 年。

雅瑶镇志

中共雅瑶镇委员会、雅瑶镇人民政府编。主编邓文彭。16 开本，348 页，420 千字，精装本 1 册，定价 100 元。2006 年 9 月内部印刷，印数 3800 册。

志卷首有编修人员名录，有照片插页 76 页。继之，有邱文健序文 1 篇，凡例 11 则。该志首列概述、大事记，正文为篇章节体，计 5 篇 23 章。以附录、特辑殿后。卷末有编后记。上限溯源，下限至 2004 年。

阳春县合水镇志

阳春县合水镇政府编。主编陈鸿畴。32 开本，222 页，平装本 1 册。1989 年 12 月内部印刷，印数 3500 册。

严勇题写书名。志卷首有编修人员名录。继之，有合水镇志编纂领导小组序文 1 篇，凡例 10 则，有合水镇地图 1 幅，有照片插页 38 页。该志首列大事记，正文为篇章节体，计 6 篇 29 章。以附录殿后。卷末有编后记。上限溯源，下限至 1987 年。

紫市镇志

紫市镇志编纂委员会编。主编杨保荣。16 开本，350 页，精装本 1 册。内部印刷。

志卷首有编修人员名录，有紫市全貌图、龙川县行政区划图、紫市镇行政区域图 3 幅，有照片插页 27 页。继之，有张鉴林、黄建和曾仕根序文 2 篇，凡例 9 则。该志首列概述、大事记，正文为篇章节体，计 9 篇 36 章。卷末有后记。上限溯源，下限至 2015 年。

广西壮族自治区

八步镇志

八步镇人民政府镇志编纂办公室编。主编卢鼎鹏,副主编林毅生。广西人民出版社1990年10月第1版第1次印刷,32开本,342页,259千字,精装本1册,定价12.8元。

志卷首有编修人员名录,有照片插页9页,并有八步镇地图1幅。继之,有黄传林序文1篇,凡例8则。该志首列概述、大事记,正文为篇章节体,计7篇33章。卷末有编后记。上限1858年,下限至1988年。

富禄苗族乡志

广西三江富禄苗族乡志编纂委员会编。主编吴志峰、梁善芬、赖守强。漓江出版社2014年9月第1版第1次印刷,16开本,240页,420千字,精装本1册,定价166元。

志卷首有三江县富禄苗族乡行政村屯分布示意图1幅,有照片插页23页,并有编修人员名录。继之,有梁谊序文1篇,凡例8则。该志首列概述、大事记,正文为编章节体,计7编30章。以附录殿后。卷末有后记。上限1105年,下限至2013年。

古砦仫佬族乡志

古砦仫佬族乡志编纂委员会编。主编龙莫驹,副主编莫建明。16开本,228页,精装本1册。内部印刷。

志卷首有陈鸿宁、牛继昌、梁荣、韦毅刚题词4幅,有编修人员名录,并有照片插页43页。继之,有梁荣序文1篇,编写说明11则。该志首列概述、人事记,正文为章节体,计14章61节。卷末有编后记。上限1999年,下限至2009年。

古砦乡志

柳城县古砦仫佬族乡人民政府编。主编龙瑞生。32开本,295页,精装本1册。内部印刷。

志卷首有韦开翔、黄仕安、文军、雷必松题词4幅,有古砦仫佬族乡行政区划图、龙美集镇规划图2幅,有照片插页6页,并有编修人员名录。继之,有雷必松、文军序文2篇,编辑说明6则。该志正文为篇章节体,计13篇68章。卷末有编后记。上限1910年,下限至1999年8月。

广西重点镇志

广西壮族自治区通志馆编。主编

蓝日基,副主编晏源源、刘健全。广西人民出版社 2004 年 8 月第 1 版第 1 次印刷,印数 1500 册,32 开本,452 页,340 千字,精装本 1 册,定价 80 元。

志卷首有编修人员名录,有陆兵序文 1 篇,编辑说明 6 则。该志正文为条目体。以附录殿后。卷末有照片插页 73 页。上限发端,下限至 2001 年。

来宾市乡镇简志

来宾市人民政府编。来宾市地方志丛书之一。主编卢运福,副主编韦仕、李勇。中国文化出版社 2009 年 1 月第 1 版第 1 次印刷,印数 1000 册,16 开本,432 页,800 千字,精装本 1 册,定价 180 元。

志卷首有来宾市行政区划图 1 幅,有照片插页 42 页,并有编修人员名录。继之,有杨和荣、卢运福序文 2 篇,编辑说明 8 则。该志首列总述,正文为条目体。以附录殿后。卷末有后记。上限清朝时期,下限至 2007 年。

那陈乡志

邕宁县那陈乡志编纂领导小组编。主编杨培,副主编吴炯兴。32 开本,272 页,平装本 1 册。内部印刷。

方孙振题写书名。志卷首有南宁市邕宁县那陈乡行政区域图 1 幅,有照片插页 8 页,并有编修人员名录。继之,有范余鉴和卢学智序文 1 篇,凡例 10 则。该志首列概述、大事记,正文为编章节体,计 7 编 31 章。卷末有后记、编后话。上限清朝,下限至 1989 年。

沙塘镇志

沙塘镇地方志编纂委员会编。主编覃仁生、覃继来。广西人民出版社 2008 年 10 月第 1 版第 1 次印刷,印数 800 册,32 开本,397 页,300 千字,精装本 1 册,定价 50 元。

杨本礼题写书名。志卷首有编修人员名录,有卢振军序文 1 篇,有照片插页 10 页。该志首列概述、大事记,正文为章节体,计 20 章 23 节。卷末有后记。上限 1926 年,下限至 2008 年。

寺村镇志

寺村镇人民政府编。主编韦敏,副主编邹凤屏。广西人民出版社 1999 年 6 月第 1 版第 1 次印刷,印数 1500 册,16 开本,356 页,570 千字,精装本 1 册。

志卷首有象州县寺村镇地图 1 幅,有编修人员名录,有照片插页 14 页。继之,有韦纯束、覃晓和梁会成序文 2 篇,凡例 11 则。该志首列概述,正文为篇章节体,计 13 篇 54 章。以附录殿后。卷末有大事记、后记。上限不限,下限至 1997 年。

寺面镇志

寺面镇人民政府编。主编王战初,副主编韦信基、李培健、李敏华。天马图书有限公司 2002 年 6 月第 1 版第 1 次印刷,印数 1700 册,32 开本,350 页,310 千字,精装本 1 册,定价

50元。

志卷首有寺面镇地名图1幅,有照片插页12页。继之,有王战初序文1篇,凡例7则。该志首列概述、大事记,正文为章节体,计17章76节。卷末有后记。上限1949年,下限至2001年。

滕县柴胡店镇志

滕县柴胡店镇志编纂委员会编。主编司元礼。16开本,421页,380千字,精装本1册,定价17.5元。1988年7月内部印刷,印数1000册。

董一博题写书名。志卷首有柴胡店镇地图、柴胡店镇水利图2幅,有照片插页8页,并有司元礼题词1幅。继之,有司元礼、杨家旭序文2篇,凡例13则。该志首列概述、大事记,正文为篇章节体,计13篇64章。卷末有本志编纂始末、编后记、编修人员名录。上限1840年,下限至1986年。

象州镇志

象州镇志办公室编。主编巫玉堂,副主编区农乐。16开本,194页,平装本1册。1988年内部印刷。

区农乐题写书名。志卷首有象州镇地名图1幅,有编修人员名录。继之,有覃文寿序文1篇,凡例9则。该志首列概述、大事记,正文为篇章节体,计10篇50章。以附录殿后。卷末有编后的话。上限不限,下限至1986年。

樟木林志

樟木林乡人民政府编。主编叶火源、叶贻政。16开本,221页,精装本1册。2008年内部印刷。

李达球题写书名。志卷首有编辑说明5则,有吴航、叶燕程序文2篇,有樟木林乡地图、明代招贤里位置图、民国时期樟木林乡地图3幅,有照片插页9页,有叶燕程、金永奇、冯招胜等题词9幅。该志首列概述、大事录,正文为章节体,计11章38节。卷末有编后记、编修人员名录。上限不限,下限至2007年。

海南省

长流志（长流镇、西秀镇合志）

长流地方史志编纂委员会编。主编吴永坤，副主编吴礼昌、曾繁茂、邝道略等6人。南海出版社2014年12月第1版第1次印刷，印数10000册，16开本，696页，840千字，精装本1册，定价268元。

志卷首有编修人员名录，有海口市地图、海口市区图、民国22年（1933）琼山县全图、1984年长流地区区乡示意图、21世纪初长流地区鸟瞰图、2010年长流西秀区域图、2010年长流地区村庄分布图、2010年长流地区省市重点项目分布图8幅，有照片插页20页。继之，有吴永坤序文1篇，凡例11则。该志首列大事记、概述，正文为编章节体，计8编31章。以附录殿后。卷末有编后记。上限公元前110年，下限至2010年。

老城镇志

海南省澄迈县老城镇志编纂办公室编。主编王广元、吴孙兆，副主编郑良枢、李文瑞、曾繁茂。海南出版社2016年12月第1版第1次印刷，16开本，650页，700千字，精装本1册，定价168元。

志卷首有编修人员名录，有王扬俊序文1篇，有凡例12则。继之，有海南省地图、澄迈县地图、老城镇地图、老城全景图4幅。该志首列总述、大事记，正文为纲目体。以附录殿后。卷末有编纂始末。上限溯源，下限至2012年。

石山镇志

石山镇志编纂委员会编。主编王君伟，副主编洪敦诗、周安艺、王兴学等9人。天马图书有限公司2009年7月第1版第1次印刷，印数1000册，32开本，376页，200千字，精装本1册，定价22元。

志卷首有石山镇地图1幅，有照片插页5页，并有编修人员名录。继之，有王君伟序文1篇，凡例12则。该志首列概述、大事记，正文为章节体，计13章48节。以附录殿后。卷末有鸣谢、编后语。上限不限，下限至2007年。

乌场乡志

《乌场乡志》编纂委员会编。主编李永兴，副主编李开政、李保平、许福养等11人。16开本，379页，精装本1

册。2005年4月内部印刷。

许西茂题写书名。志卷首有编修人员名录,有胡光辉、邓泽永、陈金云、欧德荣、文明光题词5幅,有北海洋灌溉网与机耕大道图、乌场乡现状图、乌场乡在万宁市的位置图、乌场开发区规划图4幅,有照片插页26页。继之,有凡例8则。该志首列概述、乡事纪略,正文为章节体,计11章38节。以附录殿后。卷末有后记。上限元代,下限至2004年。

重庆市

八桥镇志

重庆市大渡口区八桥镇志编纂委员会编。主编崔树荃，副主编刘安东、刘远忠、张伟。16开本，244页，350千字，精装本1册。2003年2月内部印刷，印数1500册。

志卷首有照片插页38页，并有编修人员名录。继之，有崔树荃序文1篇。该志首列概述、大事记，正文为篇章节体，计7篇22章。卷末有编后记。上限1949年，下限至2003年。

白沙镇志

重庆市江津区地方志编纂委员会编。主编梁恩宏，副主编钟鸿。16开本，551页，360千字，精装本1册。2009年12月内部印刷，印数300册。

志卷首有编修人员名录，有白沙镇行政区域图1幅，有照片插页12页。继之，有刘学荣序文1篇，凡例9则。该志首列概述、大事记，正文为篇章节体，计21篇96章。以附录殿后。卷末有索引、后记。上限1986年1月，下限至2007年2月。

宝兴镇志

重庆市大足区宝兴镇人民政府编。重庆市大足区镇（街）志丛书之一。主编汪洪龙。16开本，459页，精装本1册。内部印刷。

志卷首有重庆市大足区宝兴镇总体规划图（2013—2020）、宝兴镇方位图2幅，有照片插页18页，并有编修人员名录。继之，有姚培华序文1篇，凡例12则。该志首列概述、大事记，正文为章节体，计28章126节。以附录殿后。卷末有后记。上限1950年，下限至2011年。

陈食镇志

重庆永川市陈食镇志编纂组编。主编张义富。四川人民出版社1999年9月第1版第1次印刷，印数800册，16开本，568页，884千字，精装本1册，定价56元。

刘光全题写书名。志卷首有永川市陈食镇行政区划图1幅，有照片插页8页，并有编修人员名录。继之，有孔德明、阳维忠、柘东义、袁心常序文1篇，凡例10则。该志首列概述、大事记，正文为编章节体，计5编25章。以杂录殿后。卷末有索引、编后记。上限不限，下限至1998年。

重庆市渝北区石船镇志

中共重庆市渝北区石船镇委员会、重庆市渝北区石船镇人民政府编。主编尹乾文。16开本,455页,430千字,精装本1册。2012年7月内部印刷。

志卷首有编修人员名录,有左其刚序文1篇。继之,有重庆市渝北区行政区划图、石船镇行政区划图(2008—2009年)、石船镇行政区划图(1994—2007年)、石船镇公路网络图4幅,有照片插页27页,凡例9则。该志首列概述、大事记,正文为章节体,计20章95节。以附录殿后。卷末有编后记。上限1760年,下限至2009年。

重庆市巴南区跳石镇志

重庆市巴南区跳石镇人民政府编。主编朱定凤。四川科学技术出版社2016年6月第1版第1次印刷,16开本,342页,600千字,精装本1册,定价118元。

志卷首有编修人员名录,有盛慧娟序文1篇,凡例9则。继之,有重庆市巴南区跳石镇行政区划图、跳石镇交通图、跳石镇旅游景点示意图3幅,有照片插页36页。该志首列概述、大事记,正文为篇章节体,计7篇26章。以附录殿后。卷末有编后记。上限1949年,下限至2011年。

大盛镇志

重庆市渝北区大盛镇人民政府编。主编幸治发,副主编彭德成、龙兴华。16开本,408页,400千字,精装本1册。2011年8月内部印刷,印数500册。

志卷首有编修人员名录,有陈朝晖和朱涛序文1篇,有渝北区大盛镇行政区划图、渝北区大盛镇公路交通图2幅,有照片插页40页,并有凡例8则。该志首列概述、大事记,正文为章节体,计20章83节。以文存殿后。卷末有后记。上限1798年,下限至2009年。

东温泉镇志

重庆市巴南区东温泉镇人民政府编。主编李海明,副主编潘亿兵、吕应琴、钟茜。16开本,314页,精装本1册。内部印刷。

志卷首有编修人员名录,有李海明和王俊序文1篇,凡例9则。继之,有重庆市巴南区东温泉镇行政区划图、东温泉镇近期战略发展公路联网示意图、东温泉镇与相邻镇街及主要交通枢纽连线图、东温泉景区分布示意图4幅,有照片插页45页。该志首列概述、大事记,正文为篇章节体,计7篇27章。以附录殿后。卷末有编后记。上限1949年,下限至2011年。

东阳镇志

北碚区东阳镇人民政府编。主编张代国。32开本,656页,450千字,精装本1册。内部印刷,印数600册。

志卷首有编修人员名录,有东阳镇行政区域图、北碚区东阳地区控制性详细规划-土地使用规划图2幅,有照片插页34页。继之,有黄波、黎代中和蒋文军序文 2 篇，凡例 12 则。该志首列概述、大事记，正文为篇章节体，计 5 篇 20 章。以附录殿后。卷末有编后记。上限 494 年，下限至 2004 年。

复盛镇志

江北区复盛镇志编纂委员会编。重庆市江北区地方志丛书之一。主编李霞，副主编余亨兰、叶祯祥。16 开本，389 页，548 千字，精装本 1 册。2011 年 6 月内部印刷，印数 200 册。

志卷首有编修人员名录，有复盛在江北舆图上的位置图（1954 年）、复盛镇在江北县政区图上的位置图（1992 年）、复盛镇在江北区的区位置（1994 年）、江北区复盛镇政区图等 5 幅，有照片插页 17 页。继之，有汤杰和腾刚序文 1 篇，凡例 7 则。该志首列概述、大事记，正文为篇章节体，计 7 篇 25 章。以附录殿后。卷末有后记。上限溯源，下限至 2009 年。

复兴镇志

北碚区复兴镇人民政府编。重庆市北碚区地方志丛书之一。主编朱敬奎，副主编王纯熙。32 开本，319 页，250 千字，精装本 1 册。2005 年 12 月内部印刷，印数 600 册。

志卷首有编修人员名录，有北碚区复兴镇行政区域图 2 幅，有照片插页 20 页。继之，有黄波、雷世萍、周明序文 3 篇，凡例 11 则。该志首列概述、大事记，正文为篇章节体，计 5 篇 21 章。以附录殿后。卷末有编后记。

上限 1945 年，下限至 2001 年。

高升镇志

《高升镇志》编修委员会编。重庆市大足区镇街志丛书之一。主编蒋作勇。16 开本，588 页，精装本 1 册。2017 年 7 月内部印刷。

志卷首有高升镇在大足区的区位图 1 幅，有照片插页 66 页，并有编修人员名录。继之，有杨更生序文 1 篇，凡例 9 则。该志首列特色高升、大事记，正文为章节体，计 5 章 28 节。以附录殿后。卷末有后记。上限不限，下限至 2016 年。

古溪镇志

古溪镇人民政府编。主编王超尤，副主编吕雪洋、刘涛。16 开本，486 页，380 千字，精装本 1 册。2014 年 12 月内部印刷，印数 600 册。

志卷首有编修人员名录，有古溪城镇全景图、古溪镇地图 2 幅，有照片插页 19 页。继之，有王超尤和邓元洪前言 1 篇，凡例 9 则。该志首列概述、大事记，正文为篇章节体，计 9 篇 29 章。以附錄殿后。卷末有后记。上限 1980 年，下限至 2012 年。

红炉镇志

红炉镇志编纂委员会编。主编杨明鑫。16 开本，369 页，500 千字，精装本 1 册。2010 年 4 月内部印刷，印数 800 册。

志卷首有编修人员名录，有永川区红炉镇地图、永川区红炉镇城镇道路交通图 2 幅,有照片插页 22 页。继之,有张朝国序文 1 篇,凡例 12 则。该志首列概述,正文为章节体,计 21 章 125 节。以附录殿后。卷末有编后记。上限溯源,下限至 2007 年。

景星乡志

重庆市万盛区景星乡志编纂委员会编。主编梁正恒,副主编林江兵、张果训。中央民族大学出版社 2012 年 2 月第 1 版第 1 次印刷,16 开本,286 页,385 千字,精装本 1 册,定价 228 元。

志卷首有编修人员名录,有梁正恒和张果训序文 1 篇。该志首列概述、大事记,正文为章节体,计 20 章 97 节。以附录殿后。卷末有编后记。上限 1984 年,下限至 2005 年。

可大乡志

主编刘军。中国书籍出版社 2013 年 9 月第 1 版第 1 次印刷,16 开本,90 页,900 千字,精装本 1 册,定价 58 元。

志卷首有酉阳县可大乡行政区划图 1 幅,有照片插页 23 页,并有编修人员名录。继之,有编者序文 1 篇,凡例 10 则。该志首列概述、大事记,正文为篇章节体,计 18 篇 66 章。卷末有跋叙。上限不限,下限至 2012 年。

礼嘉镇志

重庆市渝北区礼嘉镇人民政府编。主编胡忠云、代祥芳,副主编廖顶文、黄金中。16 开本,522 页,710 千字,精装本 1 册。2008 年 4 月内部印刷,印数 300 册。

志卷首有编修人员名录,有谭丹和巩义胜中英文序文 1 篇,凡例 8 则。继之,有江北县第一区礼嘉联保各保位置图(民国时期)、江北县礼嘉乡市街平面图(民国时期)、渝北区礼嘉镇街道示意图(1996 年)、礼嘉镇行政区略图(2002 年 6 月)、礼嘉镇土地使用规划图、礼嘉镇道路交通规划图、礼嘉镇产业区域规划图 7 幅,有照片插页 40 页。该志首列概述、大事记,正文为篇章节体,计 7 篇 37 章。以附录殿后。卷末有索引、修志始末。上限 1760 年,下限至 2005 年。

柳荫镇志

北碚区柳荫镇人民政府编。重庆市北碚区地方志丛书之一。主编詹佑贵。32 开本,498 页,370 千字,精装本 1 册。2005 年 12 月内部印刷,印数 500 册。

志卷首有编修人员名录,有柳荫镇行政区划图 1 幅,有照片插页 13 页。继之,有黄波、余洪明和王波序文 2 篇,凡例 14 则。该志首列概述、大事记,正文为篇章节体,计 5 篇 23 章。以附录殿后。卷末有后记。上限 1941 年,下限至 2002 年。

龙凤桥镇志

北碚区龙凤桥镇人民政府编。重庆市北碚区地方志丛书之一。主编张中华、欧阳毅,副主编邓宗荣、张元兰、薛金富。32 开本,386 页,201 千字,精装本 1 册。2005 年内部印刷,印数 500 册。

志卷首有编修人员名录,有龙凤桥镇行政村区划图1幅,有照片插页21页。继之,有黄波、赵和康序文2篇,凡例11则。该志首列概述、大事记,正文为篇章节体,计5篇20章。以附录殿后。卷末有后记。上限1986年,下限至2004年。

龙水镇志

重庆市大足县龙水镇志编纂委员会编。主编谢云周。16开本,481页,精装本1册。2007年6月内部印刷,印数1100册。

志卷首有龙水镇政区图、龙水镇城区示意图(2005)2幅,有照片插页30页,并有编修人员名录。继之,有尹光宗和肖文斌序文1篇,凡例10则。该志首列综述、大事记,正文为篇章节体,计11篇49章。以附录殿后。卷末有编后记。上限1912年,下限至2005年。

龙兴镇志

中共重庆市渝北区龙兴镇委员会、重庆市渝北区龙兴镇人民政府编。主编敖军,副主编尹乾文。16开本,517页,550千字,精装本1册。2014年12月内部印刷。

志卷首有编修人员名录,有罗正道和杨熳序文1篇,有重庆市渝北区行政区划图、龙兴镇行政区划图2幅,有照片插页50页。继之,有凡例9则。该志首列概述、大事记,正文为章节体,计20章97节。以附录殿后。卷末有编后记。上限1502年,下限至2012年。

洛碛镇志

重庆市渝北区洛碛镇人民政府编。主编封光亮、王定荣、代祥芳。16开本,510页,450千字,精装本1册。2011年1月内部印刷,印数1000册。

志卷首有编修人员名录,有李朝金和任晓曼序文1篇,凡例8则。继之,有渝北区洛碛镇行政图,渝北区洛碛镇发展战略区位组合图,渝北区洛碛镇发展战略区位分析图,渝北区洛碛镇发展战略生产力空间布局图,渝北区洛碛镇与两江新区、保税新区、主城区区位关系图5幅,有照片插页60页。该志首列概述、大事记,正文为篇章节体,计7篇32章。以附录殿后。卷末有修志始末。上限347年,下限至2007年。

蒲吕镇志

铜梁县蒲吕镇人民政府编。重庆市铜梁县地方志丛书之一。主编张国良,副主编刘波、李琳、柏志芬。16开本,294页,精装本1册。内部印刷。

志卷首有编修人员名录,有铜梁县蒲吕镇行政区划图、蒲吕镇葫芦社区示意图2幅,有照片插页8页。继之,有刘义序文1篇,凡例10则。该志首列概述、蒲吕区简介、大事记,正文为章节体,计25章104节。以附录殿后。卷末有后记。上限1986年,下限至2006年。

全德镇志

东城街道办事处编。重庆市铜梁县地方志丛书之一。主编敖良云,副主编李官胜、李琳。16 开本，365 页，精装本 1 册。内部印刷。

志卷首有编修人员名录，有刘启华和王文宇序文 1 篇，有全德镇行政区划图 1 篇，有照片插页 7 页，并有凡例 10 则。该志首列概述、大事记，正文为章节体，计 26 章 125 节。卷末有后记。上限 1986 年，下限至 2006 年。

少云镇志

铜梁县少云镇政府编。重庆市铜梁县地方志丛书之一。主编陈民科、周优云，副主编汪霞、李琳。16 开本，423 页，600 千字，精装本 1 册。2009 年 6 月内部印刷。

志卷首有照片插页 6 页，并有编修人员名录。继之，有陈民科和张宗福序文 1 篇，凡例 12 则。该志首列概述、大事记，正文为章节体，计 24 章 99 节。以附录殿后。卷末有后记。上限 1986 年，下限至 2006 年。

石桥乡志

重庆市沙坪坝区石桥乡人民政府乡志编纂组编。主编向有福。32 开本，257 页，200 千字，精装本 1 册。1991 年 9 月内部印刷，印数 1000 册。

许伯建题写书名。志卷首有编修人员名录，有刘伍伦序文 1 篇，凡例 11 则。继之，有石桥乡地域图 1 幅，有照片插页 8 页。该志首列概况、大事记，正文为篇章节体，计 8 篇 32 章。以附录殿后。卷末有编后记。上限 1935 年，下限至 1985 年。

石耶镇志

中共秀山土家族苗族自治县石耶镇委员会、秀山土家族苗族自治县石耶镇人民政府编。主编龙庆明，副主编黄波、屈直军。16 开本，300 页，精装本 1 册。内部印刷。

志卷首有编修人员名录，有秀山土家族苗族自治县地图、秀山土家族苗族自治县石耶镇地图 2 幅，有照片插页 6 页。继之，有余洪华和龙庆明序文 1 篇，凡例 10 则。该志首列概述、大事记，正文为篇章节体，计 16 篇 65 章。卷末有编后记。上限溯源，下限至 2005 年。

双福镇志

重庆市江津区地方志编纂委员会编。主编肖绍绪，副主编徐萍。16 开本，246 页，200 千字，精装本 1 册。2009 年 12 月内部印刷，印数 300 册。

志卷首有编修人员名录，有双福镇行政区划图 1 幅，有照片插页 12 页。继之，有李世超序文 1 篇，凡例 7 则。该志首列概述、大事记，正文为篇章节体，计 7 篇 39 章。以附录殿后。卷末有索引、后记。上限 1986 年 1 月，下限至 2007 年 2 月。

双山乡志

铜梁县双山乡人民政府编。重庆市铜梁县地方志丛书之一。主编张国良，副主编李琳、潘静。16 开本，249 页，精装本 1 册。内部印刷。

志卷首有编修人员名录。继之，有雷军序文 1 篇，凡例 11 则，有双山乡行政区划图1幅,有照片插页5页。该志首列概述、大事记,正文为章节体,计25章98节。以附录殿后。卷末有后记。上限1986年,下限至2006年。

双石镇志

双石镇志编纂委员会编。主编赵德杰,副主编蔡福多。16开本,430页,400千字,精装本1册。2011年4月内部印刷,印数300册。

志卷首有编修人员名录,有双石镇行政区域图1幅,有照片插页16页。继之,有钟铎序文1篇,凡例10则。该志首列概述、大事记,正文为章节体,计18章90节。卷末有编后记。上限溯源,下限至2007年。

覃家岗乡志

覃家岗乡志编纂领导小组编。主编黎宝琛。16开本,321页,620千字,精装本1册。1992年7月内部印刷,印数2000册。

志卷首有龙实、孙毓亭等题词3幅。继之,有杜泽君和侯华轩序文1篇,凡例9则,覃家岗乡行政区划图1幅,有照片插页4页,有编修人员名录。该志首列概述、大事记,正文为篇章节体,计9篇35章。以附录殿后。卷末有编后记。上限1911年,下限至1990年。

统景镇志

重庆市渝北区统景镇人民政府编。主编徐灵万。16开本,201页,310千字,精装本1册。2003年12月内部印刷。

志卷首有编修人员名录,有彭光远和徐鸿序文1篇,有凡例9则。继之,有重庆市渝北区统景镇行政区划图、重庆市渝北区统景风景区交通示意图、重庆市渝北区统景风景区旅游示意图3幅,有照片插页14页。该志首列概述、大事记,正文为章节体,计18章78节。卷末有编修始末。上限1912年,下限至2000年。

土坎镇志

重庆市武隆区土坎镇人民政府、重庆市武隆区地方志编纂委员会编。武隆地方志系列丛书之一。主编刘绍权,副主编樊洪新。北京燕山出版社2017年10月第1版第1次印刷,16开本,160页,314千字,精装本1册,定价168元。

志卷首有土坎风貌图、土坎镇地图2幅,有照片插页28页,并有编修人员名录。继之,有序文1篇,凡例7则。该志首列概述、大事记,正文为章节体,计13章56节。以附录殿后。卷末有后记、索引。上限1949年,下限至2015年。

五宝镇志

五宝镇志编纂委员会编。重庆市江北区地方志丛书之一。主编胡学平。16开本,284页,精装本1册。内部印刷。

志卷首有编修人员名录,有五宝在江北舆图上的位置图、五宝在原江北县政区图上的位置图、五宝镇在现江北区的区位图、江北区五宝镇现行政区划图4幅,有照片插页12页。继之,有罗国辉序文1篇,凡例10则。该志首列大事记、概述,正文为篇章节体,计7篇35章。以附录殿后。卷末有编后记。上限溯源,下限至2008年。

夏坝镇志

重庆市江津区地方志编纂委员会编。主编朱鸿莲、贺锡良。16开本,217页,122千字,精装本1册。2009年1月内部印刷,印数400册。

志卷首有编修人员名录,有夏坝镇行政区域图1幅,有照片插页16页。继之,有陈祖平和江洪贵序文1篇,凡例8则。该志首列概述、大事记,正文为篇章节体,计16篇51章。以附录殿后。卷末有索引、后记。上限1982年,下限至2007年。

永荣镇志

永荣镇志编纂委员会编。主编刘芳。16开本,427页,800千字,精装本1册。2010年8月内部印刷,印数400册。

志卷首有编修人员名录,有永川区永荣镇地图1幅,有照片插页15页。继之,有袁心常序文1篇,凡例6则。该志首列综述、大事记,正文为章节体,计23章134节。以附录殿后。卷末有后记。上限1949年,下限至2006年。

玉峰山镇志

重庆市渝北区玉峰山镇人民政府编。主编廖顶文,副主编黎明。16开本,420页,450千字,精装本1册。2012年内部印刷,印数1000册。

志卷首有编修人员名录,有严斌和杨永洪序文1篇,有重庆市渝北区行政区划图、江北县政区图、渝北区玉峰山镇区位图、玉峰山镇交通规划图4幅,有照片插页27页,并有凡例8则。该志首列概述、大事记,正文为篇章节体,计6篇28章。以附录殿后。卷末有编后记。上限1844年,下限至2010年。

忠县忠州镇志

《忠县忠州镇志》编纂委员会编。主编李兴樑,副主编余鸿。重庆出版社2004年6月第1版第1次印刷,印数1000册,16开本,484页,620千字,精装本1册,定价125元。

志卷首有忠州镇城区道路网络图、忠州镇政区图2幅,有照片插页14页,并有编修人员名录。继之,有凡例9则,有江中心序文1篇。该志首列概述、大事记,正文为篇章节体,计20篇74章。以附录殿后。卷末有考辨、后记。上限不限,下限至2002年。

重庆市巴南区志界石镇志

重庆市巴南区界石镇人民政府编。主编石孝伦。16开本,492页,500千字,精装本1册。2016年1月内部印刷,印数5000册。

志卷首有编修人员名录,有杨军

和刘忠杰序文1篇,有凡例8则。继之,有重庆市巴南区界石镇行政区划图、界石镇交通图、界石镇规划图3幅,有照片插页24页。该志首列概述、大事记,正文为篇章节体,计11篇40章。以附录殿后。卷末有编后记。上限1949年,下限至2011年。

重庆市巴南区志麻柳嘴镇志

重庆市巴南区麻柳嘴镇人民政府编。主编孟世胜,副主编白秀英。16开本,438页,500千字,精装本1册。2016年11月内部印刷,印数1000册。

志卷首有编修人员名录,有蔡渝和杨伦序文1篇,有凡例12则。继之,有重庆市巴南区麻柳嘴镇行政区划图、重庆市巴南区麻柳嘴镇交通图、重庆市巴南区麻柳嘴镇规划图(2005—2020)、麻柳嘴镇土地利用总体规划图4幅,有照片插页45页。该志首列概述、大事记,正文为篇章节体,计7篇29章。以附录殿后。卷末有编后记。上限1949年,下限至2011年。

重庆市长寿区万顺镇志

重庆市长寿区万顺镇志编纂领导小组编。主编唐金文。16开本,288页,137千字,精装本1册,定价268元。2016年1月内部印刷,印数180册。

志卷首有编修人员名录,有重庆市长寿区政区图、重庆市长寿区万顺镇总体规划修编(镇域镇村体系规划图)、重庆市长寿区万顺镇总体规划修编(镇域道路交通规划图)、重庆市长寿区万顺镇总体规划修编(镇域土地使用规划图)、重庆市长寿区万顺镇林相图5幅,有照片插页9页。继之,有余代中序文1篇,凡例6则。该志首列概述、大事记,正文为篇章节体,计8篇34章。以附录殿后。卷末有编后记。上限1985年,下限至2006年。

重庆市九龙坡区巴福镇志

重庆市九龙坡区巴福镇人民政府编。主编邓治伟,副主编陆强、许杰。16开本,533页,816千字,精装本1册。2019年3月内部印刷。

志卷首有编修人员名录,有重庆市九龙坡区行政区划图、九龙坡区巴福镇地图、巴福镇交通图(2006年3月)3幅,有照片插页43页。继之,有肖代均和邓治伟、綦朝辉序文2篇,凡例9则。该志首列概述、大事记,正文为章节体,计22章79节。以附录殿后。卷末有索引、编后记。上限1949年,下限至2012年。

重庆市万盛区丛林镇志

重庆市万盛区丛林镇人民政府编。主编邱正强、王建勇。16开本,615页,精装本1册。内部印刷。

志卷首有丛林镇行政区示意图1幅,有照片插页26页。继之,有胡文彬和熊基伟序文1篇,凡例13则。该志首列概述、大事记,正文为章节体,计24章94节。以附录殿后。卷末有编后记、编修人员名录。上限1949年,下限至2011年。

重庆市万盛区金桥镇志

重庆市万盛区金桥镇人民政府编。主编张仁元、陈忠。16开本,367页,精装本1册。内部印刷。

志卷首有编修人员名录,有金桥镇政区图、金桥镇土地利用现状图2幅,有照片插页10页。继之,有杨学明序文1篇,凡例12则。该志首列概述、大事记,正文为章节体,计20章92节。以附录殿后。卷末有编后记。上限1911年,下限至2005年。

四川省

安顺彝族乡志

安顺彝族乡人民政府编。主编龚启宏。四川大学出版社2018年11月第1版第1次印刷,16开本,188页,273千字,精装本1册,定价160元。

志卷首有编修人员名录,有安顺彝族乡志(1952—2015)编纂委员会前言1篇,有凡例10则,有安顺彝族乡地图1幅,有照片插页1页。该志首列概述,正文为条目体。卷末有后记。上限1952年,下限至2015年。

陈河乡志

通江县陈河乡人民政府编。通江县地方志丛书之一。主编刘启国。16开本,297页,精装本1册。内部印刷。

任仁题写书名。志卷首有编修人员名录,有照片插页8页,并有通江县陈河乡地图、陈河乡田土分布图2幅。继之,有符开畅、刘启国序文2篇,凡例9则。该志正文为篇章节体,计9篇40章。卷末有编后记。上限1912年,下限至1992年。

崇阳镇志

崇州市崇阳镇人民政府编。主编程蕴晖。16开本,476页,440千字,精装本1册。2002年9月内部印刷,印数500册。

志卷首有照片插页16页,有崇州市崇阳镇行政区划图1幅,并有编修人员名录。继之,有陈启舟序文1篇,凡例10则。该志首列概述、大事记,正文为篇章节体,计9篇51章。以附录殿后。卷末有后记。上限1901年,下限至2000年。

簇桥乡志

成都市武侯区簇桥乡人民政府编。主编杨正浦。16开本,219页,280千字,精装本1册。1993年内部印刷,印数1000册。

志卷首有照片插页4页,有编修人员名录,并有成都武侯区簇桥乡行政区划示意图1幅。继之,有簇桥乡、村建置沿革简表,有成都市簇桥乡人民政府序文1篇,凡例5则。该志首列大事记,正文为篇章节体,计10篇33章。卷末有后记。上限民国初年,下限至1990年。

打鼓乡志

纳溪县打鼓乡志编纂小组编。主编雍定远。16开本,103页,平装本1

册。1989 年内部印刷。

孙东行题写书名。志卷首有打鼓乡区域图 1 幅,有照片插页 5 页。继之,有雍定远序文 1 篇,凡例 10 则。该志首列概述、大事记,正文为章节体,计 22 章 65 节。以附录殿后。卷末有修志始末、编修人员名录。上限 1911 年,下限至 1985 年。

大安镇志

《大安镇志》编纂委员会编。主编杨荣强,副主编张杰勇。四川人民出版社 2010 年 2 月第 1 版第 1 次印刷,16 开本,349 页,650 千字,精装本 1 册,定价 98 元。

志卷首有永川区大安镇地图、永川市大安镇行政区划图 2 幅,有照片插页 22 页,并有编修人员名录。继之,有夏奎序文 1 篇,凡例 10 则。该志首列概述、大事记,正文为章节体,计 27 章 88 节。以札录殿后。卷末有后记。上限 1949 年,下限至 2006 年。

道明镇志

崇州市道明镇人民政府编。崇州市地方志丛书之一。主编杨明德,副主编倪福武。16 开本,382 页,520 千字,精装本 1 册。2001 年 12 月内部印刷,印数 600 册。

志卷首有照片插页 14 页,有道明镇行政区划图、道明集镇现状图(2000 年)2 幅,并有编修人员名录。继之,有向强序文 1 篇,凡例 11 则。该志首列概况、大事记,正文为篇章节体,计 9 篇 29 章。以附录殿后。卷末有编后记。上限 1911 年,下限至 2000 年。

兜山镇志

自贡市富顺县兜山镇人民政府编。主编唐国贵。16 开本,29 页,精装本 1 册。内部印刷。

志卷首有兜山镇镇区图 1 幅,有编修人员名录。继之,有韩学虎、孙廷兰序文 2 篇,凡例 8 则。该志首列概述、大事记,正文为篇章节体,计 9 篇 46 章。以附录殿后。卷末有编后记。上限 1949 年,下限至 2008 年。

放生乡志

乐至县放生乡编纂委员会编。主编陈少田。16 开本,254 页,精装本 1 册。内部印刷。

志卷首有编修人员名录,有照片插页 6 页。继之,有冯期春序文 1 篇,凡例 9 则。该志首列概述、大事记,正文为篇章节体,计 23 篇 91 章。以附录殿后。卷末有编后记。上限 1950 年,下限至 2005 年。

高坪苗族乡志

高坪苗族乡志编纂委员会编。主编王朝辉,副主编任永生、艾卫民。方志出版社 2012 年 11 月第 1 版第 1 次印刷,印数 400 册,16 开本,322 页,427 千字,精装本 1 册,定价 178 元。

志卷首有照片插页 14 页,并有编修人员名录。继之,有王萍序文 1 篇,凡例 10 则。该志首列总述、大事记,正文为篇章节体,计 7 篇 22 章。以附录殿后。卷末有编后记。上限溯源,下限至 2011 年。

灌口镇志

灌口镇志编纂组编。主编徐昌言,副主编韩永芳、朱正邦。16 开本,232 页,精装本 1 册。1983 年 11 月内部印刷。

王维西题写书名。志卷首有朗兆熊、灌口镇人民政府序文 2 篇,有编修人员名录,有灌口镇现状图、灌口镇旧城区图、灌口镇旧街道图 3 幅,有照片插页 8 页。继之,有编志说明 8 则。该志首列概述,正文为篇章节体,计 15 篇 56 章。以大事年表殿后。卷末有编后记。上限辛亥革命,下限至 1982 年。

灌县聚源乡志

四川省灌县《聚源乡志》编写领导小组编。主编田泽勤、李明春。16 开本,145 页,平装本 1 册。内部印刷。

王月生题写书名。志卷首有黄瑞云序文 1 篇,编辑说明 5 则,有编修人员名录,有照片插页 3 页,并有聚源乡区域图 1 幅。该志正文为篇章节体,计 14 篇 56 章。以大事年表殿后。卷末有编后记。上限 1911 年,下限至 1981 年。

灌县柳街乡志

灌县柳街乡志编写组编。主编王才友。16 开本,144 页,平装本 1 册。1982 年 10 月内部印刷。

志卷首柳街乡行政区划图,有程庭发序文 1 篇,并有编修人员名录。继之,有凡例 10 则。该志首列概说,正文为篇章节体,计 12 篇 42 章。以大事年表殿后。卷末有后记。上限 1911 年,下限至 1981 年。

灌县泰安乡志

灌县泰安乡志编写组编。主笔杨慕文。16 开本,207 页,精装本 1 册。1985 年 2 月内部印刷。

王维西题写书名。志卷首有肖光鉴和曹军序文 1 篇,凡例 7 则。继之,有编修人员名录,灌县行政区划图、泰安乡行政区划图 2 幅,并有照片插页 4 页。该志正文为篇章节体,计 14 篇 57 章。以大事年表殿后。卷末有后记。上限 1911 年,下限至 1981 年。

广汉县新华乡志

四川省广汉县新华乡志编写组编。主编游洪发,副主编邹邦秀、马继明。16 开本,193 页,精装本 1 册。1983 年 4 月内部印刷,印数 1200 册。

罗永嵩题写书名。志卷首有游洪发序文 1 篇,有编写说明 7 则,有编写人员名录。继之,有照片插页 4 页,有新华乡地图 1 幅。该志首列概况,正文为篇章节体,计 14 篇 52 章。以大事记殿后。上限 1911 年,下限至 1981 年。

合溪乡志

合溪乡志领导小组编。主编周德贵。16 开本,197 页,平装本 1 册。内部印刷。

志卷首有照片插页 2 页,有编修

人员名录,并有合溪乡行政区划图、合溪乡民国时期行政区划图、合溪场镇中华人民共和国成立前后对比略图、草坝场中华人民共和国成立前后对比略图4幅。继之,有凡例7则,有合溪乡志编纂领导小组前言1篇。该志首列概述,正文为编章节体,计7编26章。以大事记殿后。卷末有编后记。上限1911年,下限至1983年。

花荄镇志

四川省安县花荄镇志编纂小公室编。主编谢英光。16开本,216页,精装本1册。1987年内部印刷。

王兆其题写书名。志卷首有刘茂先序文1篇,有编写说明6则,有编修人员名录,有花荄镇图、花荄镇中华人民共和国成立后城区示意图、花荄镇中华人民共和国成立前城区示意图3幅,有照片插页8页。该志首列概述、大事记,正文为篇章节体,计9篇27章。卷末有编后记。上限1911年,下限至1985年。

华阳镇志

双流县华阳镇编。主编江遂初,副主编成白非。16开本,344页,精装本1册。内部印刷。

志卷首有华阳镇全境图、双流县华阳镇总体规划图、双流县华阳镇现状图3幅,有照片插页10页。继之,有张含阳、刘大越、钟国熙序文1篇,前言1篇,凡例6则,并有编修人员名录。该志首列概述、大事录,正文为篇章节体,计18篇75章。卷末有编后记。上限1911年,下限至1985年。

黄沙镇志

宜宾市南溪区黄沙镇人民政府编。主编胡松,副主编顾小荣、张兰。16开本,207页,254千字,精装本1册。2017年11月内部印刷,印数150册。

志卷首有南溪区行政区划图1幅,有照片插页9页,并有编修人员名录。继之,有叶海和胡松序文1篇,凡例8则。该志首列概述,正文为纲目体。以附录殿后。卷末有主要参考文献、编后记。上限不限,下限至2016年。

回澜镇志

回澜镇志编委会编。主编唐良元,副主编龙文明。16开本,275页,精装本1册。2006年内部印刷,印数260册。

文光斗题写书名。志卷首有回澜镇行政区划图、什邡市回澜镇水系图、回澜镇交通道路图、回澜镇小城镇街道示意图4幅,有照片插页16页。继之,有凡例8则,有编修人员名录,有蒲堂全序文1篇。该志首列概述、大事记,正文为篇章节体,计20篇73章。以附录殿后。卷末有编后记。上限1982年,下限至2002年。

机投镇志

机投镇志编纂委员会编。主编黄光元,副主编罗树林、王良甫。四川人民出版社1999年12月第1版第1次印刷，印数2000册，16开本，533页，677千字，精装本1册，定价56元。

志卷首有1940年机投地区政区图、机投镇行政区划示意图2幅，有照片插页32页。继之，有高乔序文1篇，凡例14则。该志首列概述、大事记，正文为篇章节体，计12篇50章。卷末有编后记、编修人员名录。上限1911年，下限至1998年。

李庄镇志

宜宾市翠屏区李庄镇人民政府编。主编钱锋，副主编张承刚。方志出版社2006年5月第1版第1次印刷，印数800册，16开本，395页，783千字，精装本1册，定价100元。

志卷首有李庄镇行政区划图、同治南溪县志与地图2幅，有照片插页16页，并有编修人员名录。继之，有孙远宾和钱锋序文1篇，凡例11则。该志首列概述、大事记，正文为篇章节体，计15篇64章。以附录殿后。卷末有后记。上限不限，下限至2000年。

李庄镇志

四川省宜宾市翠屏区李庄镇志编纂委员会编。中国名镇志文化工程成果之一。主编雷维祥，副主编吕湘松、梁建、李华蓉。方志出版社2016年12月第1版第1次印刷，16开本，274页，331千字，精装本1册，定价116元。

志卷首有王伟光、李培林序文2篇，有编修人员名录，有凡例16则，有李庄古镇区位图、李庄镇地图2幅，有照片插页4页。该志正文为纲目体。以附录殿后。卷末有编纂始末。上限溯源，下限至2014年。

栗子坪彝族乡志

栗子坪彝族乡人民政府编。主编王志平。四川民族出版社2007年1月第1版第1次印刷，印数500册，16开本，306页，460千字，精装本1册，定价52.5元。

志卷首有照片插页12页，并有编修人员名录。继之，有曲木车和序文1篇，凡例14则。该志首列概述，正文为章节体，计23章96节。以附录殿后。卷末有大事记、后记。上限1956年，下限至2000年。

两路口镇志

中共两路口镇委员会、两路口镇人民政府编。主编姚秀华，副主编马良全。16开本，299页，精装本1册。2003年内部印刷，印数200册。

志卷首有两路口镇行政区划及交通水利图、两路口集镇示意图2幅，有照片插页32页，并有编修人员名录。继之，有叶录如、邱忠祥序文2篇，凡例8则。该志首列概述、大事记述，正文为篇章节体，计21篇80章。以附录殿后。卷末有编后语。上限1982年，下限至2000年。

龙孔镇志

四川省犍为县龙孔镇人民政府编。主编纪开阳。16开本，388页，622千字，精装本1册。2004年6月内部印刷,印数 200 册。

志卷首有照片插页 8 页,有黄云序文 1 篇,凡例 9 则。该志首列概述、大事记,正文为篇章节体,计 22 篇 58 章。以附记殿后。卷末有后记、编修人员名录。上限 1911 年,下限至 2000 年。

马家乡志

宜宾市南溪区马家乡人民政府编。主编易强,副主编俞洪武。16 开本,192 页,266 千字,精装本 1 册。2016 年 12 月内部印刷,印数 150 册。

志卷首有编修人员名录,有照片插页 8 页。继之,有凡例 7 则。该志首列概述,正文为纲目体。以附录殿后。卷末有编后记、索引。上限清康熙初,下限至 2014 年。

蒙阳镇志

名山县蒙阳镇人民政府编。主编李天清。16 开本,290 页,500 千字,精装本 1 册。2003 年 10 月内部印刷,印数 300 册。

志卷首有蒙阳镇示意图 1 幅,有照片插页 4 页,并有编修人员名录。继之,有刘坤华序文 1 篇,凡例 12 则。该志首列概述、大事记,正文为章节体,计 16 章 63 节。以附录殿后。卷末有编后。上限 1950 年 1 月 16 日,下限至 2000 年。

牧马镇志

彭山县牧马镇、牧马镇镇志编纂委员会编。主编夏根祥。16 开本,245 页,精装本 1 册。2012 年 12 月内部印刷。

志卷首有编修人员名录,有牧马镇行政区划图、原牧马乡行政区划图、原府河乡行政区划图 3 幅,有照片插页 48 页。继之,有罗鸿翔和赵正宇、王太雷和邱磊序文 2 篇,凡例 9 则。该志首列概述、大事记,正文为篇章节体,计 8 篇 32 章。卷末有编后记。上限 1993 年,下限至 2010 年。

蓬莱镇志

中共蓬莱镇委员会、蓬莱镇人民政府编。大英县地方志丛书之一。主编蒋纯良。16 开本,502 页,精装本 1 册。内部印刷。

志卷首有大英县蓬莱镇行政区划图 1 幅,有侯晓春、刘苏民、查穆盛等题词 5 幅,有照片插页 30 页,并有编修人员名录。继之,有凡例 8 则,张继民、孔庆洲序文 2 篇。该志首列概述、大事记,正文为篇章节体,计 21 篇 93 章。卷末有编后记。上限 1986 年,下限至 2000 年。

平乐镇志

四川省邛崃市平乐镇志编纂委员会编。主编杨宏声,副主编李志。16 开本,1 060 页,1 600 千字,精装本 1 册。2010 年 8 月内部印刷,印数 2 000 册。

志卷首有平乐卫星地图、邛崃市平乐镇地图、平乐市镇图 3 幅,有照片插页 47 页,并有编修人员名录。继之,有凡例 7 则,有邓蔚序文 1 篇。该志首列概述、大事记、专题记述，正文为篇章节体，计 34 篇 126 章。以附录殿后。卷末有后记。上限 1911 年，下限至 2007 年。

什字乡志

什字乡志编纂领导小组编。主编景瑞三。四川大学出版社 1989 年 9 月第 1 版第 1 次印刷，印数 1000 册，32 开本，255 页，200 千字，平装本 1 册，定价 2.7 元。

李金彝题写书名。志卷首有编修人员名录，有隗瀛涛序文 1 篇，有什字乡地图 1 幅，并有凡例 16 则。该志首列概述、大事记，正文为篇章节体，计 8 篇 39 章。卷末有编后。上限 1911 年，下限至 1985 年。

石棉县回隆彝族乡志

石棉县回隆彝族乡人民政府编。主编毛勇。16 开本，259 页，225 千字，精装本 1 册。2008 年内部印刷，印数 300 册。

志卷首有石棉县政区图 1 幅，有照片插页 18 页，并有编修人员名录。继之，有邓西琼和骆联斌序文 1 篇，凡例 14 则。该志首列概述、大事记，正文为章节体，计 20 章 76 节。以附录殿后。卷末有后记。上限 1950 年，下限至 2000 年。

石棉县蟹螺藏族乡志

石棉县蟹螺藏族乡人民政府编。主编何继东。16 开本，210 页，184 千字，精装本 1 册。2007 年内部印刷，印数 300 册。

志卷首有石棉县政区图、四川省人民政府划定的九龙县与石棉县白水河地段行政区域边界线地图 2 幅，有照片插页 14 页，并有编修人员名录。继之，有叶建忠和姜成强序文 1 篇，凡例 11 则。该志首列概述、大事记，正文为章节体，计 18 章 64 节。以附录殿后。卷末有后记。上限 1952 年 4 月，下限至 2000 年。

石桥镇志

重庆市九龙坡区石桥镇人民政府镇志编辑委员会编。主编向有福。32 开本，562 页，精装本 1 册。内部印刷。

杨兴军题写书名。志卷首有编修人员名录，有马廷全序文 1 篇，凡例 11 则。继之，有石桥乡地域图、石桥镇地域图 2 幅，有照片插页 18 页。该志首列概述、大事记，正文为篇章节体，计 8 篇 35 章。以附录殿后。卷末有后记。上限 1935 年，下限至 2000 年。

双流县东升镇志

双流县东升街道办事处编。16 开本，501 页，精装本 1 册。内部印刷。

志卷首有双流县行政区域图、东升街道区位图、东升街道行政区域图 3 幅，有照片插页 16 页。继之，有李荣建序文 1 篇，凡例 8 则。该志首列概述、大事记，正文为篇章节体，计 19 篇 66 章。以附录殿后。卷末有编修人员名录、编后记。上限 1986 年，下限至 2005 年。

双流县黄甲镇镇志

双流县黄甲镇人民政府编。双流县地方志丛书之一。主编黄光余,副主编吴忠明、邹清明、周洪文。16开本,389页,精装本1册。内部印刷。

志卷首有双流县黄甲镇位置图、双流县黄甲镇政区图2幅,有照片插页16页。继之,有罗中华序文1篇,凡例10则。该志首列概述、大事记,正文为篇章节体,计10篇41章。以附录殿后。卷末有编修人员名录、编后记。上限1986年,下限至2005年。

双流县煎茶镇志

双流县煎茶镇人民政府编。双流县地方志丛书之一。主编杨军,副主编李华甫。16开本,370页,精装本1册。内部印刷。

志卷首有双流县行政区划图、煎茶区位图2幅,有照片插页4页。继之,有杨军和周长志序文1篇,凡例9则。该志首列概述、大事记,正文为篇章节体,计15篇54章。卷末有编修人员名录、编后记。上限1928年,下限至2005年。

双流县中和镇志

双流县中和镇人民政府编。双流县地方志丛书之一。主编钟玉秀,副主编蒋红兵、张志斌。16开本,492页,精装本1册。内部印刷。

志卷首有市域区位示意图、双流县中和镇位置图、双流县中和镇政区图、双流县中和镇街道平面图4幅,有照片插页12页。继之,有凡例10则,有周骏超、张勇军序文2篇。该志首列概述、大事记,正文为篇章节体,计20篇67章。以附录殿后。卷末有编后记、编修人员名录。上限1986年,下限至2005年。

太和乡志

南充市嘉陵区太和乡志编纂委员会编。主编王宏,副主编李世梅、何全友、秦邦雄。16开本,307页,486千字,精装本1册,定价98元。2005年10月内部印刷,印数800册。

志卷首有编修人员名录,有南充县中和乡1949年行政区划图、南充县中和乡1952年行政区划图、嘉陵区太和乡2002年行政区划图3幅,有照片插页8页。继之,有刘维钧、蒋善方和王宏序文2篇,凡例9则。该志首列概述、大事记,正文为纲目体。以附录殿后。卷末有修志始末、后记。上限1901年,下限至2002年。

腾达镇志

腾达镇志编纂委员会编。主编陈刚,副主编徐元金、余宋敏、陶光辉。方志出版社2015年5月第1版第1次印刷,印数400册,16开本,344页,531千字,精装本1册,定价120元。

志卷首有照片插页29页,并有编修人员名录。继之,有石均和陈刚序文1篇,凡例11则。该志首列总述、大事记,正文为篇章节体,计6篇26章。以附录殿后。卷末有编后记。上限1371年,下限至2012年。

万安镇志

双流县万安镇人民政府编。双流县地方志丛书之一。主编王春梅。16开本,348页,精装本1册。内部印刷。

志卷首有双流县行政图、万安镇域地图2幅,有照片插页10页。继之,有李德华和赵建红序文1篇,凡例9则。该志首列概述、大事记,正文为篇章节体,计15篇41章。以附录殿后。卷末有编修人员名录、编后记。上限1949年,下限至2005年。

旺苍县干河乡志

旺苍县干河乡人民政府编。主编史怀万。16开本,281页,精装本1册。1988年6月内部印刷。

杨铸鼎题写书名。志卷首有杜荣昌、唐朝宣、张明寿和唐朝益序文3篇,有编修人员名录,有凡例8则,有旺苍县干河乡行政区划图、干河乡行政区域图2幅,有照片插页3页。该志首列概述、大事记,正文为章节体,计20章88节。以附录殿后。卷末有后记。上限1911年,下限至1985年。

汶川县威州镇志

汶川县威州镇、汶川县史志办编。主编何星俊。16开本,288页,286千字,精装本1册。1997年10月内部印刷,印数1000册。

志卷首有编修人员名录,有威州镇在汶川县行政区划中的位置图、汶川县威州镇行政区划图、民国二十九年(1940年)威州城区示意图等4幅,有王正富、明维禄、索国光、郑兴斗等题词8幅,有照片插页22页。继之,有李和君和刘富贵序文1篇,凡例8则。该志首列概述、大事记述,正文为章节体,计15章58节。以附录殿后。卷末有后记。上限1911年,下限至1996年。

武德乡志

武德乡志编纂委员会编。主编郑荣枢,副主编陈敏、曾述尧。16开本,271页,384千字,精装本1册。2011年11月内部印刷。

志卷首有编修人员名录,有李云超和郑荣枢、罗应涛序文2篇,凡例12则。该志首列大事记,正文为篇章节体,计5篇27章。以附录殿后。卷末有编后记、跋。上限1875年,下限至2000年。

武阳镇志

四川省新津县《武阳镇志》编纂小组编。主编缪柏松,副主编岳芳玉。16开本,295页,220千字,平装本1册。1983年8月内部印刷,印数1200册。

志卷首有中共新津县武阳镇委员会和新津县武阳镇人民政府序言1篇,有凡例10则。继之,有武阳镇示意图1幅,有照片插页9页。该志首列概述、大事记,正文为篇章节体,计14篇69章。以大事记要殿后。卷末有编后记、编写人员名录。上限1911年,下限至1982年。

西胜乡志

四川省南川县西胜乡志编纂委员

会编。四川省南川县乡(镇)志之一。主编黄学鳌、李坤益。16开本,157页,200千字,平装本1册。1984年内部印刷,印数700册。

志卷首有编者序言1篇,有西胜乡示意图1幅,有照片插页7页,并有编修人员名录。该志首列概述,正文为篇章节体,计5篇43章。卷末有编后记。上限1911年,下限至1983年。

溪口镇志

四川省华蓥市志总编室、华蓥市溪口镇人民政府编。主编黄生富。16开本,241页,210千字,精装本1册。1992年5月内部印刷,印数500册。

志卷首有编修人员名录,有苑红、曾祥志题词2幅,有华蓥市溪口镇行政区划图1幅,有照片插页16页。继之,有苑红、余兴万和黄生富序文2篇,凡例14则。该志首列概述、大事记,正文为章节体,计14章65节。以附录殿后。卷末有编后记。上限不限,下限至1990年。

象山镇志

中共象山镇委员会、象山镇人民政府编。主编代进。16开本,248页,精装本1册。内部印刷。

志卷首有照片插页16页,并有编修人员名录。继之,有凡例8则,有李勇、李代辉序文2篇。该志首列概述,正文为篇章节体,计19篇75章。卷末有编后记。上限1986年,下限至2000年。

新坝乡志

宜宾市兴文县新坝乡人民政府编。主编罗天云。16开本,306页,274千字,精装本1册。2000年内部印刷,印数500册。

志卷首有新坝乡区划图1幅,有秦立均、兰祥义题词2幅,有照片插页6页,并有编修人员名录。继之,有凡例13则,朱远鹏、李中奇、罗文忠序文3篇。该志首列概述、大事记,正文为篇章节体,计23篇93章。以附录殿后。卷末有编者后。上限1949年,下限至1999年。

新场乡志

新场乡人民政府编。主编张北平。云南大学出版社1990年10月第1版第1次印刷,印数1200册,32开本,389页,320千字,平装本1册,定价4.5元。

志卷首有编修人员名录,有照片插页2页,并有新场乡地图、川陕革命根据地新场乡遗址分布图、新场乡田地分布图3幅。继之,有王晓岩、侯流政和熊光荣序文2篇,凡例12则。该志首列大事记,正文为篇章节体,计8篇38章。卷末有编后记。上限1912年,下限至1985年。

新都区龙虎镇志

成都市新都区新都街道办事处编。主编黄陈功、胡义元、陈易等4人,副主编代明涛、朱建华、吴逢彦。16开本,483页,350千字,精装本1册。2016年5月内部印刷,印数

400 册。

志卷首有龙虎镇位置示意图、龙虎镇 2004 年行政区划图、龙虎镇 2004 年现状示意图、龙虎镇 2004 年交通示意图、龙虎镇 2004 年水利分布图、龙虎镇场镇 2004 年示意图 6 幅,有照片插页 20 页,并有编修人员名录。继之,有胡元义序文 1 篇,凡例 11 则。该志首列概述、大事记,正文为篇章节体,计 19 篇 73 章。以附录殿后。卷末有编后记。上限 1983 年,下限至 2004 年。

新棉镇志

新棉镇人民政府编。主编何继东,副主编姜叶鑫。16 开本,228 页,精装本 1 册。2005 年内部印刷,印数 300 册。

志卷首有石棉县政区图、新棉镇政区图、石棉县城区图 3 幅,有照片插页 16 页,并有编修人员名录。继之,有帅维和邱德勇、李建飞和康克云序文 2 篇,凡例 10 则。该志首列概述、大事记,正文为章节体,计 17 章 64 节。卷末有后记。上限 1950 年,下限至 2000 年。

宣汉县下八乡志

四川省宣汉县下八乡人民政府编。主编柳玉林、宋科。16 开本,382 页,精装本 1 册,定价 80 元。2002 年 5 月内部印刷,印数 300 册。

石元章题写书名。志卷首有编修人员名录,有石元章和周辉序文 1 篇,有凡例 9 则。继之,有宣汉县下八乡区位关系图、宣汉县下八乡行政区划图、2000 年底下八乡街道平面示意图 3 幅,有照片插页 6 页。该志首列概述、大事记,正文为篇章节体,计 9 篇 51 章。以附录殿后。卷末有编后记、跋。上限 1912 年,下限至 2000 年。

鹰背乡志

万源市鹰背乡人民政府编。主编苟在江。16 开本,266 页,300 千字,精装本 1 册。2010 年 7 月内部印刷,印数 1000 册。

志卷首有万源市鹰背乡行政区划图 1 幅,有照片插页 20 页,并有编修人员名录。继之,有王成军、邓骅、李远俊序文 3 篇,凡例 10 则。该志首列概述、大事记,正文为篇章节体,计 12 篇 50 章。以文存殿后。卷末有后记。上限 1913 年,下限至 2009 年。

永丰乡志

成都市武侯区永丰乡政府编。编撰郑世国。16 开本,200 页,精装本 1 册。1996 年 12 月内部印刷。

志卷首有编修人员名录。继之,有编者序文 1 篇,凡例 10 则,有照片插页 8 页,永丰乡行政区域图、成都武侯区 1996 年 6 月区划调整后永丰乡行政区域示意图、永丰乡村的建置沿革图 3 幅。该志首列概述、大事记,正文为篇章节体,计 11 篇 36 章。卷末有编后记。上限 1911 年,下限至 1996 年。

永宁乡志

永宁乡人民政府编。主编王廷

怀,副主编汪从燕。四川师范大学电子出版社2012年9月第1版第1次印刷,16开本,256页,300千字,精装本1册,定价128元。

志卷首有万源市永宁乡行政区划图1幅,有照片插页15页,并有编修人员名录。继之,有王成军、李映泉和陈思永序文2篇,凡例10则。该志首列概述、大事记,正文为篇章节体,计14篇56章。以附录殿后。卷末有后记。上限1912年,下限至2011年。

永寿镇志

永寿镇志编纂委员会编。主编杜定精。16开本,287页,平装本1册,定价20元。2016年内部印刷。

志卷首有编修人员名录,有汪霖前言1篇。该志首列概况,正文为章节体,计31章189节。卷末有编后记。上限溯源,下限至2008年9月。

玉河镇志

中共绵阳市游仙区玉河镇委员会、绵阳市游仙区玉河镇人民政府编。主编魏洪奇、王真全,副主编莫成银、白云良。32开本,210页,精装本1册。内部印刷。

魏洪奇题写书名。志卷首有编修人员名录,有绵阳市游仙区玉河镇区域图1幅,有照片插页6页。继之,有魏洪奇和王真全前言1篇。该志首列概述,正文为篇目体,计2篇。卷末有后记。上限不限,下限至2005年。

玉津镇志

犍为县玉津镇人民政府编。主编黄坚,副主编张伯龄、蔡志斌。16开本,577页,66.5千字,精装本1册。2000年10月内部印刷,印数520册。

志卷首有玉津镇辖区图、玉津镇城区示意图2幅,有照片插页19页。继之,有刘强序文1篇,凡例8则。该志首列概述、旧县治图、旧县署图、大事记,正文为章节体,计12章60节。以附录殿后。卷末有编后记、补记。上限1911年,下限至1999年。

曾家乡志

曾家乡人民政府编。主编巨宏升。四川师范大学电子出版社2011年7月第1版第1次印刷,16开本,292页,450千字,精装本1册,定价128元。

志卷首有万源市曾家乡行政区划图1幅,有照片插页28页,并有编修人员名录。继之,有王成羊、龚仕明和龚言轩序文2篇,凡例11则。该志首列概述、大事记,正文为篇章节体,计13篇41章。以附录殿后。卷末有后记。上限1912年,下限至2009年。

忠兴镇志

绵阳市游仙区忠兴镇政府编。主编姚永强。16开本,232页,精装本1册。2014年8月内部印刷。

志卷首有绵阳市游仙区忠兴镇总体规划·镇域总体规划图、绵阳市游仙区忠兴镇总体规划·功能分布分析图2幅,有照片插页10页,并有编修人员名录。继之,有姚永强前言1篇。该志首列概述,正文为章节体,计4章17节。以附录殿后。卷末有编后记。上限1993年,下限至2013年。

重华镇志

江油市重华镇人民政府编。主编王剑、刘年高,副主编张超。四川师范大学电子出版社2015年3月第1版第1次印刷,16开本,231页,325千字,精装本1册,定价68元。

志卷首有重华镇政区示意图、江油市重华镇街道分布图(2011年12月)2幅,有照片插页6页,并有编修人员名录。继之,有王剑、编者序文2篇。正文为章节体,计13章50节。以重要文存殿后。卷末有编后记。

贵州省

板桥镇志

遵义市汇川区板桥镇志编纂委员会编。主编冯发铨,副主编李志元、李敏才、苏玉琴等 6 人。16 开本,630 页,960 千字,精装本 1 册。2012 年 8 月内部印刷,印数 1000 册。

志卷首有板桥镇政区图、板桥区政区图、板桥镇交通示意图 3 幅,有照片插页 27 页,并有编修人员名录。继之,有冉世勇、夏鹏序文 2 篇,凡例 11 则。该志首列概述、大事记,正文为篇章节体,计 5 篇 31 章。以附录殿后。卷末有编后记。上限溯源,下限至 2007 年。

蔡官镇志

贵州省安顺市西秀区蔡官镇志编纂委员会编。主编汪波,副主编黄学友。贵州人民出版社 2004 年 4 月第 1 版第 1 次印刷,印数 1000 册,16 开本,624 页,670 千字,精装本 1 册,定价 186 元。

志卷首有编修人员名录,有蔡官镇行政区划图 1 副,有照片插页 16 页。继之,有杨洪俊、侯晏、邹基华、李兴专等序文 5 篇,凡例 8 则。该志首列概述、大事记,正文为纲目体。以附录殿后。卷末有后记。上限不限,下限至 2002 年。

达地水族乡志

主编韦荣慧,副主编侯天江。中央民族大学出版社 2011 年 2 月第 1 版第 1 次印刷,32 开本,310 页,254 千字,平装本 1 册,定价 26 元。

志卷首有编修人员名录,有雷山县政区图 1 幅,有照片插页 1 页。继之,有吴文学序文 1 篇。正文为篇章节体,计 14 篇 61 章。以大事记殿后。卷末有编后记。上限不限,下限至 2009 年。

大湾镇志

中共六盘水市钟山区大湾镇委员会、六盘水市钟山区大湾镇人民政府编。主编蒋朝明、王渊。德宏民族出版社 2016 年 6 月第 1 版第 1 次印刷,印数 1000 册,16 开本,552 页,751 千字,精装本 1 册,定价 240 元。

志卷首有编修人员名录,有蒋朝明题词 1 幅,有 2013 年大湾镇地图、2004 年大湾镇地图、大湾镇行政区划图、大湾镇在六盘水市区位图、大湾镇与周边县乡(镇)交通联系图等 8 幅,有照片插页 47 页。继之,有张涛和王赟序文 1 篇,凡例 8 则。该志首列概述、大事记,正文为章节体,计 24 章 81 节。以附录殿后。卷末有修志始末。上限不限,下限至 2014 年。

大西桥镇志

贵州省安顺市西秀区大西桥镇志编纂委员会编。主编胡维龙,副主编范顺祥、鲍安学。贵州人民出版社 2006 年 5 月第 1 版第 1 次印刷,印数 500 册,16 开本,466 页,565 千字,精装本 1 册,定价 228 元。

志卷首有编修人员名录,有大西桥镇区域图 1 幅,有照片插页 25 页。继之,有杨洪俊、侯晏、罗德坤、丁晓轩、徐锋、鲍中行序文 6 篇,凡例 9 则。该志首列概述、大事记,正文为章节体,计 10 章 63 节。以附录殿后。卷末有后记。上限溯源,下限至 2004 年。

德凤镇志

贵州省黎平县德凤镇志编纂委员会编。中国名镇志文化工程成果之一。主编石干成,副主编罗永明、杨秀灼、潘通祥、龙迅。方志出版社 2017 年 11 月第 1 版第 1 次印刷,16 开本,272 页,332 千字,精装本 1 册,定价 115 元。

志卷首有王伟光、李培林序文 2 篇,有编修人员名录,有凡例 16 则,有德凤镇在中国的位置图、德凤镇在贵州省的位置图、德凤镇地图、明清时期黎平府县分治图、明清时期神鱼井街巷图 5 幅,有照片插页 5 页。正文为纲目体。以附录殿后。卷末有编纂始末。上限溯源,下限至 2015 年。

黄平县黄飘乡志

黄平县黄飘乡志编委会编。黄平史志资料丛书之一。主编吴昌明、潘家涛、张玉祥、沈大昌。16 开本,289 页,340 千字,精装本 1 册。2007 年 12 月内部印刷,印数 500 册。

志卷首有编修人员名录,有黄飘乡行政区域图 1 幅,有王朝文题词 1 幅,有照片插页 16 页。继之,有吴克序文 1 篇,凡例 11 则。该志首列概述、大事记,正文为章节体,计 11 章 46 节。以附录殿后。卷末有后记。上限 1403 年,下限至 2006 年。

轿子山镇志

安顺市西秀区轿子山镇志编纂委员会编。主编刘方芳,副主编谢贵刚。贵州人民出版社 2004 年 10 月第 1 版第 1 次印刷,印数 1 000 册,16 开本,482 页,530 千字,精装本 1 册,定价 168 元。

志卷首有编修人员名录,有轿子山镇政区图 1 幅,有照片插页 15 页。继之,有杨洪俊、侯晏、李才荣、张忠序文 4 篇,凡例 7 则。该志首列概述、大事记,正文为章节体,计 22 章 75 节。以附录殿后。卷末有编后记。上限不限,下限至 2002 年。

锦屏县偶里乡志

锦屏县偶里乡人民政府编。主编

龙立润,副主编龙家声、吴运钧。16 开本,331 页,精装本 1 册。内部印刷。

志卷首有照片插页 17 页,并有编修人员名录。继之,有王甲鸿、龙林召、邓建平和龙鑫序文 3 篇,凡例 6 则。该志首列概述、大事记,正文为章节体,计 16 章 82 节。以附录殿后。卷末有后记。上限溯源,下限至 2000 年。

久长镇志

久长镇地方志编纂委员会编。主编王志利、徐明忠、赵继尧,副主编付坤、赵永忠、杨齐心等 5 人。16 开本,760 页,精装本 1 册。内部印刷。

叶辛题写书名。志卷首有久长镇行政区划图、久长镇境域交通图、久长镇发展规划图、久长镇域古道简图 4 幅,有照片插页 27 页,并有编修人员名录。继之,有袁莉和王朝化、叶辛序文 2 篇,凡例 12 则。该志首列概述、大事记,正文为篇章节体,计 12 篇 41 章。以人物殿后。卷末有后记。上限 1280 年,下限至 2009 年。

开阳县双流镇志

开阳县双流镇志编纂委员会编。主编张大贤,副主编王顺祥、沈昭荣。贵州人民出版社 2003 年 12 月第 1 版第 1 次印刷,印数 1000 册,32 开本,578 页,437 千字,精装本 1 册,定价 60 元。

志卷首有编修人员名录,有双流镇政区图 1 幅,有照片插页 19 页。继之,有黄瑶、申亚柳、王国志序文 3 篇,凡例 8 则。该志首列概述、大事记,正文为章节体,计 27 章 131 节。以附录殿后。上限溯源,下限至 2003 年。

六广镇志

六广镇志编纂委员会编。主编李祖炎。16 开本,623 页,972 千字,精装本 1 册。2007 年 6 月内部印刷,印数 1200 册。

志卷首有六广镇政区图 1 幅,有照片插页 19 页,并有编修人员名录。继之,有甘彪和甘泽志序文 1 篇,凡例 13 则。该志首列概述、大事记,正文为篇章节体,计 18 篇 74 章。以人物殿后。卷末有后记。上限 1283 年,下限至 2005 年。

青岩镇志

贵阳市地方志编纂委员会编。主编岑永枫。贵州人民出版社 2004 年 10 月第 1 版第 1 次印刷,印数 1200 册,32 开本,545 页,400 千字,精装本 1 册,定价 56 元。

志卷首有编修人员名录,有照片插页 24 页。继之,有陈福桐、吴志刚序文 2 篇。该志首列概述,正文为篇章节体,计 4 篇 20 章。以附录殿后。卷末有后记。上限溯源,下限至 2003 年。

三角乡志

黔西县志办编写组编。主编李华明。32 开本,125 页,平装本 1 册。1986 年 12 月内部印刷。

殷朝鼎题写书名。志卷首有编修

人员名录。继之,有黔西县三角乡区域图 1 幅,有陈福桐、张仁德序文 2 篇,凡例 15 则。该志首列概述、大事记,正文为篇章节体,计 7 篇 33 章。以附录殿后。上限明代,下限至 1985 年。

双堡镇志

安顺市西秀区双堡镇编纂委员会编。主编陈前洪,副主编王启洪。贵州人民出版社 2005 年 12 月第 1 版第 1 次印刷,印数 500 册,16 开本,420 页,440 千字,精装本 1 册,定价 110 元。

志卷首有编修人员名录,有双堡镇政区图 1 幅,有照片插页 24 页。继之,有杨洪俊、侯晏、班正文、陈前洪序文 4 篇,凡例 6 则。该志首列概述、大事记,正文为章节体,计 21 章 79 节。以附录殿后。卷末有编后记。上限溯源,下限至 2002 年。

宋旗镇志

贵州省安顺市宋旗镇志编纂委员会编。主编王恩福,副主编涂应林。贵州人民出版社 2001 年 4 月第 1 版第 1 次印刷,印数 1 000 册,16 开本,320 页,457 千字,精装本 1 册,定价 96 元。

志卷首有编修人员名录,有宋旗镇政区图 1 幅,有照片插页 16 页。继之,有慕德贵、陈正明、吴开银、柏怀安序文 4 篇,凡例 6 则。该志首列概述、大事记,正文为章节体,计 21 章 75 节。以附录殿后。卷末有编后记。上限不限,下限至 1999 年。

息烽县小寨坝镇志

贵州省息烽县小寨坝镇志编纂委员会、贵州省息烽县史志办公室编。主编李光祥,副主编肖忠书。贵州人民出版社 2001 年 8 月第 1 版第 1 次印刷,印数 1 500 册,32 开本,389 页,345.6 千字,精装本 1 册,定价 28 元。

志卷首有杨彦峰、李世祥序文 2 篇,并有编修人员名录。继之,有凡例 12 则,有照片插页 16 页。该志首列概述、大事记,正文为篇章节体,计 8 篇 39 章。以附录殿后。卷末有修志始末、跋。上限不限,下限至 2000 年。

遵义市汇川区高坪镇志

遵义市汇川区高坪镇志编纂委员会编。主编赵光强,副主编周国生、文宗强、李龙才。方志出版社 2012 年 8 月第 1 版第 1 次印刷,印数 1500 册,16 开本,625 页,725 千字,精装本 1 册,定价 118 元。

志卷首有高坪区行政区划图、高坪镇行政区划图 2 幅,有照片插页 34 页,并有编修人员名录。继之,有缪荣波序文 1 篇,凡例 7 则。该志首列概述、大事记,正文为章节体,计 34 章 178 节。以附录殿后。卷末有编后记。上限不限,下限至 2007 年。

遵义市汇川区泗渡镇志

遵义市汇川区泗渡镇志编纂委员会编。主编陈华强,副主编冯开明、杨思富、陈润华。16 开本,592 页,900 千字,精装本1册。2012年8月内部印刷,印数1000册。

陈福桐题写书名。志卷首有泗渡镇区位图、泗渡镇行政区划图、泗渡镇地形图、泗渡镇水系及主要水利设施分布图4幅,有照片插页33页,并有编修人员名录。继之,有吴泽宗、张雷序文2篇,凡例12则。该志首列概述、大事记,正文为章节体,计25章150节。以附录殿后。卷末有编后记。上限溯源,下限至2007年。

遵义县枫香镇志

遵义县枫香镇志编纂委员会编。主编江廷绪。16开本,805页,1000千字,精装本1册,定价120元。2013年12月内部印刷,印数1000册。

志卷首有枫香镇全景图、1950年枫香区行政区划图、1958年枫香区行政区划图、1965年枫香区行政区划图、1992年枫香区行政区划图等8幅,有照片插页49页,并有编修人员名录。继之,有凡例11则,有张铁、王航序文2篇。该志首列概述、大事记,正文为章节体,计37章180节。以附录殿后。卷末有编后记。上限溯源,下限至2007年。

遵义县龙坪镇志

遵义县龙坪镇志编纂委员会编。主编傅贤贵。16开本,902页,1160千字,精装本1册。2016年2月内部印刷,印数1000册。

志卷首有龙坪集镇全景图、1950年9月遵义县第九区行政区划示意图、1956年6月龙坪区行政区划示意图、1984年5月龙坪区行政区划示意图、1992年9月龙坪镇行政区划示意图等7幅,有照片插页43页,并有编修人员名录。继之,有王夏丽序文1篇,凡例9则。该志首列概述、大事记,正文为章节体,计24章81节。以附录殿后。卷末有文献辑存、限外史事录存、编纂始末。上限不限,下限至2010年。

遵义县毛石镇志

遵义县毛石镇志编纂委员会编。主编萧汝国。16开本,620页,990千字,精装本1册。2011年8月内部印刷,印数1000册。

志卷首有2003年10月毛石镇行政区划图、2007年毛石镇行政区划图、1970年毛石集镇建成区图、1992年毛石集镇建成区图、2007年毛石集镇建成区图5幅,有照片插页27页,并有编修人员名录。继之,有涂永发序文1篇,凡例15则。该志首列概述、大事记,正文为章节体,计34章197节。以附录殿后。卷末有编后记。上限1600年,下限至2007年。

遵义县团溪镇志

遵义县团溪镇人民政府编。主编刘明全,副主编张洪贵、余再涛、周学义。16开本,723页,1000千字,精装本1册。2011年6月内部印刷,印数1000册。

志卷首有遵义县团溪区行政区划图(1980)、遵义县团溪镇行政区划图

(2006)2幅,有照片插页30页,并有编修人员名录。继之,有陈刚、张文富序文2篇,凡例11则。该志首列概述、大事记,正文为章节体,计31章179节。以附录殿后。卷末有编纂始末。上限溯源,下限至2009年。

云南省

爱华镇志

云县爱华镇人民政府、云县地方志编纂办公室编。云县地方志丛书之一。主编杨念祖,副主编宋纪元。32开本,266页,精装本1册。1989年1月内部印刷。

志卷首有照片插页5页,有中共爱华镇党委和爱华镇人民政府序文1篇,有爱华镇地形示意图1幅,并有编修人员名录。继之,有凡例8则。该志首列概述、大事记,正文为章节体,计10章45节。以附录殿后。卷末有编后。上限溯源,下限至1988年11月。

安宁县八街镇志

八街镇人民政府编。安宁县史志丛书之一。主编洪茂昌,副主编窦光华。32开本,330页,精装本1册。1992年内部印刷,印数600册。

唐仿寅题写书名。志卷首有蔡正东题词1幅,有六街镇地图1幅,有照片插页22页,并有编修人员名录。继之,有凡例6则,有姜凤选序言1篇。该志首列概述、大事记,正文为章节体,计9章29节。以附录殿后。卷末有后记。上限不限,下限至1989年。

安宁县温泉镇志

安宁县温泉镇人民政府编。安宁县志丛书之一。主编窦光华,副主编淅兴发、杨金坤。32开本,375页,精装本1册。1992年内部印刷,印数1000册。

罗锦明题写书名。志卷首有编修人员名录,有照片插页16页。继之,有李德昌序文1篇,凡例8则。该志首列概述、大事记,正文为章节体,计13章47节。以附录殿后。卷末有后记。上限溯源,下限至1990年。

八街镇志

安宁市八街镇人民政府编。主编邓煦,副主编包应恩、陶鑫洲。16开本,392页,580千字,精装本1册。2012年10月内部印刷,印数2000册。

志卷首有编修人员名录,有八街镇区域图1幅,有照片插页27页。继之,有李文洪和周鸿斌序文1篇,凡例9则。该志首列概述、大事记,正文为章节体,计19章87节。以附录殿后。卷末有后记。上限1990年,下限至2009年。

板桥镇志(续编)

中共隆阳区板桥镇委员会、隆阳

区板桥镇人民政府编。隆阳区乡镇志丛书之一。主编张一军、刘晓峰。16开本，302页，400千字，精装本1册。2007年11月内部印刷，印数1000册。

志卷首有编修人员名录，有凡例7则，有田永学、虞凯序文2篇。继之，有板桥镇行政区划示意图、板桥镇街道规划图2幅，有照片插页16页。该志首列概述、大事记，正文为篇章节体，计5篇25章。以附录殿后。卷末有编后记。上限2000年，下限至2005年。

宝峰镇志

宝峰镇人民政府编。晋宁县地方志丛书之一。主编李飞鸿，副主编陈文贤、普永勤。32开本，253页，193千字，精装本1册。2001年8月内部印刷，印数1000册。

志卷首有编修人员名录，有蔡杰序文1篇。继之，有宝峰镇地图、宝峰镇城镇平面示意图2幅，有照片插16页，凡例7则。该志首列概述、大事记，正文为章节体，计5章29节。卷末有编后记。上限1900年，下限至2001年。

保山市金鸡乡志

中共保山市委史志委员会、中共保山市金鸡乡党委政府编。保山市乡（镇）地方志丛书之一。主编杨德光、张人刚。16开本，164页，230千字，精装本1册。1999年内部印刷。

志卷首有杨连题词1幅，有金鸡乡行政区域示意图1幅，有照片插页16页。继之，有杨德光序文1篇，凡例8则。该志首列概述、大事记，正文为篇节体，计4篇20节。以附载殿后。卷末有后记。上限溯源，下限至1998年。

碧鸡镇志

碧鸡镇人民政府编。主编杨林。云南民族出版社2009年3月第1版第1次印刷，16开本，363页，540千字，精装本1册，定价128元。

志卷首有编修人员名录，有碧鸡镇政区图、西山区碧鸡镇行政区域图2幅，有照片插页50页。继之，有陈寿出版说明1篇，有凡例6则，有张国元和李江鹏、李雄飞和平凤珍序文2篇。该志首列概述、大事记，正文为章节体，计22章96节。以附录殿后。卷末有编后记。上限不限，下限至1993年。

草铺乡志

安宁县草铺乡人民政府编。安宁县地方志丛书之一。主编游兴发，副主编窦光华。32开本，357页，精装本1册。1992年内部印刷，印数600册。

保增全题写书名。志卷首有编修人员名录，有草铺乡行政区划图1幅，有照片插页14页。继之，有吕堂光序文1篇，凡例7则。该志首列概述、大事记，正文为章节体，计13章52节。以附录殿后。卷末有编后记。上限1910年，下限至1990年。

大朝山东镇志

中共大朝山东镇委员会、大朝山

东镇人民政府编。主编周德翰,副主编王潇跃,胥婷月。16开本,277页,精装本1册。内部印刷。

志卷首有编修人员名录,有大朝山东镇行政区划图1幅,有照片插页11页。继之,有凡例11则,有徐明宏和熊英华序文1篇。该志首列概述、大事记,正文为编章节体,计6编43章。卷末有后记。上限溯源,下限至2012年。

大庄乡志

云南省江川县大庄区大庄乡志编纂领导小组编。江川县地方志丛书之一。主编张嘉恩。16开本,273页,精装本1册。1987年12月内部印刷。

志卷首有编修人员名录,有江川县大庄乡土地利用现状、土壤图1幅,有照片插页10页。继之,有伏廷国、张有富序文2篇,凡例7则。该志首列概述、大事记,正文为篇章节体,计7篇31章。以附录殿后。卷末有编纂始末。上限溯源,下限至1987年。

滇滩镇志

滇滩镇志编纂委员会编。主编欧阳晓旭,副主编胡乔方。云南人民出版社2014年9月第1版第1次印刷,16开本,534页,650千字,精装本1册,定价260元。

志卷首有编修人员名录,有滇滩镇政区图、滇滩镇社区分布图2幅,有照片插页48页。继之,有杨生辉序文1篇,凡例10则。该志首列概述、大事记,正文为章节体,计22章108节。以附录殿后。卷末有后记。上限溯源,下限至2013年。

凤山镇志

凤山镇人民政府、凤庆县地方志办公室编。云南省凤庆县地方志丛书之一。主编傅德海,副主编周履端。32开本,548页,390千字,精装本1册。1996年4月内部印刷,印数1500册。

志卷首有编修人员名录,有凤山镇政区图1幅,有照片插页4页。继之,有郑建元和高国文序文1篇,凡例13则。该志首列概述、大事记,正文为章节体,计16章80节。以附录殿后。卷末有后记。上限225年,下限至1990年。

福海乡志

昆明市西山区人民政府福海街道办事处编。福海乡村志系列丛书之一。主编陆蔚。16开本,266页,402千字,精装本1册。2008年4月内部印刷,印数1000册。

王记题写书名。志卷首有编修人员名录,有吴光范题词1幅,有福海街道办事处辖区地图、福海乡人民政府辖区地图2幅,有照片插页23页。继之,有马颖生、李兆明、陆玉坤序文3篇,凡例10则。该志首列综述、大事记,正文为篇章节体,计5篇15章。以附录殿后。卷末有编纂后记。上限1961年,下限至2004年。

圭山乡志

圭山乡人民政府编。主编昂智灵,

副主编方志远、金云昌、明炳发等 4 人。云南大学出版社 1993 年 8 月第 1 版第 1 次印刷,印数 2 000 册,32 开本,454 页,310 千字,精装本 1 册,定价 20 元。

志卷首有路南彝族自治县圭山乡行政区划图 1 幅,有何现龙、李元书题词 2 幅,有照片插页 18 页,并有编修人员名录。继之,有李明春和李德明序文 1 篇,凡例 11 则。该志首列大事记,正文为篇章节体,计 6 篇 32 章。以附录殿后。卷末有后记。上限不限,下限至 1992 年。

海东镇志

《海东镇志》编纂委员会编。主编李洋、李奇彬。云南民族出版社 2011 年 3 月第 1 版第 1 次印刷,印数 1 500 册,16 开本,644 页,1 100 千字,精装本 1 册,定价 360 元。

志卷首有编修人员名录,有大理市海东镇区划图 1 幅,有照片插页 31 页。继之,有李坚、李洋和李奇彬序文 2 篇,凡例 8 则。该志首列概述、大事记,正文为篇章节体,计 26 篇 87 章。以附录殿后。卷末有编后记。上限不限,下限至 2009 年。

海口镇志

西山区海口镇志编纂办公室编。主编张顺。16 开本,353 页,510 千字,精装本 1 册。2001 年内部印刷,印数 1000 册。

志卷首有海口镇行政区划图 1 幅,有照片插页 14 页,并有编修人员名录。继之,有高惠良和张志强、蔡德生序文 2 篇,凡例 8 则。该志首列概述、大事记,正文为篇章节体,计 6 篇 25 章。以附录殿后。卷末有编后记。上限溯源,下限至 1994 年。

汉庄镇志

中共保山市汉庄镇委员会、保山市汉庄镇人民政府编。保山市乡镇志丛书之一。主编顾德琳。天马图书有限公司 2001 年 3 月第 1 版第 1 次印刷,16 开本,312 页,300 千字,精装本 1 册,定价 65 元。

志卷首有编修人员名录,有凡例 8 则,有汉庄镇行政区域示意图 1 幅,有照片插页 22 页。该志首列概述、大事记,正文为章节体,计 7 章 69 节。以附录殿后。卷末有编后。上限不限,下限至 2000 年。

猴桥镇志

中共猴桥镇委员会、猴桥镇人民政府编。主编马有樊,副主编李国强、蔡敬旺。云南美术出版社 2011 年 6 月第 1 版第 1 次印刷,16 开本,495 页,900 千字,精装本 1 册,定价 108 元。

马有樊题写书名。志卷首有编修人员名录,有杨正晓序文 1 篇,有照片插页 14 页,并有凡例 10 则。该志首列概述、大事记,正文为卷章节体,计 17 卷 59 章。以附录殿后。卷末有参考文献、编后记。上限唐代,下限至 2006 年。

会泽新街回族乡志

《会泽新街回族乡志》编纂委员会

编。主编保明航,副主编段吉海。云南民族出版社 2009 年 4 月第 1 版第 1 次印刷,印数 1 500 册,16 开本,423 页,830 千字,精装本 1 册,定价 188 元。

志卷首有编修人员名录,有王承才、陈玉侯、保明富等题词 6 幅,有新街回族乡行政区划图 1 幅,有照片插页 23 页。继之,有马玉聪、王兴田、黄剑毅、保明航序文 4 篇,凡例 9 则。该志首列概述、大事记,正文为篇章节体,计 31 篇 113 章。以附录殿后。卷末有后记。上限 1944 年,下限至 2007 年。

鸡街镇志

中共个旧市鸡街镇委员会、个旧市鸡街镇人民政府编。主编段锡。云南美术出版社 2013 年 8 月第 1 版第 1 次印刷,16 开本,536 页,900 千字,精装本 1 册,定价 160 元。

志卷首有编修人员名录,有凡例 7 则。继之,有钟红庄序文 1 篇,有鸡街镇示意图 1 幅,有照片插页 31 页。该志首列概述、大事记,正文为章节体,计 17 章 90 节。以附录殿后。卷末有后记。上限春秋战国时期,下限至 2012 年。

检槽乡志

中共检槽乡委员会、检槽乡人民政府编。中华人民共和国地方志丛书之一。主编徐云仙,副主编解文晖。云南人民出版社 2017 年 10 月第 1 版第 1 次印刷,16 开本,439 页,630 千字,精装本 1 册,定价 480 元。

志卷首有检槽乡地图、检槽乡卫星影像图 2 幅,有编修人员名录,有照片插页 35 页。继之,有段冬梅序文 1 篇,凡例 10 则。该志首列概述、大事记,正文为篇章节体,计 6 篇 31 章。以附录殿后。卷末有编纂始末、索引。上限 109 年,下限至 2015 年。

晋城镇志

云南省晋宁县晋城镇人民政府编。主编李永芳。32 开本,492 页,375 千字,精装本 1 册。1993 年 7 月内部印刷,印数 2 000 册。

志卷首有编修人员名录,有余汝清题词 1 幅,有晋城镇示意图、晋城镇平面图 2 幅,有照片插页 17 页。继之,有周聪、张汝顺、陈光华和柏会前序文 3 篇,凡例 12 则。该志首列概述、大事记,正文为章节体,计 6 章 36 节。以附录殿后。卷末有后记。上限不限,下限至 1988 年。

卡房镇志

个旧市卡房镇镇志编纂委员会编。主编杨大庆。云南美术出版社 2008 年 7 月第 1 版第 1 次印刷,印数 1 000 册,16 开本,643 页,665 千字,精装本 1 册,定价 108 元。

志卷首有编修人员名录,有凡例 5 则,有赵刚序文 1 篇。继之,有卡房镇地形图、个旧市卡房镇行政区域示意图 2 幅,有照片插页 30 页。该志首列概述、大事记,正文为章节体,计 16 章 59 节。以附录殿后。卷末有编修后记。上限不限，下限至 2006 年。

匡远镇志

匡远镇志编纂委员会编。主编段林荪。云南民族出版社 2013 年 12 月第 1 版第 1 次印刷，16 开本，704 页，980 千字，精装本 1 册，定价 280 元。

志卷首有编修人员名录，有张之亮和何健升、孙自林和许建新、洪华和曹亚辉序文 3 篇，有凡例 10 则。该志首列概述、大事记，正文为章节体，计 27 章 124 节。以附录殿后。卷末有编后记。上限 1382 年，下限至 2011 年 4 月。

昆阳镇志

云南省晋宁县昆阳镇人民政府编。主编汪诚智。32 开本，343 页，259 千字，精装本 1 册。1995 年 6 月内部印刷，印数 700 册。

志卷首有编修人员名录，有昆阳镇政区变化示意图 1838 年、昆阳县城区图 1941 年、昆阳镇地图 1985 年、昆阳镇平面示意图 4 幅，有照片插页 19 页。继之，有李文清、李永安、章明序文 3 篇，凡例 6 则。该志首列概述、大事记，正文为章节体，计 5 章 30 节。以附录殿后。卷末有后记。上限 1383 年，下限至 1993 年。

李棋镇志

中共玉溪市红塔区李棋街道工作委员会、玉溪市红塔区人民政府李棋街道办事处编。主编朱学祥、黄朝茂，副主编乔发清、邹瑾、李诚、李崇雨。云南人民出版社 2012 年 12 月第 1 版第 1 次印刷，印数 1500 册，16 开本，602 页，850 千字，精装本 1 册，定价 216 元。

志卷首有编修人员名录，有李棋镇区域图、李棋镇平面图 2 幅，有李一是、钱成润题词 2 幅，有照片插页 30 页。继之，有孔祥庚、夏立洪和张小良、朱学祥序文 3 篇，凡例 6 则。该志首列李棋镇机构全称与简称对照、总述、大事记，正文为章节体，计 9 章 66 节。以附录殿后。卷末有索引、编后记。上限 1978 年，下限至 2010 年。

连然镇志

连然镇人民政府编。安宁县地方志丛书之一。主编杨玮民，副主编卢正忠、窦光华。云南人民出版社 1994 年 12 月第 1 版第 1 次印刷，印数 1000 册，32 开本，464 页，374 千字，精装本 1 册，定价 28.8 元。

志卷首有编修人员名录，有连然镇政区图、安宁县城区略图（连然镇）2 幅，有陆绩、张兴荣、杨伟民、高振泰、卢正忠题词 5 幅，有照片插页 16 页。继之，有陆绩序文 1 篇，凡例 9 则。该志首列概述、大事记，正文为章节体，计 12 章 49 节。以附录殿后。卷末有后记。上限公元前 109 年，下限至 1987 年。

联盟镇志

昆明市官渡区联盟镇人民政府编。主编徐培昆，副主编李祥、何秀萍。16 开本，184 页，150 千字，精装本

1册。2004年5月内部印刷，印数1800册。

志卷首有昆明市官渡区联盟镇区域位置图1幅，有照片插页24页，并有编修人员名录。继之，有李占毅、李恒勇序文2篇，凡例10则。该志首列概述、大事记，正文为章节体，计11章42节。以人物殿后。卷末有编纂后记、提供资料人员名录。上限1956年，下限至2003年。

六街乡志

晋宁县六街乡人民政府编。主编施绍清，副主编蔡耀文。16开本，342页，250千字，精装本1册。2009年7月内部印刷，印数1000册。

志卷首有编修人员名录，有六街乡行政区划图1幅，有照片插页19页。继之，有陈树发、蒋跃华序文2篇，凡例11则。该志首列概述、大事记，正文为章节体，计7章32节。以附录殿后。卷末有后记。上限1257年，下限至2007年。

鹿城志

中共楚雄市鹿城镇委员会、楚雄市鹿城镇人民政府编。主编宋学仁。云南人民出版社1995年6月第1版第1次印刷，印数3000册，16开本，367页，430千字，精装本1册，定价48元。

志卷首有鹿城示意图、楚雄县古城池图、紫溪山风景区旅游图3幅，有照片插页13页。继之，有普春喜、盛必清序文2篇，凡例10则。该志首列概述、大事记，正文为篇章节体，计6篇20章。以附录殿后。卷末有后记、编修人员名录。上限溯源，下限至1993年。

洛河彝族乡志

中共洛河彝族乡委员会、洛河彝族乡人民政府编。主编杨正藩，副主编张文琼。云南民族出版社2003年12月第1版第1次印刷，印数1000册，32开本，372页，301千字，精装本1册，定价35元。

志卷首有洛河乡行政区划图1幅，有编修人员名录，有杨德运题词1幅，有照片插页17页。继之，有胡华生、周正洪和白发福序文2篇，凡例4则。该志首列概述、大事记，正文为篇章节体，计8篇。以附录殿后。卷末有编纂始末。上限1988年，下限至2001年。

马登镇志

中共马登镇委员会、马凳镇人民政府编。主编李钟奇，副主编李继昌、杨福鹤。云南民族出版社2014年10月第1版第1次印刷，印数1500册，16开本，504页，500千字，精装本1册，定价98元。

志卷首有编修人员名录，有马登镇政区图1幅，有照片插页31页。继之，有张桥贵、李晋瑛和施江勇序文2篇，凡例10则。该志首列概述、大事记，正文为章节体，计24章109节。以附录殿后。卷末有编后记。上限溯源，下限至2010年。

米甸镇志

云南省祥云县《米甸镇志》编纂委员会编。主编汤中国,副主编杨聪龙、陈红丽。云南人民出版社 2015 年 1 月第 1 版第 1 次印刷,印数 1000 册,16 开本,430 页,400 千字,精装本 1 册,定价 220 元。

志卷首有编修人员名录,有照片插页 44 页。继之,有汤中国、杨聪龙序文 2 篇,凡例 10 则。该志首列概述、大事记,正文为章节体,计 19 章 78 节。以附录殿后。卷末有编后记。上限唐朝,下限至 2012 年。

明光镇志

明光镇志编纂委员会编。主编欧阳晓旭,副主编杨立品、杨立庄。云南人民出版社 2012 年 11 月第 1 版第 1 次印刷,印数 1 500 册,16 开本,532 页,550 千字,精装本 1 册,定价 300 元。

志卷首有明光镇政区图,有编修人员名录,有照片插页 42 页。继之,有柴贤序文 1 篇,凡例 9 则。该志首列概述、大事记,正文为章节体,计 22 章 118 节。以附录殿后。卷末有后记。上限溯源,下限至 2011 年。

鸣矣河乡志

安宁县鸣矣河乡人民政府编。安宁县地方志丛书之一。主编王保良,副主编窦光华。32 开本,422 页,精装本 1 册。内部印刷。

杨开芳题写书名。志卷首有王文学、王汝全、马灿新、胡荣昌、李嘉珍、杨艳春题词 6 幅,有照片插页 8 页,并有编修人员名录。继之,有王汝全、李嘉珍、杨艳春、胡荣昌、马灿新序文 1 篇,凡例 7 则。该志首列概述、大事记,正文为章节体,计 17 章 76 节。以附录殿后。卷末有后记。上限溯源,下限至 1988 年。

南涧镇志

中共南涧镇委员会、南涧镇人民政府编。主编李春达、高明秀、潘吉宇,副主编罗如钧。云南民族出版社 2010 年 6 月第 1 版第 1 次印刷,印数 1000 册,16 开本,361 页,600 千字,精装本 1 册,定价 128 元。

志卷首有南涧镇行政区域图 1 幅,有编修人员名录,有照片插页 14 页。继之,有李春达和罗如钧序文 1 篇,凡例 10 则。该志首列概述、大事记,正文为章节体,计 16 章 81 节。以人物、附录殿后。卷末有编后记。上限 1965 年,下限至 2008 年。

宁州镇志

中共华宁县宁州街道工作委员会、华宁县人民政府宁州街道办事处编。主编罗勇、纳劲辉、魏祖胜,副主编张坤、王明清、高士忠、王文华。云南人民出版社 2016 年 8 月第 1 版第 1 次印刷,16 开本,541 页,744 千字,精装本 1 册,定价 180 元。

志卷首有宁州镇行政区划图 1 幅,有照片插页 22 页,并有编修人员名录。继之,有罗勇、纳劲辉序文 2 篇,凡例 8 则。该志首列概述、大事记,正文为章节体,计 14 章 64 节。以附录殿后。卷末有编后记。上限溯源,下限至 2010 年。

七街乡志

《七街乡志》编纂小组编。云南方志丛书之一。主编杨文权。32 开本,163 页,平装本 1 册。1987 年 12 月内部印刷。

志卷首有七街乡地形示意图 1 幅,有公孙友和常朝兴序文 1 篇,有编修人员名录。继之,有凡例 5 则。该志首列概述、大事记,正文为篇章节体,计 7 篇 32 章。以杂记殿后。卷末有后记、七街乡地形示意图、七街全景图。上限溯源,下限至 1985 年。

上蒜乡志

晋宁县上蒜乡人民政府编。主编张忠。32 开本,280 页,精装本 1 册。1992 年 12 月内部印刷。

志卷首有编修人员名录,有王体金题词 1 幅,有晋宁县上蒜乡地图 1 幅,有照片插页 20 页。继之,有张忠序文 1 篇,凡例 10 则。该志首列概述、大事记,正文为章节体,计 6 章 22 节。以附录殿后。卷末有编后记。上限 1727 年,下限至 1990 年。

上蒜乡志

上蒜镇人民政府编。主编苟捷,副主编杨洋、周红科。16 开本,276 页,480 千字,精装本 1 册。2010 年 3 月内部印刷,印数 1000 册。

志卷首有编修人员名录,有上蒜镇全图 1 幅,有照片插页 16 页。继之,有普鸿昌、赵丽娟序文 2 篇,凡例 9 则。该志首列概述、大事记,正文为章节体,计 36 章 141 节。以卷末殿后。卷末有编后记、前志补遗。上限 1991 年,下限至 2005 年。

诗礼乡志

凤庆县地方志办公室、诗礼乡人民政府编。主编刘浩,副主编李映成。32 开本,334 页,250 千字,精装本 1 册。2000 年 8 月内部印刷,印数 1000 册。

志卷首有编修人员名录,有李自圣和陈灿序文 1 篇,凡例 10 则。继之,有诗礼乡地图 1 幅,有照片插页 8 页。该志首列概述、大事记,正文为卷目体,计 9 卷。以附录殿后。卷末有后记。上限溯源,下限至 1999 年。

双河乡志

云南省晋宁县双河彝族乡人民政府编。晋宁县地方志丛书之一。主编普德连。16 开本,174 页,121 千字,精装本 1 册。1995 年 12 月内部印刷,印数 700 册。

志卷首有晋宁县地图 1 幅,有照片插页 14 页。继之,有陈兆留序文 1 篇,凡例 6 则。该志首列概述、大事记,正文为章节体,计 5 章 24 节。以附录殿后。卷末有编后记。上限溯源,下限至 1992 年。

思茅镇志

思茅镇人民政府编。主编雷继

初,副主编郑维章、白爱光。云南民族出版社 2008 年 8 月第 1 版第 1 次印刷,印数 700 册,16 开本,431 页,500 千字,精装本 1 册,定价 88 元。

史松泉题写书名。志卷首有思茅城区图 1 幅,有照片插页 27 页。继之,有李一是、梁起、罗景峰和蔡茂伟序文 3 篇,凡例 7 则。该志首列概述、大事记,正文为章节体,计 18 章 81 节。以附录殿后。卷末有编纂始末、编修人员名录。上限清代,下限至 2006 年。

腾越镇志

中共腾越镇委员会、腾越镇人民政府编。云南省地方志丛书·腾冲市。主编吉超贤、章明德、余朝蕊,副主编樊艳丽。云南民族出版社 2016 年 11 月第 1 版第 1 次印刷,印数 1500 册,16 开本,980 页,1200 千字,精装本 1 册,定价 298 元。

志卷首有编修人员名录,有腾越镇行政区划图、腾越镇城区地名图 2 幅,有照片插页 32 页。继之,有吉超贤、章明德、余朝蕊序文 3 篇,凡例 15 则。该志首列概述、大事记,正文为篇章节体,计 11 篇 50 章。以附录殿后。卷末有编纂始末。上限溯源,下限至 2013 年。

通甸镇志

中共兰坪白族普米族自治县通甸镇委员会、兰坪白族普米族自治县通甸镇人民政府编。兰坪白族普米族自治县地方志丛书之一。主编和育,副主编杨增才。16 开本,408 页,670 千字,精装本 1 册。2008 年内部印刷,印数 1500 册。

志卷首有编修人员名录,有兰坪白族普米族自治县通甸镇镇区简图、兰坪白族普米族自治县通甸镇卫星影像略图、清代通甸西山约政区略图、民国三十三年通甸镇政区略图 4 幅,有照片插页 29 页。继之,有和化龙、陈增红和杨登科序文 2 篇,凡例 10 则。该志首列概述、大事记,正文为章节体,计 24 章 97 节。以附录殿后。卷末有编后记。上限溯源,下限 2007 年。

昔马镇志

《昔马镇志》编纂委员会编。盈江县地方志丛书之一。主编尹兴志、张自周,副主编岳兴跃、罗祥兆、何明正、王文娟等 7 人。德宏民族出版社 2012 年 12 月第 1 版第 1 次印刷,印数 2500 册,16 开本,298 页,410 千字,精装本 1 册,定价 120 元。

志卷首有编修人员名录,有中国古代西南丝绸之路——蜀身毒道经昔马路线略图、德宏傣族景颇族自治州略图、盈江县行政区划图、昔马那邦分设前交通河流图(古今)4 幅,有照片插页 40 页。继之,有王明山和卫岗序文 1 篇,凡例 10 则。该志首列概述、大事记,正文为篇章节体,计 5 篇 21 章。以摘录殿后。卷末有编纂始末。上限溯源,下限至 2013 年。

喜洲镇志

喜洲镇志编纂委员会编。主编何

春雨,副主编阿维爱、张锡禄。云南大学出版社2005年3月第1版第1次印刷,印数1000册,16开本,458页,900千字,精装本1册,定价80元。

志卷首有编修人员名录,有照片插页10页,并有大理市喜洲镇区划图1幅。继之,有凡例8则,有杨明、陈培芳、苏建霖和王景堂序文3篇。该志首列概述、大事记,正文为篇章节体,计10篇27章。卷末有编后记。上限溯源,下限至2000年。

香格里拉县尼西乡志

香格里拉县尼西乡乡志编纂委员会编。主编松永丽、尹志高、段志斌,副主编旦从文、孙诺七林、松小明、祁继光。云南科技出版社2015年8月第1版第1次印刷,16开本,670页,1000千字,精装本1册,定价268元。

志卷首有编修人员名录,有尼西乡政区图、尼西乡卫星影像图2幅,有照片插页30页。继之,有杜永春、松永丽和旦从文序文2篇,凡例15则。该志首列概述、大事记,正文为章节体,计16章129节。以附录殿后。卷末有索引、编后记。上限不限,下限至2010年。

香格里拉县小中甸镇志

香格里拉县小中甸镇人民政府编。主编周世全、和佳庚,副主编孙红梅、林朝红。16开本,308页,精装本1册。内部印刷。

白玉先题藏文书名。志卷首有编修人员名录,有彭耀文、肖徐题词2幅,有照片插页16页。继之,有陈永生序文1篇,凡例10则。该志首列概述、大事记,正文为篇章节体,计8篇30章。以附录殿后。卷末有后记。上限不限,下限至2005年。

小街镇志

小街镇志编纂委员会编。主编邵星海,副主编刘汉发、雷涛。16开本,230页,450千字,精装本1册,定价50元。2003年3月内部印刷,印数800册。

志卷首有小街镇行政区划图1幅,有照片插页30页。继之,有张富学和何锦涛序文1篇,凡例9则,并有编修人员名录。该志首列概述、大事记,正文为篇章节体,计5篇38章。以附录殿后。卷末有编后记。上限溯源,下限至2001年。

新哨镇志

中共新哨镇委员会、新哨镇人民政府编。主编张太云,副主编葛永才、黄光平、陈红友。云南美术出版社2009年8月第1版第1次印刷,印数1000册,16开本,207页,150千字,精装本1册,定价98元。

志卷首有编修人员名录,有新哨镇交通区位图1幅,有照片插页33页。继之,有李保文、何世文和陈艳刚序文2篇,凡例8则。该志首列概述、大事记,正文为编章节体,计6编24章。以附录殿后。卷末有编后语。上限溯源,下限至2008年。

秀山镇志

中共通海县秀山镇委员会、通海县秀山镇人民政府编。主编宋正敏。云南人民出版社1994年3月第1版第1次印刷,印数1000册,32开本,418页,346千字,精装本1册,定价20.8元。

志卷首有编修人员名录,有照片插页16页,并有曾建志、朱礼智题词2幅。继之,有李新福、溥发岳序文2篇,凡例7则。该志首列概述、大事记,正文为编章节体,计8编30章。卷末有后记。上限溯源,下限至1991年。

研和镇志

中共玉溪市红塔区研和镇委员会、玉溪市红塔区研和镇人民政府编。红塔区地方志丛书之一。主编杨文武、陈崇明、唐功乔,副主编周志刚、杨进松、贾贵寿、普秀兰。德宏民族出版社2009年8月第1版第1次印刷,印数1000册,16开本,545页,800千字,精装本1册,定价96元。

志卷首有编修人员名录,有研和镇行政图,有黄宪庭、华世镔、杜培富题词3幅,有照片插页16页。继之,有杨兴荣、吴小郎序文2篇,凡例7则。该志首列总述、大事记,正文为章节体,计15章96节。以附录殿后。卷末有索引、编纂始末。上限1978年,下限至2007年。

营盘镇志

中共营盘镇委员会、营盘镇人民政府编。主编张秀鹏,副主编叶金山、李曾林。云南民族出版社2008年12月第1版第1次印刷,印数2000册,16开本,785页,1450千字,精装本1册,定价368元。

志卷首有编修人员名录,有营盘镇卫星影像图、营盘镇行政区划图、营盘镇民政分布图3幅,有照片插页25页。继之,有凡例16则。该志首列概述、大事记,正文为篇章节体,计14篇47章。以附录殿后。卷末有编纂始末。上限远古,下限至2005年。

永昌镇志

中共永昌镇委员会、永昌镇人民政府编。主编袁庆平、银纯泰。天马图书有限公司2001年4月第1版第1次印刷,印数1000册,16开本,488页,520千字,精装本1册,定价100元。

志卷首有编修人员名录,有王广兴题词1幅,有永昌镇行政区划示意图、永昌镇街道规划图、保山城市区图等5幅,有照片插页31页。继之,有凡例8则。该志首列概述、大事记,正文为编章节体,计17编72章。以附载殿后。卷末有后记。上限不限,下限至1999年。

玉溪市乡镇简志

玉溪市地方志编纂委员会办公室编。主编李亚平,副主编刘仕荣。云南人民出版社2006年5月第1版第1次印刷,印数2000册,16开本,1400千字,精装本2册,定价360元。

志卷首有照片插页 30 页,有玉溪市行政区划图 1 幅,并有编修人员名录。继之,有董诗强序文 1 篇,凡例 10 则。该志正文为条目体。上限 1949 年,下限至 2002 年。

越州镇志

中共越州镇委员会、越州镇人民政府编。云南省地方志丛书之一。主编范家声。16 开本,195 页,300 千字,精装本 1 册。1995 年内部印刷,印数 500 册。

志卷首有编修人员名录,有王学仁、李兵、江朝品、孙周远、张玉祥等题词 8 幅,有越州镇地名图 1 幅,有照片插页 8 页。继之,有顾晓富、杜健序文 2 篇,凡例 5 则。该志首列概述、大事记,正文为篇章节体,计 6 篇 30 章。以附记殿后。卷末有编后记。上限 1879 年,下限至 1993 年。

西藏自治区

八一镇志

西藏自治区林芝市巴宜区八一镇志编纂委员会编。中国名镇志文化工程成果之一。主编汪德军,副主编王会世、杨海峰、陈旭。方志出版社2018年11月第1版第1次印刷,16开本,350页,446千字,精装本1册,定价193元。

志卷首有谢伏瞻、王伟光、李培林序文3篇,有编修人员名录。继之,有凡例14则,有八一镇在中国的位置图、八一镇在西藏自治区的位置图、八一镇地图3幅,有照片插页7页。该志正文为纲目体。以附录殿后。卷末有编纂始末。上限溯源,下限至2017年。

陕西省

白泥井镇志

《白泥井镇志》编纂委员会编。陕西省地方志丛书之一。主编蒋峰荣、刘湃,副主编马占仓、徐惠生、王世孝。陕西人民出版社2017年11月第1版第1次印刷,16开本,853页,1150千字,精装本1册,定价398元。

志卷首有肖云儒题词1幅,有编修人员名录,有白泥井镇行政区划图、白泥井镇地形图、20世纪50年代初西堂寨子简图、白泥井镇集镇示意图4幅,有照片插页38页。继之,有凡例10则,有崔博和焦利民、刘志伦、白银喜和苏喜卫序文3篇。该志首列概述、大事记,正文为编章节体,计9编40章。以附录殿后。卷末有修志始末、跋。上限溯源,下限至2015年。

崔家湾镇志

主编李林、雷鸿儒,副主编贺怀杰、贺世文、蒲尚宏。陕西人民出版社2011年6月第1版第1次印刷,印数1000册,16开本,560页,718千字,精装本1册,定价120元。

志卷首有崔家湾行政区划图1幅,有编修人员名录,有陈宗兴、黄静波、苏杰、崔军、崔世芳、郭丁瑄、崔博题词7幅,有照片插页32页。继之,有薛士会和慕探建序文1篇,凡例10则。该志首列概述、大事记,正文为章节体,计37章106节。以附录殿后。卷末有后记。上限不限,下限至2010年。

大明宫乡志

大明宫乡志编纂委员会编。西安市未央区地方志丛书之一。主编杜永义,副主编姬卫华。16开本,229页,200千字,精装本1册,定价60元。1997年12月内部印刷,印数800册。

侯恩泉题写书名。志卷首有徐自立、刘有福、雷轩题词3幅,有大明宫乡行政区划图1幅,有照片插页8页,并有编修人员名录。继之,有王更健序文1篇,凡例8则。该志首列概述、大事记,正文为编章节体,计12编40章。以附录殿后。卷末有编后记、捐资光荣榜。上限溯源,下限至1993年。

定仙墕镇志

绥德县定仙墕镇志编纂委员会编。主编李贵龙,副主编耿永君。16开本,403页,408千字,精装本1册,定价128元。2005年12月内部印刷，印数3000册。

赵兴国题写书名。志卷首有编修人员名录，有曹世玉、苏志中、赵勇题词3幅，有照片插页12页。继之，有赵兴国序文1篇，凡例10则。该志首列概述、大事记，正文为篇章节体，计8篇41章。以附录殿后。卷末有后记。上限不限，下限至2005年。

高家堡镇志

神木县《高家堡镇志》编纂委员会编。陕西地方志丛书之一。主编范林虎。陕西人民出版社2016年9月第1版第1次印刷，16开本，792页，1188千字，精装本1册，定价318元。

志卷首有编修人员名录，有高家堡镇行政区位图1幅，有照片插页30页。继之，有吴玉莲、张生平、张宏智序文3篇，凡例12则。该志首列概述、大事记，正文为篇章节体，计12篇53章。以附录殿后。卷末有跋、后记。上限原始社会新石器时期，下限至2014年。

关山镇志

陕西省地方志编纂委员会编。陕西地方志丛书之一。主编孙玉亭。陕西人民出版社1991年8月第1版第1次印刷，印数1000册，32开本，179页，126千字，精装本1册，定价8元。

志卷首有照片插页2页，有临潼县关山镇城区平面图1幅。继之，有武伯纶序文1篇。该志正文为章目体，计12章。以附录殿后。卷末有附记、编后记。上限不限，下限至1985年。

河底乡志

河底乡志编纂委员会编。陕西地方志丛书之一。主编李贵龙，副主编李光。16开本，397页，52.5千字，精装本1册。2010年1月内部印刷，印数2000册。

志卷首有编修人员名录，有河底乡行政区划图1幅，有郭丁瑄、崔博题词2幅，有照片插页19页。继之，有李权序文1篇，凡例8则。该志首列概述、大事记，正文为篇章节体，计11篇40章。以附录殿后。卷末有后记。上限不限，下限至2007年6月。

交道镇志

《交道镇志》编纂委员会编。主编姜有俊，副主编韦根元。陕西人民出版社2017年12月第1版第1次印刷，16开本，414页，480千字，精装本1册，定价138元。

志卷首有编修人员名录，有交道镇遥感图、交道镇地形图、交道镇行政区划图、交道镇交通线路图、交道镇土壤分布示意图、交道镇矿藏资源分布图、交道镇文物保护单位分布图7幅，有照片插页47页，有程军题词1幅。继之，有党国际、白泉朝序文2篇，凡例15则。该志首列概述、大事记，正文为章节体，计7章26节。以附录殿后。卷末有后记。上限公元前765年，下限至2014年。

哭泉乡志

《哭泉乡志》编纂委员会编。主编张保国。三秦出版社 2016 年 12 月第 1 版第 1 次印刷,印数 1000 册,16 开本,308 页,270 千字,精装本 1 册,定价 180 元。

志卷首有编修人员名录,有哭泉乡政区图(2010 年)、哭泉乡卫星地形图(2014 年)等 3 幅,有照片插页 25 页。继之,有徐来见、查军立序文 2 篇,凡例 8 则。该志首列概述、大事记,正文为章节体,计 14 章 65 节。以附录殿后。卷末有编后语。上限溯源,下限至 2010 年。

雷龙湾乡志

《雷龙湾乡志》编纂委员会编。主编邵培禄。陕西人民出版社 2015 年 1 月第 1 版第 1 次印刷,16 开本,738 页,780 千字,精装本 1 册,定价 188 元。

志卷首有编修人员名录,有王亦群、李涛、王效力、刘维平题词 4 幅,有雷龙湾乡全图、雷龙湾地形图 2 幅,有照片插页 76 页。继之,有马秀岚、周建国、师钒耘和柳钦序文 3 篇。该志首列概述,正文为卷章节体,计 12 卷 53 章。以附录殿后。卷末有编后记。上限溯源,下限至 2012 年。

李孝河乡志

中共李孝河乡委员会、李孝河乡人民政府编。主编王国。16 开本,145 页,精装本 1 册。2015 年 10 月内部印刷,印数 1000 册。

志卷首有李孝河乡行政区划图 1 幅,有罗云龙题词 1 幅,有照片插页 8 页,并有编修人员名录。继之,有白永贵、常向前和艾绳武序文 2 篇,说明 4 则。该志首列概况、大事记,正文为章节体,计 9 章 31 节。卷末有后记。上限溯源,下限至 2015 年 10 月。

六村堡乡志

六村堡乡志编纂委员会编。主编焦增喜。16 开本,305 页,360 千字,精装本 1 册,定价 88 元。1996 年 9 月内部印刷,印数 1000 册。

志卷首有武宏等题词 2 幅,有六村堡乡地图 1 幅,有照片插页 8 页。继之,有樊兴星等序文 2 篇,凡例 8 则,有编修人员名录。该志首列概述、大事记,正文为编章节体,计 15 编 53 章。以附录殿后。卷末有附记、编后记、六村堡乡志捐款名单。上限周、秦、汉,下限至 1993 年。

马镇镇志

《马镇镇志》编纂委员会编。主编乔振民,副主编焦拖义。陕西人民出版社 2016 年 4 月第 1 版第 1 次印刷,印数 4000 册,16 开本,740 页,810 千字,精装本 1 册,定价 268 元。

志卷首有编修人员名录,有马镇镇行政区划图、马镇镇卫星航拍地图 2 幅,有王景清、张生平、王欲飞、王海强题词 4 幅,有照片插页 12 页。继之,有封杰、刘建平和袁茂林序文 2 篇,凡例 7 则。该志首列概述、大事记,正文为章节体,计 10 章 60 节。以附录殿后。卷末有编后记。上限溯源,下限至 2014 年。

青木川镇志

陕西省宁强县青木川镇志编纂委员会编。中国名镇志文化工程成果之一。主编高金龙、程文徽。方志出版社 2016 年 10 月第 1 版第 1 次印刷,16 开本,192 页,235 千字,精装本 1 册,定价 81 元。

志卷首有王伟光、李培林序文 2 篇,并有编修人员名录。继之,有凡例 16 则,有青木川镇在中国的位置图、青木川镇在陕西省的位置图、青木川镇行政区划图 3 幅,有照片插页 5 页。该志正文为纲目体。以附录殿后。卷末有编纂始末。上限溯源,下限至 2014 年。

三桥镇志

三桥镇志编纂委员会编。西安市未央区地方志丛书之一。主编李振勋。陕西人民出版社 2002 年 3 月第 1 版第 1 次印刷,印数 1 300 册,16 开本,530 页,564 千字,精装本 1 册,定价 120 元。

志卷首有编修人员名录,有三桥镇行政区划图 1 幅,有照片插页 20 页。继之,有曹永民和康德智序文 1 篇,凡例 13 则。该志首列概述、大事记,正文为章节体,计 21 章 112 节。以附录殿后。卷末有编纂始末、赞助单位和个人一览表。上限秦汉,下限至 1996 年。

石湾镇志

石湾镇志编纂委员会编。主编崔月德,副主编叶子华、冯海瑞。16 开本,306 页,500 千字,精装本 1 册,定价 40 元。1997 年 4 月内部印刷,印数 2100 册。

李若冰题写书名。志卷首有石湾镇志编委会题词 1 幅,有编修人员名录,有石湾镇地图 1 幅,并有照片插页 8 页。继之,有艾建国、刘买义、尚宏则序文 3 篇,凡例 9 则。该志首列概述、大事记,正文为章节体,计 32 章 118 节。卷末有编志始末、编后记。上限溯源,下限至 1995 年。

四十里铺镇志

《四十里铺镇志》编纂委员会编。主编黄永平、慕健康、李贵龙。16 开本,476 页,610 千字,精装本 1 册。2009 年 1 月内部印刷,印数 1000 册。

志卷首有编修人员名录,有四十里铺镇行政图 1 幅,有李金柱、赵勇、郭丁瑄、崔博题词 4 幅,有照片插页 17 页。继之,有黄永平序文 1 篇,凡例 10 则。该志首列概述、大事记,正文为章节体,计 10 章 72 节。以附录殿后。卷末有后记。上限春秋战国时期,下限至 2008 年。

孙镇志

蒲城县孙镇地方志编纂委员会编。主编吴晓峰、何东宏,副主编吴会民、任一军、冯亚瑞。陕西人民出版社 2013 年 12 月第 1 版第 1 次印刷,印数 2000 册,16 开本,283 页,410 千字,精装本 1 册,定价 280 元。

志卷首有孙镇区域图、孙镇新区

修建性详细规划图、孙镇镇区控制性详细规划图 3 幅,有照片插页 40 页,并有编修人员名录。继之,有崔辉和潘向阳、赵熙序文 2 篇,凡例 10 则。该志首列总述、大事记,正文为编章节体,计 12 编 52 章。以附录殿后。卷末有编后记。上限 1949 年,下限至 2012 年。

谭家乡志

谭家乡志编纂委员会编。西安市未央区地方志丛书之一。主编姚再善。16 开本,376 页,250 千字,精装本 1 册,定价 80 元。2001 年 3 月内部印刷,印数 1000 册。

李俊祥题写书名。志卷首有谭家乡行政区划图 1 幅,有乔高社、胡守谦、朱智生、李俊祥题词 4 幅,有照片插页 20 页,并有编修人员名录。继之,有李俊祥和雷茸花序文 1 篇,凡例 10 则。该志首列概述、大事记,正文为编章节体,计 19 编 75 章。以附录殿后。卷末有编后记。上限溯源,下限至 1993 年。

薛家河镇志

《薛家河镇志》编纂委员会编。陕西省地方志丛书之一。主编李贵龙,副主编朱维全、薛喜刚。16 开本,648 页,770 千字,精装本 1 册。2012 年 4 月内部印刷,印数 2000 册。

志卷首有编修人员名录,薛家河镇行政示意图、薛家河镇在绥德县的位置图 2 幅,有薛保勤、雷鸣、崔博、李晓媛题词 4 幅,有照片插页 25 页。继之,有刘新喜和刘伟峰序文 1 篇,凡例 10 则。该志首列概述、大事记,正文为篇章节体,计 12 篇 76 章。以附录殿后。卷末有后记。上限溯源,下限至 2011 年。

学庄乡志

定边县学庄乡志编纂委员会编。陕西省地方志丛书之一。主编马骥,副主编郭子秀、王治虎。四川师范大学电子出版社 2012 年 1 月第 1 版第 1 次印刷,16 开本,468 页,680 千字,精装本 1 册,定价 168 元。

郭宝成题写书名。志卷首有编修人员名录,有李晓东、高宜新、邱俊本等题词 9 幅,有学庄乡行政区划图 1 幅,有照片插页 17 页。继之,有杨志先、钟子俊序文 2 篇,凡例 10 则。该志首列概述、大事记,正文为章节体,计 12 章 63 节。卷末有跋。上限溯源,下限至 2010 年。

义合镇志

绥德县《义合镇志》编纂委员会编。主编孙士好、李贵龙。西安出版社 2017 年 5 月第 1 版第 1 次印刷,16 开本,872 页,1111 千字,精装本 1 册,定价 286 元。

志卷首有编修人员名录,有义合镇行政区划图 1 幅,有照片插页 28 页。继之,有刘振亚序文 1 篇,凡例 10 则。该志首列概述、大事记,正文为篇章节体,计 13 篇 69 章。卷末有后记。上限溯源,下限至 2016 年 10 月。

永乐镇志

镇巴县永乐镇志编纂委员会编。镇巴县地方志丛书之一。主编杨继信,副主编唐久龄、刘彦芳。16开本,493页,精装本1册。内部印刷。

志卷首有编修人员名录,有镇巴县永乐镇行政区划图、镇巴苏区图、川陕革命根据地军事斗争示意图3幅,有照片插页23页。继之,有李天国、唐颢序文2篇,凡例10则。该志首列概述、大事记,正文为章节体,计18章82节。以附录殿后。卷末有编后记。上限溯源,下限至2013年。

镇川志

榆林市镇川志编纂委员会编。主编刘述心,副主编刘统仁、张秦川、郝文川。16开本,516页,精装本1册。内部印刷。

志卷首有编修人员名录,有刘汉兴、张增厚、陈智亮、赵兴国等题词8幅,有镇川地理位置图、镇川镇建设规划示意图等3幅,有照片插页21页。继之,有刘汉兴和贾亮晓、张增厚、秦怀文和许世祥序文3篇,凡例7则。该志首列概述、大事记,正文为篇章节体,计14篇64章。以附录殿后。卷末有后记。上限溯源,下限至1997年。

甘肃省

白河镇志

《白河镇志》编纂委员会编。主编潘谢喜,副主编后保存、宋福周。16开本,294页,精装本1册。2015年内部印刷,印数1000册。

韩正卿题写书名。志卷首有白河鸟瞰图1幅,有编修人员名录,有韩正卿、贾宝忠、南玄子题词3幅。继之,有王作斌、杨云生、杨伟和路涛序文3篇,有白河镇行政区划图1幅,有照片插页29页,凡例12则。该志首列概述、大事记,正文为章节体,计10章57节。以跋、附录殿后。卷末有后记。上限夏、商、周,下限至2012年。

和平镇志

榆中县地方志编纂委员会、榆中县和平镇志编纂委员会编。主编金雷泉,副主编宋贵远、刘海明。中国文史出版社2014年1月第1版第1次印刷,印数2000册,32开本,465页,428千字,精装本1册,定价58元。

志卷首有和平镇行政区划图、和平地区总规划图2幅,有编修人员名录。继之,有甘培岳和王林、金雷泉和赵祥霞序文2篇,凡例8则,有照片插页28页。该志首列概述、大事记,正文为编章节体,计5编32章。卷末有后记。上限溯源,下限至2012年。

兰州市安宁区吊场乡志

兰州市安宁区吊场乡志编纂委员会编。主编吴行陆,副主编吴行运。32开本,246页,精装本1册。2003年内部印刷,印数2000册。

志卷首有照片插页15页,有兰州市安宁区吊场乡行政区划图1幅,并有编修人员名录。继之,有吴海泽和董万代序文1篇,凡例12则。该志首列概述、大事记,正文为章节体,计8章34节。以附录殿后。卷末有编后记。上限溯源,下限至1990年。

兰州市城关区雁滩乡志

雁滩乡志编纂领导小组编。主编陈湘清、马正芳,副主编李春云、白勋。32开本,434页,精装本1册。2005年12月内部印刷,印数600册。

志卷首有编修人员名录,有雁滩乡志编纂领导小组序文1篇,有雁滩乡行政图、雁荡乡地图2幅,有照片插页16页。继之,有凡例11则。该志首列概述、大事记,正文为篇章节体,计6篇14章。以附录殿后。卷末有编后记。上限 1949 年，下限至 2004 年。

柳泉乡志

柳泉乡地方志编纂委员会编。主编陈守文。16 开本，318 页，精装本 1 册。内部印刷。

志卷首有柳泉乡区域图 1 幅，有照片插页 7 页，并有编修人员名录。继之，有郜佐恭和王万清序文 1 篇。该志首列大事记，正文为篇章节体，计 10 篇 22 章。以杂记殿后。上限溯源，下限至 1992 年。

彭家坪乡志

编著方创琳、杨玉梅。甘肃教育出版社 1995 年 12 月第 1 版第 1 次印刷，印数 2000 册，32 开本，268 页，219 千字，精装本 1 册，定价 15 元。

志卷首有编修人员名录，有金天行、秦大元题词 2 幅，有照片插页 12 页。继之，有孙振海和崔鼎臣序文 1 篇，凡例 8 则。该志首列概述，正文为章节体，计 10 章 54 节。以大事记殿后。卷末有编后记。上限不限，下限至 1993 年。

平山湖蒙古族乡志

《平山湖蒙古族乡志》编纂委员会编。甘肃省张掖市地方志丛书之一。主编单浩强，副主编王旭光、娜仁其米格、霍永红。16 开本，602 页，650 千字，精装本 1 册，定价 180 元。2009 年 8 月内部印刷，印数 500 册。

王海峰题写书名。志卷首有编修人员名录，有徐永成、陈义、王立泰、吴尚元、郭尚勤等题词 7 幅，有照片插页 25 页，并有甘州区行政区划图、平山湖蒙古族乡行政区划图 2 幅。继之，有杨继军、王旭光、娜仁其米格序文 3 篇，凡例 8 则。该志首列综述、大事记，正文为章节体，计 23 章 109 节。卷末有主要参考书目、资料提供者名单、跋、后记。上限不限，下限至 2009 年 6 月。

秦安县王尹乡志

秦安县王尹乡人民政府编。主编王小平。16 开本，297 页，323 千字，精装本 1 册。1994 年 7 月内部印刷，印数 500 册。

王天德题写书名。志卷首有编修人员名录，有田兴齐题词 1 幅，有照片插页 8 页，有秦安县行政区划图（附王尹乡位置图）、秦安县王尹乡行政区划图 2 幅。继之，有马福聚、勒炳彦序文 2 篇，凡例 10 则。该志首列概述，正文为章节体，计 19 章 69 节。以附录殿后。卷末有后记。上限溯源，下限至 1992 年。

秦安县叶堡乡志

甘肃省秦安县叶堡乡人民政府编。主编伏定国。16 开本，247 页，180 千字，精装本 1 册。1995 年内部印刷，印数 400 册。

叶小平题写书名。志卷首有编修人员名录，有照片插页 12 页，并有秦安县叶堡乡行政区划图、秦安县行政区划图 2 幅。继之，有王志强、逯克宗序文 2 篇，凡例 10 则。该志首列概述、大事记，正文为章节体，计 20 章 59 节。以附录殿后。卷末有编纂说明。上限汉朝，下限至 1992 年。

清水驿乡志

榆中县地方志编纂委员会、榆中县清水驿乡志编纂委员会编。主编金兴军，副主编樊尚荣、许新陆。甘肃文化出版社 2010 年 12 月第 1 版第 1 次印刷，印数 2 000 册，32 开本，427 页，370 千字，精装本 1 册，定价 49.80 元。

志卷首有编修人员名录，有周学海和王林、金兴军和张涛序文 2 篇，凡例 8 则。继之，有清水驿乡政区图 1 幅，有照片插页 20 页。该志首列概述、大事记，正文为编章节体，计 5 编 29 章。卷末有后记。上限新石器时代，下限至 2008 年。

滩歌镇志

主编漆子扬，副主编于申明、刘顺保、杨建全。敦煌文艺出版社 2014 年 10 月第 1 版第 1 次印刷，印数 1 000 册，16 开本，458 页，495 千字，精装本 1 册，定价 118 元。

志卷首有滩歌地区平面图 1 幅，有编修人员名录，有裴正学、李晓东、宗新武等题词 5 幅，有照片插页 12 页。继之，有编辑说明 21 则，有王洪宾、索鸿宾序文 2 篇。该志首列概述、大事记，正文为章节体，计 15 章 67 节。以参考文献殿后。卷末有后记。上限不限，下限至 2010 年。

瓦斜乡志稿

《瓦斜乡志稿》编委会编。主编谢生权，副主编杨正仔、李伟、周治仓。32 开本，378 页，精装本 1 册。1998 年内部印刷。

志卷首有编辑瓦斜乡志稿决议文件 1 篇，有谢生权编写缘起 1 篇，乡情概述 1 篇，编辑凡例 11 则。继之，有李生林、孙效东、张书林等题词 4 幅，有庆阳地区行政区划图、瓦斜乡地理位置图、瓦斜乡行政区划图、瓦斜乡机关单位分布图 4 幅，有照片插页 24 页。该志正文为篇目体，计 6 篇。以附录殿后。卷末有后记。上限不限，下限至 1997 年。

魏店乡志

秦安县魏店乡人民政府编。主编任守义。16 开本，710 页，450 千字，精装本 1 册。2012 年 12 月内部印刷，印数 1 000 册。

志卷首有编修人员名录，有秦安县地图、魏店乡地图 2 幅，有窦述、任六九、王东红、贾万祥、程江芬、高霆钧题词 6 幅，有照片插页 16 页。继之，有王录维、李东海等序文 3 篇，凡例 9 则。该志首列概述、大事记，正文为章节体，计 19 章 90 节。以附录殿后。卷末有历届编委会、后记。上限溯源，下限至 2012 年 7 月。

文殊镇志

嘉峪关市文殊镇志编纂委员会编。主编杨生宝、鲁廷文。甘肃人民出版社 2014 年 11 月第 1 版第 1 次印刷,印数 1000 册,16 开本,303 页,496 千字,精装本 1 册,定价 120 元。

志卷首有编修人员名录,有凡例 12 则,郑亚文序文 1 篇,有照片插页 34 页,并有嘉峪关市行政区划图 1 幅。该志首列概述、大事记,正文为编章节体,计 13 编 59 章。卷末有后记。上限溯源,下限至 2010 年。

新城镇志

嘉峪关市《新城镇志》编纂委员会编。主编杨生宝、毛永昌、肖仲,副主编米积屯、薛长年、宋晓东。甘肃人民出版社 2016 年 4 月第 1 版第 1 次印刷,印数 1000 册,16 开本,313 页,580 千字,精装本 1 册,定价 120 元。

志卷首有编修人员名录,有凡例 10 则,有陶东平序言 1 篇。继之,有照片插页 62 页,有嘉峪关市行政区划图 1 幅。该志首列概述、大事记,正文为编章节体,计 14 编 52 章。卷末有后记。上限溯源,下限至 2012 年。

青海省

川口镇志

民和回族土族自治县川口镇志编写组编。主编马福强,副主编党晓勇。16开本,292页,平装本1册,定价12元。1991年9月内部印刷,印数1500册。

志卷首有照片插页14页,有狄呈麟序义1篇,凡例13则。该志首列概述、大事记,正文为编章节体,计6编27章。卷末有后记、资料来源、提供资料人员名录、编修人员名录。上限1930年,下限至1985年。

大柴旦镇志

《大柴旦镇志》编纂委员会编。青海省地方志丛书之一。主编赵双勤、冯致权、彭辉。中国县镇年鉴出版社2002年10月第1版第1次印刷,印数3000册,16开本,460页,560千字,精装本1册,定价128元。

志卷首有大柴旦行政区地图1幅,有照片插页22页,并有编修人员名录。继之,有巴羊欠、刘兆华、赵双勤序文3篇,凡例8则。该志首列概述、大事记,正文为编章节体,计6编35章。以附录殿后。卷末有重要文件辑存、编后记。上限溯源,下限至1990年。

冷湖镇志

冷湖镇志编纂委员会编。青海省地方志丛书之一。主编陈德智。三秦出版社2003年12月第1版第1次印刷,印数1000册,16开本,418页,462.5千字,精装本1册,定价120元。

志卷首有编修人员名录,有冷湖镇地形及矿产资源分布图1幅,有照片插页18页。继之,有高华、郭鑫、张西海、庞建亚、罗保卫序文5篇,凡例12则。该志首列概述、大事记,正文为编章节体,计5编37章。以附录殿后。卷末有编后记。上限溯源,下限至1990年。

沈家寨乡志

沈家寨乡志编纂组编。主编刘平,副主编星品光。32开本,212页,平装本1册。1986年内部印刷。

刘平题写书名。志卷首有照片插页4页,有沈家寨乡行政区划图1幅。继之,有刘平序文1篇,编辑说明4则,并有编修人员名录。该志首列概述,正文为编章节体,计8编42章。卷末有编后话。上限1949年,下限至1986年。

宁夏回族自治区

大水坑镇志

《大水坑镇志》编委会编。主编徐永生,副主编王勇、李建荣。宁夏人民出版社2014年12月第1版第1次印刷,印数800册,16开本,647页,970千字,精装本1册,定价298元。

志卷首有编修人员名录,有大水坑镇行政区域图、大水坑公社地图、红井子公社地图3幅,有照片插页30页。继之,有赵涛序文1篇,凡例10则。该志首列概述、大事记,正文为章节体,计29章123节。卷末有后记。上限不限,下限至2013年。

冯记沟乡志

《冯记沟乡志》编委会编。主编张旭斌,副主编杨威、崔雪峰。宁夏人民出版社2016年11月第1版第1次印刷,印数1000册,16开本,656页,980千字,精装本1册,定价298元。

志卷首有编修人员名录,有冯记沟乡行政区划图、马儿庄公社行政区划图、冯记沟公社行政区划图3幅,有照片插页30页。继之,有滑志敏序文1篇,凡例10则。该志首列概述、大事记,正文为章节体,计28章123节。卷末有后记。上限不限,下限至2014年。

惠安堡镇志

《惠安堡镇志》编纂委员会编。主编石学晶,副主编杨吉林。宁夏人民出版社2014年12月第1版第1次印刷,印数1000册,16开本,482页,500千字,精装本1000册,定价238元。

志卷首有编修人员名录,有惠安堡镇行政区域图1幅,有照片插页28页。继之,有赵涛、陈有强和石学晶序文2篇,凡例9则。该志首列大事记,正文为章节体,计30章116节。以附录殿后。卷末有编后记。上限溯源,下限至2014年。

瞿靖镇志

青铜峡市瞿靖镇编。主编赵文学,副主编姚圣玉、何军、刘传良。16开本,305页,精装本1册。内部印刷。

志卷首有编修人员名录,有照片插页13页,并有青铜峡市瞿靖镇行政区域图1幅。继之,有桂福田和张国彦、赵文学和姚圣玉序文2篇,凡例10则。该志首列概述、大事记,正文为章节体,计17章79节。以附录殿后。卷末有编修始末。上限溯源,下限至

2013 年。

麻黄山乡志

麻黄山乡志编纂委员会编。主编何仲森、陈志良、范钧,副主编王玉标、朱娜。中国文史出版社 2014 年 10 月第 1 版第 1 次印刷,印数 2 000 册,16 开本,557 页,精装本 1 册,定价 300 元。

志卷首有编修人员名录,有麻黄山乡地图、麻黄山乡区划简图、麻黄山乡地形简图 3 幅,有照片插页 42 页。继之,有赵涛、陈志良、范钧序文 3 篇,凡例 11 则。该志首列概述、大事记,正文为章节体,计 18 章 114 节。以附录殿后。卷末有修志始末、跋。上限不限,下限至 2013 年。

青山乡志

《青山乡志》编委会编。主编郑参,副主编鲁虎、张孝君。宁夏人民出版社 2015 年 12 月第 1 版第 1 次印刷,印数 1 000 册,16 开本,495 页,700 千字,精装本 1 册,定价 298 元。

志卷首有编修人员名录,有青山乡地图、青山公社地图 2 幅,有照片插页 42 页。继之,有滑志敏、刘参序文 2 篇,凡例 12 则。该志首列概述、大事记,正文为章节体,计 21 章 101 节。卷末有编后记。上限不限,下限至 2015 年。

王乐井乡志

《王乐井乡志》编委会编。主编郑参,胡建军,副主编石鑫、饶军。宁夏人民出版社 2015 年 8 月第 1 版第 1 次印刷,印数 1 000 册,16 开本,634 页,1 000 千字,精装本 1 册,定价 298 元。

志卷首有编修人员名录,有王乐井乡地图、王乐井乡区划图 2 幅,有照片插页 38 页。继之,有赵涛、刘廷志序文 2 篇,凡例 8 则。该志首列概述、大事记,正文为章节体,计 20 章 109 节。以附录殿后。卷末有后记。上限溯源,下限至 2013 年。

新疆维吾尔自治区

石桥乡志

乌苏市石桥乡乡志领导小组编。新疆乌苏市地方志丛书之一。主编吕鹏程,副主编陈斌。32开本,368页,200千字,精装本1册。2007年6月内部印刷,印数1000册。

志卷首有照片插页15页,有石桥乡行政区划图1幅。继之,有晁勇和吾哈提·托肯、付新源序文2篇,凡例9则。该志首列概述、大事记,正文为编章节体,计10编44章。以附录殿后。卷末有编后记、编修人员名录。上限溯源,下限至2004年。

北庭镇志

新疆维吾尔自治区吉木萨尔县北庭镇志编纂委员会编。中国名镇志文化工程成果之一。主编刘宏,副主编孔祥蓉。方志出版社2016年10月第1版第1次印刷,16开本,262页,331千字,精装本1册,定价110元。

志卷首有王伟光、李培林序文2篇,有编修人员名录,有凡例16则。继之,有北庭镇在中国的位置、北庭镇在新疆维吾尔自治区的位置图、吉木萨尔县北庭镇行政区划图、北庭镇交通示意图4幅,有照片插页4页。该志首列概述,正文为纲目体。以附录殿后。卷末有编纂始末。上限溯源,下限至2014年。

古尔图牧场(镇)志

新疆乌苏市古尔图牧场(镇)志编写组编。新疆乌苏市地方志丛书之一。主编张长洲,副主编耿德奎、顾兴苗。32开本,369页,210千字,精装本1册。2004年1月内部印刷,印数1500册。

志卷首有古尔图牧场(镇)行政区划图1幅,有照片插页15页。继之,有李克龙和曹戎明、王庆山序文2篇,凡例7则。该志首列概述、大事记,正文为编章节体,计11编44章。以附录殿后。卷末有编后、编修人员名录。上限溯源,下限至2002年。

乌苏市八十四户乡志

乌苏市八十四户乡乡志工作领导小组编。新疆志鉴丛书之一。主编邓世民,副主编杨建国。中国文史出版社2016年4月第1版第1次印刷,16开本,300页,500千字,精装本1册,定价120元。

志卷首有编修人员名录,有照片

插页 29 页。继之,有叶华、马保国序文 2 篇,凡例 7 则。该志首列概述、大事记,正文为编章节体,计 10 编 41 章。以附录殿后。卷末有编后记。上限溯源,下限至 2013 年。

后 记

本书由上海通志馆编撰。上海通志馆史志研发部吕志伟策划并主持了本书的编撰工作,编写了全部书稿。上海通志馆副馆长吴一峻负责统筹协调工作,上海通志馆戴静怡、陶秀红参与了本书资料收集和财务管理工作。上海市历史博物馆唐永余、上海中医药大学副教授何兰萍、上海外国语大学英国研究中心李冠杰、中共上海市静安区委党校教师左敏参与资料收集和书稿编辑工作。各省、自治区、直辖市地方志办公室的有关同志提供了部分资料。

复旦大学出版社等单位为本书的编撰和出版,给予了大力支持和热情帮助。在此,表示衷心的感谢。

编者

2019 年 12 月

图书在版编目(CIP)数据

中国新编乡镇志书目提要.上海通志馆藏/吕志伟,吴一峻编著. —上海:复旦大学出版社,2021.5
ISBN 978-7-309-15528-0

Ⅰ.①中… Ⅱ.①吕… ②吴… Ⅲ.①乡镇-地方志-图书目录-中国-现代 Ⅳ.①Z88:K29

中国版本图书馆 CIP 数据核字(2021)第 040476 号

中国新编乡镇志书目提要.上海通志馆藏
吕志伟　吴一峻　编著
责任编辑/赵楚月

复旦大学出版社有限公司出版发行
上海市国权路 579 号　邮编:200433
网址:fupnet@fudanpress.com　http://www.fudanpress.com
门市零售:86-21-65102580　团体订购:86-21-65104505
出版部电话:86-21-65642845
江阴金马印刷有限公司

开本 787×960　1/16　印张 20.5　字数 367 千
2021 年 5 月第 1 版第 1 次印刷

ISBN 978-7-309-15528-0/Z·100
定价:180.00 元

如有印装质量问题,请向复旦大学出版社有限公司出版部调换。
版权所有　侵权必究